全本全注全译丛书

中华经典名著

韩敬◎译注

法言

中华书局

图书在版编目（CIP）数据

法言/韩敬译注. —北京：中华书局，2012.10（2024.10 重印）
（中华经典名著全本全注全译丛书）
ISBN 978-7-101-08821-2

Ⅰ.法…　Ⅱ.韩…　Ⅲ.①古典哲学–中国–西汉时代②《法
言》–译文③《法言》–注释　Ⅳ.B234.992

中国版本图书馆 CIP 数据核字（2012）第 167114 号

书　　名	法　言	
译注者	韩　敬	
丛书名	中华经典名著全本全注全译丛书	
责任编辑	刘胜利	
装帧设计	毛　淳	
责任印制	管　斌	
出版发行	中华书局	
	（北京市丰台区太平桥西里 38 号　100073）	
	http://www.zhbc.com.cn	
	E-mail：zhbc@zhbc.com.cn	
印　　刷	北京盛通印刷股份有限公司	
版　　次	2012 年 10 月第 1 版	
	2024 年 10 月第 9 次印刷	
规　　格	开本/880×1230 毫米　1/32	
	印张 14⅜　字数 300 千字	
印　　数	31001-34000 册	
国际书号	ISBN 978-7-101-08821-2	
定　　价	36.00 元	

目　录

前　言

《法言》是扬雄的主要著作之一。

扬雄，字子云，蜀郡成都人，生于西汉宣帝甘露元年（前53），死于王莽天凤五年（18），是我国西汉末年一位重要的哲学家、文学家和语言学家。他在哲学和政治思想方面的著作有《太玄》和《法言》，语言学著作有《方言》，文学作品有《甘泉赋》、《河东赋》、《羽猎赋》、《长杨赋》等。除《太玄》、《法言》、《方言》三本书外，扬雄的其他著作收入《扬侍郎集》（见张溥编《汉魏六朝百三名家集》）。另外，严可均辑《全汉文》卷五十一至五十四，不仅收有扬雄的成篇著作，还从许多古书中辑录了扬雄著作的断简残篇，皆可参看。

关于扬雄的家世，《汉书·扬雄传》说："楚汉之兴也，扬氏溯江上，处巴江州。而扬季官至庐江太守。汉元鼎间避仇复溯江上，处岷山之阳曰郫，有田一廛，有宅一区，世世以农桑为业。自季至雄，五世而传一子。故雄亡它扬于蜀。……家产不过十金，乏无儋石之储，晏如也。"据此可知，扬雄的先世是做官的，后来没落了，又受到仇家的威胁，不得不迁徙到岷山之阳，才定居下来，并变成"以农桑为业"。又据晋灼注"上地夫一廛，一百亩也"，可知扬雄是一个有田百亩，家产十金的家庭。

在《史记·文帝纪》中，汉文帝刘恒曾说："百金，中民十家之产。"可见十金就是一家中民之产。汉代称黄金一斤为一金，值万钱，十金就是十万钱。《居延汉简》里有一条记载"侯长觻得广昌里公乘礼忠"家产的材料说："小奴二人直三万宅一区万大婢一人二万田五顷五万轺车一乘直万用马五匹直二万牛车二两直四千服牛二六千凡赀直十五万。"扬雄的家庭和礼忠这样一个有奴婢三人的地主家庭是差不多的。所谓"中民"，是就全社会的财产状况讲的。在地主阶级内部，"中民"自然低于中等地主，所以扬雄这个"中民"之家，是一个小地主家庭。

关于扬雄的经历，《汉书·扬雄传》说："初，雄年四十余，自蜀来至游京师。大司马车骑将军王音奇其文雅，召以为门下史，荐雄待诏。岁余，奏《羽猎赋》，除为郎，给事黄门，与王莽、刘歆并。哀帝之初，又与董贤同官。当成、哀、平间，莽、贤皆为三公，权倾人主，所荐莫不拔擢，而雄三世不徙官。及莽篡位，谈说之士用符命称功德获封爵者甚众。雄复不侯，以耆老久次转为大夫，恬于势利乃如是。"这段话在时间上有个问题，需要进一步考证，我们这里不去说它，但对扬雄一生的遭际，这段话讲得是很清楚的。

汉代盛行察举制度，高门大族子弟多是通过这条路登上政治舞台的；但这要在地方上有势力，和地方官有交情。这些条件扬雄都不具备。所以最后只有自己跑到京师去，靠文章乞人赏识，于是他成了王音的门下史。由于王音的推荐，他得到"待诏"。又过了一年多，"除为郎"，也不过是皇帝的看门和随从而已。从级别上讲，不过比四百石，和地方上县里的丞、尉差不多。当然，关键在于郎又是进一步做官的阶梯。王莽、刘歆不就是先为郎，然后逐步爬上去的吗？但扬雄就不行，因为没有更大的权势者做靠山，他只好老待在这个阶梯上，总也爬不上去。

王莽代汉以后，扬雄才"以耆老久次转为大夫"，但仍然是个闲职，没有担任实际行使权力的职务，级别也不高。从中央说，抵不上中央主要官吏的一个属官。从地方说，不过相当于县令。在政治地位上，还不如这些人。从职权上说，就更无法同这些人相比了。扬雄的工作只是在天禄阁校书而已。后来王莽政权内部发生矛盾，治狱使者要逮捕扬雄,吓得他从阁上跳下来,几乎送了命。虽然后来放了他,病好以后还复了官,但扬雄在官场中孤独无援、极不得意的可怜相是很清楚了。

扬雄的一生,正处在西汉帝国由盛而衰,社会危机日益严重的时候。由于土地兼并,徭役繁重,生产不时,农民生活极端痛苦,农民起义此伏彼起。地主阶级内部各阶层和不同政治集团之间的矛盾也越来越尖锐。随着社会矛盾的发展,西汉皇朝的统治思想——以董仲舒和谶纬经学为代表的神学唯心主义——也经历了通过畸形的扩张泛滥而逐步向自身反面转化的过程。这种思想不仅对被统治的农民阶级逐渐丧失了控制威慑作用,而且也逐渐丧失了维持统治阶级内部秩序的作用,反而成了地主阶级内部各集团争权夺利的工具,从而丧失了它维护地主阶级统治的机能。统治阶级的思想危机和其政治危机一样日益严重。

正是在这种情况下,扬雄由于其出身和经历的影响,成了当时中小地主阶级的思想代表。他对旧的统治思想产生了怀疑和不满,并企图通过对旧思想的改造,为地主阶级制造出一套新的统治思想,以维持地主阶级统治的长治久安,并保护中小地主阶级的利益。扬雄的这种企图,在《法言》和《太玄》中都表现了出来,但表现的情况有很大不同。《法言》反映了扬雄既对旧思想不满而又未能摆脱的矛盾状况;《太玄》则反映了扬雄想用他那较为精致的唯心主义代替濒临破产的神学唯心主义。

《法言》是模仿《论语》而作。《汉书·扬雄传》说,扬雄"实好古而乐道,其意欲求文章成名于后世。以为经莫大于《易》,故作《太玄》;传莫大于《论语》,作《法言》;……皆斟酌其本,相与放依而驰骋云"。大体上说的是对的。至于取名《法言》,则本于《论语·子罕》"法语之言,能无从乎",以及《孝经·卿大夫章》"非先王之法言不敢道"。"法"古文作"灋"。《说文解字》说:"灋,刑也,平之如水。从水。廌,所以触不直者去之,从去。"可见"法"有准则和使物平直的意思。所以《法言》就是判断事物是非的准则之言,对事情的是非给予论断的评判之言。《论语》邢疏及《孝经》注以"礼法正道之言"说之,则是更具体的解释了。

《法言》仿《论语》成语录式,全书共十三卷,每卷三十条左右。最后有一篇自序。各卷只是大体上符合自序所说的意旨,通常每卷都有自序未能概括的条目。另外,各卷在内容上也有重叠和交叉。特别是《孝至》卷的最后,有几条歌颂汉朝和王莽功德的文字,明显地与全卷内容不合,大概是扬雄最后的作品,所以就放在书末了。《法言》的内容很广泛,从哲学、政治、经济、伦理,到文学、艺术、科学、军事,乃至于历史上的人物、事件、学派、文献等,几乎都有所论述。这里我们选择其中比较重要的一些思想作简要的评介。

扬雄思想的一个特点,是他维护当时陷于危机的封建制度,却很少直接论及当时的政治现实。他维护当时的封建制度是以捍卫孔丘之道的形式表现出来的。如他说:"舍五经而济乎道者,末矣。""委大圣而好乎诸子者,恶睹其识道也。""万物纷错则悬诸天,众言淆乱则折诸圣。"(《吾子》)所以如此,除了个人原因外,主要是由当时统治思想存在的形式所决定的。孔丘的思想,经董仲舒改造后,已经成了封建社会的最高原则。维护封建制度,就要捍卫孔丘之道;捍卫孔丘之道,就是维护封建制度。这对当时的知识分子来说,已经是不言而喻的了。

在这个斗争中,他继承董仲舒"罢黜百家"的精神,常打起反对诸子的旗帜。如他说:"庄、杨荡而不法,墨、晏俭而废礼,申、韩险而无化,邹衍迂而不信。"(《五百》)他在这里谈到的各家学说的本来意义如何,并不重要,因为他是按照自己的需要来理解和审察过去的一切学说,然后套用来肯定和批驳当时的社会现象。在这方面,他自比孟轲:"古者杨、墨塞路,孟子辞而辟之,廓如也。后之塞路者有矣,窃自比于孟子。"(《吾子》)他认为,孟轲在其所处的时代打击了异己思想,捍卫了孔丘学说,而现在这个任务应该由他扬雄担当了。

从儒家的观点出发,扬雄强调治国需要教化,用仁义礼乐。他认为只有这样才符合"圣人之道"，否则就是野蛮人，甚至是禽兽。"圣人之治天下也，碍诸以礼乐。无则禽，异则貉。"（《问道》）他还说："君子为国：张其纲纪，谨其教化。道之以仁，则下不相贼；莅之以廉，则下不相盗；临之以正，则下不相诈；修之以礼义，则下多德让。"（《先知》）当然，扬雄并不否定刑法，因为他知道，封建国家没有刑法是无法存在下去的，所以他接着说："如有犯法，则司狱在。"他只是说，作为最高统治者的皇帝，应该首先重视仁义礼乐教化罢了。

西汉末年，大地主阶级对土地的兼并发展到非常严重的地步，成了普遍的社会问题。不仅农民大批破产，中小地主阶级也强烈感受到被兼并的威胁。所以扬雄说："法无限，则庶人田侯田，处侯宅，食侯食，服侯服，人亦多不足矣。"（《先知》）怎么办呢？他想起了古代的井田制："井田之田，田也；肉刑之刑，刑也。田也者，与众田之；刑也者，与众弃之。"（《先知》）扬雄想用古代的井田制来限制大地主阶级的土地兼并，固然说明了他所代表的中小地主阶级政治上的软弱和思想上的狭隘，但所反映的他们在土地问题上的要求，还是很清楚的。

由于统治者的奢侈腐化，西汉末年各种赋税十分繁重。在自耕农大批破产、大地主竭力逃避的情况下，这些赋税必然日益严重地压在中小地主身上。于是扬雄发出了呼吁："什一，天下之中正也。多则桀，寡则貉。"（《先知》）扬雄知道，封建国家不要赋税当然不行。他是希望不要过多地压在自己身上。为此，他反对统治者的过分奢侈："禽兽食人之食，土木衣人之帛，谷人不足于昼，丝人不足于夜。"（《先知》）提倡比较俭朴廉洁的政治。他心目中的理想政治是："老人老，孤人孤，病者养，死者葬，男子亩，妇人桑。"他眼里的恶政则是："污人老，屈人孤，病者独，死者逋。"（《先知》）

但现实的政治和理想的政治相隔是如此悬殊，怎么办呢？扬雄想到了改良。他认为圣人之道并不"胶柱而调瑟"，而是根据情况变化采取相应措施。所以他主张"可则因，否则革"，"新则袭之，敝则损益之"

《问道》）。他特别反对在"绍桀之后、篡纣之余，法度废、礼乐亏"的乱世，仍因袭前法，"安坐而视天下民之死"的"无为"思想（《问道》）。扬雄所处的时代是乱世，这是当时人的共同看法。所以这无疑是说，如果再不加以改良，就是"安坐而视天下民之死"了。而扬雄想要改良的实质，就是维护遭到破坏的封建制度和中小地主阶级受到侵害的利益，这已经十分清楚了。

扬雄在《法言》中借题发挥地攻击了当时社会的很多弊病，如大地主兼并逾制，富商大贾聚敛财货，权臣操纵朝政，豪强违法乱制等。但除了对古代桀、纣等个别公认的昏君有所指责外，没有指斥其他皇帝。因为在扬雄的政治思想中有一条重要的原则，就是政之本在于君，甚至在于君之心。他说："或问：'何以治国？'曰：'立政。'曰：'何以立政？'曰：'政之本，身也。身立则政立矣。'"（《先知》）又说："天下为大，治之在道，不亦小乎！四海为远，治之心，不亦迩乎！"（《孝至》）扬雄企求改良政治，但把一切希望都寄托在皇帝身上。

不管扬雄的要求多么卑微，还是实现不了。由于对刘家皇帝渐渐绝望，扬雄逐步把希望转移到王莽身上。如他说："汉兴二百一十载而中天，其庶矣乎！辟廱以本之，校学以教之，礼乐以容之，舆服以表之，复其井刑，勉人役，唐矣夫！"（《孝至》）设辟雍，建学校，复井田肉刑，禁止奴婢买卖，这些都是王莽搞的，所以很明显他是在歌颂王莽。王莽被封为安汉公后，又叫人上书，说他功比周公、伊尹，周公为太宰，伊尹为阿衡，应取二人的称号，加封王莽为"宰衡"。与此相应，扬雄也说："周公以来，未有汉公之懿也，勤劳则过于阿衡。"（《孝至》）可见他是把实现自己的政治理想，实现地主阶级统治中兴的希望完全寄托在王莽身上了。

但王莽并没有真正实行扬雄所要求的基本东西。他只是为了捞取政治资本代汉自立，而在一段时间内摆出要实行这些东西的样子。于是包括扬雄在内对刘家皇帝已经失望的大批中小地主阶级知识分子便都转向王莽,成为王莽社会基础的一部分。但王莽实际上并不是代表中小地主阶级而是代表大地主阶级中的反刘集团的。所以当王莽代汉以后,他的政策本质逐渐暴露出来,未能满足要求反而更被骚扰的中小地主阶级就起来反对他了。但这种政治态度的变化并没有在扬雄身上表现出来,因为他已经老了,还没有来得及认识这种变化,他就死了。

由于统治者的大力宣扬,当时社会上流传着许多迷信的东西,如象龙致雨、方士巫术等,扬雄对此表示了明确的不满。如他说:"或曰:'甚矣,传书之不果也。'曰:'不果则不果矣,又以巫鼓。'"(《君子》)"象龙之致雨也,难矣哉!"(《先知》)但讲到神仙,扬雄就不那么明确了,经常是用一种模棱两可的话搪塞过去,如"神怪茫茫,若存若亡,圣人曼云"(《重黎》)之类。当然,在搪塞中也还是可以看出他对大讲神仙的不满。另外,对神仙虽然不肯定,对人他是肯定的,即"有生者必有死,有始者必有终,自然之道也"(《君子》)。这就否定了人类成仙的可能性。

对传统的天命思想,他有时表示不满,甚至不承认天的作用。如对项羽临死前说"此天亡我"的话,他就不赞成,认为天是没有责任的。有时他又主张天人并重。其中的"天",有时指时势和机遇,但在更多的情况下,这还是一种天人感应。如他说:"或问:'圣人占天乎?'曰:'占天也。''若此,则史也何异?'曰:'史以天占人,圣人以人占天。'"又说:"在德不在星。德隆则晷星,星隆则晷德。"(《五百》)从表面上看,这里似乎还是重人事,和传统的天人感应论有所不同,但在实质上还是主张天和人之间有一种神秘的相互影响,所以在根本上并没有什么不同。

既然如此,扬雄就不可避免地承认天是有意志的,承认天命、神意和它们对人事的主宰作用。他认为,"天胙光德而陨明忒"。因此,历史上所谓圣君,是因为有美德,"故天胙之",使其"飨国长久"。秦、楚的迅速灭亡,则是由于"强阅震扑,胎藉三正,播其虐于黎苗"(《重黎》),因而受到了鬼神的惩罚。他还认为天命是逃避不了的:"命者,天之命也,非人为也。""可以存亡,可以死生,非命也。命不可避也。"(《问明》)他认为圣人就是乐天知命的,"乐天则不勤,知命则不忧"(《修身》),这样,扬雄又作出了天命不可违,人必须遵循天命的结论。

在认识论方面,扬雄与当时流行的神学天命论也有所不同。神学天命论认为,一切都由天意决定,人按天命行事就可以了,努力认识客观世界是不必要的,因此认识论问题在他们那里是没有地位的。扬雄则比较强调后天的学、习和行。如他说:"学:行之,上也。""习乎习,以习非之胜是也,况习是之胜非乎! 於戏! 学者审其是而已矣。"(《学行》)有时他还肯定感官闻见在认识中的作用。如他说:"多闻则守之以约,多见则守之以卓。寡闻则无约也,寡见则无卓也。"(《吾子》)这是他比当时的神学唯心主义高明的地方。

但扬雄的学、习和行,与我们今天说的学习和实践,是有根本不同的。我们的学习和实践是认识和改造客观世界的活动。扬雄的学、习和行,其根本意思是要人熟悉封建制度,按封建制度的要求办事。用扬雄的话说,就是"学之为王者事"和"学者所以求为君子也"(《学行》)。因此他强调一切闻见都必须以"正道"为标准:"多闻见而识乎正道者,至识也。多闻见而识乎邪道者,迷识也。"(《寡见》)既然不合正道的闻见越多越糟糕,于是扬雄轻视闻见而强调心神的作用。他认为心神是无所不能的:"潜天而天,潜地而地。天地,神明而不测者也。心之潜也,犹将测之。况于人乎,况于事伦乎!"(《问神》)

但他认为对一般人来说,最重要的是要"潜心于圣":"昔乎仲尼潜心于文王矣,达之;颜渊亦潜心于仲尼矣,未达一间耳。神在所潜而已矣。"(《问神》)因为在扬雄看来,圣人不仅是人们应该学习的最高典范,而且是可以通天地神灵的超人:"圣人存神索至,成天下之大顺,致天下之大利,和同天人之际,使之无间者也。"(《问神》)如果能像圣人那样,就可以"先知",可以"周于天地,赞于神明"(《法言序》),可以无往而不利了。这样,在认识论问题上,扬雄终于又陷入了唯心主义、神秘主义。

由于西汉末年社会矛盾的尖锐化,原来流行的董仲舒将人性划为

"三品"的学说正面临着危机。针对这种情况,扬雄提出了自己的主张。他说:"人之性也善恶混。修其善则为善人,修其恶则为恶人。"(《修身》)"善恶混"即善恶相杂,就是有善有恶。这是古已有之的说法,并非扬雄独创。这种说法表面上似乎很全面,其实它是把作为社会现象的善恶归结到每个个人身上,把社会斗争和阶级对立变成了个人身上的善恶斗争,从而抹杀了人的社会差别和阶级区分,表现了典型的改良派的阶级调和情调。这个事实说明,扬雄时代的地主阶级已经不像董仲舒时代那样敢于比较公开地承认阶级分野了。

扬雄关于学习的观点是和他的人性论相联系的。他认为学习就是为了去恶长善,成为善人。"学者,所以修性也。视、听、言、貌、思,性所有也。学则正,否则邪。"(《学行》)他反对那种认为人不可能修为善人的观点,认为通过学习善性可以自然形成,即所谓"眢而错诸,质在其中矣"(《学行》)。他甚至认为,即使是庄周、申不害、韩非等人,只要能努力学习儒家经典,同样可以成为贤人。"庄周、申、韩,不乖寡圣人而渐诸篇,则颜氏之子、闵氏之孙,其如台!"(《问道》)这反映了扬雄企图改造他所不满意的社会状况的一种强烈愿望。

可是和他的愿望相反,事实上并没有多少人真正努力学习所谓"圣人之道",以求成为善人。没有办法,他只好大声警告:"学者,所以求为君子也。求而不得者有矣,夫未有不求而得之者也。"(《学行》)这样说也不解决问题,他于是骂了起来:"人而不学,虽无忧,如禽何!"(《学行》)在当时严重的社会形势面前,扬雄是多么迫切希望找出一个解决办法,但又无可奈何呀! 他这种焦急的心情,不是如在眼前吗? 当然,他没有也不可能找到真正解决问题的办法。现实存在的是社会矛盾和阶级矛盾,他却到抽象的人性中去寻求出路,其结果当然是注定了要失败的。

《法言》的文字简括而含蓄,继承了先秦诸子散文的一些优点,但缺乏它们那种流畅的文风,有时失之于晦涩生硬,所以在文学史上地位不高。值得一提的是其中的一些文学思想。扬雄认为，人的言论和文章是人的思想感情的反映。"言，心声也；书，心画也。声画形，君子小人见矣。声画者，君子小人之所以动情乎！"（《问神》）就是说，君子和小人的思想感情不同，所以有不同的言论和文章。从一个人的言论和文章，就可以看出他是君子还是小人。

因此，扬雄主张作品的内容必须符合圣人之道，否则宁可不要。"书不经，非书也；言不经，非言也。言、书不经，多多赘矣"（《问神》）。当然，在内容合乎要求的前提下，还是应该讲求文采和形式的。"玉不雕，玙璠不作器；言不文，典谟不作经。"（《寡见》）他认为最好是形式与内容相符合，二者不平衡是不好的："事胜辞则伉，辞胜事则赋，事辞称则经。"（《吾子》）他反对的是"华丹之乱窈窕，淫辞之淈法度"（《吾子》），即以吸引人的文采来破坏圣人之道。所以他要求以圣道为标准来决定对各种言论的去取："万物纷错则悬诸天，众言淆乱则折诸圣。"（《吾子》）可见扬雄的文学思想和他的整个思想体系是完全一致的。

就是由于这种思想，使扬雄对赋产生了先后截然不同的两种态度。他本来是喜欢赋的，但当他看到赋对帝王的奢侈淫佚不但达不到讽谏的目的，反而成了一种鼓励时，他对赋的态度就变了。他说："诗人之赋丽以则，辞人之赋丽以淫。"（《吾子》）所谓"诗人之赋"指内容符合儒家思想的诗歌作品。所谓"辞人之赋"则指狭义的辞赋。他认为辞赋是不符合圣人之道的，所以称之为"童子雕虫篆刻"的小技（《吾子》），而且"辍不复为"（《汉书·扬雄传》）。因为他认为儒家是不用赋的："如孔氏之门用赋也，则贾谊升堂，相如入室矣。如其不同何！"（《吾子》）应当说，扬雄虽然是从儒家的观点来批判汉赋，但对汉赋的根本问题——追求外在形式而缺乏思想内容，他的看法是对的。

本书的目的，主要是为研究中国思想史的读者使用《法言》提供一个比较简明而又方便的资料，同时也照顾到一般读者的需要，帮助他们能比较顺利地阅读《法言》原文。

《法言》的版本，在历史上形成了两大系统。一个系统是李轨注的十三卷本，序在最后，并附有不知为何人所作的《法言音义》一卷。这个系统以宋治平三年(1066)国子监刻本为传世的最早版本，比较接近《法言》原貌，但宋代以后不甚流行。直到清代嘉庆年间才由秦恩复制版翻印，流行于世。另一个系统是司马光集合李轨、柳宗元、宋咸、吴秘和其本人之注为一体的所谓"五臣注本"。这是宋代以后社会上比较流行的一个本子。它合《吾子》、《修身》为一卷，《问明》、《寡见》为一卷，《五百》、《先知》为一卷，因而成为十卷本，并且把序分放在了各卷之首。五臣注本对《法言》原貌改动较多，是其缺点；但它保存了较多古注，文字上也有少量优长之处。另外，在一些古书和古书旧注中，如《汉书》、《初学记》、《太平御览》、《意林》、《资治通鉴》等书和《后汉书》、《晋书》、《文选》等书的旧注中，也有一些零星的引用《法言》的文字。

本书以《四部丛刊》所得影印之涵芬楼藏秦恩复石砚斋翻刻宋治平监本《扬子法言》为底本，而以其他善本以及古书、古书旧注中所引《法言》之文校之。校勘异文一律放在注释中说明，不另列校勘记，以免繁杂。凡增删文字，在文中径改，并在注中说明校改的根据。至于没有版本或文字根据证明的讹误，即使非常明显，也只在注释中加以说明，而不予改动。

《法言》的古注，除所谓五臣注外，多已不存。近代为之注释考证者，以汪荣宝《法言义疏》最为详尽，但也不尽完善，而且又流于烦琐。本书即以汪氏《法言义疏》为主要依据，并参考古注及王念孙《读书杂志》、俞樾《诸子平议》、陶鸿庆《读诸子札记》、于省吾《双剑诐诸子新证》、刘师培《扬子法言校补》和《法言补释》、汪东《法言疏证别录》、汤炳正《法言汪注补正》等，斟酌去取，择善而从。亦间或有个人的一得之见。凡引用他人意见者，皆简要地摘录原文，并注明出处，以便读者查阅。

《法言》原书，每卷之中不分章节，历代传抄翻刻又造成一些混乱，殊不便阅读和理解。汪荣宝《法言义疏》将每卷分为若干条，每条包含一个比较完整而独立的意思，为读者阅读提供了方便。本书即依照汪氏所分段落，但在每条条首加上阿拉伯数字以标明顺序，以便查阅。小圆点前的数字表示卷数，小圆点后的数字表示条数。如"3·2"为第3卷第2条，"10·11"为第10卷第11条，等等。

　　本书的现代汉语译文，以经过校点的原文为根据进行翻译。译文在忠实于原意的基础上力求文字晓畅，并保持原著的风格特点。由于《法言》原文极为简约，常常省略了句中的许多成分。为了使译文晓畅，不得不把这些成分补上。但这种情况极多，如果用符号标示，则将不胜其繁，并因而影响阅读，故一律不用符号标示，以便阅读。

　　按照本丛书的体例，为了方便读者理解，每卷之前要加题解。但《法言》与一般古籍不同，每卷并非一篇文章，而是包含若干条语录式的文字。各条之间意思并不连贯，甚至内容完全不同。各卷的题目也并不反映各卷的内容。因此不可能概括出每卷的主旨和逻辑。若面面俱到地加以解说，那就几乎等于将译文重复一遍，不仅十分繁琐，篇幅既不允许，也根本没有必要。考虑再三，笔者决定另辟蹊径。即在每卷中选择与思想史或文化史有某种特殊关联、不予以说明有碍于对内容的深入理解之条目，对与其在思想史或文化史上有所关联的内容，予以简要说明。这样，读者既可对条目本身加深理解，又可对思想史或文化史上的有关问题有所了解，可谓一举两得。至于其他条目，自有注释和译文在，不会影响读者的理解，就不再啰嗦了。当然，这只是笔者个人的主观愿望，所选条目是否恰当，所作说明是否达到了预期，都有待于读者评判。如蒙识者不吝赐教，将不胜感谢。

译注者

2012.07

学行卷第一

【题解】

在春秋末期以前,我国古人还没有个人著书的传统。所以孔丘说"述而不作"(《论语·学而》),并不自己写书,只是向弟子们讲述自己的思想学说。在他去世后,他的弟子甚至再传弟子们,才把他平时的讲话根据追忆记录下来,逐渐整理成书,并命名为《论语》。"论",音 lún,古作"侖",意为汇辑书简。"语"是古代的一种文体,凡汇辑一时一地一人的言论事迹的文章,往往称之为"语"。"论语"即纂集(孔丘)言语行事而成的典籍。因为篇幅较长,所以又分为若干篇,而以篇首文字作为篇名。因此每篇包含若干语录式的段落,而篇名并不反映各篇的内容。《法言》虽然是扬雄个人的著作,但《法言》的撰写却是因为"雄见诸子各以其知舛驰,大氐诋訾圣人,即为怪迂,析辩诡辞,以挠世事,虽小辩,终破大道而惑众,使溺于所闻而不自知其非也。……故人时有问雄者,常用法应之,撰以为十三卷,象《论语》,号曰《法言》。"(《汉书·扬雄传》)也就是说,《法言》是模拟《论语》来撰写的。所以《法言》在形式上也具有《论语》的这种特点,篇名只是以此篇首文字来命名,并不能反映该篇的内容。不过本卷主要讨论"学",篇名和内容大体上还是一致的。

"学",和古代很多单音词一样,有多项意义。如学习、效仿、讲学、治学、学问、学说、学科、学派、学校等。除了具体的机构名称如学校外,这些义项在本卷中大体上都有所涉及。如关于学的层次,认为学而能行是最高层次,其次是能够著书立说,再其次是能够传授于人。如果这三层都做不到,便是一般人了。关于学的目的,除指出了修身养性、求为君子的目标,还指出了"大人之学为道"与"小人之学为利"的区别。关于学的态度,则提出了要持久、不能停顿、要以学为乐等要求。关于学的方法,除提出了"学以治之,思以精之,朋友以磨之,名誉以崇之,不倦以终之"等具体方法外,特别指出要以圣人为标准来判断其是非,要以"习是"来"胜非"。此外,本卷还指出了不学的危害,反驳了"学无益"的错误观点,并且特别强调了老师在塑造学生品格中的重要作用。可以说,关于学的一些基本问题,本卷在论述中大体上均有所涉及,而且其中不乏至今仍有参考意义的一些观点。

1.1　学①,行之②,上也;言之③,次也;教人④,又其次也;咸无焉⑤,为众人⑥。

【注释】

①学:学问,学说。

②行:实行。这里指从政以推行自己的主张。

③言:著述,即著书立说以宣传自己的学说。

④教:传授。指当时的儒者以儒家经典教授弟子。

⑤咸无:指既不能行,又不能言,也不会教人。咸,皆,都。

⑥众人:一般的人。

【译文】

对于学问,能够推广实行它,最好;能够著书立说解释它,是其次;能够把它传授给别人,又其次;如果这些一样都做不到,便是众多的平常人。

1.2　或曰①:"人羡久生,将以学也②。可谓好学已乎③?"

曰:"未之好也。学不羡。"

【注释】

①或曰:有人说。这是扬雄假托设问之词,以便阐述自己的主张。

②将以学也:将用来学习。以,用。

③可谓:可以说。好(hào):喜爱。已乎:句末疑问词。

【译文】

有人问:"有的人希望长生,以便用来学习。可以说是好学吗?"

扬子回答说:"这不是好学。好学的人除了学习以外没有别的欲望。"

1.3　天之道不在仲尼乎①? 仲尼,驾说者也②,不在兹儒乎③? 如将复驾其所说④,则莫若使诸儒金口而木舌⑤。

【注释】

①天之道:天理,天命。仲尼:孔丘(前551—前479),字仲尼。鲁国陬邑人。我国春秋末期著名的思想家、政治家和教育家,儒家学派的创立者。其事迹见《史记·孔子世家》。现存《论语》一书记载了他的思想和言行。

②驾说:放下了所驾的车。隐喻死了。驾,马在辕中拉车叫"驾"。说,与"挩"、"税"通,当解脱、停住讲。《文选》潘安仁《西征赋》"税驾西周"句下、江文通《杂体诗·鲍参军》"息徒税征驾"句下、陆士衡《吊魏武帝文》"将税驾于此年"句下,李善注引此句"说"皆作"税"。并引李轨注:"税,舍也。"

③兹儒:这些儒者,指当时的儒者。兹,此。

④复驾其所说:把停放的车子再驾起来,比喻重新担当起孔丘的任务。

⑤金口而木舌:指木铎,一种大铃,铎体为金属,锤为木质。《周礼·天官·小宰》"徇以木铎",郑玄注说:"古者将有新令,必奋铎以警众,使明听也。木铎,木舌也。文事奋木铎,武事奋金铎。"语本《论语·八佾》:"天下之无道也久矣,天将以夫子为木铎。"

【译文】

宣讲和实行天道的任务,不是由孔子承担着吗? 孔子死后放下了这个任务,不是由这些儒生又承担着吗? 如果要重新承担起孔子放下的任务,就没有比使这些儒生像金口木舌的木铎那样响亮地向民众宣讲天道更好的办法。

1.4　或曰:"学无益也,如质何①"?

曰:"未之思矣。夫有刀者砻诸②,有玉者错诸③。不砻不错,焉攸用④? 砻而错诸,质在其中矣;否则辍⑤。"

【注释】

①如质何:奈质何,对质有什么作用呢? 如,奈。质,本质,材质。

②砻(lóng):磨。诸:之,代词,这里指刀和玉。

③错:磨石。这里作动词用,琢磨的意思。

④焉攸用:何所用,有什么用呢? 焉,何。攸,所。

⑤辍(chuò):停止。

【译文】

有人问:"学习是没有什么益处的,学习对人的本性能有什么作用呢?"

扬子回答说:"这种说法是没有经过思考。有刀要加以磨砺,有玉要加以雕琢。不磨砺,不雕琢,刀和玉有什么用处呢? 对刀和玉加以磨砺和雕琢,它们的本质就在这个过程中形成了;不磨砺,不雕琢,就成不了刀和玉。"

1.5 螟蛉之子^①,殪而逢蜾蠃^②。祝之曰^③:"类我^④,类我。"久则肖之矣^⑤。速哉! 七十子之肖仲尼也^⑥。

【注释】

①螟蛉之子:螟蛉本身就是昆虫的幼虫,不可能有子,古人错把小的螟蛉当成了螟蛉之子。螟蛉,鳞翅目昆虫螟蛾的青色幼虫。

②殪(yì):死。蜾蠃捉住螟蛉后,用尾刺刺之,使呈麻木状态,古人以为是螟蛉死了,故云。蜾蠃(guǒ luǒ):属膜翅目的细腰蜂。五臣注本"蠃"作"蠃"。

③祝:祈祷。

④类:像。

⑤肖:似。蜾蠃在产卵期间,将螟蛉麻醉,置入巢中,以供其幼虫将来为食。幼虫长成化蛹,再化为成虫,然后破巢而出。古人不了解蜾蠃的生长过程,只看见蜾蠃衔螟蛉入巢,破巢而出的却是蜾蠃,就误以为是蜾蠃把螟蛉变成了自己的后代。所以《诗·小雅·小宛》就有"螟蛉有子,蜾蠃负之,教诲尔子,式穀似之"的诗句。中国历史上关于这个问题的各种见解可参看陈桢《由毛诗中"螟蛉有子,蜾蠃负之"所引起的我国古代昆虫学研究和唯心与唯物两派的见解》(《生物学通报》1956年第6期)。

⑥七十子:指孔丘的突出门生,据说有七十余人。如《史记·孔子世家》说:"孔子以诗书礼乐教,弟子盖三千焉,身通六艺者七十有二人。"又《史记·仲尼弟子列传》说:"孔子曰'受业身通者七

十有七人',皆异能之士也。"《索隐》云:"《孔子家语》亦有七十七人,唯文翁《孔庙图》作七十二人。"到底是七十几人,已不可考。七十是举其整数言之。

【译文】

螟蛉的幼虫,死后遇见蜾蠃。蜾蠃祷告说:"像我吧! 像我吧!"祷告的时间长了,螟蛉的幼虫就变得像蜾蠃一样了。孔子的七十弟子变得像孔子一样,可真快呀!

1.6　学以治之①,思以精之②,朋友以磨之③,名誉以崇之④,不倦以终之⑤,可谓好学也已矣⑥!

【注释】

①治:培养,教育。之:代词。指这段话所说的为学不倦的人。汪荣宝说:"此节论为学之本末。'学以治之',义虽可通,疑当作'学以始之',与'不倦以终之'文义尤相应也。'治'、'始'形近易误。《史记·夏本纪》:'来始滑。'索隐云:'古文《尚书》作"在治忽"。'可证。"(《法言义疏》卷一)此说可供参考。

②精:除去芜杂,抓住精华。

③磨:切磋琢磨。指朋友间的互相批评和讨论。

④名誉:美好的声誉。崇:尊崇。

⑤终:坚持到底。

⑥已矣:句末助词。

【译文】

如果能够通过学习提高修养,运用思考吸取精华,依靠朋友互相切磋,获得声誉受到尊崇,还坚持不懈贯彻始终,就可以说是好学了吧!

1.7　孔子习周公者也①,颜渊习孔子者也②。羿、逢蒙分其弓③,良舍其策④,般投其斧⑤,而习诸⑥,孰曰非也?

或曰:"此名也,彼名也,处一焉而已矣⑦。"

曰:"川有渎⑧,山有岳⑨。高而且大者,众人所不能逾也⑩。"

【注释】

①习:学习,仿效。周公:姓姬名旦,周文王之子,周武王之弟,因其采邑在周(今陕西岐山北),故称"周公"。他是周朝初年著名的政治家,儒家心目中的圣人。周武王死后,即位的周成王年幼,周公摄政。他平定了东方诸国的叛乱,制定了一套适合当时统治需要的制度,为所谓"成康之治"奠定了基础。其事迹见《史记·鲁周公世家》、《书·金縢》和《书·大诰》。

②颜渊:颜回(前521—前490),字子渊,春秋末年鲁国人。他是孔丘最赞赏的学生,以德行著称。其事迹见《史记·仲尼弟子列传》和《论语》。

③羿(yì):中国古代善射而名羿的有两人。一为尧时"上射十日而下杀猰貐"的羿(见《淮南子·本经训》),一为夏代诸侯国有穷之君,即"不修民事而淫于原野",被"家众杀而亨之"的后羿(见《左传》襄公四年)。根据文义,这里应是后羿。逢(páng)蒙:或作"逢蒙"、"蓬蒙"、"逢门"、"蠭门"等,亦古代善射者,传说曾学射于后羿。分:解,裂。

④良:即王良,又叫"邮无恤"、"孙无政"。他是春秋时代著名的善御者,曾当过赵简子的车夫。舍:弃。策:马鞭。

⑤般:即公输般,或作"公输盘"。他是春秋战国之际鲁国的巧匠,所以又叫鲁班。投:丢,扔。

⑥诸:之,代词,指周公、孔子、颜渊等人。

⑦处:居。

⑧渎:古代把独流入海的大河称为"渎",以别于注入其他江河的支流。《尔雅·释水》:"江、河、淮、济为四渎。四渎者,发源注海也。"又见《释名·释水》。

⑨岳:高大的山。《尔雅·释山》:"泰山为东岳,华山为西岳,霍山为南岳,恒山为北岳,嵩高为中岳。"

⑩众人所不能逾也:司马光说:"吴、宋本作'众人所能逾'。《音义》曰:'俗本脱"不"字,诸本皆有。'今从之。"俞樾说:"'也'字古通作'邪'。《荀子·正名》:'其求物也,养生也,粥寿也。'杨倞注曰:'"也"皆当为"邪",问之辞。'今依此读之,'众人所能逾也',犹曰'众人所能逾邪'? 虽无'不'字,其旨亦同。疑扬子原文本如此。其有'不'字者,乃后人不达古语而臆加之。《音义》所斥为俗本者,转是古本矣。"(《诸子平议》卷三十四)可供参考。这句话是针对上一句话来说明必须向圣贤学习的道理的,言外之意是说,一般人是无法和圣贤相比的。所以即使得到了能人之名也是不够的,必须向周公、孔子学习才是。

【译文】

孔子是学习周公的,颜渊是学习孔子的。如果后羿、逢蒙拆掉他们的弓,王良丢掉他的马鞭,公输般扔掉他的斧子,来学习周公、孔子、颜渊,谁能说不对呀?

有人说:"周公、孔子、颜渊得到的是这样一种名,后羿、逢蒙、王良、公输般得到的是那样一种名。能得到其中任何一种名就可以了吧。"

扬子说:"河流中有大河叫渎,山陵中有高山叫岳。高尚而且伟大的圣贤,是一般人所不能超越的。"

1.8　或问:"世言铸金①,金可铸与?"

曰:"吾闻,觌君子者问铸人②,不问铸金。"

或曰:"人可铸与?"

曰:"孔子铸颜渊矣③。"

或人踧尔曰④:"旨哉⑤! 问铸金,得铸人。"

【注释】

①铸金:炼石成金。当时社会上流传着所谓"神仙黄白之术",方士
　们宣扬可以炼石成金,是一种迷信思想。扬雄在这里是借题发
　挥,宣传儒家的教化思想。铸,金属熔炼后浇注入模成型
　叫"铸"。

②觌(dí):见。君子:本是古代对贵族的通称,后来演变为对有学
　问、有道德的人的尊称。铸人:培养、造就人才。

③孔子(前551—前479):名丘,字仲尼。鲁国陬邑人。我国春秋末
　期著名的思想家、政治家和教育家,儒家学派的创立者。其事迹
　见《史记·孔子世家》,《论语》记载了他的思想和言行。颜渊(前
　521—前490):颜回,字子渊,春秋末年鲁国人。他是孔丘最赞赏
　的学生,以德行著称。其事迹见《史记·仲尼弟子列传》和
　《论语》。

④踧(cù)尔:惊喜的样子。踧,惊喜。尔,形容词或副词词尾,表示
　"……的样子"。

⑤旨:美,好。

【译文】

有人问:"社会上流传着炼石成金的说法,能够炼石成金吗?"

扬子回答说:"我听说见到君子的人,只问能不能炼成人,不问能不
能炼成金。"

那人又问:"人可以炼成吗?"

扬子回答说:"孔子炼成颜渊了。"

那人惊喜地说:"好呀! 我问能不能炼成金,却知道了能不能炼成人。"

1.9　学者,所以修性也①。视、听、言、貌、思,性所有也②。学则正,否则邪。

【注释】

①性:人性。

②"视、听"二句:本于《书·洪范》:"五事:一曰貌,二曰言,三曰视,四曰听,五曰思。貌曰恭,言曰从,视曰明,听曰聪,思曰睿。恭作肃,从作乂,明作哲,聪作谋,睿作圣。"不同的是,《书·洪范》讲的是统治者统治国家的条件和方法,扬雄则把它看作人性的组成部分。

【译文】

学习是为了培养端正人性。观看、聆听、言谈、容貌、思想,都是人性的组成部分。坚持学习,这些行为才会端正;否则,这些行为就会邪恶。

1.10　师哉,师哉! 桐子之命也①。务学不如务求师②。师者,人之模范也③。模不模,范不范,为不少矣!

【注释】

①桐子:即童子,指未成年无知识的人。桐,与"侗"、"僮"、"童"通。

《法言音义》说:"桐子,音通,与'侗'同,亦音同,未成人也。《汉书》曰:'毋桐好逸。'"汪荣宝说:"读'桐'为'侗',义固可通。然侗子连文,殊无所据。实即僮子耳。《说文》:'僮,未冠也。'《广雅·释言》:'僮,稚也。'《国语·鲁语》:'使僮子备官而未之闻邪。'韦昭注云:'僮,僮蒙不达也。'经传通用'童'。……《经义述闻》云:'桐之言,童也,小木之名也。'《淮南·兵略训》:'夫以巨斧击桐薪,不待利时良日而后破之。'桐薪对巨斧,盖言其小者也。然则此以'桐'为'僮'者,声义皆近也。"(《法言义疏》卷一)命:命运。指人一生的各种遭遇,如贫富、贵贱、祸福、寿夭等。

②务:从事。求:寻找。

③模范:范,通"笵"。《说文解字·木部》:"模,法也。"又《木部》:"笵,法也。"段注曰:"以木曰模,以金曰镕,以土曰型,以竹曰笵,皆法也。"可见模、镕、型、笵都是制作器具时所依据的标准件,因所用材料不同而有不同的名称。后来意义逐步演变,于是为器之标准者称为"模型",为人之标准者则称为"模范"。

【译文】

老师呀,老师呀!他决定儿童的命运。所以单纯努力学习不如努力寻找老师,老师是人的模范。用模范的行为纠正不模范的行为,用模范的人格改造不模范的人格,这样的事真不少呀!

1.11　一閧之市①,不胜异意焉②;一卷之书③,不胜异说焉④。一閧之市,必立之平⑤;一卷之书,必立之师⑥。

【注释】

①閧(xiàng):同"巷"。市:市场。

②不胜:不可胜数,数不尽。形容其多。胜,尽。异意:不同的打算。

③书:这里指儒家的经传。

④异说:不同的解释。孔丘死后,儒家已经分为许多派。秦始皇时,焚书坑儒,禁止民间私藏《诗》《书》,直到西汉惠帝废除挟书律后,这些书籍才又慢慢传布出来。最初由于字体的不同,形成了今文和古文的区别,以后就发展成了不同的学派。在一派里面,对一部书的解释往往又分为许多家。各执师说家法,代代传授,互相排斥。所谓"一卷之书,不胜异说",就指这种宗派林立的情况。

⑤平:市场上官定的物价。据说中国古代曾设官管理市场并评定物价。如《周礼·地官》有"司市",注:"司市,市官之长。"又有"质人",注:"质,平也。主平定物价者。"另外,《周礼·地官·质人》:"凡卖儥者质剂焉。大市以质,小市以剂。"注引郑司农说:"质剂,月平价也。"又《周礼·天官·小宰》:"以官府之八成经邦治:……七曰听卖买以质剂。"注:"质剂谓市中平贾,今时月平是也。"虽然后代对"质剂"有不同的解释,但东汉初年市场上有官定的月平价,可以由此得到证明。汪荣宝说:"《汉书·景武功臣表》云:'梁期侯当千,太始四年坐卖马一匹,贾钱十五万,过平臧五百以上,免。'是汉时物价皆官为制定,谓之平。过平为赃。每月更定,故谓之月平。"(《法言义疏》卷一)

⑥一卷之书,必立之师:指朝廷立学官以主持儒家经典的传授。西汉时由于对经传解释纷纭,莫衷一是,儒生们只有谨守师法,以老师的解释为是非的标准。背叛师法,不但要遭到非难,朝廷也不录用。《文选》任彦升《宣德皇后令》"博通群籍而让齿乎一卷之师"句下李善注引此段作:"一巷之市,不胜异价;一卷之书,不胜异意。一巷之市,必立之平;一卷之书,必立之师。"

【译文】

　　一个小胡同里的市场，也有无数不同的价格；一本只有一卷的经书，也有无数不同的解释。所以，一个小胡同里的市场，也必须规定标准的价格；一本只有一卷的经书，也必须任命传授的教师。

　　1.12　习乎习^①！以习非之胜是也^②，况习是之胜非乎！於戏^③！学者审其是而已矣^④。

　　或曰："焉知是而习之^⑤？"

　　曰："视日月而知众星之蔑也^⑥，仰圣人而知众说之小也^⑦。"

【注释】

①习乎习：学习呀学习。这是感慨学习的作用之大。习，学习。

②以习非之胜是：世德堂本作"以习非之胜是也"。这句话意思是说"习是胜非"更容易。非，错误。胜，克服。是，正确。

③於戏：即"呜呼"，感叹词。司马光说："宋、吴本作'乌呼'。"

④审：审查，审订。而已矣：句末助词。

⑤焉：如何，怎么。

⑥蔑：小而少光。

⑦仰：仰望。众说：指儒家以外的其他各家学说。《孟子·尽心上》"游于圣人之门者难为言"句下孙奭疏引此段作："视日月而知众星之蔑如，仰天庭而知天下之居卑。"后半句是把3·10条中的一句话搬过来了。

【译文】

　　学习呀学习！用学习错误的学说还可以排斥正确的学说，何况是学习正确的学说来战胜错误的学说呢！唉！关键是学习的人要考究明白哪些是正确的学说。

　　有人问:"如何知道哪些是正确的学说而去学习它呢?"

　　扬子回答说:"看见太阳和月亮就知道众多星光的微弱,谛听圣人的道理就知道其他学说的渺小。"

　　1.13　学之为王者事①,其已久矣。尧、舜、禹、汤、文、武汲汲②,仲尼皇皇③,其已久矣。

【注释】

①王者:统一天下的人。王,我国古时夏、商、周三代中央政权的最
　　高统治者称"王"。

②尧、舜:我国古史传说中的两个"圣君",实际上是原始社会末期
　　的部落联盟首领。他们的事迹可参看《史记·五帝本纪》、《书·
　　尧典》和《舜典》、《大戴礼记·五帝德》和《帝系》。禹:我国古史
　　传说中的"圣君",既是原始社会末期的最后一个部落联盟首领,
　　又是奴隶社会第一个王朝夏朝的开国君王。其事迹可参看《史
　　记·夏本纪》、《书·禹贡》。汤:姓子,名履,又称"天乙",或作
　　"大乙"。谥为成汤。他是夏朝末年诸侯国商的首领,后灭夏而
　　建立了商王朝。其事迹可参看《史记·殷本纪》、《书·汤誓》和
　　《书·汤诰》。文、武:周文王姬昌和其子周武王姬发。文王是商
　　朝末年诸侯国周的首领,他奠定了灭商的基础,谥为文王。周武
　　王继位后,灭商而建立了周王朝。他们的事迹可参看《史
　　记·周本纪》、《书·泰誓》、《书·牧誓》、《书·武成》、《书·洪
　　范》。汲汲:借为"伋伋",急行不息的样子。

③皇皇:通"遑遑"或"惶惶",匆忙不安的样子。"皇皇"和上文
　　的"汲汲"都是形容所谓古代"圣人"忙忙碌碌地讲求学问的
　　样子。

【译文】

学问为帝王的事业服务,那是很长时间的事情了。唐尧、虞舜、夏禹、商汤、周文王、周武王忙碌不倦地讲求学问,孔子匆匆不安地讲求学问,那是很长时间的事情了。

1.14　或问进^①。

曰:"水。"

或曰:"为其不舍昼夜与^②?"

曰:"有是哉! 满而后渐者,其水乎^③!"

或问鸿渐^④。

曰:"非其往不往^⑤,非其居不居^⑥,渐犹水乎?"

请问木渐^⑦。

曰:"止于下而渐于上者^⑧,其木也哉? 亦犹水而已矣!"

【注释】

①或问进:汪荣宝说:"'或问进'者,问仕进之道也。《易·渐》云:'进得位、往有功也。'《王制》云:'大乐正论造士之秀者,以告于王,而升诸司马,曰进士。'郑注云:'进士,可进受爵禄也。'本书《君子》云:'或曰:"子于天下则谁与?"曰:"与夫进者乎?"或曰:"贪夫位也,慕夫禄也,何其与?"曰:"此贪也,非进也。"'明或问所谓进,必谓仕进也。"(《法言义疏》卷二)进,指为官从政。

②舍:居住,停留。按,此句本《论语·子罕》:"子在川上曰:'逝者如斯夫! 不舍昼夜。'"刘师培曰:"王观国《学林》九引此文及《问道篇》,'不舍'字并作'捨',谓'捨'字之意与《论语》'不舍'不合,是所据本作'不捨'。"(《扬子法言校补》)据此,刘师培所据本当作"不舍"。

③"满而后渐"二句:《易·渐》象曰:"渐之进也,女归吉也。进得位、往有功也。"扬雄这段话是根据《孟子·离娄下》"源泉混混,不舍昼夜,盈科而后进,放乎四海"和《孟子·尽心上》"流水之为物也,不盈科不行;君子之志于道也,不成章不达"等话引申发挥而来。意思是说,君子学习,必须像水那样不舍昼夜地向前,学成然后仕进。渐,进。

④或问鸿渐:有人问对大雁行动的看法。雁为候鸟,冬去春来,行动很有规律。扬雄把它人格化,用来比喻人的进退出处。鸿渐,见《易·渐》爻辞。虞翻注:"鸿,大雁也。"大雁是对游禽目鸭科雁亚科鸟类的通称。

⑤非其往不往:不是它愿意去的地方就不去。前一个"往"为名词,后一个"往"为动词。

⑥非其居不居:不是它愿意住的地方就不住。句法同上。

⑦请问木渐:请问对树木生长的看法。木渐,《易·渐》象辞:"山上有木渐,君子以居贤德善俗。"

⑧止:居,扎根。按,所谓"鸿渐"、"木渐",都是扬雄的借喻,用来说明他对为官从政的态度。

【译文】

有人问进取的道理。

扬子回答说:"就像水一样。"

那人问:"是因为水昼夜不停地奔流吗?"

扬子回答说:"是这样啊!把坑灌满以后又往前流的,不是水吗?"

有人问对鸿雁行止的看法。

扬子回答说:"不是它应该去的地方就不去,不是它应该住的地方就不住,它的行止就像水一样呀!"

有人问对树木生长的看法。

扬子回答说:"扎根在下面而往上生长的,不就是树木吗? 也像水一样呀!"

1.15　吾未见好斧藻其德若斧藻其桷者也^①。

【注释】

①斧藻:雕刻文饰。斧,这里用作动词,削,刻。藻,修饰文彩。
桷(jié):梁上短柱。旧说以为即斗拱。实际上应该是"斗",即
垫拱的方木块,不应该包括"拱"。也:五臣注本作"欤",误。
这是扬雄在发感慨:人们修饰房间里像桷那样不显眼的东西,
用心却要超过修养自己的品行。《文选》王元长《三月三日曲
水诗序》"斧藻至德"句下,张茂先《女史箴》"斧之藻之"句下,
李善注引此句及《太平御览》卷一百八十八"桷"条引此句,皆
无"好"字。

【译文】

我从来没见过爱好雕刻修饰自己的道德,就像雕刻修饰自己房间
里屋梁上的柱头那样的人。

1.16　鸟兽触其情者也^①。众人则异乎^②?贤人则异众人矣!圣人则异贤人矣!礼义之作有以矣夫^③!人而不学,虽无忧,如禽何^④?

【注释】

①触:动。《易·系辞上》:"触类而长之。"虞翻注:"触,动也。"刘向
《说苑·修文》引传:"触情纵欲谓之禽兽。"

②众人则异乎:一般人就不同吗?这句话对众人是否异于禽兽没
有作肯定的回答。众人,一般人。

③作:制订,规定。以:原因,理由。夫:句末感叹词。古音读 ba,相
　当于现在口语中的"罢"(吧)。(参看杨树达《词诠》)

④如禽何:奈禽何,又能拿禽兽怎么样呢!

【译文】

　鸟兽是受它的情欲冲动支配的。一般人就不同了吧?贤人就不同
于一般人啦!圣人就不同于贤人啦!所以礼仪的制定,是有道理的呀!
人如果不学习礼仪,即使没有忧愁,又和禽兽有什么不同呢?

　　1.17　学者,所以求为君子也①。求而不得者有矣,夫
未有不求而得之者也②。

【注释】

①君子:见1.8条注②。

②"求而不得者"二句:汪荣宝说:"'求而不得者有矣夫',于义可
　疑。下文云:'颜徒易乎?曰睎之则是。'又云:'不欲睎则已矣,
　如欲睎,孰御焉?'又篇末云:'立道仲尼,不可为思矣;术业颜渊,
　不可为力矣。曰:"未之思也,孰御焉?"'然则学者患不求为君子
　耳,无容有求而不得者。今云'有矣夫',明与'睎之则是'诸文相
　反。《御览》六百十三引邹子曰:'博学者,所以求为君子也。求
　而不得者鲜矣,未有不求而得之者也。'全本此文而'有矣夫'作
　'鲜矣'。疑邹湛所见《法言》如此。《文选》曹子建《与吴季重
　书》,李注引此文作'求而不得者有矣',无'夫'字。《御览》六百
　七引亦同。尤不可通。明'有矣'必'鲜矣'之误。今《法言》各本
　皆作'有矣夫',盖校书者习见《论语》'君子而不仁者有矣夫,未
　有小人而仁者也',据以妄改。"(《法言义疏》卷二)此可备一说。
　作"有矣夫"也通,甚至比作"鲜矣"更合适。因为作"有矣夫"可
　以加强后面"未有不求而得之者"的力量。若说矛盾,扬雄自相

矛盾处是很多的。这在古代是常有的现象,这种现象往往是时代和社会的内在矛盾反映在哲学家认识上的不彻底性的表现。

【译文】

学习,是因为企求成为君子。企求成为君子而又成不了君子的人是有的,但是,却没有不企求成为君子而能成为君子的人。

1.18　睎骥之马,亦骥之乘也①;睎颜之人②,亦颜之徒也③。

或曰:"颜徒易乎?"

曰:"睎之则是。"④

曰:"昔颜尝睎夫子矣⑤,正考甫尝睎尹吉甫矣⑥,公子奚斯尝睎正考甫矣⑦。不欲睎⑧,则已矣;如欲睎,孰御焉⑨"?

【注释】

①睎(xī)骥(jì)之马,亦骥之乘(shèng)也:学习良马的马,也是良马一类的马。睎,望,引申为仰慕、学习的意思。《文选》谢玄晖《拜中军记室辞隋王笺》"驽蹇之乘,睎沃若而中疲"句下,李善注引此句"睎"作"希",并引李轨注说:"希,望也。"骥,良马。乘,古时一车四马为一乘,引申为类别、等级之意。

②颜:颜回(前521—前490),字子渊,春秋末年鲁国人。他是孔丘最赞赏的学生,以德行著称。其事迹见《史记·仲尼弟子列传》和《论语》。这里泛指贤人。

③颜之徒:颜回一类的人。徒,党类。《晋书·虞溥传》引上述几句作:"希骥之马,亦骥之乘也;希颜之徒,亦颜之伦也。"

④曰"睎之则是":世德堂本无"曰"字。

⑤夫子:古代的尊称,特别是弟子对老师之称。这里指孔子。

⑥正考甫：又作"正考父"，春秋时期宋国人，宋襄公时为上卿。尹吉甫：周宣王时的贤臣，曾北伐猃狁，收复太原。

⑦公子奚斯：公子鱼，字奚斯，鲁国人。《诗·鲁颂·闷宫》："新庙奕奕，奚斯所作。"可见公子鱼曾作《鲁颂》。扬雄的这段话是为了说明"睎之则是"，所以李轨注说："吉甫作《周颂》，正考甫慕之而作《商颂》；……奚斯慕正考甫作《鲁颂》。"不过，《周颂》和《商颂》究竟为何人所作，历来说法不一，可参看朱希祖《周颂鲁颂商颂作者古今文异说辨》（《制言半月刊》第29期，1936年）尝：世德堂本皆作"常"，误。

⑧不欲睎：世德堂本作"如不欲睎"。

⑨孰：谁。御：禁止，阻挡。

【译文】

仰慕良马的马，也是良马一类的马；仰慕颜回的人，也是颜回一类的人。

有人问："成为颜回一类的人容易吗？"

扬子回答说："肯学习就可以做到。"

扬子又说："古时候颜回曾经学习过孔夫子，正考甫曾经学习过尹吉甫，公子奚斯曾经学习过正考甫。不想学习就算了；如果想学习，谁阻挡得了呢？"

1.19　或曰："书与经同而世不尚①，治之可乎②？"

曰："可。"

或人哑尔笑曰③："须以发策决科④。"

曰："大人之学也为道，小人之学也为利⑤。子为道乎？为利乎？"

或曰："耕不获，猎不飨，耕猎乎⑥？"

曰:"耕道而得道,猎德而得德,是获飨已。吾不睹参、辰之相比也⑦。是以君子贵迁善⑧。迁善者,圣人之徒与?百川学海而至于海,丘陵学山不至于山,是故恶夫画也⑨。"

【注释】

①书:这里指经以外的儒家书籍,如《论语》、《孟子》、《孝经》、《尔雅》等。经:儒家的经典,汉代指"五经",即《诗》、《书》、《易》、《礼》、《春秋》。不尚:不尊崇。这里是指不立于学官。西汉自文帝开始征用儒生,至武帝时,五经博士始备。平帝时,又立经古文学博士。但五经以外的儒家著作,都未立博士,只能私相传授。读这些书的人无法做官。这就是扬雄说的"世不尚"。刘歆和赵岐有文帝时诸子曾立于学官的说法,见刘歆《移太常博士书》和赵岐《孟子题辞》。但考之记载,与史实不符,不足为据。尚,尊崇。

②治:研究。

③哑尔:笑出声音来的样子。哑,笑。

④须:应该,必须。以:用。发策:汉代取士时把问题写在竹简上,叫应考的人抽签,抽着什么问题就回答什么问题,这叫"发策",也叫"射策"。策,古代写字用的竹简。决科:汉代在策试中,把问题分为三等或三类,名为甲科、乙科、丙科。科,等级,类别。

⑤"大人之学"二句:五臣注本作:"大人之学为道也,小人之学为利也。"《太平御览》卷六百七"叙学"条引无两"也"字。

⑥"耕不获"三句:获,收割庄稼。飨(xiǎng),与"享"通。狩猎完毕,众献其所获叫"飨"。这句话的言外之意是,如果为学无官可做、无利可图,还为学干什么呢?

⑦参、辰:中国古代天文学把星空分为三垣四象,七个区域。三垣是北天极周围的三个区域。四象则沿黄道环天一周。每象又分

为七个小区,就是七宿,共二十八宿。参是西方七宿之一,属于现代天文学中的猎户座。古人用来确定一年中季节的标准星象叫"辰"。当时是以"大火"(即心宿二,又叫"商星")的位置作为确定季节标准的,所以又把心宿叫做辰。心宿是东方七宿之一,属于现代天文学中的天蝎座。参、辰二宿在天空中遥遥相对,此起彼落,永不并见,人们常用来比喻两个事物的不相容或朋友间的不相见。扬雄在这里是用参、辰之不相比来说明不能把"为道之学"和"为利之学"相提并论。比:亲近,并列。

⑧"是以"句:语本《易·益》象辞:"风雷益,君子以见善则迁,有过则改。"是以,因此,这是个倒装的介宾短语。迁善,崇尚和学习好的行为品格。迁,升,登。去下之高谓之"迁",引申为慕尚。

⑨"百川学海"三句:《太平御览》卷五十三"陵"条引此句作:"百川学海而至于海,丘陵学山而不至于山,是故恶夫住者。"又卷六百七"叙学"条引作"百川学海而归于海,丘陵学山而不至乎山,是故恶夫画者也。"丘陵,小山。恶(wù),憎恶。夫,句中助词,没有实义。画,界限,停止。《论语·雍也》:"子曰:'力不足者中道而废,今女画。'"集解引孔曰:"画,止也。力不足者当中道而废,今女自止耳,非力极。"

【译文】

有人问:"有些书籍和官方经典有同等的价值,但在社会上不受尊崇,可以学习研究它们吗?"

扬子回答说:"可以。"

那人笑出声来说:"读书研究学问必须用来应考做官。"

扬子说:"大人从事学习研究是为了真理,小人从事学习研究是为了私利。你是为了真理呢,还是为了私利呢?"

那人问:"耕种得不到收获,狩猎得不到猎物,还耕种和狩猎吗?"

扬子回答说:"耕种真理而得到真理,猎取道德而得到道德,就是收获和猎物。我从来没有看到过参星和辰星同时出现在天空上的。所以君子珍视培养善良的品德。能够培养善良品德的人,就是圣人的弟子一类的人了吧?河流向往大海而达到了大海,丘陵学习高山而没有达到高山,所以我憎恶停顿不前。”

1.20 频频之党甚于鸒斯①,亦贼夫粮食而已矣②。朋而不心③,面朋也④;友而不心,面友也。

【注释】

①频频:有党比、频数两重意思。《广雅·释诂》:“频,比也。”王念孙《疏证》云:“党谓之比,亦谓之频;数谓之频,亦谓之比,义相因也。”这里是亲密而且成群结伙的意思。党:朋群,朋辈。鸒(yù)斯:也写作“鷽斯”。《诗·小雅·小弁》:“弁彼鷽斯,归飞提提。”孔颖达疏云:“此鸟名鷽,而云斯者,语辞。”又叫“鹎鶋”、“雅乌”等,即寒鸦,属鸣禽目鹎科。秋季常成群飞行,啄食植物的果实或种子。

②贼:败坏,毁害。夫:句中助词,没有实义。

③心:在这里作动词用,是交心的意思。

④面:表面。

【译文】

群聚游宴的集团,比鸒斯鸟还不如,无非是糟踏粮食罢了。作为群体而没有共识,是形式上的群体;作为友好而没有诚心,是表面上的友好。

1.21 或谓:“子之治产不如丹圭之富①。”

曰:“吾闻先生相与言,则以仁与义;市井相与言,则以财与利②。如其富③!如其富!”

或曰："先生生无以养也，死无以葬也，如之何？"

曰："以其所以养④，养之至也；以其所以葬，葬之至也"。

【注释】

①治：经营。产：产业。丹圭：即白圭，名丹，字圭，名字连称则为
"丹圭"。战国时人，以善于经营著名。其事迹散见于《孟子·告
子下》、《韩非子·喻老》、《韩非子·内储说下》、《史记·货殖列
传》、《史记·鲁仲连邹阳列传》、《战国策·魏策四》、《吕氏春秋》
等书。也有人说这些记载中的白圭不是一个人。

②"吾闻"四句：《汉书·货殖传》引《管子》云："古之四民不得杂处。
士相与言仁谊于闲宴，工相与议技巧于官府，商相与语财利于市
井，农相与谋稼穑于田壄，朝夕从事，不见异物而迁焉。"可见这
是古语，故云"吾闻"。先生，古代对有道德、有学问的人的尊称。
相与，互相。市井，古代把交易做买卖的地方叫"市井"。这里指
做买卖的人。

③如其富：这就是他的富。五臣注本没有下一句"如其富"。司马
光说："宋、吴本作：'如其富，如其义。'《音义》曰：'俗本下句作
"如其义"，非。'今从之。"如，乃，就。

④以：用。按，"以其所以葬"，原作"以其所葬"。秦恩复说："以其
所以养，衍下'以'字。"（《重刻治平监本扬子法言并音义序》）陶
鸿庆说："以其所葬，五臣注本作'以其所以葬'，当从之。此答或
人生无以养、死无以葬之问，故云然。李注云：'养不必丰，葬不
必厚，各顺其宜，惟义所在。'吴注云：'生事之以礼，不必丰也；死
葬之以礼，不必厚也。'义也，礼也，皆指所以养、所以葬而言。温
公集注不言李本之异，是李本与各本同也。秦校反谓'以其所以
养'句衍下'以'字，文理未协，恐不可从。"（《读诸子札记》十四）
陶说是，今从之。

【译文】

有人说:"先生经营的财产不如丹圭那样富。"

扬子说:"我听说,先生们在一起谈话,就谈论仁和义;商人们在一起谈话,就谈论财和利。这就是他的富吧! 那就让他富吧!"

那人问:"如果先生活着时没有东西奉养自己,死后没有东西安葬自己,怎么办呢?"

扬子回答说:"以那用来奉养自己的东西来奉养,就是最好的奉养;以那用来安葬自己的东西来安葬,就是最好的安葬。"

1.22　或曰:"猗顿之富以为孝①,不亦至乎! 颜其馁矣②。"

曰:"彼以其粗③,颜以其精④;彼以其回⑤,颜以其贞⑥。颜其劣乎⑦! 颜其劣乎!"

【注释】

①猗(yī)顿:春秋末年鲁国大商人,以煮盐和经营畜牧致富。因发家于猗氏,故名"猗顿"。

②颜其馁矣:据说颜回很穷,居陋巷,箪食而瓢饮,故云。颜,颜回(前521—前490),字子渊,春秋末年鲁国人。他是孔丘最赞赏的学生,以德行著称。其事迹见《史记·仲尼弟子列传》和《论语》。馁,同"馁",饥饿。

③彼:指猗顿。粗:糟粕。指对父母的衣食之养。

④精:精华。指对父母的精神之奉。

⑤回:邪。

⑥贞:正。

⑦其:副词,难道。

【译文】

有人说:"以猗顿那样的富有来孝顺父母,不是最好吗! 像颜回那样穷,父母就要挨饿了。"

扬子说:"猗顿之类的富人是用他们的粗俗的物质孝顺父母,颜回是用他的优良的道德孝顺父母;猗顿之类的富人是用他们的邪道孝顺父母,颜回是用他的正道孝顺父母。颜回的孝难道不好吗! 颜回的孝难道不好吗!"

1.23　或曰:"使我纡朱怀金①,其乐不可量已②!"

曰:"纡朱怀金者之乐,不如颜氏子之乐③。颜氏子之乐也内④,纡朱怀金者之乐也外。"

或曰:"请问屡空之内⑤?"

曰:"颜不孔,虽得天下不足以为乐⑥。"

"然亦有苦乎?"

曰:"颜苦孔之卓之至也⑦。"

或人瞿然曰⑧:"兹苦也⑨,祇其所以为乐也与⑩?"

【注释】

①纡(yū)朱怀金:抱着系了朱绶的金印,比喻做了大官。《后汉书·舆服志》下"诸侯王赤绶"句下注引徐广说:"太子及诸王金印,龟纽,朱绶。"纡,系结。朱,朱绶,系印的大红丝带。金,金印。

②其乐不可量已:俞樾说:"'不'字衍文。'已'当从世德堂本作'也'。'也'、'邪'古字通。'其乐可量也',犹云'其乐可量邪'?与上文'众人所能逾也',文法一律。学者不达古语,妄增'不'字,又改'也'字为'已'字,失其旧矣。《文选》鲍明远《拟古诗》李

善注引此文,正作'使我纡朱怀金,其乐可量也'。当据以订正。"
(《诸子平议》卷三十四)此说可供参考。

③颜氏子:指颜回。

④内:内心,指精神状况。下文的"外",外物,指物质享受。

⑤屡:多次,每每。空:贫穷。《论语·先进》:"回也其庶乎,屡空。"
又《雍也》:"贤哉,回也。一箪食,一瓢饮,在陋巷,人不堪其忧,
回也不改其乐。"

⑥"颜不孔"二句:这句话的言外之意是,颜回的快乐是由于他能够
向孔子学习圣人之道。孔,孔丘。

⑦卓:高超。至:极。按,五臣注本此句无"之至"二字。司马光说:
"李本作'颜苦孔之卓之至也',今从宋、吴本。"

⑧瞿(jù)然:惊喜的样子。

⑨兹:此。

⑩祇(zhī):恰巧,正是。其:指颜回。

【译文】

有人说:"如果让我做了大官,系上朱绶抱着金印,那个快乐真是没
法衡量呀!"

扬子说:"系朱绶抱金印的人的快乐,不如颜回的快乐。颜回的快
乐是内在的快乐,系朱绶抱金印的人的快乐是外在的快乐。"

那人说:"请问颜回常常穷得没有办法,还能有什么内在的快乐?"

扬子回答说:"颜回如果不能向孔子学习,即使得到整个天下,也不
足以使他快乐。"

"那么颜回也有苦恼吗?"

扬子回答说:"颜回的苦恼就在于孔子的道德学问高超到了极点,
学也学不到家。"

那人惊喜地说:"这种苦恼啊,正是颜回之所以能快乐的原
因吧?"

1.24　曰:"有教立道无止——仲尼①,有学术业无止——颜渊②。"

或曰:"立道仲尼③,不可为思矣;术业颜渊④,不可为力矣。"

曰:"未之思也,孰御焉⑤?"

【注释】

①有教:从事教育。有,为。语本《论语·卫灵公》"有教无类"。立:创设。道:指学说。无止:原来并作"无心",不通。《法言音义》曰:"天复本并作'无止'。"又李轨注曰:"孔子习周公、颜回习孔子,无止之者。"可见当作"无止"。汪荣宝曰:"'心'、'止'隶形相近而误。"(《法言义疏》卷二)因据改。仲尼:孔丘字。

②学:学习。术:与"述"通,传述。业:学说和事业。颜渊:颜回字子渊。

③立道仲尼:创立学派如孔子。

④术业颜渊:传述师业如颜渊。

⑤孰:谁。御:禁止,阻挡。

【译文】

扬子说:"从事教育和创立学说而不断努力,就可以达到孔子那样的境界;从事学习和传播圣人的事业而不断努力,就可以达到颜渊那样的地步。"

有人说:"创立学说要做到像孔子那样,是思想所不能的;传播圣人的事业要做到像颜渊那样,是力量所不能的。"

扬子回答说:"这种说法是没有思考,谁能阻挡你那样做呢?"

吾子卷第二

【题解】

在本卷中，扬雄主要以儒家的五经和圣人为标准，论述了自己的文艺思想，特别是对辞赋和音乐的看法，并连带评论了有关的古代著名思想家和著名辞赋家。

扬雄在青年时代本来很喜欢辞赋，又特别崇拜司马相如，所以"每作赋，常拟之以为式"（《汉书·扬雄传》）。但扬雄又是一个有政治理想的人。他作赋并不纯粹是为了迎合帝王的兴趣以获取功名利禄，还希望用赋来讽谏帝王，使帝王能遵守"圣人之道"以治国安民，求得国家的长治久安。因此，当他后来看到辞赋这种文章体裁对帝王的奢侈淫佚不但达不到讽谏的目的，反而成了一种鼓励，有害于实现其安邦定国的目的时，他对辞赋的态度就变了。《汉书·扬雄传》对此有颇为生动的说明："雄以为赋者，将以风也，必推类而言，极丽靡之辞，闳侈巨衍，竞于使人不能加也，既乃归之于正，然览者已过矣。往时武帝好神仙，相如上《大人赋》，欲以风，帝反缥缥有陵云之志。繇是言之，赋劝不止，明矣。又颇似俳优淳于髡、优孟之徒，非法度所存、贤人君子诗赋之正也，于是辍不复为。"

本卷关于辞赋的论述，就反映了扬雄态度转变后对辞赋的观点。所以当有人问"赋可以讽乎"时，他回答："讽则已；不已，吾恐不免于劝也。"并以"女工之蠹"的华丽的縠纱来比喻堆砌华丽辞藻却缺乏正确思想的辞赋。还提出了评价赋之优劣的"诗人之赋丽以则,辞人之赋丽以淫"的判断标准。关于行事与言辞的关系,则认为不论行事超过言辞或是言辞超过行事,都有失于偏颇,必须二者相称才合乎轨范。在作这些评论时,扬雄都是以儒家的五经和圣人作为判断是非的标准,所以他反复指出"舍五经而济乎道者,末矣","万物纷错则悬诸天,众言淆乱则折诸圣"。为了维护儒家的正统地位,他反对诸子学说,认为"委大圣而好乎诸子者",是不识正道的人。认为公孙龙虽然有"诡辞数万",但不合乎先王之法,所以君子不以为法。他还以当代孟轲自居,认为自己有责任像孟轲批判杨朱、墨翟,捍卫儒家思想那样,批判当时流行于社会上的不符合儒家观念的各种学说。

　　2.1　或问:"吾子少而好赋①?"

曰:"然。童子雕虫篆刻②。"

俄而曰③:"壮夫不为也。"

或曰:"赋可以讽乎④?"

曰⑤:"讽乎⑥? 讽则已⑦;不已,吾恐不免于劝也⑧。"

或曰:"雾縠之组丽⑨。"

曰:"女工之蠹矣⑩。"

"《剑客论》曰⑪:剑可以爱身⑫。"

曰:"狴犴使人多礼乎⑬?"

【注释】

①吾子:我的先生,指扬雄。赋:有两个含义。一为诗的一种表现手法。《周礼·春官·宗伯·大师》和《毛诗序》都认为诗有六义,风、雅、颂为诗之体(体裁),赋、比、兴为诗之用(手法)。写诗

铺陈直叙就叫"赋"。二为汉代一种重要的文体。往往只是极力堆砌辞藻,缺乏思想内容,成了宫廷御用文学。扬雄早年也很喜欢这种文体,曾模仿司马相如写过《甘泉》、《河东》、《长杨》等赋。但后来他的思想发生变化,转而起来批判汉赋的形式主义倾向。不过从后文的"讽则已"和"诗人之赋丽以则"来看,扬雄也没有完全否定作为诗的一种表现手法的赋,只是认为要用得恰当,不能滥用。

②雕虫篆刻:指学童学习书写古文字。《说文解字·自叙》:"秦书有八体:一曰大篆,二曰小篆,三曰刻符,四曰虫书,五曰摹印,六曰署书,七曰殳书,八曰隶书。"雕,雕刻。古代没有纸,写字用刀刻在木板上。虫,虫书。篆,篆书。刻,刻符。

③俄而:一会儿。

④讽:婉言以谏谓之讽。这句话是"或人"针对"壮夫不为"的说法提出的疑问。

⑤曰:司马光曰:"宋、吴本无'曰'字,今从李本。"

⑥讽乎:五臣注本无此二字。

⑦已:停止。

⑧劝:鼓励。按,《汉书·司马相如传》赞说:"扬雄以为靡丽之赋,劝百而风一,犹骋郑、卫之声,曲终而奏雅,不已戏乎!"《扬雄传》中也有类似的话,可以与此处互相参证。

⑨雾縠(hú):形容縠质轻盈若雾。縠,绉纱一类的丝织品。组:编织,引申来形容縠的文章条理。《太平御览》卷八百十六"縠"条引此句作"雾縠之丽",无"组"字。这句话是用縠之华丽来比喻作赋之必需铺张。

⑩女工:女子之事,指纺织、缝纫、刺绣等习惯上由妇女从事的工作。蠹(dù):蛀虫。这段话的言外之意是说,写文章讲究堆砌辞藻、铺张华丽是破坏著述事业的蛀虫。

⑪《剑客论》：当是古代论剑术之书。《史记·太史公自序》有"以传剑论显"的话。《盐铁论·箴石》也曾经提到"剑客论"。《汉书·艺文志》兵技巧家有"剑道三十八篇"。

⑫爰：读为"篓"。"篓"或作"菱"，隐蔽，保障。

⑬狴犴(bì àn)：有两种解释。一是牢狱的代称。狴犴本是古代传说中一种野兽的名字，因为过去牢狱的门上常常画有狴犴，故云。《音义》说："狴犴，牢狱也。"二是借为"批扞"，武术动作中的术语。这里是指剑术。汪荣宝说："'狴犴'读为'批扞'。击虚谓之批，坚不可入谓之扞，皆剑术之要。……《墨子·修身》云：'批扞之声，无出之口。'……然则批扞连文，古人常语。此以狴犴字为之者，疑亦出《剑客论》。古书多同声通用也。"(《法言义疏》卷三)汪说是。这段话的言外之意是说，剑术的攻守腾挪往往使人失礼惹祸，正与保身的目的相矛盾。这也是用比喻来说明赋往往起不到作赋者主观上要达到的目的，却导致了相反的结果。

【译文】

有人问："先生少年时代喜欢写赋？"

扬子回答说："是。就像儿童学习雕琢虫书和篆写刻符一样。"

过了一小会儿又说："成年人是不做这种事的。"

那人问："赋可以用来进行讽谏吗？"

扬子回答说："讽谏吗？赋应该能起到讽谏的作用就结束；如果大肆形容铺张，我看恐怕不可避免地要变成鼓励了。"

那人说："轻细的縠纱就要华丽。"

扬子说："所以织縠成了侵蚀妇女劳动的蛀虫。"

"《剑客论》说：剑可以护卫身体。"

扬子说："剑也会使人闯祸坐牢，剑术难道会使人讲究礼仪吗？"

2.2　或问："景差、唐勒、宋玉、枚乘之赋也①，益乎？"

曰："必也淫②。"

"淫、则奈何③？"

曰："诗人之赋丽以则，辞人之赋丽以淫④。如孔氏之门用赋也，则贾谊升堂、相如入室矣⑤。如其不用何⑥？"

【注释】

①景差：或作"景瑳"、"景磋"。战国时代楚国人，以辞赋见称，作品已失传。王逸《楚辞·大招》序说："大招者，屈原之所作也，或曰景差，疑不能明也。"唐勒：与景差同时代，楚国大夫，亦以辞赋见称，作品已失传。宋玉：与唐勒同时代人，楚国大夫，屈原弟子。传世的作品有《九辩》、《招魂》、《风赋》、《高唐赋》、《神女赋》、《登徒子好色赋》等。枚乘（？—前140）：字叔，淮阴人，西汉著名的辞赋家。传世的作品有《七发》等。其事迹见《汉书·贾邹枚路传》。

②淫：过度。这里指赋的侈靡烦琐。汪荣宝说："《法言》此文，当有脱误。《论语》'必也'字凡七见，……皆于前文所否之外，别求一义以当之，谓有之则惟此而已。若然，则'必也淫'不与文义相反乎？窃意原文当作：'或问："景差、唐勒、宋玉、枚乘之赋也，益乎？"曰："淫，必也则。"'言景差诸人之赋不免于淫，故为无益。赋之益者，其惟则乎。故后文直云：'淫、则奈何？''淫'、'则'二字平列为义，'则'非语辞，即'丽以则'之'则'。谓'淫'与'则'之别若何，正蒙此文而言。若如今本，'则'非特义不可通，亦令后文'则'字上无所承，失文例矣。"（《法言义疏》卷三）于省吾说："汪说误矣。此文本作：'必也淫˰则˰奈何。'应读作：'必也淫、则，淫、则奈何？'下'淫、则'正承上'淫、则'而言。上'则'字即涉

重文而脱。凡唐以前钞本及周秦人金石刻辞,上下句中间重语,皆不复书,必作'＝'以代之,此定例也。……汪氏移'淫'字于'必也'上,又增'则'字于'必也'下。似此妄改,殊无所据。"(《双剑誃诸子新证·法言新证》)考文字则于说为胜,论文义则汪说见长。因两存之,以供读者参考。

③则:法则。扬雄用来指他所主张的创作原则。

④诗人、辞人:我国古代诗歌有两大系统,一是以《诗经》为代表的北方系统,一是以《楚辞》为代表的南方系统,故有诗人、辞人之分。扬雄在这里使用这两个名词是有他的抑扬的。在扬雄看来,创作的诗赋符合他的原则的人,才配叫诗人;如果过分铺张,不符合他的创作原则,这样的人就只能叫辞人,不能叫诗人。

⑤"如孔氏"二句:《汉书·艺文志》引此句作:"如孔氏之门人用赋也,则贾谊登堂,相如入室矣。"《太平御览》卷五百八十七"赋"条引此句作:"若孔氏之门而用赋,则贾谊升堂,相如入室。"孔氏,指孔丘(前551—前479)。贾谊(前200—前168),洛阳人,西汉前期著名的政论家和文学家。其事迹见《史记·屈原贾生列传》和《汉书·贾谊传》。传世的作品有《吊屈原赋》、《鹏鸟赋》和《新书》等。相如,即司马相如(前179—前117),字长卿,成都人,西汉前期著名的文学家。其事迹见《史记·司马相如列传》和《汉书·司马相如传》。传世的作品有《子虚赋》、《大人赋》、《上林赋》、《长门赋》等。升堂、入室,用来比喻贾谊和司马相如在辞赋上的成就。语本《论语·先进》:"子曰:'由也升堂矣,未入于室也。'"堂,正厅。室,内房。

⑥如:奈。

【译文】

有人问:"景差、唐勒、宋玉、枚乘的赋,好吗?"

扬子回答说:"必然或是铺张过度的,或是合乎标准的。"

"铺张过度的什么样？符合标准的什么样？"

扬子回答说："诗人的赋华丽而符合标准,辞人的赋华丽而铺张过度。如果孔子门下需要赋的话,那么贾谊就像是走上了正厅,司马相如则像是进入了内室。无奈孔子的门下是不需要赋的吧?"

2.3　或问苍蝇、红紫①。

曰："明视②。"

问："郑、卫之似③?"

曰："聪听④。"

或曰："朱、旷不世⑤,如之何?"

曰："亦精之而已矣⑥。"

【注释】

①苍蝇:古人认为苍蝇能够变乱黑白,往往用以比喻颠倒是非的人。《诗·小雅·青蝇》:"营营青蝇,止于樊;岂弟君子,无信谗言。"郑玄笺说:"蝇之为虫,污白使黑,污黑使白,喻佞人变乱善恶也。"红紫:古人以为浅红和紫是间色(杂色),能够淆乱正色(大红)。《论语·阳货》:"子曰:'恶紫之夺朱也。'"疏引皇侃曰:"正谓青赤黄白黑,五方正色;不正谓五方间色,绿红碧紫骝黄是也。"红,古代是指浅红,大红则称"朱"或"赤"。

②明视:提高识辨力。"明"是动词,"视"作名词,这是一个动宾短语。

③郑、卫之似:儒家认为郑、卫音乐淆乱所谓雅乐(祭祀朝会所用的官方音乐),是"乱世之音"(《礼记·乐记》),应该排斥。郑、卫,指古代郑、卫二地的民间音乐。似,貌似。

④聪听:增强听辨力。这也是一个动宾短语。

⑤朱:即离朱,或作"离娄"。传说为黄帝时人,视力特别好,能于百步之外,见秋毫之末。旷:即师旷,字子野。他是春秋时期晋平公的乐师,我国古代著名的音乐家。据说他对音律的分辨力特别强。不世:不是每个世代都有。

⑥精:努力用功钻研以求精通。这段话的言外之意是说,一般人只要肯下功夫努力,也是可以做到像他们那样的。

【译文】

有人问,遇到能够颠倒黑白的苍蝇,或能够淆乱正色的红紫,不容易分辨怎么办。

扬子回答说:"提高视力。"

那人问:"遇到能够淆乱雅乐的郑、卫之音,不容易分辨怎么办?"

扬子回答说:"增强听力。"

那人问:"像离朱那样善视、师旷那样善听的人,不是每个世代都有,怎么办?"

扬子回答说:"离朱、师旷也不过是对本行非常精通罢了。"

2.4　或问:"交五声、十二律也①,或雅、或郑②,何也?"

曰:"中正则雅③,多哇则郑④。"

"请问本⑤?"

曰:"黄钟以生之⑥,中正以平之⑦,确乎郑、卫不能入也⑧。"

【注释】

①交:俱,皆。五声:即宫、商、角、徵、羽五个音阶。五声加上变徵、变宫,即相当于现代音乐中的七音阶。十二律:按其相生次序排列是:黄钟、林钟、太蔟、南吕、姑洗、应钟、蕤宾、大吕、夷则、夹钟、无

射、仲吕。其中奇数的又称"律"，偶数的又称"吕"。故十二律又称"六律六吕"。十二律是音乐中表示某个固定音高的名称，类似于现代音乐中的调名。以十二律配七音，旋相为宫（根据需要可以任意确定以某一律为基调），就可以得出不同调子的音乐。

②雅：雅乐，即古代统治者祭祀、朝会、宴享时所用的官方音乐。深受儒家推崇，尊之为雅乐。郑：指郑、卫地方的民间音乐。

③中正：正当正派。

④多："哆"的假借字，音chǐ，同"侈"，邪荡、淫滥的意思。王念孙《读书志余》："引之曰：'"多"读为"哆"。哆，邪也。'"哇：诌佞、邪侈之意。

⑤本：原则，根本。

⑥黄钟以生之：古代定十二律，是用不同长度的竹管，定出不同高低的声音。黄钟律是用九寸长的竹管，其他十一律则是在此基础上按三分损一或三分益一的办法，依次加以损益得来。所以称"黄钟"为"律本"。

⑦中正以平之：以正大的心胸、端正的态度谱曲。平，调和，调配。

⑧确：坚固。入：窜入。

【译文】

有人问："音乐都是五声、十二律组成的，但有的是雅乐，有的是郑、卫之音，这是为什么呢？"

扬子回答说："中和平正的就是雅乐，淫滥邪侈的就是郑、卫之音。"

"请问创作雅乐、避免郑、卫之音的根本是什么？"

扬子回答说："以黄钟为标准产生出十二律，按照中和平正的原则把五声和十二律调配好，这样创作出来的雅乐，其严整就不是郑、卫之音所能淆乱的了。"

2.5　或曰:"女有色^①,书亦有色乎?"

曰:"有。女恶华丹之乱窈窕也^②,书恶淫辞之淈法度也^③。"

【注释】

①色:颜色。这里指貌美。

②恶(wù):憎恶,讨厌。华:铅华,搽脸的粉。丹:唇朱,抹唇的口红。乱:混淆,以假充真。窈窕(yǎo tiǎo):美好的样子。

③淫辞:邪僻夸大的言辞。淈(gǔ):搅乱。法度:准则。扬雄用来指所谓圣人之道,即封建制度的那一整套规范。

【译文】

有人问:"女人有美和丑的分别,书籍也有美和丑的分别吗?"

扬子回答说:"有。对女人来说,可恶的是利用脂粉化妆来冒充美貌;对书籍来说,可恶的是利用华丽言辞来搅乱法度。"

2.6　或问:"屈原智乎^①?"

曰:"如玉如莹,爰变丹青^②。如其智^③! 如其智!"

【注释】

①屈原(约前340—前278):名平,字原。又名正则,字灵均。战国时代楚人。我国古代著名的政治家和诗人。其事迹见《史记·屈原贾生列传》。传世的作品有《离骚》、《天问》、《九章》、《九歌》等,均见《楚辞》。

②"如玉"二句:如玉如莹,即如玉之莹。这里是形容屈原品质高尚似玉之晶莹明亮。莹,玉石的光彩。爰,乃,遂。丹青,本为绘画中常用的红、青两种颜料,因此为图画的代称,引申之又可

谓文章的华彩。俞樾说："宋龚鼎臣《东原录》曰：'嘉祐中，予在国子监，与监长钱象先进学官校定李轨注扬子《法言》。后数年，乃于唐人类书中，见"如玉如莹"一义，惜其未改正也。或问：屈原智乎？"曰："如玉加莹，爰见丹青。"轨注曰："夫智者达天命，如玉加莹，磨而不磷。"往日不知其误，遂改轨注以就文义尔。'以上皆龚说。今按《华严经音义》引《仓颉篇》曰：'莹，治也。'《尔雅·释鸟》释文曰：'莹，磨莹也。'如玉加莹，爰见丹青，言屈原之放逐，犹玉加磨莹而成文采也。……当据龚说订正。"（《诸子平议》卷三十四）此可备一说。

③如其智：乃其智，这就是他的智。这里有惋惜屈原不够明智的意思。如，乃。

【译文】

有人问："屈原明智吗？"

扬子回答说："屈原品质高尚好像玉石那样晶莹，可惜未能实现他的抱负，结果是化作光辉灿烂的诗章，留在了世上。这就是他的明智！这就是他的明智！"

2.7　或问①："君子尚辞乎②？"

曰："君子事之为尚。事胜辞则伉③，辞胜事则赋④，事辞称则经⑤。足言足容⑥，德之藻矣⑦！"

【注释】

①或问：世德堂本作"或曰"。

②尚：崇尚。辞：言辞，辞令。

③胜：超过。伉：同"亢"，质直，质朴无文之意。

④赋：如赋之铺张夸大，即浮夸之意。

⑤事辞称(chèn)则经：原重一"事"字，各本皆无。秦恩复说："误重

'事'字。"(《重刻治平监本扬子法言并音义序》)据删。称,适宜,
符合。经,规范。

⑥足言足容:充足的言辞,充足的行事。容,内容。指事实。

⑦藻:藻饰。

【译文】

有人问:"君子尊崇言辞吗?"

扬子回答说:"君子尊崇行事。行事超过言辞就失于质朴,言辞超
过行事就流于夸张,行事和言辞相称才合乎轨范。既有充足的言辞,又
有充足的行事,才是道德的丰富多彩的表现呀!"

2.8　或问:"公孙龙诡辞数万以为法①,法与?"

曰:"断木为棋②,梡革为鞠③,亦皆有法焉! 不合乎先王
之法者④,君子不法也⑤!"

【注释】

①公孙龙(约前320—前250):字子秉,战国时代赵人。他是我国古
代著名的哲学家和逻辑学家,名家的代表人物之一。传世的著
作有《公孙龙子》一书。诡辞:诡辩之辞。因为公孙龙曾经提出
"离坚白"和"白马非马"等论点,把事物及其属性割裂开来,故
云。法:法则、标准。

②断:截断。

③梡(huǎn):司马光说:"梡,旧本作'捖'。音缓,又音欵。"梡、捖,
异体同意,刮摩的意思。革:兽皮去毛经过处理后叫"革"。鞠
(jū):我国古代的一种足球,以革为皮,里边塞上毛发等东西。

④先王:古代的帝王,指儒家崇拜的尧、舜、禹、汤和周文王、周武
王等。

⑤不法:不以为法。

【译文】

有人问："公孙龙把数万字的诡辩言论作为准则,这是准则吗?"

扬子回答说:"砍截木头做棋子,刮削皮革做足球,也都有准则呀!不合乎古代圣王准则的,君子不认为它是准则呀!"

2.9　观书者譬诸观山及水①:升东岳而知众山之峛崺也②,况介丘乎③!浮沧海而知江河之恶沱也④,况枯泽乎!舍舟航而济乎渎者⑤,末矣!舍五经而济乎道者⑥,末矣!弃常珍而嗜乎异馔者⑦,恶睹其识味也⑧!委大圣而好乎诸子者⑨,恶睹其识道也⑩!

【注释】

①诸:"之于"的合音。《文选》吴质《答东阿王书》"夫登东岳者然后知众山之逦迤也,奉至尊者然后知百里之卑微也"句下李善注引此句作:"观书者譬如观山。"

②升东岳而知众山之峛崺(lǐ yǐ):登上泰山就看见群山在下面蜿蜒曲折。这是用泰山的高大比喻儒家经典的珍贵,用群山的矮小比喻诸子学说的卑微。《文选》王仲宝《褚渊碑文》"登岳均厚"句下李善注引此句作:"登东岳而知众山之逦迤。"升,登上。东岳,指泰山。中国古代有五岳,即中原地带的五大名山,具体所指在历史上有所变化,通常认为五岳是:东岳泰山,西岳华山,中岳嵩山,南岳衡山,北岳恒山。岳,大山。峛崺,即逦迤,小而邪行绵延之状。司马光说:"宋、吴本'峛崺'作'逦迤',今从李本。"

③介:纤小孤独之状。丘:土高为丘,即大土堆。

④浮:泛舟。沧海:大海,因大海水深呈青绿色,故称大海为沧海。

沧,通"苍",青绿色。恶沱:借为"洿涂",污浊不清洁的意思。这是用江河和大海比起来显得如何渺小污浊来比喻诸子之不配和所谓"大圣"相提并论。

⑤济:渡。渎:大河。古代把独流入海的大河称为"渎",以别于注入其他江河的支流。《尔雅·释水》:"江、河、淮、济为四渎。四渎者,发源注海也。"按,此句以喻下句舍弃五经而能掌握圣人之道的人也是没有的。

⑥五经:指儒家的《诗》、《书》、《易》、《礼》、《春秋》五部书,汉代时称为"五经"。经有恒常和规范的意思。在儒家看来,上述一些书反映了作为众人言行规范的恒久不变的圣人之道,故尊称之为经典。济:渡,引申为完成、达到的意思。

⑦常:一般。珍:美味的食品。嗜:爱好。馔(zhuàn):食物。

⑧恶(wū):怎么,怎样。睹:看见,知道。识:认识,懂得。按,此句用以喻下句"委大圣而好乎诸子者"是根本不懂得"道"的。

⑨委:放弃,丢掉。大圣:伟大的圣人,指孔丘。好(hào):喜爱。诸子:众先生,指先秦和汉代各个学术流派及其代表人物。《史记·太史公自序》归纳为阴阳、儒、墨、名、法、道六家,《汉书·艺文志》则归纳为儒、道、阴阳、法、名、墨、纵横、杂、农、小说十家。这里则是指除儒家以外的各家学说。子,古代对有学问、有道德的男子的尊称,相当于现在的"先生"。

⑩道:根本的理论和规范。这里指"圣人之道",即封建制度的全部原则和规范。

【译文】

读书就好比观看山和水:登上泰山就可以看见群山的蜿蜒曲折,何况那些纤小的土堆呢!泛舟大海就可以知道江河的污浊渺小,何况那些干涸的洼地呢!不用航船而能够渡过大河的事,是没有的!舍弃五经而能够求得真理的事,是没有的!不吃正常的美食而嗜好怪异的食物的人,他怎么懂得味道!丢掉圣人的教诲而喜好其他学说的人,他怎么懂得真理呢!

2.10　山崿之蹊①,不可胜由矣②;向墙之户,不可胜入矣③。

曰:"恶由入④?"

曰:"孔氏⑤。孔氏者,户也。"

曰:"子户乎?"

曰:"户哉! 户哉! 吾独有不户者矣⑥!"

【注释】

①山崿之蹊(xī):《孟子·尽心下》有"山径之蹊",一般解释为"山坡的小路"。说"径"同"陉",而"陉"为"阪",即山坡。但《说文解字》:"崿,谷也。"又说:"陉,山绝坎也。"都是山忽然断绝的意思。所以这里的"山崿之蹊",应该解释为忽然断绝的山谷间的偏僻小路。这样,"山崿之蹊"似路但实际上走不通,和下句"向墙之户"似门但实际上进不去,意思也就一致了。蹊,人不常走的偏僻小路。

②不可胜由:不可能走完,走不通。胜,尽。由,通过。

③"向墙之户"二句:用比喻来说明诸子的学说貌似有理但实际上行不通。向,面对。户,门户。

④恶(wū)由入:何从入,从什么地方进去呢? 恶,何,安。由,从。

⑤孔氏:指孔丘(前551—前479)。

⑥吾独有不户者矣:汪荣宝曰:"《经传释词》云:'独,犹宁也,岂也。矣,犹乎也。'然则'吾独有不户者矣',犹云'吾宁有不户者乎?'"(《法言义疏》卷四)按,《太平御览》卷一百八十四"户"条引此条

作:"山径之蹊,不可胜由矣;向墙之户,不可胜入矣。曰:'恶由
入?'曰:'孔氏。'曰:'孔氏者,户也。'曰:'子户乎?'曰:'我户哉?
吾独有不户者矣。'"

【译文】

山谷截断的小路,不可能走得通;面对墙壁的门户,不可能进得去。

有人问:"那么从什么地方进去?"

扬子回答说:"从孔子那里进去。孔子,就是门户呀!"

有人问:"先生是门户吗?"

扬子回答说:"门户呀! 门户呀! 我岂有不是门户的呀!"

2.11　或欲学《苍颉》、《史篇》①。

曰:"《史》乎②!《史》乎! 愈于妄阙也③。"

【注释】

①《苍颉》:指《苍颉篇》,古代小篆体字书。《汉书·艺文志》有"《苍
颉》一篇",又说:"《苍颉》七章者,秦丞相李斯所作也;《爰历》六
章者,车府令赵高所作也;《博学》七章者,太史令胡母敬所作也:
文字多取《史籀篇》而篆体复颇异,所谓秦篆者也。……汉兴,闾
里书师合《苍颉》、《爰历》、《博学》三篇,断六十字为一章,凡五十
五章,并为《苍颉篇》。"《说文解字·自叙》更明确指出:"皆取《史
籀》大篆,或颇省改,所谓小篆者也。"苍颉,或作"仓颉",传说中
黄帝时初造文字的人。《史篇》:指《史籀篇》,古代大篆体字书。
传说为周宣王时的太史籀所作。《说文解字·自叙》和《汉书·
艺文志》都是这样说的。但近人有人认为,此书乃春秋战国期间
秦人所作,是用来教学童识字的。"籀"是诵读的意思。因首句
为"太史籀书",故取"史籀"二字以名篇(按,以篇首二字名篇,乃
古代字书命名的通例)。从《汉书·艺文志》和《说文解字·自

叙》说的《史籀篇》的字体同孔壁古文不同的情况来看,这种推断是有道理的。

②《史》:即《史篇》。狭义的《史篇》,即《史籀篇》。但因为《史籀篇》是流传下来的最早的字书,可以作为一切字书的代表,所以广义的《史篇》又泛指一切字书。《汉书·扬雄传》赞说扬雄以为"《史篇》莫善于《仓颉》",故模仿之而作《训纂》,就可以证明这一点。

③愈于妄阙:胜于荒废缺失。于省吾说:"李注:'言胜于不学而妄名,不知而阙废。'汪荣宝云:'"妄"谓诡更正文,虚造不可知之书。"阙"谓不见通学,未尝睹字例之条。'按:注及汪说读'妄'如字非是。'妄'、'荒'古音近字通。《书·无逸》:'不敢荒宁。'毛公鼎:'女毋敢妄宁。'晋姜鼎:'不暇妄宁。'是其证也。'荒'、'阙'义相因。上言:'或欲学《苍颉》、《史篇》,曰:史乎,史乎,此接以愈于荒阙也。'言《苍颉》、《史篇》当时几成绝学。史官主文字,或云胜于荒废阙佚也。"(《双剑誃诸子新证·法言新证》)愈,胜。妄,与"荒"通。

【译文】

有人想学习《苍颉篇》和《史籀篇》这些字书。

扬子回答说:"字书呀! 字书呀! 学习它们总胜过荒废缺失呀!"

2.12　或曰:"有人焉,自云姓孔而字仲尼①,入其门,升其堂,伏其几②,袭其裳,则可谓仲尼乎?"

曰:"其文是也③,其质非也④。"

"敢问质⑤?"

曰:"羊质而虎皮,见草而说⑥,见豺而战⑦,忘其皮之虎矣。"

【注释】

①自云:"自"原作"曰",五臣注本作"自"。秦恩复说:"'曰'当作'自'。"(《重刻治平监本扬子法言并音义序》)因据改。又世德堂本无"云"字。

②几:《说文解字》:"几,踞几也。"就是古人席地而坐时倚伏的矮桌。

③文:文饰,外表。

④质:本质。

⑤敢问质:冒昧地问本质是怎么一回事?

⑥见草而说:《法言音义》说:"天复本作'见羊而悦'。"说,读为"悦",喜悦。

⑦战:战栗,发抖。

【译文】

有人问:"有这样一个人,自己说姓孔而字叫仲尼,进入他的家门,登上他的堂屋,靠着他的几凳,穿着他的衣裳,就可以说是孔子吗?"

扬子回答说:"这人外表上是孔子,实质上不是孔子。"

"请问怎样认识实质?"

扬子回答说:"实质上是只羊却披着虎皮,看见牧草就高兴,遇到豺狼就打颤,忘了自己披的是虎皮了。"

2.13　圣人虎别①,其文炳也②;君子豹别,其文蔚也③;辩人狸别④,其文萃也⑤。狸变则豹,豹变则虎⑥。

【注释】

①别:区别,引申为门类。

②炳:花纹鲜明显著。这一条是承接上条来说明各种人的"质"和"文"的。前三句每句都是前半句讲人之质(类别),后半句讲人

之文(表现)。

③蔚:斑纹华美丰盛。以上两句本《易·革》象辞"大人虎变,其文炳也"、"君子豹变,其文蔚也"。

④辩人:即明辨之人,哲人。辩,通"辨"。狸:又叫"狸猫"、"山猫"等,属哺乳纲食肉目猫科的一种小型猛兽,俗称"野猫"。

⑤萃:花纹荟萃浓聚。

⑥"狸变"二句:这里反映了扬雄认为人是可以改变和圣人可以学习的思想。

【译文】

圣人像虎一样,文采辉煌炫耀;君子像豹一样,文采鲜明华美;辩人像狸一样,文采浓郁荟萃。狸变化就成为豹,豹变化就成为虎。

2.14　好书而不要诸仲尼,书肆也①;好说而不要诸仲尼,说铃也②。君子言也无择③,听也无淫④。择则乱,淫则辟⑤。述正道而稍邪哆者有矣⑥,未有述邪哆而稍正也⑦。

【注释】

①"好(hào)书"二句:《太平御览》卷六百零八"叙经典"条和卷八百二十八"肆"条引此句皆作:"好书不能要诸仲尼,书肆也。"好,喜爱。要(yāo),求取,约束。诸,"之于"的合音。肆,市场。

②说铃:比喻好说话而没有思想灵魂,好像铃铛一动就叮当乱响。铃,小铃铛。

③择:读为"殬"(dù),败坏。汪荣宝说:"'择'读为'殬'。《说文》:'殬,败也。'《商书》曰:'彝伦攸殬。'今《洪范》作'斁'。郑注云:'言王所问所由败也。'与许同义。《吕刑》云:'敬忌,罔有择言在身。'王氏引之《经义述闻》云:'殬、斁、择古音并同。"敬忌,罔有

择言在身"，言必敬必戒罔或有败言出乎身也。……《孝经》："口
无择言，身无择行。"口无败言，身无败行也。说《尚书》、《礼记》、
《孝经》者，多以为无可择，殆似迂回，失之。……蔡邕《司空杨公
碑》曰："用罔有择言、失行在于其躬。"择言与失行并言，盖训
"择"为"败"也。此又一证矣。'"（《法言义疏》卷四）

④淫：过分。

⑤辟：邪僻。

⑥述：这一句是总结上面"好书"和"听"、"好说"和"言"两方面而
　言，故"述"应包括学习和传述两种意义。稍：逐渐。哆(chǐ)：邪。

⑦稍正：《法言音义》："天复本作'稍正道'。"

【译文】

喜好读书而不用孔子的标准进行取舍，不过像个不辨是非只知陈
列贩卖的书摊罢了；喜好议论而不用孔子的标准进行取舍，不过像个不
辨是非只知丁零作响的铃铛罢了。君子不发表不正确的言论，不聆听
不正派的声音。发表不正确的言论就会造成混乱，聆听不正派的声音
就会走上邪路。传述正道而逐渐走入邪道的人是有的，却没有传述邪
道而逐渐走入正道的人。

2.15　孔子之道，其较且易也①。

或曰："童而习之，白纷如也，何其较且易②?"

曰："谓其不奸奸、不诈诈也③。如奸奸而诈诈，虽有耳
目，焉得而正诸④?"

【注释】

①其：大概，多么。表示推测之中，带有肯定的意思。较：与"皎"或
　"曒"通，明白、明显之意。

②"童而习之"三句：童，少年。白，白发，喻老年。纷如，乱糟糟
的样子。汉代对儒家经传的解释越来越烦琐，以至于人们从
小开始学习，到老也掌握不了一部经。如《史记·太史公自
序》说："夫儒者以六艺为法。六艺经传以千万数，累世不能通
其学，当年不能究其礼，故曰：'博而寡要，劳而少功'。"《汉
书·艺文志》说"后世经传既已乖离，博学者又不思多闻阙疑
之义，而务碎义逃难，便辞巧说，破坏形体，说五字之文，至于
二三万言。后进弥以驰逐，故幼童而守一艺，白首而后能言；
安其所习，毁所不见，终以自蔽。"这句话就是根据这种情况对
其"较且易"的说法提出了疑问：一个人从小开始学习，到头发
都白了，还乱纷纷地没学出个头绪，这怎么能说是明白而又易
于学习呢？

③奸奸：以邪对邪。奸，邪。诈诈：以伪对伪。诈，伪。

④焉得：怎能。焉，安，何。诸："之乎"的合音。

【译文】

孔子的学说，大概是明白而且容易了解的吧！

有人问："从儿童时开始学习孔子的学说，到头发都白了，还乱纷纷
地没学出个头绪，怎么能说它是明白而且容易了解呢？"

扬子回答说："我是说孔子的学说不以奸邪对待奸邪，不以诈伪对
待诈伪。如果以奸邪对待奸邪，以诈伪对待诈伪，即使有人监视着，又
怎么能纠正奸邪和诈伪呢？"

2.16　多闻则守之以约①，多见则守之以卓②。寡闻则
无约也③，寡见则无卓也。

【注释】

①守：把守。这里是掌握的意思。约：简要，引申为根本。

②卓：高超，引申为精华。

③无约：掌握不了根本。

【译文】

学习要多听，然后抓住其中的关键；要多看，然后抓住其中的精华。听得少就不可能抓住关键，看得少就不可能抓住精华。

2.17　绿衣三百①，色如之何矣；纻絮三千②，寒如之何矣。

【注释】

①绿衣：典出《诗·邶风·绿衣》："绿兮衣兮，绿衣黄里。"毛传："兴也。绿，间色；黄，正色。"又："绿兮衣兮，绿衣黄裳。"毛传："上曰衣，下曰裳。"按照儒家的解释，黄为正色，反而为里为裳，绿为间色，反而为面为衣，这是用来比喻上下贵贱易位。这种解释当然牵强附会，但扬雄却正是用这种解释来阐明自己儒家正统思想的。

②纻（zhù）絮：破麻布衣服。纻，纻麻织成的粗布。絮，又作破衣破布。这段话的言外之意是说，不合乎正道的东西再多也没有用。

【译文】

绿衣虽然多到三百，无奈不是正色；麻衣虽然多到三千，无奈不能御寒。

2.18　君子之道有四易①：简而易用也②，要而易守也③，炳而易见也④，法而易言也⑤。

【注释】

①"君子"句:《太平御览》卷四百零三"道德"条引此句作"君子之道
　有四",无"易"字。

②简:单纯。用:施行。

③要:根本。守:掌握。

④炳:明显。见:认识。

⑤法:标准。言:阐释。

【译文】

君子的主张有四个方面是容易的:内容单纯而易于施行,论述扼要
而易于掌握,意义明显而易于了解,合乎规范而易于说明。

2.19　震风陵雨,然后知夏屋之为帡幪也①;虐政虐世,
然后知圣人之为郛郭也②。

【注释】

①"震风陵雨"二句:《文选》陆士衡《演连珠》第五十首李善注引此
　句作:"震风陵雨,然后知夏屋帡幪。"《太平御览》卷十"雨"条上
　引此句作:"震风凌雨,然后知夏屋之为帡幪。"震风,疾风。汪东
　说:"《尔雅·释言》:'振,讯也。'郭《注》谓奋迅。《释诂》:'迅,疾
　也。''震'与'振'通。"(《法言疏证别录》,《华国月刊》第一卷第八
　期)陵雨,暴雨。陵,通"凌"。五臣注本"陵"作"凌"。《广雅·释
　言》:"凌,暴也。"夏屋,大屋。夏,通"厦"。帡幪(píng méng),即
　帐幕,在上面的称"幪",在旁边的叫"帡"。

②郛郭:"郛"亦"郭","郛郭"即外城。这里是屏障的意思。

【译文】

碰上疾风暴雨袭击,然后才知道大厦是遮蔽风雨的帐篷;遇到暴政
残害社会,然后才知道圣人是保障百姓的城郭。

2.20 古者杨、墨塞路^①。孟子辞而辟之^②,廓如也^③。后之塞路者有矣^④。窃自比于孟子^⑤。

【注释】

①杨:原作"扬"。五臣注本作"杨",《法言义疏》因之,据改。杨,指
杨朱,或称"杨子"、"阳生"、"阳子居"等。战国初期卫国人,著名
的思想家。他主张"为我"、"贵己"、"全性葆真",因而遭到儒家
的猛烈攻击。《孟子·滕文公下》说:"杨朱、墨翟之言盈天下。
天下之言不归杨,则归墨。"可见杨朱的思想在当时是很流行的。
但其著作没有流传下来。其事迹和思想散见于《孟子·滕文公
下》、《孟子·尽心上》、《吕氏春秋·不二》、《淮南子·泛论训》等
书。《列子》有《杨朱》。但《列子》成书在晋代,所以《杨朱》不能
代表杨朱的思想。墨:墨翟(约前480—前420),春秋战国之际鲁
国人(一说宋国人,曾做过宋国大夫),著名的思想家,墨家学派
的创始人。他主张兼爱、非攻、尚贤,反对儒家的厚葬。因而遭
到儒家的攻击。现存《墨子》一书,是墨家学派的著作总集,记载
了墨翟及其弟子的言行和思想。塞路:堵塞了大道。形容当时
杨朱和墨翟的学说充盈天下,排挤了儒家学说。《孟子·滕文公
下》:"杨、墨之道不息,孔子之道不著,是邪说诬民,充塞仁义
也。"即其义。

②孟子:孟轲(约前372—前289),字子舆,战国时代邹人,我国古代
著名的思想家,儒家崇拜的"亚圣人"。其事迹见《史记·孟子荀
卿列传》。现存《孟子》一书,记载了孟子及其弟子的言行和思
想。辞:发言写文。辟:排除,驳斥。

③廓如:广阔空旷的样子。

④后:孟轲以后。

⑤窃:私下,暗自。

【译文】

古时候杨朱和墨翟的学说泛滥,堵塞了正路。孟子发言给予驳斥,把它们清除得干干净净。孟子以后又有错误的学说泛滥,堵塞了正路。我私下里把自己比作孟子。

2.21　或曰:"人各是其所是而非其所非①,将谁使正之?"

曰:"万物纷错则悬诸天②,众言淆乱则折诸圣③。"

或曰:"恶睹乎圣而折诸④?"

曰:"在则人,亡则书,其统一也⑤。"

【注释】

①是:肯定,赞成。前一个"是"作动词,后一个"是"为名词。非:否定,反对。句法同上。

②纷错:杂乱。悬:正。古代进行建筑时以细绳系重物作垂线以观正邪谓之"悬"。故借悬为正。在天文学上又曾用悬来观测日影和星位以定时间和季节,所以这里说"万物纷错则悬诸天"。诸:之于。

③众言:诸子之言。折:判断。圣:圣人。

④恶(wū):怎样。乎:于。诸:之乎。

⑤统:系统,根本。

【译文】

有人问:"每个人都肯定他所赞成的而否定他所反对的,那么由谁来纠正他们的错误呢?"

扬子回答说:"世间万物错综复杂,就用天象来测量它们;各种言论淆浊混乱,就由圣人来评判它们。"

那人问:"怎么能见到圣人,由圣人来评判它们呢?"

扬子回答说:"圣人在就由圣人来评判,圣人不在就用圣人的书来评判,圣人在和圣人的书在根本上是一样的。"

修身卷第三

【题解】

扬雄在本卷中论述了其人性论观点,以及由此而产生的人应该怎样修身养性,以达到儒家所要求的君子的标准等问题。

在扬雄之前,我国古代关于人性的学说,大体上有性善说、性恶说、性无分善恶说、性有善有恶说几种,主流是儒家从孟轲以来所主张的性善说。但在阶级社会中,面对激烈的阶级斗争和社会矛盾,性善说很难自圆其说。所以在扬雄生活的时代,社会上流行的是董仲舒的性三品说,即性有三品:圣人之性、中民之性、斗筲之性。"圣人"是教化别人的人,生来就具有完美的善性,这就是"圣人之性"。坚决破坏统治秩序之人的人性是"斗筲之性",这是根本没有善的因素,教化也改变不好的人。这两种人都是少数。社会上大多数人的人性是"中民之性",即性中有善质,但需教化而成。这在基本上仍然是一种性善论,不过根据阶级社会的实际状况对性善论的明显缺陷作了些补救而已。但随着社会危机的加深和阶级对立的尖锐化,这种学说的虚伪性及其与生活现实的矛盾,仍然日益暴露出来。而对严重的社会问题和董仲舒人性论的危机,扬雄提出了自己的人性学说。

扬雄认为,"人之性也善恶混,修其善则为善人,修其恶则为恶人。气也者,所以适善恶之马也与?""善恶混"即善恶相杂,就是说人性中既有善也有恶,关键在于"修",即培养。培养人性中的善就成为善人,培养人性中的恶就成为恶人。在这个基础上,扬雄用很多文字论述了修身养性问题。如必要性(如"夫有意而不至者有矣,未有无意而至者也")、目的(如"立义以为的"、"治己以仲尼")、方法(如"修身以为弓,矫思以为矢","强学而力行")、效果表现(如"仁义礼智信之用","取四重、去四轻")等,并详细论列了圣人、贤人、众人在各方面的区别。

　　本卷中有一个不大容易搞清楚的问题,就是"气也者,所以适善恶之马也与"中的"气"究竟是什么?因为扬雄在此没有加以说明,而且除此之外,在《法言》中也再没有谈到过气。从扬雄对人性修养的多处论述看,"气"即可以指人们所处的周围环境,也可以指人的修养功夫。很可能这两种意思都有,但他却没有明确地加以论述,这反映了扬雄思想的含糊和不彻底。

　　3.1　修身以为弓,矫思以为矢①,立义以为的②,奠而后发③,发必中矣④。

【注释】

①矫:矫正。思:思想。矢:箭。

②的(dì):鹄的,习射用的靶子的中心。

③奠:定。这里是说瞄准。

④中(zhòng):射中靶心,正着目标。

【译文】

把培养道德当作弓,把矫正思想当作箭,把树立正义当作靶子,瞄准了然后发射,一射必中目标。

　　3.2　人之性也善恶混①。修其善则为善人②,修其恶则为恶人。气也者,所以适善恶之马也与③?

【注释】

①"人之性"句:对于扬雄的这句话,后人有两种理解。一种认为"混"是混淆无别,因此"善恶混"就是无分善恶。一种认为"混"是异物相杂,因此"善恶混"就是有善有恶。实际上异物相杂才是"混"字最根本的含义。混淆无别之义是建立在异物相杂基础之上的。善恶混,即善恶相杂,是说人性中有善也有恶。

②其:指示代词,指人之性。按,这句话的语法结构也可以证明上句的"善恶混"是善恶相杂之义。因为,如果把"善恶混"理解作善恶不分,那么善恶都成了人性之外的东西,这句话就不应该有"其"字,而应该说:"修善则为善人,修恶则为恶人。"

③适:往,走向。按,对于气是什么东西,扬雄没有说。在《法言》中,除此处外,再也没有谈到过气。在《太玄》中,倒是多次提到过气。气甚至可以是自然变化和人事祸福的原因。但最后起决定作用的却是玄而不是气。气是从属于玄的。我们从扬雄关于人性的学说中可以看出,在形成善人或恶人的过程中,他是十分重视外界环境的影响作用的。从而,我们可以把这个"气"看作存在于人身之外而能影响人性的一种东西。它可能是指人们所处的周围环境,特别是社会环境。另外,把"气也者,所以适善恶之马也与"和"修其善则为善人,修其恶则为恶人"联系起来看,这个"气"对人性起的作用和"修"对人性起的作用是相同的。这样看来,它似乎又是指人们本身的一种修养功夫。这就把气变成了一种神秘的主观意识中的东西。从扬雄哲学的全面情况看,很可能是这两种意思都有。在扬雄的哲学思想中,最根本的东西是玄而不是气。气不过是玄的一部分或一阶段的表现。因此,气也就摆脱不了玄所具有的那种唯心主义神秘主义性质。

【译文】

人的本性是善和恶混杂在一起的。培养人性中的善就成为善人，培养人性中的恶就成为恶人。气这个东西，就是人走向善或恶时所骑的马了吧？

3.3　或曰："孔子之事多矣①。不用，则亦勤且忧乎②？"曰："圣人乐天知命③。乐天则不勤，知命则不忧。"

【注释】

①孔子之事多矣：此句语本《论语·子罕》："太宰问于子贡曰：'夫子圣者与？何其多能也？'子贡曰：'固天纵之将圣，又多能也。'子闻之，曰：'太宰知我乎！吾少也贱，故多能鄙事。君子多乎哉？不多也。'"事，本事。汪荣宝说："'事'谓能事。《荀子·大略》杨注云：'事，所能也。'"（《法言义疏》卷五）

②勤：刘师培说："此'勤'字当训为'苦'。本书《先知》：'或问民所勤。'注云：'勤，苦也。'此文'勤'字与彼义同。"（《法言补释》）此处"勤"释为"苦"，则当为"苦恼"之"苦"，其实仍与"忧"同义。

③乐天知命：其实就是"知乐天命"，这里是为了修辞而故意分开来说。天、命，都指天命，即作为万物主宰的有意识的天的意志。乐、知，都是形容圣人懂得天命而且甘心顺从天命的样子。

【译文】

有人问："孔子会干的事很多。如果没有人任用他，他也会苦恼和忧虑吗？"

扬子回答说："圣人顺从天意，懂得命运。顺从天意就不苦恼，懂得命运就不忧虑。"

3.4　或问铭^①。

曰:"铭哉,铭哉! 有意于慎也^②。"

【注释】

①铭:本来指刻写在器物上的短文。古代统治者往往借器物的名称作一番发挥,来颂扬自己的所谓功德,这就叫"铭"。铭就是名的意思。最初的铭是铸刻在钟鼎等不易毁坏的金属用品上,后来又多雕刻在石头上,再后来又发展成为一种独立的文体。凡押韵、讲究节奏而又有所寓意的短文,都可以叫"铭"。如"座右铭"之类。关于铭文的详细情况,可参考刘勰《文心雕龙·铭箴》和范文澜的注。

②有意于慎:铭文一般都是为了告诫自己、使自己有所警惕而作,故云。

【译文】

有人问对铭文的看法。

扬子回答说:"铭文呀! 铭文呀! 那是为了使人保持谨慎。"

3.5　圣人之辞,可为也;使人信之,所不可为也^①。是以君子强学而力行。

【注释】

①"圣人之辞"四句:《法言音义》说:"天复本作:'不可为也,使人敬之。'如此,则全句应作:'圣人之辞:可为也,使人信之;不可为也,使人敬之。'"但从全段的意思看,天复本不可取。因为如果那样,后面"是以君子强学而力行"这句话就没有意义了。

【译文】

圣人的话,人人都可以说;但要使人对你说的话如同对圣人的话一样信服,那就不可能了。因此君子要勤奋地学习并且努力去实行。

3.6　珍其货而后市^①,修其身而后交,善其谋而后动,成道也^②。

【注释】

①珍其货:使其货善美。珍,美化,完善。这里作动词用。市:交易,卖。

②成道:成功之道。

【译文】

精制自己的货物然后去交易,陶冶自己的情操然后去交往,完善自己的计谋然后去行动,这是成功的方法。

3.7　君子之所慎:言、礼、书^①。

【注释】

①言:言论。礼:礼仪。这里的意思是说君子的行为要处处合乎礼仪。书:书籍。这里实际上指各种学说。西汉自武帝罢黜百家、独尊儒术以后,诸子之书被视为异端,受到排斥。儒家内部也分为今文和古文两派,每派又分为若干家。对每一部儒家经传,各家都有自己的一套解释,代代相传,自以为正统。各家之间则彼此视为异端,互相攻击。所以扬雄把对待书的态度也列为君子应该慎重从事的内容之一。

【译文】

君子所要慎重对待的是:言论、礼仪、书籍。

3.8　上交不谄,下交不骄,则可以有为矣①。

或曰:"君子自守,奚其交②?"

曰:"天地交,万物生;人道交,功勋成③。奚其守?"

【注释】

①"上交不谄(chǎn)"三句:上交,和比自己地位高的人交往。谄,谄媚,奉承。下交,和比自己地位低的人交往。骄,骄傲,侮慢。可以有为,司马光说:"宋、吴本'有为'作'为友',今从李本。"汪荣宝说:"'有'读为'友'。《论语》:'有朋自远方来。'释文:'有,本作"友"。'鲁公子友字季父,《盐铁论·殊路》作'季有'。是二字古互通。为,语助也。详见《经传释词》。可以友为,犹云'可与言友也'。《音义》:'可以有为,俗本作"可以为友",非是。'此盖传写者不知'为'字之义,故倒'友为'之字为'为友'。然正可见《法言》此文之'有'本作'友'矣。"(《法言义疏》卷五)汪说虽可通,但却是不对的。"有为",应当解释为"有所作为"。下文"天地交,万物生;人道交,功勋成",正是说的有所作为。另外,扬雄这段话是根据《易·系辞》的一段话变化来的。《系辞下》说:"子曰:知几其神手! 君子上交不谄,下交不渎,其知几乎。几者动之微,吉之先见者也。君子见几而作,不俟终日。"又《系辞上》说:"夫易,圣人所以极深而研几也。唯深也,故能通天下之志。唯几也,故能成天下之务。"从这两段引文也可以看出,"有为"应当解释为"有所作为",而不应当解释为"可与言友"。

②奚其交:为什么要进行交往呢? 奚,何,为什么。

③"天地交"四句:天地交,天与地相交合。万物生,古人认为,万物

是由于天地交合而产生的。人道交,言人与人以仁义相交往。《易·说》说:"立天之道曰阴与阳,立地之道曰柔与刚,立人之道曰仁与义。"这里上文说"上交不谄,下交不骄",下文说"人道交,功勋成",则"人道交"显然不是泛指人们所有的交往,而是指合乎所谓人道的交往。功勋成,成就事业,建立功勋。应劭《风俗通义·愆礼》说:"谨按《易》称:天地交,万物生;人道交,功勋成。"但今本《易》中没有这句话,仅《易·泰》象辞有"天地交而万物通也,上下交而其志同也",与此相类似。

【译文】

和比自己地位高的人交往不谄媚,和比自己地位低的人交往不骄横,就可以有所作为了。

有人问:"君子守住自己的本职就是了,何必要与人交往呢?"

扬子回答说:"天与地相交合,万物就产生了;人与人相交往,功业就完成了。怎么能只守住自己的本职呢?"

3.9　好大而不为,大不大矣;好高而不为,高不高矣。

【译文】

喜好伟大的成就却不去做,伟大的成就便不可能实现;喜好崇高的事业却不去做,崇高的事业就不可能实现。

3.10　仰天庭而知天下之居卑也哉^①!

【注释】

①仰:仰望。天庭:星垣名,或作"天廷"。我国古代把星空划分为三垣二十八宿,共三十一个区域。三垣是北天极周围的三个星

区,即紫微垣、太微垣、天市垣。天庭就是后来的太微垣。它在
北斗星的南面,南方七宿中的翼、轸二宿的北面,包含在现代天
文学中所说的狮子座、室女座、后发座中间。居:所在的地方。
卑:低下。按,这是一种比喻,言外之意则如李轨注所说,是"睹
圣道然后知诸子之浅小"。关于我国古代对星空的划分及其和
西方天文学中各星座之间的对应关系、中国古代星名和现代国
际星名的对应关系,可参考《中国大百科全书·天文学》中《星
座》、《三垣二十八宿》、《中国星名》等条及彩色插页第43—48页
的星图。

【译文】

仰望高高的天庭星垣,然后才知道世人所在的地方是多么低下呀!

3.11　公仪子、董仲舒之才之邵也①! 使见善不明,用
心不刚,俦克尔②?

【注释】

①公仪子:即公仪休,战国时代鲁国人,他曾做过鲁穆公的国相,以
　奉法循理,不与民争利著名。传说他不让家中种菜织布,理由是
　不与菜农和织女争利。其事迹见《史记·循吏列传》。董仲舒
　(前179—前104):广川人。他是西汉时期重要的唯心主义哲学
　家,专治《春秋公羊传》的今文经学家。曾向汉武帝提出"罢黜百
　家,独尊儒术"的建议,并以儒家思想为主,兼采阴阳五行家和法
　家等各派思想,综合成以"天人感应"为中心的一套神学唯心主
　义体系,在中国历史和思想史上有很大影响。其事迹见《史记·
　儒林列传》和《汉书·董仲舒传》。传世的著作有《春秋繁露》和
　文集。才:道德,才能。邵:应为"卲",高大,美好。
②俦:怎么。俦,本义为"谁"。《尔雅·释诂》:"畴、孰,谁也。"畴,

与"俦"通。"谁"又可释为"何"。《说文解字》:"谁,何也。"故
"俦"的引申义为"何",即怎么的意思。克:能够。尔:如此。

【译文】

公仪休、董仲舒的才德是多么美好啊!如果他们对善认识得不明
确,决心树立得不坚定,怎么能够做到这样呢?

3.12　或问仁、义、礼、智、信之用①。
曰:"仁,宅也;义,路也;礼,服也;智,烛也;信,符也②。
处宅,由路,正服,明烛,执符,君子不动,动斯得矣③。"

【注释】

①或问:世德堂本作"或曰"。

②"仁,宅也"几句:《孟子·尽心上》有:"居恶在?仁是也。路恶
在?义是也。居仁由义,大人之事备矣。"扬雄这段话就是据此
加以补充发展而来的。符,信符。符是古代用作凭据的东西,用
竹、木、玉、铜等做成某种特殊形状,上面刻有文字或图画,中剖
为二。有关两方各执一半。需要验证时,各出其所执拼合之,看
是否符合。

③斯:则,乃。得:得当,成功。汪荣宝说:"本书《君子》云:'君子言
则成文,动则成德。''得'即'成德'之谓。"(《法言义疏》卷五)

【译文】

有人问仁、义、礼、智、信有什么作用。

扬子回答说:"仁好像住宅;义好像道路;礼好像衣服;智好像灯烛;
信好像符节。住进住宅,顺着道路,穿好衣服,点亮灯烛,拿着符节,这
样,君子除非不做事,只要做事就会得到成功。"

3.13　有意哉①！孟子曰："夫有意而不至者有矣，未有无意而至者也②。"

【注释】

①有意哉：努力哟。意思是说，不论做什么都要有意志才行。汪荣宝认为，此乃"叹美所引孟子之言之有意也"，和下面孟子说的"有意"的意思不一样。（《法言义疏》卷五）但通观上下文，所引孟子的话，正是为了论证这句"有意哉"，所以二者的意思应当是相同的。意，意愿，意志。

②"夫有意"二句：所引孟子的话，今本《孟子》中没有，可能是佚文。《汉书·艺文志》诸子略儒家类有"《孟子》十一篇"。《风俗通义·穷通》说孟轲"退与万章之徒序《诗》、《书》、仲尼之意，作书中外十一篇。"赵岐《孟子题辞》说："又有外书四篇：《性善辩》、《文说》、《孝经》、《为正》。其文不能弘深，不与内篇相似，似非《孟子》本真，后世依放而托之者也。"据此，有人认为此处所引孟子的话，可能是外书四篇中的文字。

【译文】

努力呀！孟子说："努力去做而达不到目的是有的，但不努力去做而能够达到目的却是没有的。"

3.14　或问治己①。

曰："治己以仲尼②。"

或曰："治己以仲尼，仲尼奚寡也③？"

曰："率马以骥④，不亦可乎？"

或曰："田圃田者莠乔乔，思远人者心忉忉⑤。"

曰："日有光，月有明。三年不目日，视必盲；三年不目月,精必蒙⑥。荧魂旷枯⑦,糟莩旷沉⑧。擿埴索涂⑨,冥行而已矣⑩。"

【注释】

①治:修正,治理。

②以:用。仲尼:孔丘的字。

③奚:多么。按,"奚"可训为"何","何"又可以释为"多么",故"奚"可以引申作"多么"。寡:少。这句话的言外之意是说,对一般人要求这样高是做不到的!

④率马以骥(jì):用良马来带领一般的马。率,带领,引导。骥,良马。

⑤"田圃田"二句:语本《诗·齐风·甫田》:"无田甫田,维莠骄骄;无思远人,劳心忉忉。"田圃田者莠乔乔,种田种得多管理不过来,就会杂草茂盛,收获减少。田圃田,《法言音义》说:"上'田'音佃,下'田'如字。'圃'音甫。"前一个"田"作动词,当耕种讲;后一个"田"是名词,即田地的意思。圃,五臣注本作"甫"。司马光说:"李本'甫'作'圃',今从宋、吴本。"甫,大也。甫田,即大田。或说圃田是古薮泽名,其地在今河南中牟,泽中多生杂草。莠(yǒu),草名,属单子叶植物纲禾本科,俗称狗尾巴草。乔乔,高大的样子,形容杂草茂盛。《法言音义》说:"'乔乔',音'骄'。《诗》作'骄'。"乔,高。忉(dāo),忧愁。

⑥"三年不目目"四句:目,视,看。这里作动词用。视、精,这里都是指人的视力。盲、蒙,都是指人眼瞎了。这里是用日月来暗喻孔丘。《论语·子张》:"仲尼,日月也,无得而逾焉。人虽欲自绝,其何伤于日月乎?多见其不知量也。"

⑦荧魂:即营魂。"荧"与"营"通,如"荧惑"或为"营惑"即是。"营"亦即"魂"。《老子》第十章:"载营魄。"河上公注说:"营魄,魂魄

也。"营、魂同义,而又共同组成一个词,反映了汉语由单音词向双音词发展的趋势。荧魂,指人的精神。旷:久废不用。枯:枯萎。

⑧糟:当为"精",光也。莩(fú):借为"秤"。莩是芦苇之白皮,秤是米之外皮,都有外表之意。精莩,意为精光外浮。指人的视力。《法言音义》说:"李轨读'糟'如字。莩,音浮,熟也。柳宗元曰:'荧,明也。荧魂,司见之用者也。"糟"当为"精"。"莩"如"葭莩"之"莩",目精之表也。言魂之荧明,旷久则枯,精之轻浮,旷久则沉。不面日月,则目之用废矣。以至于索涂冥行而已。'旧本亦作'精莩'。"(《法言义疏》卷五)汪荣宝释"莩"为玉之采色。但去掉"莩"的"外浮"之意,"旷沉"之"沉"就没有着落,讲不通了。俞樾说"糟"不应该改为"精",释"糟"为"酒之滓"(《诸子平议》卷三十四)。但渣滓怎么会和光、和精联系到一起呢?所以也讲不通。故皆不可从。还是柳宗元的解释比较合理。

⑨摭(zhǐ):同"掷"。这里是戳、点的意思。埴(zhí):黏土。这里指地面。索:寻找。涂:同"途",道路。

⑩冥:黑暗。按,这是用比喻的方法来论证人们必须"治己以仲尼",否则生活行事就像瞎子走路一样,只能到处乱碰,必然要发生问题。

【译文】

有人问怎样修养自己。

扬子回答说:"要用孔子作标准来修养自己。"

那人问:"既然要用孔子作标准来修养自己,像孔子那样的人为什么那么少呀?"

扬子回答说:"用良马来引导一般的马,不也可以吗?"

有人说:"耕种大片田地,莠草长得很高;怀念远方亲人,精神忧愁苦恼。"

扬子说:"太阳有光芒,月亮有明亮。三年不看太阳,眼睛必然变盲;三年不看月亮,视力必然失明。精神久废不用要枯萎,视力久废不用要消失。那就只好用手杖戳点地面寻找道路,好像在黑暗中行走了。"

3.15　或问:"何如斯谓之人①?"

曰:"取四重②,去四轻,则可谓之人。"

曰:"何谓四重③?"

曰:"重言,重行,重貌,重好④。言重则有法,行重则有德,貌重则有威⑤,好重则有观⑥。"

"敢问四轻⑦?"

曰:"言轻则招忧,行轻则招辜⑧,貌轻则招辱,好轻则招淫⑨。"

【注释】

①何如:怎么样。斯:则、乃。

②取:采取。重:庄重。下文"轻",轻浮。

③何谓:什么叫。

④重言,重行,重貌,重好:司马光说:"宋、吴本作'言重、行重、貌重、好重',今从李本。"

⑤威:威仪。

⑥有观:有可以显示于人的。观,显示。汪荣宝说:"观者,示也。《考工记》云:'嘉量既成,以观四国。'郑注云:'以观示于四方,使人放象之。'释文:'以观,古乱反,示也。'"

⑦敢问：请问。"敢"表示大胆冒昧。这是问者表示谦虚的口气。《意林》卷三引此句作"何谓四轻"。

⑧辜：罪过。

⑨淫：邪僻。

【译文】

有人问："怎样才可称为人？"

扬子回答说："做到四种庄重，去掉四种轻浮，就可以称为人。"

那人继续问："四种庄重是什么？"

扬子回答说："庄重的语言，庄重的行为，庄重的容貌，庄重的爱好。言语庄重就会有准则，行为庄重就会有道德，容貌庄重就会有威仪，爱好庄重就会有显示于人的特长。"

"请问四种轻浮会怎样？"

扬子回答说："言语轻浮就会招来忧患，行为轻浮就会招来罪过，容貌轻浮就会招来耻辱，爱好轻浮就会招来邪恶。"

3.16　《礼》多仪①。

或曰："日昃不食肉，肉必干；日昃不饮酒，酒必酸②。宾主百拜而酒三行③，不已华乎？"

曰："实无华则野④，华无实则贾⑤，华实副则礼⑥。"

【注释】

①《礼》：指《仪礼》。汉代只有《仪礼》称《礼》或《礼经》。《礼记》当时叫《记》，有两种，戴圣所传叫《小戴记》，戴圣的哥哥戴德所传叫《大戴记》。现存十三经中的《礼记》是《小戴记》。《大戴记》今本已残缺。现存的《周礼》，当时叫《周官》或《周官经》。多仪：有很多的礼节仪式。《汉书·艺文志》和《礼记·中庸》都提到"威

仪三千"。颜师古和孔颖达都认为是形容《仪礼》所规定的行事
的威仪之多。

②"日昃(zè)"四句:形容仪式之烦琐,所花时间之长。太阳都偏西
了,仪式还没有完,还不能吃肉喝酒。以致肉都干了,酒都酸了。
《礼记·聘义》:"聘射之礼,至大礼也。质明而始行事,日几中而
后礼成,非强有力者弗能行也。故强有力者将以行礼也。酒清
人渴而不敢饮也,肉干人饥而不敢食也。日莫(暮)人倦齐庄正
齐而不敢解惰以成礼节。"昃,太阳偏西叫昃。

③百拜:形容礼节之多。拜,宾主之间在仪式进行中所行的礼节。
酒三行:是说宾主之间互相请酒三次,这就算完成了所谓"壹献
之礼"。据说古代饮酒,开始主人请客人喝酒,叫"酢"。客人喝
后,转过来请主人喝酒,叫"酢",或作"醋"。然后,主人先自喝,
又再请客人喝酒,叫"酬",或作"酬"。这样一轮完毕,就叫"壹献
之礼"。按照规定,不同等级的人喝酒,其"献"数是不同的:上公
九献,侯伯七献,子男五献,卿大夫三献,士一献。这里说的"酒
三行",也就是壹献之礼。《礼记·乐记》:"是故先王因为酒礼。
壹献之礼,宾主百拜,终日饮酒而不得醉焉。此先王之所以备酒
祸也。"郑注:"壹献,士饮酒之礼。百拜以喻多。"

④实:质,内容。华:文,文饰。野:粗野。

⑤贾(gǔ):买卖,交易。五臣注本作"史"。司马光说:"李本'史'作
'贾',……今从宋、吴本。"《法言音义》说:"'则贾',音古。俗本
作'史',后人改之尔。旧本皆作'贾'。谓贾人衒鬻过实。下篇
云'衒玉贾石',是也。"

⑥副:相符,相称。

【译文】

《礼经》中有很多仪式。

有人说:"太阳偏西还不吃肉,肉必然会干;太阳偏西还不喝酒,酒

必然会酸。宾主之间礼拜百次才互相请酒三次,不是太浮华了吗?"

　　扬子回答说:"有内容而没有文采就显得粗野,有文采而没有内容就显得虚假,文采和内容相称才合乎礼仪。"

　　3.17　山雌之肥,其意得乎^①?

　　或曰:"回之箪瓢^②,臞^③,如之何?"

　　曰:"明明在上^④,百官牛羊亦山雌也^⑤;闇闇在上^⑥,箪瓢捽茹亦山雌也^⑦。何其臞^⑧!千钧之轻^⑨,乌获力也^⑩;箪瓢之乐,颜氏德也。"

【注释】

①"山雌"二句:山雌,指山上的野鸡。语出《论语·乡党》:"山梁雌雉,时哉!时哉!"其,代词,指山雌。意得,即得意的意思。这句话表面上是说动物,其实是说人。

②回之箪(dān)瓢:是形容颜回的贫穷。《论语·雍也》说:"贤哉,回也!一箪食,一瓢饮,在陋巷,人不堪其忧,回也不改其乐。"回,颜回(前521—前490),字子渊,春秋末年鲁国人。他是孔丘最赞赏的学生,以德行著称。其事迹见《史记·仲尼弟子列传》和《论语》。箪,古人用来盛饭食的圆形小竹篮。瓢,把葫芦中剖为二,挖去瓤,就成为瓢,用来舀水。

③臞(qú):或作"癯",消瘦。

④明明:英明,贤明。在上:在高位,指当权。

⑤百官牛羊:用以代表皇帝对贤臣的知遇。语本《孟子·万章上》:"帝(尧)使其子九男二女,百官牛羊仓廪备,以事舜于畎亩之中,天下之士多就之者,帝将胥天下而迁之焉。"

⑥闇闇(àn):昏暗,昏庸。

⑦捽(zuó)茹：拔野菜，意为菜食。俞樾说："捽，读为'啐'。《礼记·杂记》：'主人之酢也，唪之。众宾兄弟则皆啐之。'郑注曰：'唪、啐，皆尝也。唪至齿，啐入口。"(《诸子平议》卷三十四)汪荣宝说："当读为'啐'。《说文》：'啐，小饮也。'啐，即'啐'之假。此以'捽'为之，其义亦同。《方言》云：'茹，食也，吴越之间凡贪食者谓之茹。'然则'捽茹'犹言饮食耳。"(《法言义疏》卷五)俞释"捽"为"尝"，汪释"捽"为"饮"，二说亦皆可通，然太迂曲。捽，揪，拔。茹，蔬菜。

⑧何其臞：怎么会瘦呢？何，怎么。其，句中助词，没有实义。

⑨千钧：古时三十斤为一钧，千钧是形容物体之重。

⑩乌获：古人名，战国时秦国的大力士。

【译文】

山上的野鸡那样肥，大概很得意吧！

有人问："像颜回穷得用竹筐吃饭木瓢喝水，该瘦成什么样子呀？"

扬子回答说："如果是英明的皇帝在上，像唐尧给虞舜配备百官牛羊，让虞舜掌管天下，也就像山上的野鸡了；如果是昏昧的皇帝在上，像颜回那样用竹筐吃饭木瓢喝水，挖野菜当饭吃，也就像山上的野鸡了。怎么会瘦呢！举千钧重的东西却很轻松，是因为有乌获那样大的力气；用竹筐吃饭木瓢喝水却很快乐，是因为有颜回那样高的道德。"

　　3.18　或问："犁牛之鞟与玄骍之鞟有以异乎①？"

曰："同。"

"然则何以不犁也②？"

曰："将致孝乎鬼神③，不敢以其犁也④。如刲羊刺豕⑤，罢宾犒师⑥，恶在犁不犁也⑦。"

【注释】

①犁牛：杂色的牛。犁，杂色。鞟（kuò）：去了毛的兽皮，即革。玄：黑色。这里指黑色的牛。骍（xīng）：赤色。这里指赤色的牛。按，古代祭祀时讲究用某种纯色的牛做牺牲。据说，夏朝尚黑色，祭祀时就用黑牛做牺牲。周朝尚赤色，祭祀时就用赤牛做牺牲。都不用杂色的牛做牺牲。所以有这种疑问。《论语·雍也》："犁牛之子骍且角。"有人释"犁"为"耕"。那么，犁牛就是耕牛。古代供祭祀做牺牲用的牛不用作耕牛，耕牛也不用作牺牲。所以释犁牛为耕牛也讲得通。但从"犁"与"玄骍"相对来看，显然释"犁"为"杂色"更恰当一些。

②然则：那么。何以：为什么。

③将：要。致：表达。

④以：用。其：那个，那些。

⑤刲（kuī）：杀。豕（shǐ）：猪。

⑥罢（pí）：疲劳，引申为慰劳的意思。犒（kào）：以酒肉慰劳军队叫"犒"。

⑦恶（wū）：哪里。在：在于，在乎。

【译文】

有人问："杂色的牛去毛以后的皮，同纯黑色的牛、纯赤色的牛去毛以后的皮，有什么不同吗？"

扬子回答说："是一样的。"

"那么为什么不用杂色的牛做祭祀时的供品呢？"

扬子回答说："因为这是用来向鬼神表达敬意，所以不敢用那些杂色的牛。如果是杀羊宰猪，招待客人，犒劳将士，哪里还管它杂色不杂色呢？"

3.19　有德者好问圣人①。

或曰："鲁人鲜德②,奚其好问仲尼也③?"

曰："鲁未能好问仲尼故也。如好问仲尼④,则鲁作东周矣⑤。"

【注释】

①好(hào):喜爱。圣人:指孔丘。

②鲁人:指当时鲁国的当政者。鲁,周代诸侯国之一。周武王灭商后,封周公姬旦为鲁公,令其长子伯禽就封,是为鲁国之始。其地在今山东西南部。春秋时国势渐衰,战国末年为楚所灭。鲜(xiǎn):少。

③奚:何,为什么。

④如好问:世德堂本作"如其好问"。

⑤鲁作东周:鲁成为东方之周,即鲁国兴周道于东方的意思。周本兴起于西方。鲁在东方,所以把鲁行周道说成是"鲁作东周"。据《论语·阳货》记载,公山弗扰叛鲁,曾召孔丘,孔丘欲往,子路不同意。孔丘说:"夫召我者,而岂徒哉? 如有用我者,吾其为东周乎?"扬雄所谓"鲁作东周",当即本此。

【译文】

有道德的人喜欢向圣人请教。

有人问:"鲁国的当权者缺乏道德,为什么他们喜欢向孔子请教呢?"

扬子回答说:"就是因为鲁国的当权者不喜欢向孔子请教。如果他们喜欢向孔子请教,那么鲁国早已成为东方的周国了。"

3.20　或问:"人有倚孔子之墙①,弦郑、卫之声②,诵韩、庄之书③,则引诸门乎④?"

曰："在夷貉则引之⑤，倚门墙则麾之⑥。惜乎！衣未成而转为裳也⑦。"

【注释】

①倚孔子之墙：意为在孔子附近。

②弦：本来张于琴瑟等乐器上用以发声的丝叫"弦"。这里用作动词，意为弹奏。五臣注本作"絃"。郑、卫之声：先秦时代郑、卫等地方的音乐。儒家认为郑、卫之音是靡靡之音，能够破坏所谓雅乐。

③韩：韩非（约前280—前233）。他是战国末年著名的思想家，法家思想的集大成者。本为韩国之公子，入秦后被杀。传世的著作有《韩非子》一书。庄：庄周（约前369—前286）。他是宋国蒙人，战国时期道家的著名代表人物。现存的《庄子》（又称《南华经》）三十三篇，是由后人编纂的一部先秦道家思想的总集，分内篇、外篇、杂篇三个部分。一般认为，内篇七篇为庄周自著，其他各篇则是其后学所述。关于庄周、韩非二人的事迹，见《史记·老子韩非列传》。

④引诸门乎：引他进门到家里来吗？《论语·子张》："子贡曰：'譬之宫墙。赐之墙也及肩，窥见室家之好。夫子之墙数仞，不得其门而入，不见宗庙之美，百官之富。得其门者或寡矣。'"诸，之于。门，《法言音义》说："'门'，本或作'问'。"司马光说："宋本'门'作'问'，今从李、吴本。"

⑤夷貉：泛指比较落后的少数民族。夷，古代对东方其他种族的称呼。貉，同"貊"（mò），古代对北方其他种族的侮辱性称呼。

⑥麾：挥手赶开。

⑦衣、裳：古代把上衣叫"衣"，下衣叫"裳"。这句话的言外之意是说，这种人与孔子为邻，本来应该接受圣人之道，但却步入歧途，

接受了邪说。

【译文】

有人问:"如果有人靠在孔子家的墙边,弹奏郑、卫的音乐,诵读韩非、庄周的著作,那么引导他进入孔子家里来吗?"

扬子回答说:"如果他是在未开化的种族所在的地方,就引导他进来,如果他是靠在孔子的门口或墙边,就把他赶走。可惜呀!没成为上身的衣服却变成了下身的裙子。"

3.21　圣人耳不顺乎非,口不肆乎善①;贤者耳择,口择;众人无择焉。

或问:"众人?"

曰:"富、贵、生②。"

"贤者?"

曰:"义③。"

"圣人?"

曰:"神④。"

观乎贤人则见众人,观乎圣人则见贤人,观乎天地则见圣人⑤。

天下有三好:众人好己从⑥,贤人好己正⑦,圣人好己师⑧。

天下有三检⑨:众人用家检⑩,贤人用国检⑪,圣人用天下检⑫。

天下有三门⑬:由于情欲,入自禽门⑭;由于礼义,入自人门⑮;由于独智⑯,入自圣门。

【注释】

①"圣人"二句：顺，从。非，错误，邪恶。肄(yì)，学习。李轨注："性与天道，发言成章，不肄习。"世德堂本作"隶"，误。汪荣宝认为："'肄'当为'违'，隶形相近而误。'违'与'顺'相反为义。《论语》云'君子无终食之间违仁'，不顺乎非，故不违乎善。"(《法言义疏》卷五)此可备一说。

②富、贵、生：这一段是说，众人追求的是财富、显贵和苟生。此下三段是进一步对各种人的情况和要求作出说明。

③义：贤人遵循的是行义。

④神：神明，即下文所谓的"独智"。这一段是说，圣人神明，不需要学习和选择即能完美无缺。

⑤"观乎"三句：观，察。见，推知。根据扬雄的看法，众人应向贤人学习，贤人应向圣人学习，圣人则向天地学习。如1·17条说："学者，所以求为君子也。"3.14条说："治己以仲尼。"又《太玄·玄文》说："圣人仰天则常，穷神掘变，极物穷情，与天地配其体，与鬼神即其灵，与阴阳挺其化，与四时合其诚，视天而天，视地而地，视神而神，视时而时，天地神时皆驯而恶入乎逆？"所以说："观乎贤人则见众人，观乎圣人则见贤人，观乎天地则见圣人。"

⑥好(hào)己从：好从己，喜欢别人顺从自己。好，喜爱。

⑦好己正：好正己，喜欢别人纠正自己。

⑧好己师：喜欢别人仿效自己。

⑨检：检验。

⑩家检：用家庭的情况来检验自己的言行是否正确。

⑪国检：用一国的情况来检验自己的主张是否正确。这里的"国"指诸侯之国。

⑫天下检：用普天下的情况来检验自己的理论是否正确。这里的"天下"指整个中国。

⑬门：类。

⑭入自禽门：入从禽类，即归入禽兽一类。

⑮入自人门：归入人的一类。人门，《法言音义》说："俗本'人'作
'仁'，误。"司马光说："宋、吴本'人'作'仁'，今从李本。"

⑯独智：独具的智慧，即上文所谓"神"。陶鸿庆说："'智'当读为
'知'，即君子慎独之义。本文自明，故李不更注。吴秘解为'上
智'。司马云：'生而知之，独运明智。'殆非其智。"（《读诸子札
记》十四）若如陶说，不但前后文联系不起来，而且贬低了圣人，
故不可从。

【译文】

圣人，耳朵自然排斥邪恶的话，嘴巴自然能讲出善良的话。贤人，
耳朵经过辨别，才能排除邪恶的话；嘴巴经过辨别，才能讲出善良的话。
一般人就不会辨别。

有人问："一般人的特点是什么？"

扬子回答说："财富、显贵、生命。"

"贤人呢？"

扬子回答说："正义。"

"圣人呢？"

扬子回答说："超人的道德。"

观察贤人，就可以了解一般的人。观察圣人，就可以了解贤人。观
察天地，就可以了解圣人。

天下有三种爱好：一般人爱好别人顺从自己，贤人爱好别人纠正自
己，圣人爱好别人师法自己。

天下有三种检验方法：一般人用家庭来检验，贤人用国家来检验，
圣人用整个天下来检验。

天下有三种门类：按照情欲行动的，归入禽兽一类；按照礼义行动
的，归入众人一类；按照超人智慧行动的，归入圣人一类。

3.22 　或问："士何如斯可以禔身①?"

曰:"其为中也弘深②,其为外也肃括③,则可以禔身矣。"

【注释】

①士:本为古代最低的一个贵族阶层,逐渐演变为对知识分子的通
　　称。这里指知识分子。何如:怎么样。斯:则,乃。禔(zhī):平
　　安,幸福。

②中:内心,指思想。弘:博大。

③外:仪表,指言行。肃:严肃。括:约束。即按法规办事。

【译文】

有人问:"士怎么样可以使自己安全幸福?"

扬子回答说:"如果他使自己的思想道德博大精深,使自己的言语
行动严肃端正,就可以使自己安全幸福了。"

3.23 　君子微慎厥德①,悔吝不至②,何元憝之有③!

【注释】

①微慎:与"慎微"意思一样,即对细小的事物都持慎重态度,也就
　　是极其慎重的意思。但在表现方法上二者有所不同。"慎微"之
　　"微"是名词,是"慎"的宾语;"微慎"之"微"是副词,是用来说明
　　"慎"的。厥:代词,其。

②悔:后悔。吝:惋惜。不至:不到,没有。《易·系辞上》:"悔吝
　　者,忧虞之象也。""悔吝者,言乎其小疵也。"这是说,人有了小毛
　　病,就会忧虑。

③何:怎么,哪里。元:首,大。憝(duì):当罪恶讲。

【译文】

君子对自己道德上极其微小的地方都很慎重,连使自己后悔惋惜的小错误都不会有,怎么会有大的罪恶呢!

3.24　上士之耳训乎德①,下士之耳顺乎己②。

【注释】

①上士:古代官爵有上士、中士、下士之分,因此又引申为对学问道德不同的人的一种区别性称呼。上士,指学问道德高尚的人。训:顺,从。

②下士:指学问道德低下的人。顺:五臣注本作"训"。

【译文】

学问道德高尚的人,耳朵愿意听符合道德标准的话;学问道德低下的人,耳朵愿意听符合自己心意的话。

3.25　言不惭、行不耻者①,孔子惮焉②!

【注释】

①惭:《论语·宪问》:"子曰:'其言之不怍,则为之也难。'"意思是说,说话大言不惭的人,实行起来难以做到。所以朱熹说:"大言不惭,则无必为之志,而不自度其能否矣。欲践其言,岂不难哉!"但更早的古注却都是从肯定的意义上来解释这句话的。如马融注:"怍,惭也。内有其实,则言之不惭。积其实者,为之难也。"王弼注:"情动于中而外形于言,情正实而后言之不怍。"邢昺疏:"此章疾时人内无其实而辞多惭。怍,作惭也。人若内有其实,则其言之不惭。然则内积其实者,为之也甚难。"这大概是

汉代经师的共同解释,都失之迂曲而难于理解。扬雄这句话就
是据《论语》的话引申而来的。如果联系 11.23 条所谓"夫能正
其视听言行者,昔吾先师之所畏也"来看,很明显也是从肯定意
义上讲的。

②惮:敬畏。

【译文】

　　言论上没有什么需要惭忝,行为上没有什么需要羞愧的人,孔子都
是敬畏的呀!

问道卷第四

【题解】

"道"作为名词,本指人行走的可达到一定目标的道路。《说文解字·辵部》:"道,所行道也,……一达谓之道。"引申为人或万物行动所遵循的途径,再引申为规律、准则、道理、方法等,逐渐有了哲学概念的内涵。又有"天道"、"人道"之分。天道指自然现象所遵循的规律。人道指人类社会所遵循的准则。在此基础上概括出包含天人的最高的规律、准则,即"道"。于是"道"成为一个哲学范畴,为各派思想家、政治家所普遍使用。但不同的思想家、政治家赋予"道"的具体内容并不相同,甚至互相对立。所以孔丘说:"道不同,不相为谋。"(《论语·卫灵公》)《老子》则在中国哲学史上最先把"道"作为宇宙万物的本原(如"有物混成,先天地生,……可以为天地母,吾不知其名,字之曰道"。"道生一,一生二,二生三,三生万物"等),为中国哲学奠定了第一块基石,可以说是中国哲学自觉的第一人。春秋战国以至于西汉时期的许多思想家和著作(如《管子》、《文子》、《庄子》、《孟子》、《荀子》、《韩非子》、《吕氏春秋》、《易传》、《黄帝内经》、《礼记》、《左传》、《新语》、《新书》、《淮南子》、《春秋繁露》、《史记》等)也都对道有所论述。虽赋予道的具体内涵各有不同,但大体上不出上述各种意义的范围。

扬雄在本卷中所说的道主要指人道。具体说则是伏羲、黄帝、唐尧、虞舜、文王、周公以至于孔丘等儒家所认为的圣人的治国之道。符合这些圣人的标准的为正道,不符合这些圣人的标准的为它道、奸道。并把道看成是贯串在仁义、礼乐、法度等具体思想和制度中的一般原则。以此为准则,扬雄对《老子》、庄周、邹衍、申不害、韩非,以至于狙诈之家等进行了评判。

本卷中值得注意的观点还有:一、扬雄以为道并不是凝固不变的,须根据情况,“可则因,否则革”,“新则袭之,敝则益损之”。二、扬雄认为,当“法度彰、礼乐著”,天下太平时,可以无为,“垂拱而视天下民之阜”。当“法度废、礼乐亏”,天下大乱时,就不能无为,“安坐而视天下民之死”。三、扬雄还对“涂民耳目”的愚民政策提出异议,认为“天之肇降生民,使其目见耳闻”,是“涂”不了的,只能“视之礼、听之乐”,即以礼乐来教化之。

4.1　或问道。

曰:“道也者①,通也,无不通也。”

或曰:“可以适它与②?”

曰:“适尧、舜、文王者为正道③,非尧、舜、文王者为它道。君子正而不它。”

【注释】

①道:本义为道路,引申为法则、规律、方针、路线等,进而引申为治理国家的方针、学说或世界观、思想体系等。后世儒者往往只承认儒家的根本原则为道,但扬雄却是在上述广泛的意义上来使用“道”这个概念的,故有“正道”与“奸道”、“邪道”之分,颇类似于《庄子》所谓“盗亦有道”。从这里也可以窥见道家思想对扬雄的影响之一斑。

②适:之,往,到达。它:其他,引申为异、为邪。它,宋刻元修纂图互注本作"佗",世德堂本作"他",下同。

③尧、舜、文王:尧、舜是中国古史传说中的"圣君"。文王即周文王,是商朝末年诸侯国周的首领,他奠定了灭商的基础,死后被谥为文王。

【译文】

有人问道是什么。

扬子回答说:"道是可以普遍通达的,没有什么地方不能通达的。"

那人问:"会不会通往邪路上去呢?"

扬子回答说:"走向唐尧、虞舜、周文王的道是正道,不走向唐尧、虞舜、周文王的道是邪道。君子走正道而不走邪道。"

4.2　或问道①。

曰:"道若涂若川,车航混混,不舍昼夜②。"

或曰③:"焉得直道而由诸④?"

曰:"涂虽曲而通诸夏⑤,则由诸⑥;川虽曲而通诸海,则由诸。"

或曰⑦:"事虽曲而通诸圣,则由诸乎!"

【注释】

①或问道:司马光说:"宋、吴本无'道'字,今从李本。"由于宋、吴本无"道"字,故宋咸、吴秘皆把"道若涂若川"云云当成了或人之问,这就完全解释错了。

②"道若涂"三句:这句话的言外之意是说,人们的生活也离不开"道"。涂,同"途",道路。混混,即"滚滚",本来是形容源泉流水丰盛不绝的样子(见《孟子·离娄下》),这里是形容车船众多来

往不断。不舍昼夜,昼夜不停。不舍,不舍弃,不断绝。

③或曰:《法言音义》说:"天复本无'或曰'二字。"

④焉:怎样。由:从,经。诸:之乎。

⑤通诸:通之于。夏:中国古称"夏",或称"华",合则称"华夏"。

⑥由诸:由之。

⑦或曰:《法言音义》说:"天复本无'或曰'二字。"司马光说:"扬子设为或人意痏,以结上意耳。"司马光的意见是对的。如天复本,则此句直接与上文相连,全是扬雄答语,不仅文章显得无味,而且也与"乎"字不相衔接。

【译文】

有人问道是什么。

扬子回答说:"道像道路像河流,车船来来往往,昼夜不停。"

那人问:"怎样才能找到直道而顺着它走呢?"

扬子回答说:"道路虽然曲折,只要通往华夏,就顺着它走;河流虽然曲折,只要通往大海,就顺着它走。"

那人说:"事情虽然曲折,只要符合圣人的道理,就照着去做!"

4.3　道、德、仁、义、礼,譬诸身乎①!夫道以导之②,德以得之③,仁以人之④,义以宜之⑤,礼以体之⑥,天也⑦。合则浑⑧,离则散⑨。一人而兼统四体者⑩,其身全乎!

【注释】

①譬:譬喻。诸:之于。

②道以导之:用道引导之。

③德以得之:用德成就之。得,达、成。

④仁以人之:用仁来成为真正的人。

⑤义以宜之:用义使行为合宜。宜,适宜。

⑥礼以体之:用礼体现之。体,这里作动词用,体现的意思。

⑦天:天道,天性。

⑧浑:齐全。

⑨散:离乱。

⑩统:总,合。四体:四肢。按,这里是用人体及其之不可或残,来譬喻仁的统率作用和道、德、仁、义、礼的不可缺一。陶鸿庆说:"'人'即上文'仁以人之'之'人'。《礼记·中庸》:'仁者,人也。'郑注云:'人也,读如"相人偶"之"人"。'是'人'即'仁'也。四体,指道、德、义、礼言之。道、德、义、礼,以仁为本,故曰'一人而兼统四体'也。"(《读诸子札记》十四)

【译文】

道、德、仁、义、礼,就好像人的身体! 道用来引导人,德用来成就人,仁用来培育人,义用来规范人,礼用来体现人,这些都是人的天性。这五方面都齐备才成为完整的人,有缺失就成不了完整的人。这好比一个人,要同时具备四肢,他的身体才是完整的呀!

4.4   或问德表①。

曰:"莫知。作上作下②。"

"请问莫知③?"

曰:"行礼于彼,而民得于此,奚其知④?"

或曰:"孰若无礼而德⑤?"

曰:"礼,体也⑥。人而无礼,焉以为德⑦?"

【注释】

①表:表现,标志。司马光说:"问有德之人在上,其治化表见于外者何如。"

②作上作下：即上作下作。作，为。这里指行德。

③请问莫知：司马光说："李、宋、吴本皆作'请问礼莫知'。《音义》曰：'天复本作"请问莫知"。'今从之。"汪荣宝说："此承上文而发问，不得有'礼'字，当以天复本为正。"(《法言义疏》卷六)"礼"字当是涉下文而衍，因据删。

④奚：什么，怎么。其：句中助词，没有实义。

⑤孰：何。若：如。

⑥体：本义为身体，引申为骨干、根本的意思。

⑦焉以：何以，怎么。

【译文】

有人问道德的标志是什么。

扬子回答说："当权的人在上面实行道德，老百姓跟着在下面实行道德，可是却没有意识到，就是有道德的标志。"

"请问为什么没有意识到？"

扬子回答说："当权的人在上面讲究礼义，老百姓在下面自然受到教化，怎么会意识到呀？"

那人问："哪里比得上不用讲究礼却有道德更好呢？"

扬子回答说："礼是人的根本。作为人而不讲究礼，又怎么能有道德呢？"

4.5　或问天。

曰："吾于天与①？见无为之为矣②。"

或问："雕刻众形者③，匪天与④？"

曰："以其不雕刻也⑤。如物刻而雕之，焉得力而给诸⑥？"

【注释】

①与:句末语气词,表示反问。

②无为之为:没有作为的作为。这句话的言外之意是说,天的作为
　就是没有作为。

③雕刻:意思是说制造。众形:万物的形象,也就是万物。

④匪:与"非"通。

⑤以:由于,因为。

⑥焉得:哪里来的。给:供给,给予。诸:之乎。

【译文】

有人问天的作用。

扬子回答说:"对于天吗? 我看到了没有作为的作为。"

那人问:"制造万物的,不就是天吗?"

扬子回答说:"正因为天是不制造万物的。如果万物一个一个地都
要天来制造,天哪来那么多力气使它能做完这么多的事呢?"

4.6　《老子》之言道、德①,吾有取焉耳;及捶提仁、义②,
绝灭礼、学③,吾无取焉耳。

【注释】

①《老子》:先秦时期道家学派的主要代表作品之一。关于老子其
　人以及《老子》一书的作者和年代,在司马迁写《史记·老子韩非
　列传》时,就已经搞不清楚了。至今仍有许多不同意见。关于这
　个问题,可参看任继愈、冯憬远《老子的研究》第一部分(载中华
　书局1959年版《老子哲学讨论集》)。

②捶(chuí)提:掷击,投击。这里指反对、攻击。

③绝:断绝,消灭。灭:毁坏,抛弃。《老子》崇尚道德而贬抑仁义礼
　智。如说:"道生之,德畜之,物形之,势成之。是以万物莫不尊道

而贵德"(五十一章);"大道废,有仁义。慧智出,有大伪"(十八章);"绝圣弃智,民利百倍;绝仁弃义,民复慈孝;绝巧弃利,盗贼无有"(十九章);"绝学无忧"(二十章);"学不学,复众人之所过"(六十四章);"夫礼者,忠信之薄而乱之首"(三十八章);等等。所以扬雄这样说。

【译文】

《老子》关于道德的言论,我是赞成的;至于攻击仁义、废除礼仪,抛弃学问的主张,我是不赞成的。

4.7　吾焉开明哉①! 惟圣人为可以开明,他则苓②。大哉圣人,言之至也③。开之廓然见四海④,闭之阃然不睹墙之里⑤。

【注释】

①焉:哪里。开明:启发蒙昧而使人明智。

②他则苓:五臣注本作"佗则苓开发",而无李轨注。"开发"二字显然是李轨注窜入正文。他,《四部备要》本作"它"。五臣注本作"佗"。苓,看东西朦胧不清的意思。俞樾曰:"'苓'当读为'笒'。《说文·竹部》:'笒,车笒也。'《释名·释车》曰:'笒,横在车前,织竹作之,孔笒笒也。'"(《诸子平议》卷三十四)古代的车,有时用竹席做盖壁围起来,以避风尘。这种竹墙叫"笒"。隔着车笒看东西,当然看不清楚,故有此喻。

③至:极,最。这里是至善的意思。

④开:即上文"开明"之义,意为受到圣人的教化。廓然:广大开阔的样子。四海:喻天下。

⑤闭：与上述"开"意义相反，言不受圣人的教化。阍(pēng)：闭门的声音。或作"阖"。《法言音义》说："'阍然'，匹庚切，闭门也。俗本作'闻然'，误。诸本皆作'阍'。"司马光说："宋、吴本'阍'作'阖'，今从李本。"汪荣宝说："此承上文而言，'开之'谓开明，'闭之'谓闭明也。'阍'当为'阖'。'阖然'与'廓然'相反为义。《玉篇》：'阍，门扉声。''阍'以声言，与不睹云云意不相协。'阖'字漫漶，故误为'阍'。《音义》所谓俗本，乃旧本之仅存者耳。'四海'喻远。'墙之里'犹云'墙以内'，喻近。学者能开其明于圣言，则廓然可以见至远；苟闭其明，则阖然不能睹至近。"(《法言义疏》卷六)汪说是。但作"阍然"亦通，可两存。《太平御览》卷三百九十"言语"条引此句作"开之廓然见四海之内，闭之寂然不睹墙垣之里"。

【译文】

我哪里能启发蒙昧使人明智呀！只有圣人才可以启发蒙昧使人明智，其他人只会使人像隔着竹墙看东西一样朦胧不清。伟大呀圣人，圣人的学说是言论的最高标准。受了圣人的教化，就可以开阔地看到四海以外，不受圣人的教化，就黑暗地连墙里面的事物也看不见。

4.8　圣人之言，似于水火①。

或问水火。

曰："水，测之而益深②，穷之而益远③；火，用之而弥明④，宿之而弥壮⑤。"

【注释】

①"圣人"二句：这句话是说，圣人的话就好像水和火。

②测之而益深：这是说不可穷尽水之深。

③穷之而益远：这是说不可穷尽水之广。穷，极尽。

④用之而弥明：愈用愈明。弥，愈，益。

⑤宿之而弥壮：愈积愈盛。宿，本义为止，引申为积、留。按，本段前两句以水喻圣人之言的深与广，后两句以火喻圣人之言的用与蓄。

【译文】

圣人的言论就像水火一样。

有人问水火是什么样。

扬子回答说："水，越测量它就感到越深，越追寻它就感到越远；火，越使用它就越亮，越保存它就越旺。"

4.9　允治天下①，不待礼文与五教②，则吾以黄帝、尧、舜为疣赘③。

【注释】

①允治天下：诚治天下，真正要治理天下。允，诚，信。

②五教：《左传》文公十八年："举八元，使布五教于四方，父义、母慈、兄友、弟恭、子孝。内平外成。"扬雄在这里是以礼文与五教代表全部封建的上层建筑和意识形态。这句话是假设之辞，意思是说如果不要礼文和五教。

③黄帝：姓公孙，名轩辕，号有熊氏。我国原始社会末期的部落联盟首领，中国古史传说中的所谓"圣君"。其事迹可参看《史记·五帝本纪》、《大戴礼记·五帝德》和《帝系》。尧、舜：亦是我国古史传说中的两个"圣君"，实际上是原始社会末期的部落联盟首领。他们的事迹可参看《史记·五帝本纪》、《书·尧典》和《书·舜典》、《大戴礼记·五帝德》和《大戴礼记·帝系》。疣赘：皮肤上生长的小肉瘤子叫"疣"或"赘"，因此常用疣赘来比喻多余的

无用之物。这句话的言外之意是说,这是不可能的。因为我国
古书中往往把后代的一些制度设施说成是由黄帝、尧、舜等"圣
君"所创立和实施的,所以扬雄这样说。

【译文】

真正要治理天下,如果不采用礼仪文饰,不实行父亲要正义,母亲
要仁慈,哥哥要友爱,弟弟要恭敬,儿子要孝顺这五种教化,那么我还以
为黄帝、唐尧、虞舜等创立礼仪教化的圣人是多余的了呢。

4.10　或曰:"太上无法而治,法非所以为治也①。"

曰:"鸿荒之世②,圣人恶之③,是以法始乎伏牺而成乎
尧④。匪伏匪尧⑤,礼义哨哨⑥,圣人不取也。"

【注释】

①"太上"二句:太上,远古时代。法,法制,指阶级社会的各种统治
　法规和统治制度。治,前一个"治"是治乱之治;后一个"治"是治
　理之治。为,从事,进行。

②鸿荒之世:远古时期,指还不存在法制的原始社会。鸿,大。
　荒,远。

③恶(wù):憎恶,讨厌。

④伏牺:又作"包羲"、"庖牺"、"宓羲"或"虑羲"等,本是对我国古代
　渔猎畜牧时期先民的一种称呼。因为后人不了解历史真相,就
　把他当成一个人,而且加以神化,于是就成为古史传说中创造渔
　猎畜牧业和法制的一位"圣君"。如《易·系辞下》说:"古者庖牺
　氏之王天下也,仰则观象于天,俯则观法于地,观鸟兽之文,与地
　之宜,近取诸身,远取诸物,于是始作八卦,以通神明之德,以类
　万物之情。作结绳而为网罟,以佃以渔。"尧:我国古史传说中的
　"圣君",实际上是原始社会末期的部落联盟首领。

⑤匪:同"非"。伏:伏牺。

⑥哨哨(qiào):不正的样子。《法言音义》曰:"'哨哨',音'消',又七笑切。"汪荣宝说:"《音义》前一音盖读为'菁'。《说文》:'菁,恶草貌。'《广韵》:'菁,所交切,又音消'是也。后一音则读为'枉矢哨壶'之'哨'。《投壶》:'某有枉矢哨壶。'郑注云:'哨,枉哨不正貌。'释文:'哨壶,七笑反'是也。此当以读'菁'为合。'礼义菁菁',犹云治道榛芜耳。"(《法言义疏》卷六)上述二义皆可通。但《中国历代哲学文选·两汉隋唐编》上册第156页释为"多言的样子",就不对了。因为这样"礼义哨哨"就变成了多讲礼义。而扬雄是从来不反对多讲礼义的。

【译文】

有人说:"远古时代没有法制可是天下太平,可见法制不是天下太平的原因。"

扬子回答说:"对于远古时代的蒙昧社会,圣人是厌恶的,因此法制创始于伏牺而完成于唐尧。不要伏牺,不要唐尧,使礼义遭到荒废歪曲,圣人是不赞成的。"

4.11　或问:"八荒之礼①,礼也,乐也,孰是②?"

曰:"殷之以中国③。"

或曰:"孰为中国④?"

曰:"五政之所加⑤,七赋之所养⑥,中于天地者⑦,为中国。过此而往者⑧,人也哉?"

【注释】

①八荒:八方极远的地方,意谓全世界。《说苑·辨物》:"八荒之内有四海,四海之内有九州。"汪荣宝说:"疑元文当作'八荒之礼

也,乐也。'不重'礼'字。犹云八荒所谓礼所谓乐耳。"(《法言义疏》卷六)荒,远。

②孰是:哪个正确。

③殷:纠正。

④孰:谁。

⑤五政:李轨注:"'五政',五常之政也。""五常"即五种所谓永久性的道德规范。有数种说法,或说是仁、义、礼、智、信,或说是父义、母慈、兄友、弟恭、子孝,或说是君臣、父子、夫妇、兄弟、朋友。其实这几种说法并没有本质上的不同。扬雄是以此代表全部封建法制和封建道德。加:施设。

⑥七赋:李轨注:"'七赋',五谷桑麻也。"赋,赋税。关于五谷,说法甚多,实际上常用作粮食作物的总称,还有人将麻也列入五谷。扬雄是以此来代表封建的财政制度。

⑦中(zhòng)于天地:合于天地。扬雄认为正确的法制和道德是圣人依据天地的垂象而创造的,所以应当与天地相合。中,合。

⑧过此而往者:世德堂本无"者"字。过,超出。往,以外。按,末一句是疑问之辞,其倾向性虽然明显,却并没有直接说出来,下文"无则禽,异则貉",才是答案。

【译文】

有人问:"四面八方极远地方各种不同的礼呀、乐呀,什么样的礼和乐是正确的?"

扬子回答说:"应该以中国的礼乐为标准来纠正其他的礼乐。"

那人问:"什么地方是中国?"

扬子回答说:"实行仁义礼智信五种政治规范,收取黍稷菽麦稻桑麻七种作物赋税,符合于天地所要求的标准的地方,就是中国。除此以外,还能说是人吗?"

4.12　圣人之治天下也,碍诸以礼乐①。无则禽,异则貉②。吾见诸子之小礼乐也③,不见圣人之小礼乐也。孰有书不由笔,言不由舌? 吾见天常为帝王之笔舌也④!

【注释】

①碍:借为"拟",即度量、标准。这里作动词用,是"以……为标准"的意思。于省吾说:"李注:'碍,限。'汪荣宝曰:'"碍"读为"凝"。'……按:注读'碍'如字,汪读'碍'为'凝',并非。'碍'应读为'拟'。二字并谐疑声。《说文》:'拟,度也。'《广雅·释诂》:'拟,度也。'字亦作'儗'。《周礼·射人》注:'行则止而拟度焉。'释文:'"拟"又作"儗"。儗、度叠义。'圣人之治天下也,拟诸以礼乐'者,言圣人之治天下,度之以礼乐也。《孝至》:'君子动则拟诸事,事则拟诸礼。'《易·系辞传》:'而拟诸其形容。'是'拟诸'乃古人语例。"(《双剑诊诸子新证·法言新证》)

②貉(mò):通"貊",古代对北方落后种族的侮辱性称呼。

③诸子:指先秦和汉代儒家以外的各家学说及其代表人物。小:轻视。

④天常:符合天地之法的永恒不变的制度和道德规范。这里指封建的礼乐。李轨注说:"'天常',五常也。"五常,即五种所谓永久性的道德规范。

【译文】

圣人治理天下,以礼乐为标准。如果没有礼乐,人就等于禽兽;如果礼乐和圣人的礼乐不同,就是野蛮人。我见过诸子轻视礼乐,没见过圣人轻视礼乐。哪里有写字不用笔,说话不用舌头的? 我看仁义礼智信这符合天性永恒不变的规范就是帝王治理天下的笔和舌呀!

4.13 智也者^①,知也^②。夫智,用不用,益不益^③,则不赘亏矣^④。

【注释】

①智:智力。

②知:知识。

③益:增进。

④赘:多余。亏:缺乏。俞樾说:"宋、吴二说,皆未解'赘亏'之义。温公谓'有余曰赘,不足曰亏',是也。惟疑'不'为衍字,非也。凡物用之则亏,益之则赘。知者以不用为用,以不益为益。用而不用,是不亏也;益而不益,是不赘也。故曰:'夫智,用不用,益不益,则不赘亏矣。'文义甚明,亦无衍字。旧说均失之。"(《诸子平议》卷三十四)汪荣宝说:"此承'智也者,知也'而言。有所知而不用,则其知若赘;有所不知而不益,则其知必亏。能用人所不用,则知不赘;能益人所不益,则知不亏。"(《法言义疏》卷六)俞樾的说法也不对,因为如果这样解释,扬雄就成了典型的道家,这不符合扬雄的思想。所以还是以汪荣宝的解释较好。

【译文】

智力,就是知识。对于智力,把没有运用的运用起来,不够充分的增加起来,就既不多余也不缺乏了。

4.14 深知器械、舟车、宫室之为,则礼由己^①。

【注释】

①"深知"二句:为,造,作。按,因为儒家认为各种器械、舟车和宫

室都是"圣人"由于不满意原始的混乱状态而创制的,然后从这些器械、舟车和宫室的使用中产生了各种礼仪制度,所以扬雄这样说。汪荣宝认为"由己"应当作"由已"。他说:"宋、吴、司马皆作'礼由己'。吴云:'深知制度之所为,则礼无不在己。'子曰:'制度在礼,文为在礼,行之其在人乎。'司马云:'器械、舟车、宫室,皆圣人因物之性,制而用之,推而行之。苟或识圣人之心,则礼虽先王未之有,可以义起也。故曰"由己"。'今按:《音义》则'礼由已',一本作'由也',明'已'为语辞,作'己'者误也。《广雅·释诂》:'由,行也。'深知器械、舟车、宫室之为,则礼由已者,言深知圣人制作之意,则礼无不行也。"(《法言义疏》卷六)作"由己"或"由已"皆可通。两说虽有不同,并不互相抵触,也不影响扬雄把器械、舟车、宫室的创制和礼仪制度的实行联系起来的这个根本观点。

【译文】

一个人如果能深刻地懂得圣人制作各种器械、车船、宫室的道理,那么各种礼仪制度的实行就在于自己了。

4.15　或问大声①。

曰:"非雷非霆②,隐隐耾耾③,久而愈盈④,尸诸圣⑤。"

【注释】

①或问大声:有人问,最强有力的声音是什么声音。

②霆:雷声。《尔雅·释天》:"疾雷为霆。"《说文解字》:"霆,雷余声也。"二说不同,但其为雷声则无异。

③隐隐:形容声音洪大。隐,通"殷",盛大的意思。耾耾(hōng):大声。《法言音义》说:"耾耾,户萌切。俗本作'胘',误。宋玉《风赋》曰:'耾耾雷声。'《禅苍》曰:'耾,声貌。'"司马光说:"宋、吴本

'耾'作'硡',今从李本。硡、耾皆音宏,大声也。"硡,《说文解字》作"谺",释曰:"谷中响也。"

④盈:丰满,充溢。

⑤尸诸圣:寄托之于圣人。尸,古代人祭祀的时候,一个人坐在上面,作为受祭者的象征,就叫"尸"。祭祀的人就把精神寄托在他身上,所以尸可引申为主或主持的意思。后来才代之以画像或牌位。诸,之于。

【译文】

有人问最强有力的声音是什么。

扬子回答说:"不是雷也不是霆,是一种雄伟洪亮、时间越长久越充满宇宙的声音。这种最强有力的声音只能寄托于圣人。"

4.16　或问:"道有因无因乎①?"

曰:"可则因,否则革②。"

【注释】

①道:这里指治理天下的方针。后世儒者往往只承认儒家的根本原则为道。但扬雄却是在上述广泛的意义上来使用"道"这个概念的,故有"正道"与"奸道"、"邪道"之分,颇类似于《庄子》所谓"盗亦有道"。因:因循,因袭。

②革:变革。关于道的因革问题,扬雄在《太玄·玄莹》中还说:"夫道有因有循,有革有化。因而循之,与道神之;革而化之,与时宜之。故因而能革,天道乃得;革而能因,天道乃驯。夫物不因不生,不革不成。故知因而不知革,物失其则;知革而不知因,物失其均。革之匪时,物失其基;因之匪理,物丧其纪。因革乎因革,国家之矩范也。矩范之动,成败之效也。"可参考。

【译文】

有人问："道有没有因袭呢？"

扬子回答说："可行的就因袭，不可行的就变革。"

4.17　或问无为①。

曰："奚为哉②！在昔虞、夏③，袭尧之爵④，行尧之道，法度彰，礼乐著⑤，垂拱而视天下民之阜也⑥，无为矣。绍桀之后⑦，篡纣之余⑧，法度废，礼乐亏，安坐而视天下民之死，无为乎？"

【注释】

①无为：无所作为，这是道家的术语。这段话正反映了扬雄对道家"无为"思想的吸收与批判。

②奚：何。

③虞：舜，号有虞氏，简称"虞"。夏：指夏禹。尧、舜、禹都是中国古史传说中的所谓"圣君"。

④袭：继承。爵：这里指尧的"帝位"。传说尧传帝位于舜，舜又传帝位于禹。

⑤法度、礼乐：指各种制度和仪式。彰、著：明显、显著。

⑥垂拱：形容无为的样子。两手上抬合抱叫"拱"，是古代和人打招呼时表示尊敬的样子。一说"垂拱"就是下垂其拱，即垂手，表示无所营事；一说"垂拱"就是垂衣拱手，表示无事而安坐。天下民：五臣注本作"天民"，没有"下"字。下同。司马光说："宋、吴本皆作'天民'，无'下'字。李本作'天下民'。"阜：生长，盛多。

⑦绍：继承。桀：夏朝的最后一个王，约公元前1763—前1711年在

位,为商汤所推翻。

⑧纂:与"缵"通,继承。纣:商朝的最后一个王,约公元前1098—前
1066年在位,为周武王所推翻。桀、纣被认为是我国历史上著名
的所谓无道昏君。余:以后。

【译文】

有人问无为的道理。

扬子回答说:"为什么要有作为呢!从前虞舜和夏禹,继承唐尧的
爵位,实行唐尧的方针,法令制度很清楚,礼乐仪式很明确,垂手什么也
不做就可以看着天下的百姓富庶,当然不必有什么作为。如果是接续
夏桀的后果继承殷纣的余波,法令制度被废弃,礼乐仪式被破坏,安坐
不动就是看着天下的百姓死于非命,还能无所作为吗?"

4.18　或问①:"太古涂民耳目②,惟其见也,闻也。见则
难蔽,闻则难塞。"

曰:"天之肇降生民③,使其目见耳闻,是以视之礼④,听
之乐⑤。如视不礼⑥,听不乐⑦,虽有民,焉得而涂诸?"

【注释】

①或问:五臣注本作"或曰",比较符合文义。

②太古:远古。涂:与"杜"通,闭塞。俞樾说:"'涂'当读为'斁'。
《说文·丹部》'䑽'篆下引《周书》'惟其斁丹䑽',今《书·梓材》作
'惟其涂丹䑽'。是'涂'与'斁'通也。《说文·攴部》:'斁,闭也,
从攴,度声,读若"杜"。'经典即以'杜'为之。《书·粊誓》'杜乃
擭',《周官·雍氏》注引作'斁乃擭',是也。斁民耳目者,谓闭塞
民之耳目也。若以今字书之,当云'杜民耳目'矣。"(《诸子平议》
卷三十四)

③肇:始。降(jiàng):下落,引申为产生。生民:有生之民,即人类。
　这里指下层人民。

④是以:以是,因此。视之礼:使他看礼。之,代词,指生民。

⑤听之乐:使他听乐。这里的"乐"是指合乎封建道德的所谓
　"雅乐"。

⑥视不礼:看非礼之行。

⑦听不乐:听非雅乐之音。

【译文】

　　有人说:"远古时代蔽塞百姓的耳朵和眼睛,因为眼睛可以看见,耳朵可以听见。能看见就难以蒙蔽,能听见就难以阻塞。"

　　扬子说:"上天从最初降生百姓,就使他们的眼睛能够看,耳朵能够听,因此要让他们看礼仪,要让他们听雅乐。如果看的不符合礼仪,听的不符合雅乐,虽然有百姓,又怎能把他们的耳朵眼睛都蔽塞起来呢?"

4.19　或问新、敝①。
曰:"新则袭之,敝则益损之②。"

【注释】

①敝:衣服破旧。这里是借衣服讲治道,和4·16条讲道之因革的
　意思是一样的。

②益损:或增益或减损,即加以变革的意思。五臣注本作"损益"。

【译文】

　　有人问对待新鲜的或破旧的东西应该怎么办。

　　扬子回答说:"新鲜的就沿用下去,破旧的就给以增补或删减。"

4.20　或问：“太古德怀不礼怀^①。婴儿慕^②，驹犊从^③，焉以礼^④？”

曰：“婴犊乎！婴犊母怀不父怀^⑤。母怀，爱也^⑥；父怀，敬也^⑦。独母而不父^⑧，未若父母之懿也^⑨。”

【注释】

①太古：远古。这里指远古时候的人。德怀：即怀德，思慕恩惠。怀，思念，希慕。不礼怀：即不怀礼，不思慕礼仪。

②婴儿慕：小孩子思恋母亲。

③驹犊从：小牲口跟着大牲口。驹，小马。犊，小牛。

④焉：何。以：用。

⑤母怀：怀恋母。不父怀：不怀恋父。

⑥母怀，爱也：怀母是由于爱，即怀德。

⑦父怀，敬也：怀父是由于敬，即怀礼。

⑧独母而不父：只怀母不怀父，即只怀德不怀礼。

⑨未若父母之懿：不如既怀母又怀父的好，即不如既怀德又怀礼的好。

【译文】

有人问：“远古时候的人怀念恩德而不怀念礼仪。就像婴儿思恋母亲，马驹和牛犊跟随母畜，哪里用得着礼仪呀？”

扬子回答说：“婴儿和驹犊吗？婴儿和驹犊是怀念母亲而不怀念父亲。怀念母亲，是由于爱恋；怀念父亲，是由于崇敬。只怀念母亲而不怀念父亲，不如对父亲母亲都怀念才好呀！”

4.21　狙诈之家曰^①：“狙诈之计，不战而屈人兵^②，尧、舜也。”

曰:"不战而屈人兵,尧、舜也③;沾项渐襟④,尧、舜乎?衒玉而贾石者⑤,其狙诈乎!"

或问:"狙诈与亡⑥,孰愈?"

曰:"亡愈。"

或曰:"子将六师⑦,则谁使?"

曰:"御得其道⑧,则天下狙诈咸作使⑨;御失其道,则天下狙诈咸作敌⑩。故有天下者⑪,审其御而已矣⑫。"

或问:"威震诸侯⑬,须于征与⑭?狙诈之力也。如其亡⑮?"

曰:"威震诸侯,须于狙诈,可也;未若威震诸侯,而不须狙诈也。"

或曰:"无狙诈,将何以征乎?"

曰:"纵不得不征,不有《司马法》乎⑯?何必狙诈乎?"

【注释】

①狙(jū)诈之家:指专门伺间隙以权谋用兵的人。《汉书·叙传》说:"吴、孙狙诈,申、商酷烈。"《汉书·艺文志》列兵权谋十三家,孙武、孙膑、吴起等皆在其内,并说:"权谋者,以正守国,以奇用兵,先计而后战,兼形势、包阴阳、用技巧者也。"可见兵权谋家是兵家各派的综合者和代表。狙,伺,等待机会。

②屈人兵:使别国的军队屈服。

③尧、舜也:《法言音义》说:"天复本无'尧舜也'三字。"

④沾项渐襟:血染湿了脖子和上衣,喻杀人。沾,浸,湿。五臣注本"沾"作"霑"。项,颈项。渐,渍,染。襟,与"衿"通,衣交衽处。

⑤衒(xuàn)玉而贾(gǔ)石:自己夸耀卖的是玉,实际卖的却是石头,即所谓挂羊头卖狗肉。这句话的言外之意是说,军事权谋家

嘴上说要遵循尧舜之道,不战而屈人之兵,实际上却在那里杀
人,只不过是挂羊头卖狗肉罢了。衔,夸耀,自夸。贾,卖。

⑥亡:李轨注:"'亡',无。"汪荣宝说:"'亡'如字,谓败亡也。言狙
诈而胜,孰与不狙诈而败亡。'曰亡愈'者,此《春秋》大宋襄公之
义也。"(《法言义疏》卷六)和下文"如其亡"、"无狙诈,将何以征
乎"联系起来看,释"亡"为"无",于义为长。

⑦子:古代对男子的尊称,大致相当于现在所说的先生。将:率领。
六师:即六军,意谓全国军队。详言军队之组织,则军下有师,师
下有旅。泛言之,则军、师、旅都可以代表军队。《周礼·夏官·
司马》:"凡制军:万有二千五百人为军,王六军,大国三军,次国
二军,小国一军。"

⑧御:驾驭,喻管制、使用等。

⑨咸:皆,都。

⑩敌:刘师培说:"李注:'失其御则反间背叛。'案:范祖禹《唐鉴》六
引'敌'作'逆',与注义合。"(《扬子法言校补》)

⑪有天下者:统治天下的人。

⑫审:明悉,慎重。

⑬诸侯:我国古代分封制下各公侯国的国君。这里指天下各国。

⑭须于征与:有待于用征伐吧! 须,需要,有待。于,以,用。征,讨
伐。古代把以上伐下叫"征"。

⑮如其亡:岂其无,难道能没有狙诈之计吗? 如,岂。其,语助词,没
有实义。

⑯《司马法》:传为古代"圣君"所定的征伐之法。《史记·司马穰苴
列传》说:"齐威王使大夫追论古者《司马兵法》而附穰苴于其中,
因号曰《司马穰苴兵法》。"刘向《七略》将它列入兵权谋家。班固
《汉书·艺文志》把它从兵书中抽出来,列入礼书一类,题为"军
礼司马法百五十五篇"。又说:"兵家者,盖出古司马之职,王官

之武备也。……下及汤、武受命，以师克乱而济百姓，动之以仁义，行之以礼让，《司马法》是其遗事也。自春秋至于战国，出奇设伏，变诈之兵并作。"从这一段话可以看出它与所谓狙诈的不同。扬雄之所以推崇它，大概也正由于此。现存《司马法》只有五篇，都是讲治国之道和一些战略问题。

【译文】

惯用诡诈计谋的兵家说："用诡诈的计谋，不打仗就使敌人的军队屈服，就像唐尧、虞舜呀！"

扬子回答说："不打仗就使敌人的军队屈服，是唐尧、虞舜；杀人流血浸染了脖子和衣襟，还像唐尧、虞舜吗？嘴巴上夸耀是美玉而实际上兜售的是石头的，不就是惯用诡诈计谋的兵家吗！"

有人问："用诡诈的计谋和不用诡诈的计谋，哪个更好呢？"

扬子回答说："不用诡诈的计谋更好。"

那人问："如果先生统率全国的军队，您将使用什么人呢？"

扬子回答说："如果驾驭方法得当，那么天下惯用诡诈计谋的人都会接受驱使；如果驾驭方法不当，那么天下惯用诡诈计谋的人都会成为敌人。所以统治天下的人，关键是要慎重考究驾驭的方法罢了。"

那人问："如果要威震各国，还是需要征战吧？这就是诡诈计谋的作用。怎么能不要诡诈的计谋呢？"

扬子回答说："如果要威震各国，需要诡诈的计谋是可以的；可是不如威震各国，却不需要诡诈的计谋。"

那人问："不用诡诈的计谋，那么用什么进行征战呢？"

扬子回答说："即使不得不进行征战，不是有《司马法》吗？何必用诡诈的计谋呀？"

4.22　申、韩之术[①]，不仁之至矣。若何牛羊之用人也[②]？若牛羊用人，则狐狸、蝼、蟥不勝腊也与[③]？

或曰："刀不利、笔不铦④,而独加诸砥⑤,不亦可乎?"
曰："人砥则秦尚矣⑥!"

【注释】

①申:申不害(约前385—前337)。他是战国时期法家代表人物之一。其事迹见《史记·老子韩非列传》。著作已佚,只保存下《群书治要》卷三十六所引《申子·大体》和一些零星资料。韩:韩非(约前280—前233)。他是战国末年著名的思想家,法家思想的集大成者。本为韩国之公子,入秦后被杀。传世的著作有《韩非子》一书。

②若何:如何,为什么。牛羊之用人:对待人像对待牛羊一样。用,使用,对待。

③蝼(lóu):蝼蛄,属直翅目蝼蛄科的一种昆虫,俗名"地老虎"。螾(yǐn):同"蚓",蚯蚓,俗称"曲蟮"或"地龙",属毛足纲寡毛目的一种环节动物。䝙(lú)、腊(là):都是古代祭祀的名称。"䝙"是楚人在二月祭祀饮食神的节日,或说是八月祭祀谷神的节日。"腊"是冬至后第三个戌日祭百神的节日。《盐铁论·散不足》说:"古者庶人……非乡饮酒、䝙腊、祭祀无酒肉。"就是说,在古代,只有在过这些节日时,老百姓才有酒肉吃。

④刀、笔:都是古代的书写工具。古代字写在竹简或木牍上,写字用的笔是削尖了的竹棒,写错了则用刀削。铦(xiān):尖锐。《法言音义》曰:"本或作'钻',误。"

⑤独:特别,特意。砥(dǐ):磨刀石。《太平御览》卷三百四十六"刀"条引上述两句作"刀不利,笔不铦,宜加诸砺"。

⑥人砥:砥人。这里"砥"作动词,当磨讲。把人放到石头上磨,就是虐待人的意思。秦:中国历史朝代之一。从公元前221年秦始皇并吞六国、统一中国起,至公元前207年为农民起义推翻止。尚:尊崇。

【译文】

申不害、韩非的学说,不讲仁义真是到了极点。为什么对待人像对待牛羊一样呀?若对待人像对待牛羊一样,使田野上尸骨纵横,那么狐狸、蝼蛄、蚯蚓不是可以天天吃人肉,像人过节一样了吗?

有人问:"刀不快,笔不尖,特别放在磨刀石上磨一磨,不也可以吗?"

扬子回答说:"如果能把人放在磨刀石上磨,那么残暴的秦朝应该受到尊崇了!"

4.23　或曰:"刑名非道邪^①?何自然也^②?"

曰:"何必刑名。围棋、击剑、反目、眩形^③,亦皆自然也。由其大者作正道^④,由其小者作奸道。"

【注释】

①刑名:指法家。因为法家主张循名责实,所以常把法家的理论称
　　为刑名之学。刑,通"形",指具体的事物。名,事物的名称。

②自然:天然,自然而然,无需人为。道和自然都是先秦道家的术
　　语。前期法家与道家有一定的渊源关系。如申不害、慎到都表
　　现有从道家向法家转变的特征。因此这里就刑名与道和自然的
　　关系提出问题。

③反目、眩形:《法言音义》说:"一本作'反自眩形',眩,音县。"司马
　　光说:"李本'自'作'目',今从宋、吴本。"故五臣本"目"作"自"。
　　汪荣宝说:"当作'反身、眩形'。一本作'反自'。'自'即'身'之
　　驳文。《淮南子·主术》:'先自为检式仪表。'《读书杂志》云:'当
　　作先以身为检式仪表。今本"身"误为"自","自"上又脱"以"字。
　　《文子·上义》作"先以自为检式"。"自"亦"身"之误,惟"以"字
　　未脱。是"身"与"自"形近易误之证。'此文'身'误为'自',传写

又改为‘目’。宋、吴本作‘反自眩刑’，温公从之，而不知‘自’为‘身’误，‘刑’为‘形’假，依文解之，殊不可通。围棋、击剑、反身、眩形，平列为四事。张平子《西京赋》云：‘侲僮程材，上下翩翻，突倒投而跟絓，譬陨绝而复联。’薛注云：‘突然倒投，身如将坠，足跟反絓橦上，若已绝而复联。’即此所谓反身。‘眩’读为‘幻’。《汉书·张骞传》云：‘大宛诸国发使随汉使来，观汉广大，以大鸟卵及犛靬眩人献于汉。’颜注云：‘“眩”读与“幻”同，即今吞刀、吐火、植瓜、种树、屠人、截马之卫皆是也。’《后汉书·西域传》章怀太子注引《魏略》云：‘大秦国俗多奇幻，口中吐火，自缚自解。’《西京赋》云：‘奇幻儵忽，易貌分形，吞刀吐火，云雾杳冥。此眩形之说。”(《法言义疏》卷六)据此可知，“反身”即今之杂技，“眩形”即今之魔术。

④由：从。大者：指根本原则。下文的“小者”，指细微末枝。李轨注：“大者，圣人之言；小者，诸子之言。”司马光说：“礼乐可以安固万世，所用者大；刑名可以偷功一时，所用者小。其自然之道则同，其为奸正则异矣。”可供参考。

【译文】

有人问：“形名之学不合乎道吗？为什么又合乎自然呢？”

扬子回答说：“岂止是形名之学。就是围棋、击剑、杂技、魔术，熟练了看来也都是自然的。但是从根本上求自然的是正道，从枝节上求自然的是邪道。”

　　4.24　或曰：“申、韩之法非法与？”

曰：“法者，谓唐、虞、成、周之法也①。如申、韩②，如申、韩！”

【注释】

①唐:尧号陶唐氏,简称"唐"。虞:舜号有虞氏,简称"虞"。尧、舜是我国古史传说中的两个"圣君",实际上是原始社会末期的部落联盟首领。成:周成王姬诵,约公元前 1063—前 1027 年在位,周武王的儿子。其事迹见《史记·周本纪》、《书·微子之命》和《书·康诰》。周:周公姬旦。成王、周公亦是儒家崇拜的所谓"圣人"。

②如申、韩:岂是申韩之法! 如,岂。

【译文】

有人问:"申不害、韩非的法度难道不是法度吗?"

扬子回答说:"我们所说的法度,是指唐尧、虞舜、成王、周公的法度。哪里是申不害、韩非的法度! 哪里是申不害、韩非的法度!"

4.25　庄周、申、韩①,不乖寡圣人而渐诸篇②,则颜氏之子③,闵氏之孙④,其如台⑤?

【注释】

①庄周(约前 369—前 286):宋国蒙人,战国时期道家的著名代表人物。现存的《庄子》(又称《南华经》)三十三篇,是由后人编纂的一部先秦道家思想的总集,分内篇、外篇、杂篇三个部分。一般认为,内篇七篇为庄周自著,其他各篇则是其后学所述。申:申不害。韩:韩非。他们的事迹见《史记·老子韩非列传》。

②乖:违背。寡:轻视。渐:浸染,指学习。诸:之于。篇:篇籍,书籍。这里指儒家的经传。

③颜氏之子:指颜回,字子渊。

④闵氏之孙:指闵损,字子骞。二人是孔丘的学生中德行最好的。《论语·先进》:"德行:颜渊、闵子骞、冉伯牛、仲弓。"

⑤如台(yí)：奈何，怎样。参看王引之《经传释词》卷三"台"字条。如，奈。台，何。按，这里反映的人通过学习和教育可以改变的思想，是扬雄的一贯主张，如1.7条，说的也是这个意思。

【译文】

如果庄周、申不害、韩非不轻视和违背圣人的教导而努力学习儒家的经典，就是孔子的得意弟子颜回和闵损又能怎么样呢？

4.26　或曰："庄周有取乎？"

曰："少欲。"

"邹衍有取乎①？"

曰："自持②。至周罔君臣之义③，衍无知于天地之间④，虽邻不觌也⑤。"

【注释】

①邹衍(约前305—前240)：或作"驺衍"、"鄹衍"。战国时期齐国人，阴阳五行家的代表人物。著作已佚。其事迹见《史记·孟子荀卿列传》。

②自持："持"有掌握、支持的意思，"自持"即自己掌握自己，意谓小心谨慎，不乱来。司马迁说邹衍"其语闳大不经"，"然要其归，必止乎仁义节俭、君臣上下六亲之施，始也滥耳"。扬雄说他"自持"，就是指这些。

③周罔君臣之义：庄周反对儒家的仁义礼乐和君臣之道，主张"终身不仕，以快吾志"，"无为有国者所羁"(《史记·老子韩非列传》)，所以扬雄说他无君臣之义。罔，无。

④衍无知于天地之间：邹衍讲天文地理，都是由小推大，从近推远，以至"天地未生，窈冥不可考而原"，"及海外，人之所不能睹"

(《史记·孟子荀卿列传》),所以扬雄说他无知于天地之间。

⑤虽邻不觌(dí):即使与庄周、邹衍为邻,也不相见。这是扬雄表明
自己对庄周"罔君臣之义"和邹衍"无知于天地之间"所抱的深恶
痛绝的态度。陶鸿庆说:"天地之间,谓人道也。《君子篇》云:
'通天地而不通人曰伎.'即此义矣。周明于生死之理而昧于君
臣之义,衍能窥天地之奥而不知人事之变,皆扬子所不取也。
邻,近也,觌,见也。言二子能见远而不能见近,即《论语》'不学
墙面'之意。"(《读诸子札记》十四)按,司马迁说邹衍"必止乎仁
义节俭、君臣上下六亲之施",扬雄说邹衍可取之处正在于"自
持",则不应又说他"不知人事之变"。当时人们认为邹衍"作怪
迂之变"的,正是他的谈天说地。"无知于天地之间",应即指此
无疑。陶氏的说法是没有根据的。因此,他对"虽邻不觌"的解
释,也是错误的。觌,相见。

【译文】

有人问:"庄周的学说有可取的地方吗?"

扬子回答说:"贬斥欲望是可取的地方。"

"邹衍的学说有可取的地方吗?"

扬子回答说:"能够自我把握是可取的地方。至于庄周否定君臣之
间的正当关系,邹衍缺乏关于天文地理的正确知识,那就好像连最邻近
的东西也没有看见。"

问神卷第五

　　本卷所述,比较重要的是涉及心神、言辞、儒家经典的内容。

　　"神"在古代也是一个多义词,有神灵、精神、神妙等含义。扬雄在这里是用其精神之意。"心"在中国古代文献中,则有其特殊内涵。心既是内脏器官,如《说文解字》:"心,人心,土藏,在身之中。"但因为人的思想感情的变化,常引起心脏活动的反应,故古人又把心脏作为思想意识和认知事物的器官。所以《孟子·告子上》说:"心之官则思。"《释名·释形体》:"心,纤也,所识纤微,无物不贯也。"古人还认为心是统领人的整个形体和精神意志的主宰。如《管子·心术下》:"心之在体,君之位也;九窍之有职,官之分也。"《荀子·解蔽》:"心者,形之君也,而神明之主也。"《荀子·天论》:"耳目鼻口形能各有接而不相能也,夫是之谓天官;心居中虚以治五官,夫是之谓天君。"扬雄就是在这些意义上使用"心"这个概念的。所以他认为心即个人的精神意识,不但可以深入了解一般的事理,而且可以深入了解天地。当然,人要能把握住自己的心。如果把握不往,心就会跑掉。扬雄在这里实际继承了孟轲"求其放心"的观点。

　　关于言辞,扬雄表达了两个很重要的观点。一是认为君子之言必有验,"无验而言之谓妄"。二是提出了言为心声、书为心画的命题,认为一个人的思想一旦用语言和文字表达出来,是君子还是小人就显露出来了。扬雄的这个命题对后代的文论有很大影响。

关于儒家的五经,值得注意的是:当有人问扬雄"经可损益与"时,扬雄明确地给予肯定的回答,并且指出圣人的学说并非天生就是那个样子,而是适应时代需要造作出来的,因此必然不断有所删减或增益。这反映了扬雄强调思想要适应时代变化,即使是圣人的经典也不例外的思想。在儒学定于一尊,儒生们都死守一部儒家经典,把它作为攫取利禄之工具的时候,扬雄这种思想显得尤为可贵。传统观点认为,扬雄模拟《论语》作《法言》,模拟《周易》作《太玄》,是缺乏创造性的表现。由上述情况可以看出,扬雄的这种模拟,即使不谈思想内容,仅仅从形式上看,恐怕与其说是缺乏创造性的表现,毋宁说是富有创造性的表现。

5.1　或问神①。

曰:"心②。"

"请问之③?"

曰:"潜天而天,潜地而地。天地,神明而不测者也④。心之潜也,犹将测之。况于人乎? 况于事伦乎⑤?"

"敢问潜心于圣⑥?"

曰:"昔乎⑦,仲尼潜心于文王矣⑧,达之;颜渊亦潜心于仲尼矣⑨,未达一间耳⑩。神在所潜而已矣⑪。"

【注释】

①神:精神,即人的意思和思维。

②心:古代把心看作人的思维器官。

③请问之:五臣注本作"请闻之"。俞樾说:"'之'当作'心',隶书相似而误也。上文:'或问神,曰心。'故或人又请问心也。《音义》

曰:'天复本作"请闻之"。'盖既误'心'为'之',因又改'问'为
'闻',以就其义。温公从之,非是。"(《诸子平议》卷三十四)汪荣
宝说:"俞说是也。隶体'心'形、'之'形、'止'形相近易误。《学
行》'无止仲尼'、'无止颜渊',今本皆作'无心'。'心'之误'之',
犹'止'之误'心'也。"(《法言义疏》卷七)

④神明:指天地的变化与作用的极其微妙,这从下文"不测"就可以
　知道。又《易·系辞上》:"阴阳不测之谓神。"韩康伯注:"神也
　者,变化之极,妙万物而为言,不可以形诘者也。"测:度量,引申
　为了解、认识。

⑤伦:理。

⑥敢问:大胆地问,冒昧地问,这是表示谦让的问法。潜心:即心
　潜。圣:圣人。

⑦昔乎:世德堂本无"乎"字。

⑧仲尼:孔丘字。

⑨颜渊:颜回(前521—前490),字子渊。

⑩未达一间耳:虽然没有达到,但也只差一条缝。形容极其接近。
　间,缝隙。

⑪所潜:指神所潜的东西。"所"在这里是代名词,表示行为或动作
　的对象。

【译文】

有人问精神的神妙作用。

扬子回答说:"就在于心。"

"请问这是什么意思?"

扬子回答说:"心深入天就能了解天,深入地就能了解地。天地是
幽深微妙而不易了解的。心深入天地,还能了解它们,何况对于人呢?
何况对于一般的事理呢?"

"请问心可以深入于圣人吗?"

扬子回答说:"从前孔子曾经以心深入于周文王,达到了周文王;颜渊也曾经以心深入于孔子,虽然没有达到孔子,却只差一小点儿。精神是什么都可以深入的,关键在于深入什么罢了。"

5.2　天神天明①,照知四方。天精天粹②,万物作类③。

【注释】

①天:指整个宇宙。因为扬雄认为整个宇宙乃至人类社会都可以用天来代表。如《太玄·玄图》说:"夫玄也者,天道也,地道也,人道也,兼三道而天名之,君臣、父子、夫妻之道。"神、明:即神明。见5·1条注④。这里是为了修辞而分开说。

②精、粹:即精粹。这里也是为了修辞而分开说。

③作:为,成。

【译文】

天的神明照亮了四面八方,天的精粹造作了万物的各个种类。

5.3　人心其神矣乎①! 操则存,舍则亡。能常操而存者,其惟圣人乎②!

【注释】

①人心:指人的思维、意识。神:奥妙。

②其:副词,恐怕、大概的意思。惟:仅,只。按,这段话语本《孟子·告子上》:"孔子曰:操则存,舍则亡。出入无时,莫知其乡。惟心之谓与?"

【译文】

人的心真神妙呀! 如果能够把握住它,它就存在;如果把握不住它,它就会跑掉。能够经常把握住它,使它不能跑掉的,大概只有圣人吧!

5.4　圣人存神索至①,成天下之大顺,致天下之大利,和同天人之际②,使之无间也③。

【注释】

①存神:掌握住自己的精神,即集中精力。索:探求。至:极。指极其幽深微妙的规律和道理。

②和同:调和,会通。际:分界,遇合。

③使之无间也:五臣注本多作"使之无间者也",世德堂本作"使之而无间者也"。间,缝隙。

【译文】

圣人集中精神去探索幽深微妙的道理,造成天下伟大的和顺,导致天下伟大的功利,调和沟通天与人的关系,使它们之间没有一点隔阂。

5.5　龙蟠于泥①,蚖其肆矣②。蚖哉,蚖哉!恶睹龙之志也与③?

或曰:"龙必欲飞天乎④?"

曰:"时飞则飞,时潜则潜。既飞且潜,食其不妄⑤,形其不可得而制也与⑥?"

曰:"圣人不制,则何为乎羑里⑦?"

曰:"龙以不制为龙⑧,圣人以不手为圣人⑨。"

【注释】

①龙:古代传说中一种能变化升天、兴云作雨的神兽。扬雄用来比

喻所谓圣人。蟠(pán)：屈曲而俯伏。

②蚖(yuán)：同"螈"，即蝾螈，属有尾目的一种两栖动物。有人说蚖是蜥蜴。但蜥蜴属爬虫纲，且不生活于水中。所以蚖不是蜥蜴，只二者外形相似而已。肆：放肆。

③恶(wū)：哪里。睹：看见，引申为了解、知道。

④龙必欲飞天乎：这句话是问，龙一定要飞上天吗？

⑤食其不妄：其食不妄。宋刻元修纂图互注本作"食不妄"。《法言音义》说："食其不妄，俗本作'不忘'，字之误也。非义不妄食，故不可得而制。《楚辞》曰：'凤亦不贪馁而妄食。'"食其，即"其食"。"其"指龙。

⑥形其不可得而制：其形不可得而制。这是用龙的形体的能变比喻圣人的不受制于人。

⑦羑(yǒu)里：古地名，或作"牖里"。周文王曾被商纣王囚于羑里。

⑧龙以不制为龙：龙正是由于其形体不受限制，能够变化所以才是龙。宋刻元修纂图互注本作"龙不以制为龙"，误。

⑨不手：《法言音义》说："不制于人之手。"汪荣宝说："《公羊传·庄公篇》云：'手剑而持之。'解诂云：'手剑，持拔剑。'陈疏云：'凡以手持物谓之手。下十三年传："曹子手剑而从之。"亦谓持剑也。《檀弓》云："子手弓而可。"谓持弓也。《周书·克殷》云："武王乃手大白以麾诸侯。"《史记·周本纪》"手"作"持"。又《吴世家》："专诸手匕首刺王僚。"《楚世家》："自手旗左右麾军。"司马相如《上林赋》："手熊罴。"'义皆作'持'也。盖手所以持，因而持即谓之手，以名辞为劲辞也。不持谓不专执一端，即毋必毋固之义。故可常亦可变，可伸亦可屈。"(《法言义疏》卷七)不手，就是时飞则飞、时潜则潜，即随机应变的意思。

【译文】

当龙屈伏在泥塘里的时候，蝾螈就放肆起来了。蝾螈呀！蝾螈呀！

你哪里懂得龙的志趣呀？

有人问："龙一定要飞上天吗？"

扬子回答说："时机应该高飞的时候就高飞，时机应该潜伏的时候就潜伏。不管高飞或者潜伏，它都不随便受人供养，所以它的形体也就不会受人控制了吧？"

又问："圣人不受人控制，那么为什么周文王会被商纣王拘囚在羑里呢？"

扬子回答说："龙由于其形体不受控制，所以才是龙。圣人由于能随机应变可伸可屈，所以才是圣人。"

5.6　或曰："经可损益与①？"

曰："《易》始八卦，而文王六十四，其益可知也②。《诗》、《书》、《礼》、《春秋》③，或因或作④，而成于仲尼⑤，其益可知也⑥。故夫道非天然，应时而造者，损益可知也。"

【注释】

①经：指儒家的经典，即下文所说的《易》、《诗》、《书》、《礼》、《春秋》。传说这是孔丘根据古代文献整理改编的教学生用的课本。

②"《易》始八卦"三句：《易》，包括两部分。一为《易经》，本是古代占卜用的书，用（阴——）、（阳—）两个符号，以不同的重叠组成六十四卦。每卦有六个符号，即六爻。六十四卦共三百八十四爻。卦有卦辞，爻有爻辞，对每卦每爻的吉凶给以说明。传说最初只有八卦，每卦三爻。后人使八卦两两相重，增益为六十四卦、三百八十四爻。后来又有人陆续为《易经》作出一些解释性的文字，流传下来的有《彖辞》、《象辞》、《系辞》、《文言》、《说卦》、《序卦》、《杂卦》，总称《易传》。从这句话可以看出，扬雄是主张文王

重卦的。但在历史上，对于谁作八卦，谁重卦，谁作卦辞、爻辞，谁作《易传》，有许多不同说法，至今并无定论。关于各经源流问题的各种不同说法，可参看皮锡瑞《经学历史》第一部分《经学开辟时代》和周予同的注释。

③《诗》：我国古代第一部诗歌总集。传说原有三千余篇，经孔丘删减，取三百多篇教授弟子，成为儒家的经典。《诗经》今存三百十一篇，其中六篇有目无辞。汉代传《诗》有《齐诗》、《鲁诗》、《韩诗》、《毛诗》四家。前三家为今文，毛诗为古文。今文三家皆已失传，现存者唯《毛诗》。《书》：即《尚书》，是我国古代政治文献的汇编（事实上有的篇是后人假托，或是后人记录的古代传说）。传说原有三千余篇，经孔丘选择，取百篇，用来教授学生。经秦焚书后，西汉初年文帝命晁错从济南伏生受《书》二十九篇，用当时通行的文字写下来，是为今文《尚书》。汉武帝时，鲁恭王毁孔丘宅，发现壁中所藏用古文写的《尚书》，由孔安国和今文对校，多出十六篇。但未能立于学官，后遂亡失。现存《尚书》中的古文部分及所谓孔安国传，是东晋时梅赜所献的伪书。《礼》：或称《士礼》，即《仪礼》。传说孔丘把周代积累的关于各种礼仪制度的记录，选择其中士必须学习的，作为教授弟子用书，这就是《礼》。经秦焚书后，汉代流传的只有《仪礼》十七篇，即汉代所谓《礼经》。现在十三经中的《周礼》和《礼记》，在汉代都不称经。《春秋》：本是春秋时代各国史书的通称。相传孔丘根据鲁国史官记载鲁国历史的《春秋》，加以笔削增删，塞入所谓微言大义，即对历史人物和事件的褒贬，用来教授学生，后来就成了儒家的经典。这是我国现存第一部编年史。关于《春秋》的解释有所谓《春秋》三传，即《公羊传》、《穀梁传》和《左氏传》。

④或因或作：有因有作。古人认为，《诗》、《书》、《礼》是孔丘就旧文删定，《春秋》则为孔丘所作，所以扬雄这样说。司马光说："宋、

吴本'或作'下更有'因'字,今从李本。"因,因袭。作,造作。

⑤而成于仲尼:宋仰高堂刻五臣注本作"而成于仲尼乎"。

⑥其益可知:其损益可知。因为前文已有"损"和"益",所以这里省略只说"益",但实际包括"损"。这是一种"以偏概全"的修辞法。

【译文】

有人说:"经典可以删减或增加吗?"

扬子回答说:"《易经》开始只有八卦,周文王创制成六十四卦,可见它是增加了。《诗经》《书经》《礼经》《春秋》,有的是抄录旧文,有的是新的创作,但都成于孔子,可见它们也是有所增删的。因此,圣人的学说并不是天生就是那样,而是适应时代的需要制作出来的,可见它们是有所删减或增加的。"

5.7　或曰:"《易》损其一也,虽蠢,知阙焉①。至《书》之不备过半矣②,而习者不知。惜乎《书》序之不如《易》也③。"

曰:"彼数也④,可数焉故也⑤。如《书》序,虽孔子末如之何矣。"

【注释】

①知阙焉:知道缺少了什么。

②《书》之不备过半:指汉代流行的《书》同传说的孔丘所定之百篇相比,缺失了一多半。《书》,即《尚书》。

③《书》序:指总括《尚书》全书的大序。《书》到底有没有大序,迄无定论。但据此可知扬雄是主张《书》有大序的。不如《易》:《易》有《序卦》一篇,对各卦的排列次序作了说明,所以说《书》序不如《易》。司马光说:"序谓篇之次序。"那么,"《书》序"就是《书》中各篇的次序,和下条"序以百"的"序"是一个意思了。这样,所谓

"不如《易》"也就不必是指《序卦》,而可以是指六十四卦的次序本身。这两种解释都可通。

④彼数(shù)也:彼,指《易》。数:术数。古代把根据阴阳五行生克转化,以占卜等方法来推测人事吉凶的理论,称为"术数"。

⑤可数(shǔ)焉故也:数,一个一个地计算。故,原因。

【译文】

有人说:"《易经》如果损失其中一卦,即使愚笨的人,根据《序卦》也知道少了哪一卦。至于《书经》已经失传了一多半,可是学习的人却不能从《书序》中知道缺了什么。《书序》不如《易经》的《序卦》,真可惜呀!"

扬子说:"这是因为《易经》是卜筮吉凶的术数书,有多少卦是可以计算的缘故。像《书序》那样,即使孔子也没有办法呀!"

5.8　昔之说《书》者序以百①,而《酒诰》之篇俄空焉②,今亡夫③!

【注释】

①昔:古代。说:传述,讲解。序:次第,计数。百:百篇。这句话是说,古代传述讲解《书》的都是按百篇来编次计数。传说孔丘删定的书有百篇,汉代《书》已缺失多篇。把这句话和下文"今亡夫"联系起来就可以知道,扬雄并没有见过百篇的《书》和"序以百"的"说《书》者",他这句话也是传闻之辞。

②《酒诰》:《书·周书》篇名。俄:姑且,暂时。空:空缺。汪荣宝说:"古书凡有脱文,每中空以识之。《逸周书》此例最多。《酒诰》之篇俄空,谓于《酒诰》脱简之处,中空若干字以示其有脱也。《艺文志》云:'刘向以中古文校欧阳、大小夏侯三家经文,《酒诰》脱简一,《召诰》脱简二。'"(《法言义疏》卷七)

③今亡夫：今无矣，现在没有这种情况了。亡，无。夫，虚词，表示感叹。刘师培说："王观国《学林》一引'夫'作'矣'。"（《扬子法言校补》）按，扬雄举上面两个例子，是要说明当时的《书》已经不同于古代的《书》。全段话套用《论语·卫灵公》："子曰：'吾犹及史之阙文也，有马者借人乘之，今亡矣夫！'"

【译文】

古代传授《书经》的人都是按百篇来编次计数，而且《酒诰》一篇有暂时空缺的地方。现在这种情况已经没有了。

5.9　虞、夏之书浑浑尔，《商书》灏灏尔，《周书》噩噩尔①。下周者，其书谯乎②！

【注释】

①"虞、夏之书"三句：虞夏之书、《商书》、《周书》，古代编《尚书》的人，把其中各篇按内容和时代分为几个大的部分。据说有两种分法，即所谓"三科之条，五家之教"。三科之条是分为三部分，即《虞夏书》、《商书》、《周书》。五家之教是分为五部分，即《唐书》、《虞书》、《夏书》、《商书》、《周书》。现存的《尚书》是分为四个部分，即《虞书》、《夏书》、《商书》、《周书》。浑浑，形容书的气魄浑厚深大。尔，如此，这样。在古文中常用作形容词或副词的词尾。灏灏，与"浩浩"通，形容书的气魄广大开旷。噩噩，形容书的气魄严肃明直。

②"下周者"二句：《太平御览》卷六百八"叙经典"条引此句作"下周者其书憔悴乎"。下周者，周以下的朝代，指秦。谯，急促苛薄。《法言音义》说："谯乎，俗本作'谁'，旧本皆作'谯'。《诗传》云：'谯，杀也。'杀，所戒切。故注云酷烈。"五臣注本即作"谁"。司马光说："李本'谁'作'谯'，今从宋、吴本。"刘师培说："'谯'当作

'嚔'。《礼记·乐记》云:'其声嚔以杀。'又云:'志微嚔杀之音作。'"嚔'即'道'字。其书'谯'者,言其文促急,无安雅之音也。此节系扬子论《尚书》文体之变迁,故由浑浑而灏灏,由灏灏而噩噩,均文辞由厚而薄,由微而显之证。故至周以下,其文迫促,正与浑厚相反。李注以酷烈解'谯'字,盖训'谯'为'杀'。其义稍晦。"(《法言补释》)

【译文】

《书经》中的《虞书》、《夏书》,气魄浑厚深远;《商书》气魄浩荡开阔;《周书》气魄严肃明直。周以下各朝代,书的气魄就峻急促迫了吧!

5.10　或问:"圣人之经不可使易知与①?"

曰:"不可。天俄而可度②,则其覆物也浅矣;地俄而可测,则其载物也薄矣。大哉! 天地之为万物郭,五经之为众说郛③。"

【注释】

①圣人之经:儒家的经典,即下文所谓五经。易知:容易理解。自汉武帝"罢黜百家,独尊儒术"以后,儒学取得垄断地位,对儒家经典的解释愈来愈烦琐,致使人有皓首不能穷经之叹。这句话就反映了读书人对这种现象的不满。从下文的回答看,扬雄在这个问题上的态度是保守的。

②俄而:顷刻,一会儿见,引申为容易的意思。王念孙释"俄而"为"假如"(见《读书杂志》十六《余编》上),是不对的。因为通观全文,如果释"俄而"为"假如",则天地不可测度,五经就成了不可知。这显然与文义不符。但这句话确实包含着"假如"的意思。这种意思是从全句的意义和口气中反映出来的。度:测量。

③郭、郭：都是外围的意思，引申为形容包含丰富、众多。

【译文】

有人问：“圣人的经典，不能使它容易理解些吗？”

扬子回答说：“不能。如果天一下子可以度量出它的高低，那么天覆盖万物的高度就太浅了；如果地一下子可以测量出它的厚薄，那么地承载万物的厚度就太薄了。伟大呀！天地是容纳万物的城池，五经是包含各种学问的郭郭。”

5.11　或问：“圣人之作事，不能昭若日月乎？何后世之訔訔也①？”

曰：“瞽旷能默②，瞽旷不能齐不齐之耳③；狄牙能喊④，狄牙不能齐不齐之口。”

【注释】

①訔訔(yín)：争论不休的样子。宋刻元修纂图互注本作“誾誾”。司马光说：“宋、吴本‘訔’作‘誾’，今从李本。”这句话是问，圣人的言行，难道不能像日月一样明白吗？为什么后代人对圣人的言行争论起来没有完呢？这反映了当时读书人对儒学内部宗派林立、互相攻击的不满。

②瞽(gǔ)旷：瞽，目盲；旷，师旷，春秋时期晋平公的乐师，我国古代著名的音乐家。当时乐工皆为盲人，故称之为“瞽旷”。能默：是说瞽旷能通声音之妙。默，默识，即口不言而心识。

③不能齐不齐之耳：前一个“齐”作动词，是使之整齐划一的意思；后一个“齐”是形容词；“不齐之耳”，是说各人喜欢听的音乐是不一样的。

④狄牙：即易牙，又名“雍巫”。春秋时期齐桓公的幸臣，善调味。

喊：调和，指调味。俞樾说："'喊'者，'诚'之异文，从口与从言同。咏、咏、诉、吟，即其例也。《说文·言部》：'诚，和也。'《广雅·释诂》：'诚，调也。''狄牙能喊'，谓狄牙能和调也。"(《诸子平议》卷三十四)

【译文】

有人问："圣人的行为，不能明白得像太阳和月亮一样吗？为什么后代的人对圣人的行为争论起来没有完呢？"

扬子回答说："瞽旷虽然精通音乐，但瞽旷不能使不同人的耳朵都喜欢一种音乐；狄牙虽然精通调味，但狄牙不能使不同人的嘴巴都喜欢一种味道。"

5.12　君子之言，幽必有验乎明，远必有验乎近，大必有验乎小，微必有验乎著①。无验而言之谓妄②。君子妄乎？不妄③。

【注释】

①"幽必有验乎明"四句：这四句话总的意思是说，对于远离人们的切身具体经验的事物所作的判断，必须能在接近人们的切身具体经验的事物上得到验证。幽必有验乎明，对于幽暗的事物所作的判断必须能在明白的事物上得到验证。以下三句类此。

②妄：没有根据地乱说。

③"君子妄乎"二句：也可以断作"君子妄乎不妄"，表面上是个疑问句，实际上还是认为君子不妄。

【译文】

君子发表言论，对于幽暗的事物的判断，必须能在明白的事物上得到验证；对于遥远的事物的判断，必须能在切近的事物上得到验证；对于宏伟的事物的判断，必须能在微细的事物上得到验证；对于隐蔽的事物的判断,必须能在显著的事物上得到验证。没有验证而作出判断就是没有根据地乱说。君子乱说吗? 不乱说。

5.13　言不能达其心,书不能达其言①,难矣哉! 惟圣人得言之解,得书之体②。白日以照之,江河以涤之,灏灏乎其莫之御也③。面相之,辞相适④,捈中心之所欲⑤,通诸人之哑哑者⑥,莫如言。弥纶天下之事⑦,记久明远,著古昔之㖧㖧⑧,传千里之忞忞者⑨,莫如书。故言,心声也⑩;书,心画也⑪。声画形⑫,君子小人见矣⑬。声画者,君子小人之所以动情乎⑭!

【注释】

①达:表达,反映。按,这句话当是从《易·系辞上》"子曰:'书不尽言,言不尽意'"变化而来的。

②体:体裁。

③"白日"三句:白日,明亮的太阳。涤,洗。灏灏,同"浩浩",盛大的样子。五臣注本作"浩浩"。按,本句语本《孟子·滕文公上》"江汉以濯之,秋阳以暴之,皓皓乎不可尚已"。

④面相之,辞相适:表情和言辞相交往,这是形容人们之间的来往交际。之、适,都是往的意思。

⑤捈(shū):抒发。

⑥哑哑(jìn):李轨注:"犹愤愤也。"按,"愤"有欲而不能的意思。"通诸人之哑哑者",就是"阐明众人想明白而不能明白的东西"。汪荣宝则认为"哑哑"应作"喕喕"。他说:"宋、吴本作'喕',此《音义》以为俗本者。然《音义》引俗本,往往有古音古义存其间,转较胜其所据本。'哑'、'喕'形近易误。《列子·天瑞篇》'画其终',又《汤

问篇》'画然',释文并云:'"画"一作"尽"。'……《离骚》:'忽纬缅其难迁。'王注云:'纬缅,乖戾也。'字亦作'敍慑'。《广雅·释训》云:'敍慑,乖剌也。'王疏云:'意相乖违,谓之敍慑。'然则'嗢嗢'即纬缅、敍慑之意。'通诸人之嗢嗢',犹云通众意之相乖耳。"(《法言义疏》卷八)汪说"咚咚"应为"嗢嗢"有一定道理,宋刻元修纂图互注本也作"嗢嗢"。但说"慑慑"为乖违之意则不确。画,就是界限,引申为阻隔。"通诸人之",就是打破人们之间的隔阂。

⑦弥纶:总括,包含。

⑧唔唔:即"昏昏",阴暗不明的样子。或作"唔唔"。

⑨态态(wěn):茫昧不清的样子。李轨注:"唔唔,目所不见。态态,心所不了。"俞樾说:"'态态'与'唔唔'同义。《史记·屈原列传》:'受物之汶汶。'索隐曰:'汶汶,犹昏暗不明也。''汶汶'即'态态'也。"(《诸子平议》卷三十四)

⑩心声:发自内心的声音。

⑪心画:筹划于内心的图画。

⑫声画形:把内心的声音和图画用语言和文字表现出来。

⑬见(xiàn):同"现",显露。

⑭"君子小人"句:这句话是说,发表言论和著书立说,不论是君子还是小人对它都是挺感兴趣、挺在意的。

【译文】

一般人语言不能完全表达它的思想,文字不能完全表达他的语言,真是难呀!只有圣人能够完全掌握语言的意义,能够完全掌握文字的体裁。圣人的语言和文字,像太阳照耀万物,像江河涤荡大地,浩浩荡荡没有什么东西可以阻挡。表情相互交流,言词相互问答,能够抒发个人心中的打算,打破众人之间的隔阂的,没有什么东西能比得上语言。遍知世界上的事情,记载久远的过去,说明遥远的事物,使古代昏暗的事实明白起来,把远方渺茫的情况传达过来,没有什么东西能比得上文字。因此,语言是思想的声音,文字是思想的图画。思想一旦用语言和文字表现出来,是君子还是小人就显露出来了。语言和文字,就是君子和小人感情激动的原因吧!

5.14　圣人之辞,浑浑若川^①。顺则便、逆则否者,其惟川乎^②!

【注释】

①浑浑:同"混混",即"滚滚",水盛大奔流的样子。《孟子·离娄下》:"源泉混混,不舍昼夜。"《说文解字》:"混,丰流也。"这是用江河中水流的汹涌来比喻圣人之言的强大力量。

②"顺则便"二句:便,方便,顺利,安宜。否(pǐ),凶咎,破败。其,恐怕,大概。这句话的言外之意是说,按照圣人教诲行动就成功,违背就失败。

【译文】

圣人的言论,就像滚滚奔腾的河流。顺着它就会安适,逆着它就会破败的,大概只有河流吧!

5.15　或曰:"仲尼圣者与? 何不能居世也? 曾范、蔡之不若^①!"

曰:"圣人者,范、蔡乎? 若范、蔡,其如圣何?"

【注释】

①曾:乃。范:范雎。蔡:蔡泽。范、蔡都是战国末年的政治家,在秦昭王时曾先后为秦相。他们的事迹见《史记·范雎蔡泽列传》。若:如。

【译文】

有人问:"孔子是圣人吗? 为什么不能处世呢? 就连范雎、蔡泽也不如!"

扬子回答说:"圣人难道是范雎、蔡泽吗? 如果像范雎、蔡泽,又怎么能成为圣人呀?"

5.16　或曰:"淮南、太史公者①,其多知与? 曷其杂也②!"

曰:"杂乎杂! 人病以多知为杂③,惟圣人为不杂。"

【注释】

①淮南:指汉淮南王刘安(前179—前122),沛郡丰人。其事迹见《史记·淮南衡山列传》和《汉书·淮南衡山济北王传》。史书上说他"招致宾客方术之士数千人,作为《内书》二十一篇,《外书》甚众,又有《中篇》八卷,言神仙黄白之术,亦二十余万言"。今只有《内书》尚存,名《淮南子》,又叫《淮南鸿烈》,是我国西汉时期重要的哲学著作之一。太史公:指司马迁(约前145或前135—?),字子长,夏阳人,西汉著名的历史学家、文学家和思想家。因为他在汉武帝时曾做过太史令,故称为"太史公"。他著有《史记》一百三十篇,记载了自传说中的黄帝至汉武帝,共约三千年左右的历史,是我国第一部纪传体的通史。其事迹见《史记·太史公自序》及《汉书·司马迁传》。

②曷其:何其,怎么,多么。杂:指刘安和司马迁的书里包括并调和了各派的学说。《汉书·艺文志》收杂家二十家、四百零三篇,评论说:"杂家者流,盖出于议官。兼儒墨,合名法,知国体之有此,见王治之无不贯,此其所长也。及荡者为之,则漫羡而无所归心。"其实,所谓杂家也并不是纯客观地把各家的理论杂拌在一

起,还是有所取舍,以为己用的,虽然不一定都形成了自己完整一贯的体系。他们的特点是不以儒家为正统,所以遭到怀疑和反对。

③病:缺点。《文选》何平叔《景福殿赋》"多闻多杂,多杂眩真"句下,李善注引此句作"人病多知为杂",无"以"字。

【译文】

有人说:"淮南王刘安、太史公司马迁二人,大概有很多知识吧? 他们写的书内容多么庞杂呀!"

扬子回答说:"庞杂呀庞杂! 一般人的缺点就是知识多了就庞杂,只有圣人知识再多也不庞杂。"

5.17　书不经,非书也;言不经,非言也。言、书不经,多多赘矣①。

【注释】

①赘:赘疣,瘤子,引申为多余的东西。

【译文】

书籍不规范,就不是合格的书籍;言论不规范,就不是合格的言论。言论和书籍不规范,就是多余的赘疣呀!

5.18　或曰:"述而不作①,《玄》何以作②?"

曰:"其事则述③,其书则作④。"

【注释】

①述而不作:见《论语·述而》:"子曰:'述而不作,信而好古,窃比于我老彭。'"述,传述,解释。作,创作。

②《玄》：指扬雄的《太玄》一书。何以：为什么。

③事：内容。

④书：文辞。

【译文】

有人说："圣人说只传述而不创作,你为什么创作《太玄》呢?"

扬子回答说:"《太玄》的内容都是传述圣人的教导,只不过《太玄》的文辞是我写的。"

5.19　育而不苗者①,吾家之童乌乎②!九龄而与我《玄》文③。

【注释】

①育而不苗：汤炳正说："当作'苗而不育',指童乌早死而言。……《尔雅·释诂》云:'育,长也。'《诗·生民》云:'载生载育。'毛云:'育,长也。'《谷风》云:'既生既育。'郑云:'育谓长老也。'是古书皆以生为始生,育为长大之义。若作'育而不苗',则既长大矣,安得犹谓'不苗'? 汉《郑固碑》云:'君大男孟子,有杨乌之才。'又云:'嗟嗟孟子,苗而弗毓。'案:'杨乌'即'童乌','苗而弗毓'即'苗而不育'也。《说文·肉部》'育'字重文作'毓'。又《易·蛊卦》云:'振民育德。'释文云:'王肃作"毓",古"育"字。'盖《法言》一书,汉时已大行。故此碑即用《法言》成句。可证当时《法言》犹未倒误。《鲁论》:'苗而不秀者有矣夫! 秀而不实者有矣夫!'孔注云:'言万物有生而不育成者。'详此注之义,乃以'生'字释'苗','育'字释'秀','成'字释'实'也。是《法言》之'苗而不育',亦即'苗而不秀'之变文。因《法言》多拟《论语》也。"(《法言汪注补正》,载《制言半月刊》第四期,1935 年 11 月)育,生养。苗,农作物没有抽穗开花叫"苗",抽穗开花叫"秀",成籽结果叫

"实"。古人常用庄稼生长的这几个阶段来比喻人的寿夭。

②童:小孩子。乌:扬雄的幼子名叫"扬乌"。

③与(yù)我《玄》文:李轨注说:"颜渊弱冠而与仲尼言《易》,童乌九龄而与扬子论《玄》。"《华阳国志》之《蜀郡士女赞》"子云"条下及《益梁宁三州先汉以来士女目录》则谓扬乌七岁预雄《玄》文,九岁卒。又《太平御览》卷三百八十五"幼智"条引刘向《别传》说:"杨信,字子乌,雄第二子,幼而明慧。雄笔《玄经》不会,子乌令作九数而得之。雄又疑《易》羝羊触藩,弥日不就,子乌曰:'大人何不云荷戟入榛。'"这些说法当然都不可信。刘师培另有一番解释:"'与'犹'举'也。举,训《左传·襄二十七年》'使举此礼'之'举'。举我《玄》文,犹言记诵《太玄》之文也。"(《扬子法言校补》)这个解释比较合乎情理,可供参考。与,参与。

【译文】

年纪轻轻没有长大就死了的,就是我家的小孩子扬乌呀!九岁就参与了我《太玄》的写作。

5.20　或曰:"《玄》何为①?"

曰:"为仁义②。"

曰:"孰不为仁③? 孰不为义?"

曰:"勿杂也而已矣④。"

【注释】

①《玄》:《太玄》。何为:为什么。

②为仁义:为了宣扬仁义。

③孰:谁,哪个。

④"勿杂也"句:这句话的言外之意是说,掺杂了其他学派的东西,

就不是为仁义了。

【译文】

有人说:"《太玄》是为什么而写?"

扬子回答说:"是为仁义。"

那人说:"怎样不是为仁? 怎样不是为义?"

扬子回答说:"不要掺杂不符合仁义的内容就是了。"

5.21　或问经之艰易①。

曰:"存、亡。"

或人不谕②。

曰:"其人存则易③,亡则艰。延陵季子之于乐也④,其庶矣乎⑤;如乐弛⑥,虽札末如之何矣⑦。如周之礼乐、庶事之备也⑧,每可以为不难矣;如秦之礼乐、庶事之不备也⑨,每可以为难矣。"

【注释】

①艰:困难。易:容易。《文选》陆士衡《演连珠》第四十六首李善注引此段作"或问经难易。曰:'其人存则易,亡则难。'"

②谕:明白,理解。

③人:当作"文"。俞樾说:"按光曰:'"人"当作"文",字之误也。'今以下文证之,颇以温公之说为是。下文曰:'延陵季子之于乐也,其庶矣乎;如乐弛,虽札末如之何矣。'夫人如延陵季子,而乐弛则无如何,是所重者在其文,不在其人也。下文又曰:'如周之礼乐、庶事之备也,每可以为不难矣;如秦之礼乐、庶事之不备也,每可以为难矣。'是难不难由于备不备,益足见经之难易,存乎文矣。温公所改,殆非无见。"(《诸子平议》卷三十四)

④延陵季子：季子，名季札，是春秋时吴王寿梦的少子，因其封邑在
　延陵，故称"延陵季子"。季札曾出使鲁国，请观周乐，发表了一
　些评论(事见《左传》襄公二十九年)，因此认为他精通音乐。其
　事迹见《史记·吴太伯世家》。

⑤庶：几乎，差不多。

⑥弛：解除，废弃。

⑦末如之何：无奈其何，无可奈何。

⑧周：指周朝(约前1066—前256)。相传周朝初年周公姬旦制礼作
　乐，使各种制度臻于完备。历来儒家把周制看成是理想的完善
　的典型。庶事：众事，指各种制度。备：完备。

⑨秦：指秦朝(前221—前207)。秦处在社会大变革之后，尊崇法家
　思想，在许多方面废弃了周制，故被儒家认为是礼乐制度"不备"
　的典型。

【译文】

有人问学习儒家经典是困难还是容易的。

扬子回答说："看存在还是不存在。"

那人没有明白。

扬子就又说："经文存在就容易，不存在就困难。如延陵季子对音乐
的造诣，应该说是很高了吧！但如果音乐已经废弃不传，即使是季札也
没有办法；如果像周朝那样各种礼乐制度都很完备，做什么事情都不会
困难；如果像秦朝那样各种礼乐制度都很缺乏，做什么事情都会很困难。"

5.22　衣而不裳①，未知其可也；裳而不衣，未知其可
也。衣、裳，其顺矣乎！

【注释】

①衣、裳：古代把上衣叫"衣"，下衣叫"裳"。有人就把衣裳比附于

阶级社会的贵贱尊卑和等级制度,并以此来论证这些制度的必然性。如《易·系辞下》:"黄帝尧舜垂衣裳而天下治,盖取诸乾坤。"虞翻说:"乾为治,在上为衣,坤下为裳。乾坤万物之缊,故以象衣裳。乾为明君,坤为顺臣,百官以治,万民以察,故天下治,盖取诸此也。"王弼说:"垂衣裳以辨贵贱,乾尊坤卑之义也。"扬雄即是想以此来论证封建的尊卑等级制度的合理性和必然性。

【译文】

只上身穿衣服而下身不穿裙子,没有人认为那是可以的;只下身穿裙子而上身不穿衣服,没有人认为那是可以的。上身穿好衣服,下身穿好裙子,这样才合乎道理呀!

5.23　或问文。

曰:"训①。"

问武。

曰:"克②。"

未达③。

曰:"事得其序之谓训,胜己之私之谓克。"

【注释】

①训:顺应。

②克:克制。

③达:理解。

【译文】

有人问怎样才符合文的要求。

扬子回答说:"要能训。"

又问怎样才符合武的要求。

扬子回答说:"要能克。"

问的人没有理解。

扬子就又说:"办事能符合它们应有的次序就叫训,能战胜自己的私心就叫克。"

5.24　为之而行、动之而光者^①,其德乎!

或曰:"知德者鲜^②,何其光^③?"

曰:"我知为之,不我知亦为之,厥光大矣^④。必我知而为之,光亦小矣。"

【注释】

①为:作为。行:本义为道路,引申为流通、通顺的意思。动:行动。光:光荣。

②知:了解,懂得。鲜(xiǎn):少。按,此句语本《论语·卫灵公》:"由! 知德者鲜矣。"

③何其:什么,哪里。

④厥:其。

【译文】

实行起来很顺畅,行动起来就光荣的,大概是道德吧!

有人问:"懂得道德的人很少,哪里有什么光荣?"

扬子回答说:"别人了解我要实行道德,别人不了解我也要实行道德,那光荣就大了。一定要别人了解我才实行道德,光荣就小了。"

5.25　或曰:"君子病没世而无名^①,盍势诸^②? 名,卿可几也^③。"

　　曰:"君子德名为几④。梁、齐、赵、楚之君⑤,非不富且贵也,恶乎成名⑥?谷口郑子真⑦,不屈其志而耕乎岩石之下⑧,名振于京师⑨。岂其卿⑩,岂其卿!"

【注释】

①病:忧虑,痛恨。没世:没于世,即死。这句话源于《论语·卫灵公》"君子疾没世而名不称焉"。《汉书·王贡两龚鲍传》引此文作"君子疾没世而名不称"。

②盍势诸:何不用权势求之乎?盍,何不。势,权势。这里作动词用,是以势为之的意思。诸:之乎。

③卿:古代高级官职和爵位的名称,这里泛指高官显职。几:当读为"冀",即希望、祈求的意思。关于这段话的句读,分歧甚多。基本上有三种类型:一为"盍势诸名卿?可几也"。古注多如此。一为"盍势诸?名卿可几也"。这是俞樾的说法,见《诸子平议》卷三十四。统观全文,扬雄认为势与名是矛盾的。当然不会像俞樾说的那样,以"名卿可几也"统下两节,说名与卿都可几。而第一种断句法,使"可几也"既失去了主语,又失去了所指的对象。因此,我们采取了汪荣宝的断法。

④"君子"句:这句话是说,君子希求的是道德之名。

⑤梁、齐、赵、楚之君:指汉代的诸侯王。汉初曾封过一些异姓王,如梁王彭越、齐王韩信(后改为楚王)、赵王张耳等。后来又封过一些同姓王,如梁王恢(后改为赵王)、齐王肥、赵王如意、楚王交等。他们虽皆富贵一时,而终被消灭。

⑥恶(wū)乎成名:哪里成名了呢?恶,何处,哪里。

⑦谷口:古地名,在今陕西礼泉东北。西汉时曾置县。郑子真:名朴,谷口人,与扬雄同时。

⑧不屈其志:《文选》刘孝标《辨命论》"仲容、庭坚耕耘于岩石之下"句

下,李善注引作"不诎其节"。岩石之下:指山下。

⑨名振于京师:"振"原作"震"。《法言音义》作"振"。司马光说:"李、宋、吴本皆作'振',今从《汉书》。"秦恩复云:"'震'当作'振',《音义》可证。此'震'字依温公《集注》所改,非其旧。"(《重刻治平监本扬子法言并音义序》)京师,国都,指当时的首都长安,

⑩岂其卿:难道是由于做了高官吗? 岂,何尝,难道。其,句中助词,表示感叹,没有实义。

【译文】

有人说:"君子忧虑死后没有名声,为什么不利用权势呢? 名声,做了大官可能取得呀!"

扬子回答说:"君子希求的是道德的名声,不是权势的名声。梁、齐、赵、楚等诸侯国的国君,不是没有财富和权势呀,哪里得到名声了呢? 谷口的郑子真,不放弃他高尚的志节,虽然耕种在山下的田野里,名声却振动了国都长安。哪里是由于做了大官呢! 哪里是由于做了大官呢!"

5.26　或问人。

曰:"艰知也①。"

曰:"焉难②?"

曰:"太山之与蚁垤,江河之与行潦③,非难也;大圣之与大佞④,难也。乌呼⑤! 能别似者为无难⑥。"

【注释】

①艰:五臣注本作"难"。司马光说:"李本'难'作'艰',今从宋、吴本。"

②焉难:何难? 有什么难的?

③"太山"二句：太山，即泰山。螘(yǐ)垤(dié)，蚂蚁筑巢时衔泥土出来堆成的小土堆。螘，同"蚁"。垤，小土堆。江，长江。河，黄河。行潦，或释为道路之水，或释为溪流之水。《诗·召南·采蘋》"于彼行潦"句下和《诗·大雅·泂酌》"泂酌彼行潦"句下，毛传皆曰："行潦，流潦也。"行，或释为"道路"，或释为"流动"。潦，作"雨水"讲，音lǎo；由此又有水深之意。文中以螘垤与太山相比，行潦与江河相比。螘垤与太山大小相异而形相似，行潦与江河亦应大小相异而形相似。而且《诗·采蘋》明明是说："于以采藻？于彼行潦。"既然有可采之藻生于其中，当然以释作溪流为宜。此句关于太山、蚁垤、江河、行潦的譬喻，取自《孟子·公孙丑上》。

④大佞：善于伪装的大奸大恶之人。佞，以花言巧语谄媚取悦于人叫"佞"。

⑤乌呼：即呜呼。

⑥能别似：五臣注本作"能参以似"。司马光说："李本作'能别似'，今从宋、吴本。见玉参以珉，见珉参以玉，则真伪易知矣。"《法言音义》说："俗本作'能参以似'，非是。"

【译文】

有人问怎样了解人。

扬子回答说："很难了解呀。"

问："难在什么地方？"

扬子回答说："要分辨泰山与蚂蚁堆成的小土堆，长江黄河与小水沟，是不难的；要分辨大智大善的人和大奸大恶的人，就难了。唉！能把实际上根本不同但表面上很相似的事物区别开来的人，区别这些就不难了。"

5.27　或问："邹、庄有取乎①？"

曰："德则取,愆则否②。"

"何谓德、愆?"

曰："言天地人:经,德也;否,愆也。愆语③,君子不出诸口。"

【注释】

①邹:邹衍(约前 305—前 240),或作"驺衍"、"騶衍"。战国时期齐国人,阴阳五行家的代表人物。著作已佚。其事迹见《史记·孟子荀卿列传》。庄:庄周(约前 369—前 286)。

②愆:错误。否:不取。

③愆语:俞樾说:"李于'愆'下出注曰:'欲闻其义。'是'愆'一字为句,或人问辞也。吴读同。然义实未安。'愆'字当合下'语'字为句。'愆语'者,过愆之言也。'过愆之言,君子不出诸口',咸曰:'耻言之也。'正得其义。或宋固以'愆语'连读乎!"(《诸子平议》卷三十四)

【译文】

有人问:"邹衍、庄周的学说有可以赞成的地方吗?"

扬子回答说:"符合道德的就赞成,错误的就不赞成。"

"什么样的是符合道德的? 什么样的是错误的?"

扬子回答说:"他们关于天地和人事的言论,如果合乎规范,就是符合道德的;如果不合乎规范,就是错误的。错误的言论,君子是不说的。"

问明卷第六

【题解】

本章以较多的文字讲了君子如何根据时势是否适宜来决定自己的升潜进退,以趋吉避凶、保全自己,即明哲保身的问题。

明哲保身的思想,在中国源远流长,但其中突出的消极意蕴,却是在历史的发展中逐渐突出起来的。《诗经·烝民》:"既明且哲,以保其身。"是"明哲保身"一语的出处。但下面接着说:"夙夜匪懈,以事一人。"是说周朝的大臣仲山甫勤奋地为周宣王做事,并没有明显的消极意蕴,毋宁说倒是满积极的。但到孔丘时,由于对乱世丧身的恐惧,知识阶层明哲保身的消极观念就已经突现出来了。所以孔丘一则说:"危邦不入,乱邦不居;天下有道则见,无道则隐。"(《论语·泰伯》)二则说:"邦有道,危言危行;邦无道,危行言孙。"(《论语·宪问》)甚至因为自己的学生南宫适"邦有道,不废;邦无道,免于刑戮"(《论语·公冶长》)而把自己的侄女嫁给了他。

扬雄就是继承了孔丘的这种思想,所以当有人问他君子在天下太平和天下大乱的不同情况下如何做时,他以凤鸟为喻,说要"治则见,乱则隐"。又以亢龙为喻,说时机不合适就潜伏,时机合适就飞升,潜伏或飞升都由自己按照时机是否合适来决定。当有人问怎样保全性命时,他更是直接回答"明哲"。当然,他也不是一味地躲避退让。他感叹时间来得慢去得快,所以认为君子要和时间竞争,抓住时机。

　　扬雄对"韩非作《说难》之书,而卒死乎说难"的分析,也值得注意。韩非认为游说君主之难,既不在于所说有没有道理,也不在于能不能把道理说清楚,而在于能不能摸透君主的心思加以迎合。这种揣摩君主心思,迎合以求赏识和任用的做法,可以说是法家人物的共同特点。比如商鞅,就先以帝道说秦孝公,未得赏识;又以王道说秦孝公,仍未得赏识和任用。扬雄对这种投机做法不以为然。他认为向君主进言应根据儒家的礼义,符合君主的要求就出仕,不符合君主的要求就归隐,应该坚守原则而不管它是否符合君主的要求。如果游说君主而又怕不符合君主的要求,抛弃礼义曲意逢迎,那就没有什么事是干不出来的了。这反映了儒家和法家所主张的两种不同的处世原则。

　　6.1　或问明^①。

　　曰:"微^②。"

　　或曰:"微,何如其明也?"

　　曰:"微而见之,明其诛乎^③?"

【注释】

①明:明察。

②微:幽暗,迷茫。《说文解字》:"微,隐行也。"

③其:岂。诛(bèi):同"悖",乖逆,违背。汪荣宝释"诛"为"蓬勃"之"勃",并说:"然则明其诛乎者,谓明其盛矣也。"(《法言义疏》卷九)也可通。

【译文】

有人问什么是明。

扬子回答说:"幽微。"

有人问:"幽微,怎么会是明呢?"

扬子回答说:"幽微都能看见,说是明难道不对吗?"

6.2　聪明①,其至矣乎②!不聪,实无耳也③;不明,实无目也。

"敢问大聪明?"

曰:"眩眩乎④,惟天为聪,惟天为明。夫能高其目而下其耳者⑤,匪天也夫⑥!"

【注释】

①聪明:"聪"谓听觉灵敏,"明"谓视觉锐利,"聪明"指人天资高,有才华,见事明敏。

②其:庶几,大概。至:极,高。矣乎:句末感叹词,相当于现代口语中的"了吧"。

③实:与"是"通。俞樾说:"两'实'字皆当为'是'。不聪,是无耳也;不明,是无目也。非实无耳无目也。'是'通作'寔'。故《尔雅·释诂》曰:'寔,是也。''寔'通作'实'。故《诗·韩奕篇》郑笺云:'赵魏之东,实寔同声。'然则'实'亦可通作'是'矣。"(《诸子平议》卷三十四)

④眩(xuàn):与"炫"通,光明照耀之意。汪荣宝说:"'眩'读为'炫',胡练切。《广雅·释训》云:'炫炫,明也。'"(《法言义疏》卷九)旧注多释"眩眩"为杳冥、幽远,也可通,然较迂曲。眩眩,世德堂本作"眃眃"。

⑤高其目:形容看得广。下其耳:形容听得清。

⑥匪天也夫:汪荣宝说:"匪天也夫,《御览》二引作'惟天也夫'。"(《法言义疏》卷九)匪,同"非"。也夫,句末疑问词。

【译文】

聪明,大概是一种极高的品质吧! 不聪,就等于没有耳朵;不明,就等于没有眼睛。

"请问什么人最聪明?"

扬子回答说:"灿烂辉煌呀! 只有天最聪,只有天最明。能够把眼睛抬高看见普天下,把耳朵贴近听清每件事的,不就是天吗!"

6.3　或问:"小每知之①,可谓师乎?"

曰:"是何师与②? 是何师与? 天下小事为不少矣。每知之,是谓师乎③? 师之贵也,知大知也④。小知之师⑤,亦贱矣。"

【注释】

①每:指示形容词,表逐一、每人、每事、每物等。

②是何师与:这是什么老师呀?

③是谓师乎:就称为老师吗?

④知大知:前一个"知"作动词,当知道、懂得讲;后一个"知"是名词,当道理、学问讲。

⑤小知之师:只懂得小事的老师。

【译文】

有人问:"对于小事一件一件都知道,可以说是老师吗?"

扬子回答说:"这是什么老师呀? 这是什么老师呀? 天下的小事是很多的。一件一件小事都知道,就能称为老师吗? 老师的珍贵,在于懂得大道理。只懂得小事的老师,也太卑贱了。"

6.4　孟子疾过我门而不入我室①。

或曰："亦有疾乎？"

曰："摭我华而不食我实②。"

【注释】

①孟子：孟轲（约前372—前289），字子舆，战国时代邹人，我国古代
著名的思想家，儒家崇拜的"亚圣人"。其事迹见《史记·孟子荀
卿列传》。现存《孟子》一书记载了他及其弟子的言行和思想。
疾：憎恨，厌恶。门、室：古代常用入门、升堂、入室等来比喻学习
的程度和造诣的深浅。如《论语·子张》："夫子之墙数仞，不得
其门而入，不见宗庙之美，百官之富。得其门者或寡矣。"又《先
进》："子曰：'由也升堂矣，未入于室也。'"此语源于《孟子·尽心
下》："孔子曰：'过我门而不入我室，我不憾焉者，其惟乡原乎！'"
这句话言外之意是说孟子憎恶那些和儒家有所接触却不赞成儒
家学说的人。

②摭（zhí）：摘取，喻赞赏、模仿。华：同"花"，指文辞、形式。食：吃，
喻吸收、接受。实：果实，指思想、内容。李轨注："华者美丽之
赋，实者《法言》、《太玄》。"

【译文】

孟子憎恶那些经过自家大门却不进自家堂室的人。

有人问："你也有憎恶的人吗？"

扬子回答说："我憎恶那些赞赏我的文采却不接受我的思想的人。"

6.5　或谓："仲尼事弥其年①，盖天劳诸②，病矣夫③？"

曰："天非独劳仲尼，亦自劳也。天病乎哉？天乐天，圣
乐圣。"

【注释】

①仲尼:孔丘字。弥:满。年:天年,指终身。

②盖:大概。诸:之。

③病:疲困。

【译文】

有人问:"孔子一生事情排得满满的,大概是天故意劳累他,太疲倦了吧?"

扬子回答说:"天不只是劳累孔子,也劳累自己。难道天会疲倦吗?天喜欢做天应该做的事,圣人喜欢做圣人应该做的事。"

6.6　或问:"鸟有凤①,兽有麟②,鸟兽皆可凤、麟乎③?"

曰:"群鸟之于凤也,群兽之于麟也,形性。岂群人之于圣乎④?"

【注释】

①凤:凤凰的简称,古代传说中的神鸟。或说凤为雄,凰为雌。

②麟:麒麟的简称,古代传说中的神兽。或说麒为牡,麟为牝。古代常用凤凰和麒麟来比喻杰出的人物。

③鸟兽皆可凤、麟乎:鸟都可以成为凤凰吗? 兽都可以成为麒麟吗? 这是用疑问表示肯定,意思是说:一般的鸟成不了凤凰,一般的兽成不了麒麟,因此众人也成不了圣人。

④"群鸟"四句:于,对于,表示二者的关系,有比较的意思。形,形体。性,性质。群人,众人。言外之意是说,众人和圣人身体的构造和性质是相同的,并没有群鸟与凤凰、群兽与麒麟那种形体与性质的差别,因此众人可以成为圣人。

【译文】

有人问:"鸟中有凤凰,兽中有麒麟,鸟和兽都可以成为凤凰或麒麟吗?"

　　扬子回答说:"各种鸟与凤凰比较,各种兽与麒麟比较,是形体和性质上不同,所以一般的鸟和兽成不了凤凰或麒麟。这怎么能和众人与圣人的关系等同呀?"

　　6.7　或曰:"甚矣,圣道无益于庸也①。圣读而庸行②,盍去诸③?"

　　曰:"甚矣,子之不达也④。圣读而庸行,犹有闻焉。去之,抏也⑤。抏秦者,非斯乎⑥! 投诸火。"

【注释】

①圣道:圣人之道。庸:平凡,愚昧。这里意谓庸人,指当时的儒生。

②圣读:读圣人之书。庸行:行庸人之事。

③盍:何不。去:除掉。诸:之乎。按,对于"去诸"是要去掉什么,有几种不同的解释。旧注认为是去掉俗儒。陶鸿庆认为不是去掉俗儒,而是去掉圣道。(见《读诸子札记》十四)汪荣宝则认为"'去'谓'去读',……此愤时疾俗之意。谓口诵圣人之言而身为鄙夫之事,虚费日功,了无所补,则不如废读之为愈也。"(《法言义疏》卷九)和后文"投诸火"等联系起来看,汪说是。

④不达:不通达,糊涂。

⑤抏(wán):借为"顽",愚钝,愚弄。汪荣宝说:"《音义》:'抏也,五官切。《汉书》云:"海内抏獘。"下"抏秦"同。旧本皆作"抏"。'宋、吴作'阢',司马从之。宋云:'阢,陷也。言圣人之道陷矣。'司马云:'言俗儒虽不能行圣人之道,犹得闻其道而传诸人,愈于亡也。若恶其无实而遂去之,则与秦之坑儒何异哉?'世德堂本

因之作'阮'。按:此承'犹有闻焉'而言,意谓去读则并此无之,则'抚也'云者,必与'有闻'字相反为义。破抚为阮,固非。解为抚樊,亦于义未协。'抚'之为言,'顽'也。《左传·僖公篇》云:'心不则德义之经为顽。'抚、顽声同义近。……《说文》:'顽,梡头也。'段注云:'凡物浑沦未破者,皆得曰梡。凡物之头浑全者,皆曰梡头。梡、顽双声。析者锐,梡者钝。故以为愚鲁之称。'……今用于愚鲁之义者,习以'顽'为之,而不知'抚'之即'顽'。犹顽顿之'顿'今习以'钝'为之,而不知'顿'之即'钝'也。"(《法言义疏》卷九)

⑥斯:李斯(?—前208),战国末年楚国上蔡人,著名的政治家。他以客卿身份得到秦始皇的赏识,成为他统一天下的得力助手。秦朝建立,任丞相。他协助秦始皇统一全国后,又建议秦始皇烧诗书,禁私学。其事迹见《史记·秦始皇本纪》和《史记·李斯列传》。

【译文】

有人说:"圣人的学说对于庸人真是太没有用处了。读圣人的书却行庸人的事,何不干脆把圣人的书丢掉呢?"

扬子回答说:"你糊涂不通,真是严重呀!读圣人的书却行庸人的事,总还听到了圣人讲的道理。丢掉圣人的书,就会使人愚钝。使秦朝愚钝的,不是李斯吗!他把圣人的书都丢进火里烧了。"

6.8　或问:"人何尚①?"

曰:"尚智。"

曰:"多以智杀身者②,何其尚?"

曰:"昔乎皋陶以其智为帝谟③,杀身者远矣④;箕子以其智为武王陈《洪范》⑤,杀身者远矣。"

【注释】

①人何尚：人们尊崇什么？尚，尊崇。

②以：因。

③昔乎：五臣注本无"乎"字。皋陶（gāo yáo）以其智为帝谟：传说皋陶曾和禹一起在舜前献谋，陈述治理天下的方法，即《书·皋陶谟》篇。今存伪古文《书·大禹谟》序云："皋陶矢厥谟，禹成厥功，帝舜申之，作《大禹》、《皋陶谟》、《益稷》。"实际上《大禹谟》和《益稷》皆已亡佚。今本《大禹谟》是伪书，《益稷》是从《皋陶谟》中分出来的，皆非原貌。皋陶，或作"咎陶"、"咎繇"等。他是我国古史传说中舜、禹时代的贤臣，曾为大理官，执掌刑法。其事迹可参看《史记·夏本纪》和《尚书·皋陶谟》。帝，指舜。我国古史传说中的"圣君"，实际上是原始社会末期的部落联盟首领。谟，谋划。

④杀身者远矣：远离了被杀的境况，意思是说不会被杀。"者"为代词，指"身"。因为"身"为"杀"之宾语，"杀身"为一动宾短语，用"者"字总括之，做"远"的主语。

⑤箕子以其智为武王陈《洪范》：箕子曾为殷纣王所囚禁。周武王灭商后释放了箕子，向他询问统治天下的方法，他的答话就是《书·洪范》。《书·洪范》序曰："武王胜殷，杀受，立武庚，以箕子归，作《洪范》。"箕子，名胥余，商代宗室，因封邑在箕，封爵为子，故称"箕子"。其事迹可参看《史记·宋微子世家》。武王，周武王姬发。姬发灭商而建立了周王朝。《洪范》，《尚书》篇名。

【译文】

有人问："人们尊崇什么？"

扬子回答说："尊崇智谋。"

那人问："许多人因为智谋而丧了性命，智谋有什么可尊崇的呢？"

扬子回答说："从前皋陶用他的智谋为帝舜进行策划，不但没有丧命反而得到重用；箕子用他的智谋为周武王陈说治国纲领《洪范》，不但没有丧命而且受到器重。"

　　6.9　仲尼^①，圣人也，或者劣诸子贡^②。子贡辞而精之^③，然后廓如也^④。於戏^⑤！观书者违子贡^⑥，虽多，亦何以为^⑦？

【注释】

①仲尼：孔丘字。

②或者：也许，或许。这是表示不肯定的副词。五臣注本无"者"字。劣：低劣。诸：之于。子贡：孔丘的学生，姓端木，名赐，字子贡，以能言善辩著称。其事迹见《史记·仲尼弟子列传》和《论语》。关于孔丘"劣诸子贡"的说法，见《论语·子张》。如："叔孙武叔语大夫于朝曰：'子贡贤于仲尼。'子服景伯以告子贡。子贡曰：'譬之宫墙，赐之墙也及肩，窥见室家之好。夫子之墙数仞，不得其门而入，不见宗庙之美，百官之富。得其门者或寡矣。夫子之云，不亦宜乎！"又如："陈子禽谓子贡曰：'子为恭也，仲尼岂贤于子乎？'子贡曰：'君子一言以为知，一言以为不知，言不可不慎也。夫子之不可及也，犹天之不可阶而升也。夫子之得邦家者，所谓立之斯立，道之斯行，绥之斯来，动之斯和。其生也荣，其死也哀，如之何其可及也？'"

③辞：言辞，引申为解释或说明的意思。精：精辟。

④廓如：空旷的样子。廓，空旷。如，在古文中常用作形容词或副词的词尾，表示"……的样子"。子贡的解释除上述两段外，又如："叔孙武叔毁仲尼。子贡曰：'无以为也。仲尼不可毁也。他人之贤者，丘陵也，犹可逾也；仲尼，日月也，无得而逾焉。人虽欲自绝，其何伤于日月乎？多见其不知量也。'"（《论语·子张》）

另外，《孟子·公孙丑上》引子贡赞扬孔丘的话说："见其礼而知其政，闻其乐而知其德，由百世之后，等百世之王，莫之能违也。自生民以来，未有夫子也。"

⑤於戏：呜呼。宋、吴本作"乌呼"。

⑥观书者：读书的人。违子贡：违背子贡对孔丘的评价。

⑦亦何以为：又何用为？又有什么用呢？五臣注本此句作"亦何以为慎哉"，是将下条开头二字移此。司马光说："李本'慎'作'盛'，属下章。今从宋、吴本。"也通。亦，又。何，什么。以，用。为，在这里作语气词，表示疑问。

【译文】

　　有人认为孔子虽然是圣人，但也许比不上子贡。子贡发表谈话作了精辟的解释，然后这种不正确的看法就消失了。唉！读书人如果违背了子贡对孔子的评价，即使书读得很多，又有什么用呢？

　　6.10　盛哉①！成汤丕承也②，文王渊懿也③。

或问："丕承？"

曰："由小致大④，不亦丕乎？革夏以天⑤，不亦承乎？"

"渊懿？"

曰："重《易》六爻⑥，不亦渊乎？浸以光大⑦，不亦懿乎？"

【注释】

①盛哉：辉煌壮丽呀！此二字五臣注本皆从宋、吴本作"慎哉"，属上条。

②成汤：姓子，名履，又称"天乙"，或作"大乙"。死后被谥为成汤。他是夏朝末年诸侯国商的首领，后灭夏而建立了商王朝。丕承：

盛大承受。丕,伟大,盛大。承,承受,继承。

③文王:周文王姬昌,是商朝末年诸侯国周的首领,他奠定了灭商的基础,死后被谥为文王。渊:深厚,指才能。懿:美好,指德行。

④由小致大:由小至大。商本是夏朝属下的一个小诸侯国,汤使其强大起来。

⑤革:变革,革命。夏:中国历史上第一个奴隶王朝,约为公元前2140—前1711年。以:用。天:天命。

⑥重《易》六爻:传说《易卦》最初只有八卦,每卦三爻,后来周文王使八卦两两相重,增益为每卦六爻,共六十四卦三百八十四爻。重,重叠。《易》,指《易卦》。爻,组成《易卦》的符号,分阴爻(— —)和阳爻(—)两种。

⑦浸:逐渐。以:及,至。光大:光辉盛大。

【译文】

辉煌壮丽呀! 成汤的宏大、承受,周文王的深刻、善美。

有人问:"宏大、承受指什么?"

扬子回答说:"成汤使商由弱小变为强大,不就是宏大吗? 遵照天命推翻夏朝建立商朝,不就是承受吗?"

"深刻善美指什么?"

扬子回答说:"周文王把《易经》八卦每卦三爻重叠为每卦六爻,得出六十四卦、三百八十四爻,不就是深刻吗? 使周逐渐繁荣强大,不就是善美吗?"

6.11　或问命①。

曰:"命者,天之命也,非人为也。人为不为命。"

"请问人为?"

曰:"可以存亡,可以死生,非命也。命不可避也。"

或曰："颜氏之子②？冉氏之孙③？"

曰："以其无避也④。若立岩墙之下⑤，动而征病⑥，行而招死，命乎？命乎？"

【注释】

①命：命运，指关于生死寿夭、吉凶祸福、贫富贵贱等个人所不能掌握一些必然结果。

②颜氏之子：指颜回（前521—前490），字子渊，春秋末年鲁国人。他是孔丘最赞赏的学生，以德行著称。其事迹见《史记·仲尼弟子列传》和《论语》。

③冉氏之孙：指冉耕，字伯牛，孔子的学生。其事迹见《论语》和《史记·仲尼弟子列传》。据说颜、冉二人的德行很好，但却都早死。如《论语·先进》说："德行：颜渊，闵子骞，冉伯牛，仲弓。"《论语·雍也》说："哀公问：'弟子孰为好学？'孔子对曰：'有颜回者好学，不迁怒，不贰过，不幸短命死矣。今也则亡，未闻好学者也。'"又说："伯牛有疾。子问之，自牖执其手，曰：'亡之，命矣夫！斯人也而有斯疾也！斯人也而有斯疾也！'"所以这里问他们的早死是不是命运所致。

④以：因为，由于。其：指示代词，指颜回和冉耕的早死。无避：无法避免。

⑤若：如果。立岩墙之下：这句话是从《孟子·尽心上》"莫非命也，顺受其正；是故知命者不立乎岩墙之下"而来。岩墙，危倾欲倒的墙。岩，险峻，危险。

⑥征：召，求。

【译文】

有人问什么是命。

扬子回答说："命指上天决定的命运，不是人为造成的结果。人为造成的结果不是命。"

"请问什么是人为造成的结果?"

扬子回答说:"如果人要生存就可以生存,要死亡就可以死亡,这就是人为造成的结果,不是命。命是不可避免的。"

有人问:"那么颜回、冉耕的早死是不是命呢?"

扬子回答说:"正因为他们的早死是不可避免的,所以是命。如果站在倾危欲倒的墙下面,一动就导致灾祸,一行就招来死亡,那能叫命吗? 那能叫命吗?"

6.12　吉人凶其吉①,凶人吉其凶②。

【注释】

①吉人:遇事总是顺利而无凶险的人。凶其吉:对待吉祥的事像对待凶险的事一样。凶,形容词作动词用。吉,吉祥的事。

②凶人:遇事总是凶险而不顺利的人。吉其凶:对待凶险的事像对待吉祥的事一样。吉,形容词作动词用。凶,凶险的事。

【译文】

吉祥的人像对待凶险的事那样谨慎地对待吉祥的事,凶险的人像对待吉祥的事那样轻率地对待凶险的事。

6.13　辰乎辰①! 曷来之迟②,去之速也! 君子竞诸③。

【注释】

①辰:时间。

②曷:同"何",怎么,多么。

③竞诸:与时间竞争,就是及时努力的意思。诸,之,指时间。

【译文】

时间呀时间！怎么来得这样慢，去得这样快呀！所以君子要与时间竞争。

6.14　谆言败俗①，谆好败则②，姑息败德③。君子谨于言，慎于好，亟于时④。

【注释】

①谆(yú)：虚妄之言，又引申为指一切虚妄。原作"訏"。司马光说："李、宋、吴本'谆'皆作'訏'。女耕切。字书：'謍訏，小声也。'《音义》曰：'天复本作'谆'，音于，妄言也。'今从之。"汪荣宝说："'谆'训妄言，引申为凡妄之称。妄言者谨于言之反，妄好者慎于好之反，犹姑息者亟于时之反。若作'訏言'、'訏好'，则义不相应，此形误之显然者。司马依天复本作'谆'，世德堂本从之，甚是。今亦据改。"(《法言义疏》卷九)汪改是。下"谆好"之"谆"同。败：败坏。俗：社会风气。

②好(hào)：嗜好。则：法度。

③姑息：本为对坏人坏事的容忍。但和下文"亟于时"联系起来看，这里应是指对个人的放任，即苟且偷安、不抓紧个人的道德修养的意思。

④亟于时：抓紧时间，增进自己的道德修养，即不苟且偷安。亟，急切。

【译文】

荒诞的言论败坏风俗，荒诞的嗜好败坏法度，苟且放任败坏道德。所以君子严谨地对待言谈，慎重地对待嗜好，抓紧时间修养道德。

6.15　吾不见震风之能动聋聩也①。

【注释】

①震风:疾风,大风。动:这里是使之听见的意思。聩(kuì):生而聋
　日聩。这句话言外之意是说,如果一个人主观上不具备条件或
　者不肯接受教育,那么不管别人怎样努力帮助,也是没有用的。

【译文】

我没有见过大风能让聋子听见声音的。

6.16　或问:"君子在治①?"

曰:"若凤②。"

"在乱?"

曰:"若凤。"

或人不谕③。

曰:"未之思矣。"

曰:"治则见,乱则隐④。鸿飞冥冥⑤,弋人何慕焉⑥?鹪
明遴集⑦,食其絜者矣⑧。凤鸟跄跄⑨,匪尧之庭⑩。"

【注释】

①治:治世,即政治清明的时代。

②若:如,像。凤:凤凰。我国古代传说中的一种神鸟。相传凤为
　雄,凰为雌。据说它只在圣人在位的治世才降临,乱世则隐而
　不出。

③或人:有人,指提出问题的人。谕:明白,理解。

④治则见(xiàn),乱则隐:这句话是用凤凰的治则现、乱则隐来比喻
　君子在治世时就应出仕、在乱世时就应隐居。从此以下数句则

是具体说明君子在治世和乱世都像凤凰一样的道理。见，同"现"，显现。隐，隐没。

⑤鸿：俗名大雁，属游禽目鸭科。冥冥：幽暗玄远的样子。这里形容大雁飞得极高，都要看不见了。

⑥弋(yì)人：用带着丝线的短箭射鸟叫弋，弋人即猎鸟的人。慕：贪羡，希图。或作"篡"。《法言音义》说："'弋人何慕'，《后汉书·逸民传》序引扬子作'弋者何篡'。宋衷注云：'篡，取也。鸿高飞，冥冥薄天，虽有弋人执缯缴，何所施巧而取焉。喻贤者深居，亦不罹暴乱之害。今'篡'或为'慕'，误也。"司马光改"慕"为"篡"，并说："光谓逆取曰篡。"汪荣宝仍作"慕"，并说："慕者，贪慕欲得之谓。……今文人承用，乃以作'慕'为误，妄也。"(《法言义疏》卷九)按二说皆可通。但比较起来，作"慕"更通顺些。《法言音义》所注与《文选》范蔚宗《逸民传论》李善注同，与《后汉书·逸民列传》李贤注则小异，可参看。

⑦鹔明：我国古代传说中的神鸟，与凤凰相似。或作"鹔鹏"、"焦明"等。《说文解字》："五方神鸟也：东方发明，南方焦明，西方鹔鸐，北方幽昌，中央凤皇。"遴集：选择栖止之处，也就是"非其居不居"(1·14条)的意思。遴，选择。集，止。鸟栖树上，独鸟曰止，群鸟曰集。对言之，集、止有别；泛言之，集、止相通。

⑧食其絜者：吃那干净的东西，也就是"食其不妄"(5·5条)的意思。絜，同"洁"。世德堂本作"洁"。

⑨凤鸟：即凤凰。跄跄(qiàng)：鸟兽飞翔趋动之貌。或作"鸧鸧"、"舱舱"。

⑩匪：读为"飞"。刘师培说："盖'匪'字即古'飞'字也。古'匪'字与'飞'同。《考工记》：'且其色必似鸣矣。'先郑注云：'"飞"读为"匪"。'此其证也。盖'匪'从非声，'非'字亦从鸟飞取义。故古'飞'字皆作'蜚'。如《史记·周本纪》：'蜚鸿满野。'司马长卿

《封禅文》:'蜚英声。'是也。此文'匪'字,盖即'蜚'字之异文,义
与'飞'同。"(《法言补释》)尧:我国古史传说中的圣君。以上三
句是举例分别说明君子"治则见,乱则隐"以及要择主而事这样
三种情况。

【译文】

有人问:"君子在政治清明的时代怎么办?"

扬子回答说:"像凤凰一样。"

"在政治混乱的时代怎么办?"

扬子回答说:"像凤凰一样。"

那人不明白。

扬子就说:"你这是没有动脑筋思考呀!"

扬子又说:"凤凰在政治清明的时代就出现,在政治混乱的时代就
隐没。鸿雁飞得高高的都要看不见了,猎鸟的还能贪图什么呀?鹔明
选择栖集的地方,吃那洁净的东西。凤凰腾跃,飞舞在唐尧的庭前。"

6.17　亨龙潜、升,其贞、利乎①!

或曰:"龙何如可以贞、利而亨②?"

曰:"时未可而潜,不亦贞乎? 时可而升③,不亦利乎?
潜、升在己,用之以时,不亦亨乎?"

【注释】

①"亨龙"二句:亨,通达。其,庶几,大概。贞,正定,即不为外物所
诱的意思。利,宜利,即合时则得益的意思。这句话是扬雄利用
《易·乾》借题发挥,以龙的潜、升比喻人应抱的处世态度。意思
是说,识时务的圣人审时然后动,或出或处,总可以趋吉避凶。
《易·乾》卦辞说:"元亨利贞。"其爻辞则以"潜龙勿用"、"见龙在

田"、"或跃在渊"、"飞龙在天"等描绘了龙从潜伏而逐步飞升的过程。近人对"元亨利贞"有不同的解释。但扬雄显然是用其旧训,故我们也按旧训来解释,以期符合扬雄的原意。

②何如:如何,怎么样。五臣注本无"如"字。

③时可而升:五臣注本作"可而升",无"时"字。

【译文】

通达的龙或者潜伏,或者飞升,大概很有操守,很有益处吧!

有人说:"龙怎么样可以做到有操守、有益处因而通达呢?"

扬子回答说:"时机不合适就潜伏,不就是有操守吗? 时机合适就飞升,不就是有益处吗? 潜伏或飞升都由自己掌握,按照时机是否合适来决定,不就是通达吗?"

6.18　或问活身①。

曰:"明哲②。"

或曰:"童蒙则活③,何乃明哲乎?"

曰:"君子所贵,亦越用明④,保慎其身也⑤。如庸行翳路⑥,冲冲而活⑦,君子不贵也。"

【注释】

①活身:保全自己的生命。章钰校说:"五臣本'身'作'生'。"

②明哲:明白事理,通识时务。语本《诗·大雅·烝民》:"既明且哲,以保其身。"哲,智慧。

③童蒙:蒙昧无知的样子。"童"为人之幼,"蒙"为物之稚,故"童蒙"以象无知。《易·蒙》:"六五,童蒙吉。象曰:童蒙之吉,顺以巽也。"

④越:犹"于",在于的意思。用:以,凭。明:明哲。

⑤保:保全。慎:珍重。其:代词,指君子。汪荣宝断此句为"君子所贵,亦越用明保慎其身也"。并说:"'明保'字用《洛诰》'公明保予冲子'。伪传云:'言公当明安我童子。''慎其身'字用《皋陶谟》'慎厥身修'及《诗·燕燕》'淑慎其身'。'用明保慎其身',谓以明安之道谨慎己身耳。"(《法言义疏》卷九)汪说太迂曲烦琐,而且这样断句读起来也很不通顺,故不从。仅录之以备参考。其实,"保慎其身"和汪氏所引《诗·燕燕》"淑慎其身",正是一样的句式。

⑥庸:愚昧。行:行走。翳(yì):遮挡,屏蔽,引申为幽暗不明。汪荣宝说:"'庸'读为'容'。……'容'亦'翳'也,'行'亦'路'也。……'容'、'翳'并隐蔽之器。引申之,得为凡隐蔽之称。……'行'与'路'亦同诂。容行翳路,谓障蔽其当由之道,令不知所趋向也。"(《法言义疏》卷九)汪说不对。这里的"庸"应与"明哲"意义相反,都是指人的行为状态。这样,"庸行"与"翳路"相连,意义才完整。若如汪氏所说,"庸行"和"翳路"意义完全一样,则不仅重复,而且意思也变了。那样,这句话说的就不是个人的处世态度不好,而是外人"障蔽其当由之道"了。这显然不符合扬雄的原意。又俞樾说:"庸行翳路,谓以庸愚之人而行翳隐之路。"(《诸子平议》卷三十四)俞樾对"庸"的解释是对的,但释"庸"为"庸愚之人"又是多余的。"庸"不是名词,而是副词,是说明"行"的。

⑦冲冲:借为"憧憧",形容行动杂乱无章、没有定向的样子。陶鸿庆说:"冲,《说文》作'衝'。'冲冲'读为'憧憧'。《易·咸卦》:'憧憧往来。'刘献注:'意未定也。'《五百篇》:'冲冲如也。'义同。"(《读诸子札记》十四)

【译文】

有人问怎样保全自己的生命。

扬子回答说："明白事理。"

那人问："幼稚蒙昧就能保全自己的生命,为什么还要明白事理呢?"

扬子回答说："君子所宝贵的,就在于凭借明白事理,保重自己的生命。如果糊里糊涂地行走在黑暗的道路上,乱碰乱撞地活着,君子是不赞成的。"

6.19　楚两龚之絜①,其清矣乎②!蜀庄沉冥③。蜀庄之才之珍也。不作苟见④,不治苟得,久幽而不改其操⑤,虽隋、和⑥,何以加诸?举兹以旃⑦,不亦珍乎⑧?吾珍庄也⑨,居难为也⑩。不慕由即夷矣⑪,何羡欲之有⑫?

【注释】

①楚两龚:指西汉末年的龚胜和龚舍。李轨注说:"楚人龚君宾、龚长倩也(据《汉书》本传,胜字君宾,舍字君倩,当从之)。当成、哀之世,并为谏大夫,俱著令闻,号曰'两龚'。王莽篡位之后,崇显名贤,复欲用之,称疾,遂终身不仕,絜清其志者也。"其事迹见《汉书·王贡两龚鲍传》。絜:同"洁"。这里是指二人的行为和道德的高尚。

②其:恐怕,大概。矣乎:句末感叹词。

③蜀庄:指西汉末年蜀人庄遵(或作"庄尊"),字君平,成都人。他隐居不仕,以卖卜为生,精于《周易》、老、庄之学。著有《老子指归》(又称《道德指归》、《道德真经指归》等)。扬雄少年时尝从其游学。其事迹见《汉书·王贡两龚鲍传》、《华阳国志·蜀郡士女赞》和皇甫谧《高士传》。但诸书皆作"严君平",称字无名。盖班固为避东汉明帝刘庄讳而改,后人迷从之。关于庄遵的思想和

著作,可参看王利器《道藏本〈道德真经指归〉提要》(载《中国哲学》第四辑)。沉冥:指庄遵隐居不仕,寂默深沉。《汉书·王贡两龚鲍传》作"湛冥"。

④苟:苟且,不正当、无原则的意思。见(xiàn):同"现"。这里指显身扬名。

⑤幽:幽隐,即上述之"沉冥"。操:节操,品格。

⑥隋:或作"随",指隋侯之珠。和:指卞和之璧,又叫"和氏璧"。《淮南子·览冥训》:"譬如隋侯之珠、和氏之璧,得之者富,失之者贫。"高诱注:"隋,汉东之国,姬姓诸侯也。隋侯见大蛇伤断,以药傅之,后蛇于江中衔大珠以报之,因曰隋侯之珠,盖明月珠也。楚人卞和得美玉璞于荆山之下,以献武王。王以示玉人,玉人以为石,刖其左足。文王即位,复献之,以为石,刖其右足。抱璞不释而泣血。及成王即位,又献之。成王曰:先君轻刖而重剖石,遂剖视之,果得美玉以为璧,盖纯白夜光。"这个传说在古书中提到的地方非常多,比较详细的记载又见于《韩非子·和氏》和《史记·鲁仲连邹阳列传》裴骃《集解》引应劭注及《史记·李斯列传》张守节《正义》引《括地志》等。古代把隋侯珠与和氏璧看成非常珍贵的宝物,所以扬雄用来赞扬庄遵的品质。

⑦兹:此。旃(zhān):标帜,表率。《汉书·王贡两龚鲍传》颜师古注说:"'旃'亦'之'也。言举此人而用之,不亦国之宝乎。"刘师培说:"'旃'字不必改字。《说文》:'旃,旗曲柄也,所以旃表士众。'盖'旃'为军中之标识,引申之即为旃表之义。犹'旌'字用为旌表之'旌'也。此文'举兹以旃',犹言举两龚蜀庄之行以为师表也。"(《法言补释》)这里赞扬的正是庄遵的"久幽而不改其操",而不是要其出仕,所以刘师培的解释是对的。

⑧珍:原作"宝"。《法言音义》作"珍"。秦恩复说:"'宝'当作'珍'。

《音义》可证。此'宝'字盖依《汉书》所改也。"(《重刻治平监本扬子法言并音义序》)参以上下文,应作"珍"是。

⑨珍:珍视,看重。庄:庄遵。

⑩居难为:处于难为之境。居,处。汪荣宝据《经传释词》说"居"是虚词(《法言义疏》卷九)。但"居"作虚词,是为了补充语气,一般应在句中或句末。这里的"居"字不是这种情况,所以不应当是虚词。

⑪不慕由即夷矣:《华阳国志·蜀郡士女赞》引此句作"不慕夷即由矣"。慕,羡慕,引申为学习的意思。由,指许由。字武仲,我国古代传说中的隐士。据说尧曾想把帝位让给他,他不受而逃。其事迹可参看皇甫谧《高士传》和《庄子·逍遥游》。夷,指伯夷。商朝末年诸侯国孤竹君的长子。据说名允,字公信。他不肯为国君而逃至周,后又阻止周武王伐商。商亡,饿死在首阳山。其事迹见《史记·伯夷列传》。

⑫毚(chán):贪婪。《法言音义》说:"毚,士衔切,贪也。俗本作'利欲'。"司马光说:"宋、吴本'毚'作'利',今从李本。"

【译文】

楚人龚胜和龚舍洁身自好,大概算清高了吧!蜀人庄遵隐居不仕甘于寂静。蜀人庄遵的品质是多么高尚呀!不作苟且的行为以显身扬名,不干苟且的事情以求得富贵,终身隐居不仕而不改变他的志操,即使像隋侯珠、和氏璧那样稀世的珍宝,又怎么比得过他那高贵的品质呢?举出这些品质高尚的人以为表率,不是非常珍贵吗?我非常珍爱庄遵,因为他达到了很难达到的境地。不是爱慕许由,就是爱慕伯夷,哪里还会有贪婪的欲望呢?

6.20　或问:"尧将让天下于许由①,由耻,有诸②?"曰:"好大者为之也③。顾由无求于世而已矣④。允喆尧僤舜之重⑤，则不轻于由矣。好大累克⑥。巢父洗耳⑦，不亦宜乎⑧？灵场之威，宜夜矣乎⑨！"

【注释】

①尧：我国古史传说中的圣君，实际上是原始社会末期的部落联盟首领。许由：字武仲，我国古代传说中的隐士。据说尧曾想把帝位让给他，他不受而逃。

②诸：之乎。

③好大者：好夸大的人。为：造，作。

④顾：不过。而已矣：罢了。

⑤允：诚，信，即真正、确实的意思。喆：同"哲"，知也，即明白、了解的意思。僤（shàn）：与"禅"通，传位、让位的意思。舜：我国古史传说中的圣君，尧的继承者。重：慎重。据史书记载，在四岳推荐舜可继帝位后，尧对舜进行了长时期的多方面的考察和试用，直到事实证明舜"足授天下"后，才"命禹摄行天子之政"，而且直到尧死后，舜才得"践天子位"，所以扬雄说尧禅位给舜是很慎重的。

⑥好大：好夸大的人。累：积累，增添。克：成，胜。《法言音义》说："俗本误作'刻'。"司马光说："宋、吴本'克'作'刻'，'洒'作'洗'，今从李本。"

⑦巢父洗耳：传说许由曾把尧打算让天下给他的事告诉巢父，巢父认为这话玷污了他的耳朵，乃临池洗耳。这个故事还有许多不同的说法。如有的就说巢父和许由就是一个人。其实多半是古代作家为了阐述某种主张而虚构的故事人物。巢父，我国古代传说中的隐士。据说因其年老而巢于树上，故称之为"巢父"。其事迹可参看皇甫谧《高士传》。洗，《法言音义》作"洒"。秦恩复说："'洗'当作'洒'，《音义》及温公（《集注》）皆可证。"（《重刻

治平监本扬子法言并音义序》)

⑧不亦宜乎:不也很自然吗？宜,合适,应当。

⑨"灵场之威"二句:灵,通鬼神之巫叫"灵",鬼神亦叫灵,如神灵、灵魂等。灵场,祭祀鬼神的地方。这句话的言外之意是说,夸张虚造的说法,只对不明事理的人有作用,明白事理的人是不会相信的。刘师培和俞樾皆以灵场为禅位之坛,把这句话解释为禅让之事至关重大,不能于冥夜私为授受(见《扬子法言校补》和《诸子平议》卷三十四)。但这样解释就和上句完全脱节了。

【译文】

有人问:"据说从前唐尧打算把帝位让给许由,许由认为这是耻辱。有这个事吗？"

扬子回答说:"那是好夸大其辞的人编造出来的。实际上不过是许由对社会上的富贵权势没有什么追求罢了。如果真正了解唐尧对于把帝位传给虞舜是多么慎重,就知道他不会那么轻率地把帝位让给许由了。好夸大其辞的人一再添枝加叶越传越厉害。于是更出现了巢父听了唐尧打算把帝位让给许由的传言,认为这话玷污了自己的耳朵,赶紧到河边用水清洗耳朵的传说,这不也很自然吗？祭祀鬼神的灵场里那种威严的气氛,就只适合在夜里呀!"

6.21　朱鸟翾翾①,归其肆矣②。

或曰:"奚取于朱鸟哉③?"

曰:"时来则来,时往则往。能来能往者,朱鸟之谓与④!"

【注释】

①朱鸟:即燕子,鸣禽目燕科鸟类的总称。《广雅·释鸟》:"玄鸟、

朱鸟,燕也。"翾翾(xuān):小飞的样子。

②肆:放纵不受拘束。李轨注:"肆,海肆也。"《法言音义》说:"注非
也。朱鸟往来以时,不累其身,放肆自遂。"其:句中助词,没有
实义。

③奚:何。取:赞取。

④"时来则来"四句:燕子为候鸟,随季节变化南北迁徙,所以扬雄
用来比喻所谓君子应相机进退出处。

【译文】

燕子轻盈地飞了回来,多么悠然自得呀!

有人问:"燕子有什么可值得赞赏的呢?"

扬子回答说:"时候该来了就来,时候该走了就走。能按时来按时
走的,就是燕子吧!"

6.22　或问:"韩非作《说难》之书①,而卒死乎说难②,敢
问何反也?"

曰:"说难,盖其所以死乎③!"

曰:"何也?"

曰:"君子以礼动,以义止,合则进,否则退,确乎不忧其
不合也。夫说人而忧其不合,则亦无所不至矣④。"

或曰:"说之不合,非忧邪⑤?"

曰:"说不由道⑥,忧也;由道而不合,非忧也。"

【注释】

①韩非(约前280—前233):战国末年著名的思想家,法家思想的集
大成者。本为韩国之公子,入秦后被杀。传世的著作有《韩非
子》一书。其事迹见《史记·老子韩非列传》。《说(shuì)难》:韩

　　非著作的篇名,阐述了向君主游说的困难和危险。后人编入《韩非子》一书中。

②卒:终于。死乎:死于。俞樾曰:"下'难'字衍文也。此本云:'韩非作《说难》之书而卒死乎说。'盖伤其知说之难而终以说秦王为李斯、姚贾所毁害致死也。太史公曰:'余独悲韩子为《说难》,而不能自脱耳。'亦是此意。今作'死乎说难',义不可通。且如此,则或人已知韩非之死由于说难矣,何以扬子又应之曰:'说难盖其所以死乎。'然则此文'卒死乎说'下,不当有'难'字。盖涉上下文并言说难而衍。"(《诸子平议》卷三十四)此说亦可供参考。

③盖:或者,大概。其:司马光曰:"宋、吴本无'其'字。"

④则亦无所不至矣:那就没有什么事是干不出来的了。

⑤"说之不合"二句:司马光曰:"宋、吴本作:'非忧说之不合,非邪?'"

⑥由:遵从,循顺。

【译文】

　　有人问:"韩非写了《说难》的著作,但终于死于游说之难,请问他失败的原因是什么呀?"

　　扬子回答说:"游说之难,大概就是他死的原因吧!"

　　那人问:"为什么呢?"

　　扬子回答说:"君子根据礼义来决定做什么和不做什么。符合君主的要求就出仕,不符合君主的要求就归隐,坚守原则而不怕它不符合君主的要求。如果游说别人而又忧虑不符合别人的要求,那就会抛弃礼义曲意逢迎,没有什么事是干不出来的了。"

　　那人说:"游说而不符合君主的要求,不应该忧虑吗?"

　　扬子回答说:"游说而不遵循正确的原则,是应该忧虑的;遵循正确的原则而不符合君主的要求,是不应该忧虑的。"

6.23 或问哲。

曰:"旁明厥思①。"

问行②。

曰:"旁通厥德③。"

【注释】

①旁:普,广。明:明确,即分清思想上的是非。厥:其。

②行:德行。

③通:达,贯。

【译文】

有人问怎样是有智慧。

扬子回答说:"能全面地明确自己的思想,就是有智慧。"

问怎样是有德行。

扬子回答说:"能全面地实践自己的道德就是有德行。"

寡见卷第七

【题解】

本卷的主要内容是提倡根据儒家的五经，以圣人之道为标准，来修养自己和治理国家。

大家知道，孔丘在我国历史上第一次对传世的古典文献进行了事理，并用以教授学生，其成果就是儒家所说的"六艺"，即《易》、《诗》、《书》、《礼》、《乐》、《春秋》（"六艺"还有一个意义，指礼、乐、射、御、书、数。那是西周时期学校教育的六个科目，不是我们这里说的"六艺"），但《乐》因为古代没有记谱的符号，未能流传下来。其余五者流传下来，成为儒家的经典，故称之为《五经》。对此，《史记·孔子世家》和《汉书·艺文志》分门别类说得比较详细。说得比较概括的是《隋书·经籍志》："暨夫周室道衰，纪纲散乱，国异政，家殊俗，褒贬失实，湮塞旧章。孔丘……乃述《易》道而删《诗》、《书》，修《春秋》而正《雅》、《颂》，坏礼崩乐，咸得其所。"

儒家本是先秦诸子百家中的一家，但自汉武帝接受董仲舒的建议，"罢黜百家，独尊儒术"，并立五经博士以后，儒家思想遂超越其他诸家而成为国家的主流意识形态，于是儒家的五经也成为整个国家的文化经典。

对于五经，扬雄在《法言》中曾多次分别提到，但只有在本卷中，才对五经中各经的性质谈了自己全面的看法。他认为,《易》是讲说天道的,《书》是讲说政事的,《礼》是讲说体制的,《诗》是讲说志向的,《春秋》是讲说义理的,而且这些讲说都是最好的、不能超越的。扬雄对五经性质的这些说法,与《庄子·天下》、《史记·太史公自序》及《史记·滑稽列传》、《汉书·艺文志》的说法有同有异,可以参看。扬雄还对司马迁认为五经不如《老子》简要的说法作了反驳,并指出这种认识是由于当时儒生对五经及其记传的解说过于浮华烦琐所引起的。

关于如何以圣人之道为标准来修养自己和治理国家,扬雄也作了多方面的论述。如对于"不得已"才学习"先王之道"的批评,认为只有全心全意努力于"圣人之道"才能够成为君子。认为见闻广博而又懂得正道,才是至善至美的见识;如果见闻广博却贪婪邪道,那就是昏惑害人的迷识。认为贤人谋划事情谋划得好,是因为委曲人而遵循正道;小人谋划事情谋划得不好,是因为歪曲正道以迁就人,等等。

7.1　吾寡见人之好假者也①。迩文之视②,迩言之听,假则儡焉③。

或曰:"曷若兹之甚也④!先王之道满门⑤。"

曰:"不得已也⑥。得已则已矣⑦。得已而不已者,寡哉!"

【注释】

①寡:少。好(hào):喜爱。假(xiá):"遐"的古字,久远。这里是指具有远见卓识的文章和言论。原作"假"。《法言音义》作"儡",并云:"音'遐',本或作'遐',下同。"司马光说:"李、宋、吴本'假'作'遐',今从《汉书》。"秦恩复曰:"'假'当作'儡',下同。《音义》可证。此'假'字依温公《集注》所改,非其旧。"(《重刻治平监本

扬子法言并音义序》)《法言义疏》作“偄”,因据改。下同。

②迩:近。

③偭(miǎn):本义为斜向、斜对,引申为背向、背对。

④曷:何。若:如。兹:此。甚:严重。

⑤先王之道满门:学先王之道者充满师门,意谓学先王之道的人很多。汪荣宝说:“《学记》云:‘古之学者家有塾。’郑注云:‘古者仕焉而已者,归教于闾里,朝夕坐于门,门侧之堂谓之塾。’孔疏云:‘《周礼》:百里之内,二十五家为闾,同共一巷,巷首有门,门边有塾。谓民在家之时,朝夕出入,恒就教于塾,故云家有塾。然则门谓闾门。先王之道满门,谓诵诗读书之声充溢闾塾也。’”(《法言义疏》卷十)此可备一说。但儒家此说多属后代之理想,并不可靠。即使确实如此,也只是对门的理解不同,对整个句子的基本含义并无大的影响。先王,指儒家心目中的所谓古代圣王。满门,充满师门。古代称学生为门人,称老师处为师门。

⑥不得已:无可奈何,不能不如此。李轨注:“‘不得已’者,官有策试者也。”

⑦得已则已矣:司马光说:“宋、吴本作‘得已则至矣’,今从李本。”

【译文】

我很少看见有人喜欢意义深远的文章和言论。人们总是喜欢看浅近的文章,听浅近的言论,碰到意义深远的文章和言论就转过身去,不想看也不想听。

有人说:“哪有这样严重呀! 学习古代圣王的学说的人充满了学校。”

扬子回答说:“那是因为不能不学习。如果能不学习就不学习了。能不学习却不停止学习的人,太少了。”

7.2　好尽其心于圣人之道者,君子也。人亦有好尽其心矣,未必圣人之道也。

【译文】

喜欢全心全意努力于圣人学说的人,就是君子。人人都有喜欢全心全意竭力去做的事,但不一定是全心全意努力于圣人的学说。

7.3　多闻见而识乎正道者,至识也①;多闻见而识乎邪道者,迷识也②。

【注释】

①"多闻见"二句:识,第一个"识"作动词,当知道、懂得讲;第二个"识"是名词,当见识、知识讲。至,极,最。这里是至善至美的意思。

②迷:昏乱,迷惑。

【译文】

如果见闻广博又懂得正确的道理,这是至善至美的见识;如果见闻广博却迷恋邪恶的道理,这是昏惑迷人的见识。

7.4　如贤人谋之美也①,诎人而从道②;如小人谋之不美也,诎道而从人③。

【注释】

①如:若,像。俞樾引《经传释词》释"如"通"与"(《诸子平议》卷三十四),也通。但不借通假,意思已很流畅,可以不必改字。而且,"如"作"与"讲,"与小人谋"就不恰当。谋:筹划。美:善,良。

②诎:屈服。从:循,顺。

③而：五臣注本作"以"。

【译文】

像贤人谋划事情谋划得那样好，是由于屈服人以遵循原则；像小人谋划事情谋划得那样不好，是因为歪曲原则来顺从人。

7.5　或问："五经有辩乎①？"

曰："惟五经为辩②。说天者莫辩乎《易》③，说事者莫辩乎《书》④，说体者莫辩乎《礼》⑤，说志者莫辩乎《诗》⑥，说理者莫辩乎《春秋》⑦。舍斯⑧，辩亦小矣。"

【注释】

①五经：即下文所谓《易》、《书》、《礼》、《诗》、《春秋》，是儒家的五部经典。详见5·6条各注。辩：巧言解说为辩。《老子·八十一章》："善者不辩，辩者不善。"这里在发问中对"辩"有贬义，在回答中则赋予褒义。

②惟五经为辩：这句话是说，只有"五经"才称得上是"辩"。

③说天者：讲解天道的书。莫辩乎《易》：没有比《易》讲得更好的。辩，《太平御览》卷六百零八"叙经典"条引此句以下，"辩"皆作"辨"。

④事：事业。这里指古代的政事。马总《意林》卷三引此句"事"作"地"。

⑤体：体制，即制度、规则等。我国古代以礼来总括国家的各种制度和规则，所以这里说"说体者莫辩乎《礼》"。

⑥志：志向，意志。莫辩乎《诗》：没有比《诗》表达得更好的。《书·舜典》："诗言志，歌永言。"又《毛诗序》："诗者，志之所之也。在心为志，发言为诗。"

⑦理：义理，道理。指行为所要遵循的道理和标准。据说孔丘曾经
　修改《春秋》，用了许多特别的字眼，以表示他对各种人物和事件
　的褒贬。这里就是指这些所谓的微言大义。《孟子·离娄下》：
　"孟子曰：'王者之迹熄而《诗》亡，《诗》亡然后《春秋》作。晋之
　《乘》，楚之《梼杌》，鲁之《春秋》，一也。其事则齐桓、晋文，其文
　则史。孔子曰："其义则丘窃取之矣。"'"
⑧斯：此。这里指五经。

【译文】

有人问："五经中有巧言辩解的话吗？"

扬子回答说："只有五经才称得上巧言辩解。讲说天道的书没有比
《易经》辩解得更好的，讲说政事的书没有比《书经》辩解得更好的，讲说
体制的书没有比《礼经》辩解得更好的，讲说志向的书没有比《诗经》辩
解得更好的。讲说义理的书没有比《春秋》辩解得更好的。除了五经以
外，其他书的辩解，不过是小巧罢了！"

7.6　春木之芚兮①，援我手之鹑兮②，去之五百岁③，其
人若存兮！

　　或曰："谆谆者天下皆说也④，奚其存⑤？"

　　曰："曼是为也⑥。天下之亡圣也久矣⑦。呱呱之子⑧，
各识其亲；谆谆之学，各习其师。精而精之⑨，是在其
中矣⑩。"

【注释】

①芚(tún)：草木初生的样子。古作"屯"。《说文解字》："屯，难也。
　象草木之初生，屯然而难。从屮贯一。一，地也。尾曲。《易》
　曰：'刚柔始交而难生。'"这里"难"应读作 nuó，形容草木蓬勃茂

盛的样子。秦恩复说:"《注》:'春木芒然而生。'温公《集注》云:
'李本"芑"作"芒"。'按:《音义》不出'芑'字,是其本作'芒'也。其
实'芑'是'芒'非。《音义》本传写讹耳。此正文与注歧异,乃初皆
作'芒',后改未画一。"(《重刻治平监本扬子法言并音义序》)汪荣
宝说:"秦说是也。'芑'与'鹑'、'存'为韵。……'芑'、'芒'形近,
传写者少见'芑',故误为'芒'也。……'春木之芑',谓五经应时而
造,若嘉木乘春而出,屯然其难也。"(《法言义疏》卷十)

②援我手:助我以手。即指引我、帮助我的意思。鹑:借为"纯",伟
大、精美的意思。汪荣宝说:"'鹑'者'奋'之假。《说文》:'奋,大
也。读若"鹑"。'经传多以'纯'为之。《尔雅·释诂》云:'纯,大
也。''援我手之鹑',言天下方溺,五经之作,如圣人援我以手,奋
乎其大也。"(《法言义疏》卷十)

③去之五百岁:孔丘死于公元前479年,与扬雄相距约五百年。
去,距离。之,代词,指下面的"其人"。其人,指孔丘。

④诶诶(náo):争辩之声。说(yuè):即"悦"。《法言音义》说:"一本
'说'作'讼'。"司马光说:"李本'讼'作'说',今从宋、吴本。"故五
臣注本皆作"讼"。汪荣宝说:"'说'谓师说,即下文云'各习其
师'者也。旧刻'说'字多作'說',漫漶其下半,则为'讼'矣。"
(《法言义疏》卷十)虽然作"讼"或者读"说"如字也可通,但都与
"诶诶"之义重复,因此不如读"说"为"悦"更好。

⑤奚其:何其,哪里。这句话是针对当时儒家宗派林立、各执一说
的情况,对"其人若存兮"提出的疑问。

⑥曼是为:不要这样做,不要这样说。曼,无,莫。是,此,这。为,
作,行。指上句或人所说的话。

⑦亡:无。圣:圣人。

⑧呱呱(gū)之子:呱呱哭的不懂事的小孩子。呱呱,婴儿哭声。

⑨精而精之:精通而又精通。精,精通。

⑩是在其中:圣人之道就在里边了。是,正确的道理。指圣人之道。司马光说:"宋、吴本'是'作'各',今从李本。"

【译文】

　　春天的草木,多么蓬勃茂盛,圣人指引启导我,多么伟大纯美,虽然已经死了五百年,圣人还像活在世上呀!

　　有人问:"普天下都兴冲冲地争辩不休,哪像圣人还活在世上呀?"

　　扬子回答说:"不要这样说。天下没有圣人已经很久了。呱呱啼哭的小孩,各自认识他们的父母;争辩不休的学者,各自学习他们的老师。只要不断努力精益求精,圣人的道理就在里边了。"

　　7.7　或曰:"良玉不雕,美言不文①,何谓也?"
　　曰:"玉不雕,玙璠不作器②;言不文,典谟不作经③。"

【注释】

①美言:善言。《太平御览》卷三百九十"言语"条引此句作"至言"。文:文饰,文采。

②玙璠(yú fán):或作"璠玙",古代贵族佩带的一种美玉。《说文解字》说:"璠,玙璠。鲁之宝玉。从玉番声。孔子曰:'美哉玙璠!远而望之,奂若也;近而视之,瑟若也。一则理胜,二则孚胜。'"作:为,成。器:器具。

③典谟:这是用《书经》中的《尧典》、《皋陶谟》等来代表儒家的古代文献。经:经典。

【译文】

　　有人问:"人们说美好的玉石不用雕琢,善良的语言不需文采。为什么这样说呀?"

　　扬子回答说:"玉石如果不加雕琢,就不会有玙璠这样精美的器皿;语言如果没有文采,就不会有《尧典》、《皋陶谟》这样珍贵的经典。"

7.8　或问:"司马子长有言曰①:五经不如《老子》之约也②,当年不能极其变③,终身不能究其业④。"

曰:"若是,则周公惑⑤,孔子贼⑥。古者之学耕且养⑦,三年通一⑧。今之学也⑨,非独为之华藻也⑩,又从而绣其鞶帨⑪。恶在老不老也⑫?"

或曰:"学者之说可约邪⑬?"

曰:"可约解科⑭。"

【注释】

①司马子长:司马迁(约前145或前135—?),字子长,夏阳人,西汉著名的历史学家、文学家和思想家。他所著《史记》是我国第一部纪传体的通史。其事迹见《史记·太史公自序》和《汉书·司马迁传》。

②五经:《易》、《书》、《礼》、《诗》、《春秋》等五部儒家经典。参看5·6条各注。《老子》:先秦道家学派的主要代表作品之一。约:简要。

③当年:终生。极:穷尽。变:物极谓之变。此字《史记》原文作"礼"。这里当是指儒家各种复杂的礼仪制度及其全部细节。

④终身:一生。究:穷尽。业:指学业,即学习的内容。司马迁在《史记·太史公自序》里曾引用其父司马谈"论六家之要指"的话,说道家"指约而易操,事少而功多";并批评儒家说:"儒者以六艺为法。六艺经传以千万数,累世不能通其学,当年不能究其礼,故曰博而寡要,劳而少功"。

⑤周公:姓姬名旦,周文王之子,周武王之弟,因其采邑在周(今陕

西岐山北），故称"周公"。他是周朝初年著名的政治家，制定了一套适合当时统治需要的制度。孔丘认为自己的一套东西是继承了周代的制度，而周制是周公"制礼作乐"建立起来的，这样周公便成了儒家中地位在孔丘之前的一位圣人。惑：迷惑。

⑥贼：残害。"惑"与"贼"是为了修辞而分开说，其实都是形容周公和孔丘两个人。

⑦古者之学：古人的为学。俞樾说："此本作'古之学者耕且养'，传写误倒耳。'古之学者'与下文'今之学也'相对为文。"（《诸子平议》卷三十四）汪荣宝说："《汉书·艺文志》正作'古之学者耕且养'，此可为曲园（指俞樾）说之证。然'古者之学'犹云古人之为学，于义自通，不必为误倒也。"（《法言义疏卷十》）耕且养：耕而且养，还要种地养活自己。这是指儒生的老祖宗——士。士本来是统治阶级的最底层，要负责管理农业生产，所以这样说。

⑧三年通一：五臣注本作"三年通一经"。司马光说："李本无'经'字，今从宋、吴本。"《汉书·艺文志》则说"三年而通一艺"。

⑨今之学也：现在的为学。《后汉书·儒林列传论》和《文选》沈休文《齐故安陆昭王碑》"鞶帨之丽、篆籀之则"句下李善注引此句皆作"今之学者"。

⑩非独：不但。之：其，指五经。华藻：文采修饰。

⑪绣其：原误重"其"字，依秦恩复删。（见《重刻治平监本扬子法言并音义序》）鞶帨（pán shuì）："帨"是古人用的佩巾；"鞶"有两个意义。《说文解字》："鞶，大带也。《易》曰：'或锡之鞶带，男子带鞶，妇人带丝。'"《礼记·内则》："男鞶革，女鞶丝。"郑注说："鞶，小囊，盛帨巾者。男用韦，女用缯。有饰缘之。"这里鞶、帨连用，鞶当以指盛帨巾的小囊为宜。汪荣宝说："《后汉书·儒林传论》章怀太子注云：'鞶，带也，字或作"鞙"'。《说文》曰：'鞙，覆衣巾也。'是唐时《法言》别本'鞶帨'有作'鞙帨'者。'鞙'乃'鞶'之

假,非用本义也。"(《法言义疏》卷十)"幣"用本义,亦无不可。因为"幣"、"帨"在这里都是用以喻身外之物,并非一定要确指某件东西。这句话是用比喻来说明当时的儒生怎样把儒家经传的解释搞得十分烦琐。其详情可参看班固《汉书·艺文志》。李轨注把这两句话解释成古学无训解,故难;今学有训解,故易。正好与扬雄的意思相反了。

⑫恶(wū):何,岂。在:于,由。老:指《老子》书。

⑬学者之说:指当时学者对儒家经传的训解。约:省简。

⑭解:判别,划分。科:条理,品类。

【译文】

有人问:"司马迁曾经说过:儒家的五经不如《老子》简要。一生都不能熟悉它们的各种变异,终身也不能掌握它们的全部内容。"

扬子回答说:"如果真是这样,那么周公、孔子都成了迷惑、残害人的人了。古人一边学习,一边耕田养家,三年就能通晓一部经典。现代人学习起来,不但对五经进行浮华的讲说,还对讲说五经的书传进行烦琐的解释。哪里是由于五经像不像《老子》那样简要呢?"

那人问:"现在的学者对经传的解说可以省简吗?"

扬子回答说:"可以省简,并且分清条理,就便于学习了。"

7.9　或曰:"君子听声乎①?"

曰:"君子惟正之听②。荒乎淫③,拂乎正④,沉而乐者⑤,君子不听也⑥。"

【注释】

①声:音乐。

②惟:只,唯独。正:正声,即所谓雅乐,本来是指古代统治者在祭祀或宴享时所用的官方音乐。这里是指符合儒家标准的音乐。

③荒:迷乱,放纵。乎:于。淫:淫声,指不符合儒家正统的音乐。

④拂:违逆,违背。世德堂本作"佛"。

⑤沉:沉溺。乐(lè):快乐。

⑥不:世德堂本作"弗"。

【译文】

有人问:"君子听音乐吗?"

扬子回答说:"君子只听庄重的雅乐。对那些放纵淫乱,违背庄重高雅,使人沉溺其中而自以为快乐的音乐,君子是不听的。"

7.10　或问:"侍君子以博乎①?"

曰:"侍坐则听言,有酒则观礼,焉事博乎②?"

或曰:"不有博弈者乎③?"

曰:"为之犹贤于已耳④。侍君子者贤于已乎? 君子不可得而侍也。侍君子,晦斯光⑤,窒斯通⑥,亡斯有⑦,辱斯荣,败斯成。如之何贤于已也?"

【注释】

①侍:陪伴。以:用。博:古代的一种棋戏。两人对局,掷骰子胜的行棋。古代有儒者或君子不博的说法。如《韩非子·外储说左下》:"齐宣王问匡倩曰:'儒者博乎?'曰:'不也。'王曰:'何也?'匡倩对曰:'博者贵枭,胜者必杀枭,杀枭者,是杀所贵也。儒者以为害义,故不博也。'"《说苑·君道》也有关于"君子不博"的记载。

②焉:哪里,怎么。事:进行,从事。

③弈(yì):古代称下围棋为弈。这句话是引《论语》进行反问。《论语·阳货》有:"子曰:'饱食终日,无所用心,难矣哉! 不有博弈

者乎？为之，犹贤乎已。'"

④为：从事。之：代词，指博弈。贤：胜过。已：止，指闲着没事干。或说应释为"此"，指"饱食终日，无所用心"。陶鸿庆说："'为之犹贤于已耳'，疑亦或人之言。'曰'字当在此句下。或人盖引孔子之言以自解，言以博侍君子，犹贤于无事也。如今本则或人之问为不辞矣。"(《读诸子札记》十四)与《论语》对照，从文字上看，陶说也有一定道理，可供参考。

⑤晦：昏暗。斯：则，乃。

⑥窒：阻塞。

⑦亡：无，没有。有：司马光说："宋、吴本'有'作'存'，今从李本。"

【译文】

有人问："可以用博弈来陪侍君子吗？"

扬子回答说："陪侍君子坐着就听君子讲话，参加宴会就看君子行礼，为什么要进行博弈呢？"

有人问："古代不是有博弈的人吗？"

扬子回答说："那是因为博弈总比饱食终日无所用心稍好一些。难道陪侍君子也是只比饱食终日无所用心稍好一些吗？这样想的人就不配陪侍君子。陪侍君子，昏暗就变为光明，阻塞就变为通畅，空虚就变为充实，耻辱就变为光荣，失败就变为成功。哪里只比饱食终日无所用心稍好一些呢？"

7.11　鹪明冲天①，不在六翮乎②！拔而傅尸鸠③，其累矣夫④！

【注释】

①鹪(jiāo)明：或作"鹪鹏"、"焦明"。传说中的五方神鸟之一。冲

天：直至于天，形容飞得很高。

②翮(hé)：鸟翎的主茎。

③傅：附着，附加。尸鸠：或作"鸤鸠"，属攀禽目杜鹃科的鸟类，俗名"布谷鸟"。

④其：恐怕，大概。累：牵累，累赘。矣夫：句末感叹词。

【译文】

鹪明一飞就能直上青天，不是由于它有六根粗壮的羽茎！如果将它拔下来附加在尸鸠的身上，恐怕就是累赘了！

7.12　雷震乎天^①，风薄乎山^②，云徂乎方^③，雨流乎渊，其事矣乎^④！

【注释】

①乎：于。

②薄：迫，有逼近、压制等义。《文选》颜延年《三月三日曲水诗序》"扬袚风山，举袖阴泽，靓庄藻野，袪服缛川"句下李善注引此两句作"雷震扬天，风薄于山"。

③云徂(cú)乎方：云飞向四面八方。徂，往，逝。方，方位，方向，引申为四面八方。

④其事矣乎：够勤劳了吧。这句话言外之意是说，天都这样勤劳，人该怎么样呢？李轨注此句说："言此皆天之事矣，人不得无事也。天事雷风云雨，人事诗书礼乐也。"可参考。其，恐怕，大概。事，勤劳。矣乎，句末感叹词。

【译文】

雷在天空震响，风从山上刮过，云飞向八方，雨流入深渊，天是够勤奋了吧！是多么勤劳呀！

7.13　魏武侯与吴起浮于西河①,宝河山之固。起曰:"在德不在固②。"

曰:"美哉言乎③! 使起之固兵每如斯④,则太公何以加诸⑤!"

【注释】

①魏武侯:姓魏名击。战国初年魏国的君主,公元前386—前371年在位。吴起(?—前381):卫国左氏人。战国初年著名的军事家和政治家。曾任魏国的西河守。后奔楚辅佐楚悼王变法。楚悼王死后,为楚贵族杀害。《汉书·艺文志》有"吴起"四十八篇,已佚。今本《吴子》乃后人伪托。其事迹见《史记·孙子吴起列传》。浮:泛舟。西河:龙门以下为今陕西与山西二省分界的一段黄河,因当时在魏国西部,故称"西河"。

②在德不在固:国家的安全在于君主的德政而不在于河山的险固。魏武侯和吴起的这段对话,《战国策·魏策一》和《史记·孙子吴起列传》都有记载,文字有些不同。《史记·孙子吴起列传》说:"武侯浮西河而下,中流,顾而谓吴起曰:'美哉乎山河之固,此魏国之宝也!'起对曰:'在德不在险。昔三苗氏左洞庭,右彭蠡,德义不修,禹灭之。夏桀之居,左河济,右泰华,伊阙在其南,羊肠在其北,修政不仁,汤放之。殷纣之国,左孟门,右太行,常山在其北,大河经其南,修政不德,武王杀之。由此观之,在德不在险。若君不修德,舟中之人尽为敌国也。'武侯曰:'善。'"

③美哉言乎:这话说得好呀!

④使起之固兵每如斯:此句文字错乱的情况比较复杂。五臣注本多脱"固"字。司马光说:"李本作'使起之用兵',今从宋、吴本。"也与今本不符。《史记·孙子吴起列传》裴骃《集解》引此句则作"使起之用兵每若斯"。

⑤太公：姓姜，名尚，字子牙。因封地在吕，所以又叫吕尚。殷末周初人。周文王初遇吕尚，曾说："吾太公望子久矣。"世人因称之为"太公望"、"姜太公"，或简称"太公"。后辅佐周武王灭纣，因功被封在齐，成为齐国的始祖。他以善用兵著称，但传世的兵书《六韬》，乃后人伪托于他。其事迹见《史记·齐太公世家》。何以，怎能。加，凌驾，胜过。诸，之乎。

【译文】

魏武侯和吴起泛舟在西河之上，赞美魏国河山的险固。吴起说："国家的安全决定于君主的道德而不决定于河山的险固。"

扬子说："这话说得真好呀！如果吴起总是按照这个道理去巩固国家的军事力量，就是姜太公又有什么可以胜过他呢！"

7.14　或问："周宝九鼎①，宝乎？"

曰："器宝也②。器宝待人而后宝。"

【注释】

①周：周朝，约从公元前1066年周武王灭商起，至公元前256年为秦所灭，有810年，是中国历史上时间最长的一个朝代。但自周平王东迁洛邑（前770），国势已衰，到战国时代，甚至不如一个普通的诸侯国了。宝：前一个"宝"作动词，作"珍贵"、"珍重"讲。下文的"宝"是名词，作"宝物"讲。九鼎：鼎是古代用来盛载烹饪大件食品的一种金属容器，多为圆形，三足两耳。因用于祭祀宴享等隆重场合，所以又是一种礼器。九鼎是指古代传说中作为国家权力象征的九个大鼎。据说是夏禹所铸，象征九州。夏亡归商，商亡归周。这句话是指《左传》宣公三年记载的一个故事："楚子伐陆浑之戎，遂至于雒，观兵于周疆。定王使王孙满劳楚子。楚子问鼎之大小轻重焉。对曰：'在德不在鼎。昔夏之方有

德也，远方图物，贡金九牧，铸鼎象物，百物而为之备，使民知神
奸。故民入川泽山林，禁御不若，螭魅罔两，莫能逢之，用能协于
上下，以承天休。桀有昏德，鼎迁于商，载祀六百。商纣暴虐，鼎
迁于周。德之休明，虽小，重也；其奸回昏乱，虽大，轻也。天祚
明德，有所底止。成王定鼎于郏鄏，卜世三十，卜年七百，天所命
也。周德虽衰，天命未改，鼎之轻重，未可问也。'"但这里没有明
确地说九鼎。明确地说禹铸九鼎的是《汉书·郊祀志》。

②器宝：器具之宝，即宝贵的器具。

【译文】

有人问："周朝王室把象征国家权力的九鼎当作宝物，九鼎是宝
物吗？"

扬子回答说："九鼎不过是一种珍贵的器皿。珍贵的器皿需要依靠
有德的人然后才能成为宝物。"

7.15　齐桓、晋文以下①，至于秦兼②，其无观已③。

或曰："秦无观，奚其兼④？"

曰："所谓观，观德也；如观兵，开辟以来⑤，未有秦也⑥。"

【注释】

①齐桓：齐桓公，姓姜，名小白，春秋时期诸侯国齐国的国君，公元
　前685—前643年在位。他任用管仲，进行改革，使齐国强盛起
　来。又以"尊王攘夷"为号召，卫护周王室的共主地位，帮助中
　原一些国家打退外族的侵犯，多次和诸侯会盟，成为春秋时期
　的第一个霸主。其事迹见《史记·齐太公世家》。晋文：晋文
　公，姓姬，名重耳，春秋时期诸侯国晋国的国君，公元前636—前
　628年在位。他因弟兄争位，在外流落十九年，六十二岁才成为
　国君。但即位后能团结人，使晋国很快强盛起来，成为中原各

诸侯国的霸主。其事迹见《史记·晋世家》。以下：世德堂本作
"已下"。

②秦：秦本来是东周时期的一个诸侯国。自秦孝公用商鞅变法，国
势逐渐强盛。秦王嬴政二十六年（前221）兼并诸侯，统一中国，
建立了秦朝。这是我国历史上第一个中央集权的专制主义封建
王朝。公元前206年为汉所灭。

③其：恐怕，大概。观：瞻望，有赞美、仰慕的意思。已：句末助词，
同"矣"。

④奚其：何其，为什么。

⑤开辟以来：开天辟地以来，自从有人类以来。

⑥未有秦也：没有像秦那样的，没有能比得上秦的。

【译文】

从齐桓公、晋文公以下，一直到秦国兼并天下，几乎没有什么可以
令人赞赏的。

有人问："秦国没有什么可以令人赞赏的，为什么能兼并天下呢？"

扬子回答说："我所说的令人赞赏，是令人赞赏道德；如果说令人赞
赏兵力，从开天辟地以来，没有能比得上秦国的。"

7.16　或问："鲁用儒而削①，何也？"

曰："鲁不用儒也。昔在姬公②，用于周，而四海皇皇③，
莫枕于京④。孔子用于鲁⑤，齐人章章⑥，归其侵疆⑦。鲁不
用真儒故也。如用真儒，无敌于天下，安得削⑧？"

【注释】

①鲁：周代诸侯国之一。周武王灭商，封周公姬旦于鲁。由于姬旦
留在中央辅佐周王，令其子伯禽就国，是为鲁之始祖。至公元前

249 年,为楚所灭。削:削弱。这里指国土被侵夺。《孟子·告子
下》引淳于髡的话说:"鲁缪公之时,公仪子为政,子柳、子思为
臣,鲁之削也滋甚。若是乎,贤者之无益于国也。"问语或即
本此。

② 姬公:即周公姬旦,周文王之子,周武王之弟,因其采邑在周(今
陕西岐山北),故又称"周公"。他是周朝初年著名的政治家,儒
家心目中的圣人。

③ 四海:四海之内,即整个天下。这里指当时全国各地。皇皇:同
"遑遑"或"惶惶",匆忙不安的样子。

④ 奠:停放。枕:通"轸",轸是车后横木,故常用以喻车。京:京
师,指西周的都城镐京。汪荣宝说:"'奠'者'停'之古字。《考
工记》:'凡行奠水。'郑司农注云:'"奠"读为"停"。'《士冠礼》:
'赞者奠酾觯栉于篚南端。'《士昏礼》:'坐奠觯。'郑注并云:
'奠,停也。'《内则》:'奠之而后取之。'郑注云:'奠,停地也。'
《说文》无'停',古止以'奠'为之。'奠'、'停'一声之转。《音
义》:'奠枕,章衽切。'《方言》云:'楚、卫之间轸谓之枕。'郭注
云:'车后横木。'《释名·释车》云:'枕横在前,如卧床之有枕
也。'《小尔雅·广器》云:'轸谓之枕。'宋氏《训纂》云:'《释名》
变后言前,亦就枕生义。舆下四面材谓之轸。其三面前有式,
左右有较轵,皆不见;唯轸后一面人共见之。故诸家皆以车后
横木释轸。'按:'轸'、'枕'亦一声之转。汉魏以来每以'轸'代
'车'字用之。'四海惶惶,停轸于京',谓四方诸侯争先恐后朝
贡京师耳。"(《法言义疏》卷十)

⑤ 孔子用于鲁:指鲁定公任用孔丘为大司寇,并在齐、鲁夹谷之会
中摄相事等。

⑥ 齐:周代诸侯国之一。周武王灭商,封吕尚于齐,是为齐之始祖。
公元前 379 年为其大夫田氏所灭。但田氏仍用齐的国号,至公

元前 221 年为秦所灭。章章：彷徨不定、心神不安的样子。汪荣宝说："《广雅·释训》云：'章章，冲冲行也。'是'章章'犹'冲冲'，皆谓往来无定之貌。子云《羽猎赋》：'章皇周流。'李注云：'章皇犹仿徨也。'左太冲《吴都赋》：'轻禽狡兽，周章夷犹。'刘注云：'周章谓章皇周流也。'然则双声言之曰周章，迭韵言之曰章皇，重言之曰章章，其义同也。"（《法言义疏》卷十）

⑦归其侵疆：指齐国把以前侵夺的郓、谨、龟阴之田还给鲁国之事。见《春秋·定公十年》。《左传》解释说："夏，公会齐侯于祝其，实夹谷，孔丘相。犁弥言于齐侯曰：'孔丘知礼而无勇，若使莱人以兵劫鲁侯，必得志焉。'齐侯从之。孔丘以公退，曰：'士兵之！两君合好，而裔夷之俘以兵乱之，非齐君所以命诸侯也。裔不谋夏，夷不乱华，俘不干盟，兵不偪好。于神为不祥，于德为愆义，于人为失礼，君必不然。'齐侯闻之，遽辟之。将盟，齐人加于载书曰：'齐师出竟而不以甲车三百乘从我者，有如此盟。'孔丘使兹无还揖对曰：'而不反我汶阳之田，吾以共命者，亦如之。'……齐人来归郓、谨、龟阴之田。"《春秋穀梁传》和《史记·孔子世家》对此事的记载与此有所不同，但也认为齐人归还侵疆是由于孔丘外交斗争的胜利。所以扬雄这样说。

⑧安：怎么，哪里。

【译文】

有人问："鲁国任用儒士，却使国势削弱，这是为什么呢？"

扬子回答说："鲁国是不任用儒士的。从前周公姬旦被周朝任用，使天下诸侯都急忙前来朝贡，车子停满了镐京。孔子被鲁国任用，齐景公心神不安，赶快归还先前侵夺的鲁国土地。鲁国国势削弱，是因为没有任用真正的儒士。如果任用真正的儒士，就会强大得无敌于天下，怎么会削弱呢？"

7.17　灏灏之海①,济②,楼航之力也③。航人无楫,如航何④?

【注释】

①灏灏:同"浩浩",广大的样子。五臣注本作"浩浩"。

②济:渡。

③楼航:有楼的大船。《法言音义》说:"楼航,或作'舫',亦作'杭'。"力:力量,效能。

④"航人"二句:航人,驾驶船只的人。楫,划船的桨。如航何,奈船何,怎么驾驶船呢? 按,司马光说:"海以喻艰难,航以喻国,航人以喻儒,楫以喻势位。"汪荣宝说:"谓通晓治术之人而不假以政柄,不能治国也。"(《法言义疏》卷十)《太平御览》卷七百七十一"橄"条引此段作:"灏灏于海,济,楼舡之力也。航人无橄,如航何。"

【译文】

面对浩瀚的海洋,要渡过去,依靠的是大船。可是如果驾船的人没有划船的桨,又怎么驾船呢?

7.18　或曰:"奔垒之车①,沉流之航,可乎②?"

曰:"否。"

或曰:"焉用智?"

曰:"用智于未奔沉。大寒而后索衣裘③,不亦晚乎?"

【注释】

①奔(fèn):通"偾",覆败。垒:壁垒,古时军营的围墙。俞樾说:"按光曰'奔垒'谓马惊逸抵敌垒,此未解'奔'字也。《说文·夭部》:

'奔,走也,从夭,贲省声.'故'贲'与'奔'古通用.《诗》:'鹑之奔
奔.'《礼记·表记》引作'鹑之贲贲',是也.'奔垒'当作'贲垒'.
《射义》:'贲军之将.'郑注曰:'"贲"读为"偾".偾犹覆败也.'
《大学》:'此谓一言偾事.'释文曰:'偾,本又作"贲",犹覆败也.'
然则'贲垒之车',谓车之覆于垒者.下句'沉流之航',谓舟之沉
于流者.两文正相对.隐三年《左传》:'郑伯之车偾于济.'车以
偾言,古语然也.偾,通作'贲',又通作'奔'.而学者据本字说
之,失其义矣."(《诸子平议》卷三十四)

②可乎:汪荣宝说:"当作'可救乎'.李注云'故欲救之',明其所据
本有'救'字.今本无者,传写偶脱耳."(《法言义疏》卷十)

③索:求,寻.裘:皮袄.

【译文】

有人问:"倾覆在敌人营垒前的战车,沉没在江河中的航船,还可以
挽救吗?"

扬子回答说:"不可以."

那人说:"那么智谋还有什么用呢?"

扬子回答说:"智谋要用在战车还没有倾覆,航船还没有沉没的时
候.等到战车已经倾覆、航船已经沉没的时候才来想办法,就好像天气
已经非常寒冷了才去寻求皮袄,不是太晚了吗?"

7.19　乘国者其如乘航乎①！航安,则人斯安矣②！

【注释】

①乘:治理.其:或者,大概.航:船.

②斯:乃,就.《太平御览》卷七百七十"航"条引此段作"乘国者如
乘航乎,则民斯安矣"."人"改作"民",意思也就变了.

【译文】

治理国家,大概就像驾驶航船吧! 航船平安无事,那么驾驶航船的人也就平安无事了!

7.20　惠以厚下^①,民忘其死;忠以卫上^②,君念其赏。自后者,人先之;自下者,人高之^③。诚哉^④! 是言也^⑤。

【注释】

①惠:仁爱。以:而,连接词。厚:宽厚。下:下级,下属,指"民"。

②卫:保卫。上:上级,上层统治者,指"君"。

③"自后者"四句:自后者,自己退居后边的人。人先之,别人推崇他到前边。自下者,自己退居下边的人。人高之,别人抬举他到上面。四句话里的"后"、"先"、"下"、"高"四个字都是作动词,两个"之"字是代词,指前面的"者"。

④诚:真实。

⑤是:此,这。

【译文】

君上仁爱而宽厚地对待属下,民众就会不惜生命地效忠君上;属下忠诚地保卫君上,君上就会想着赏赐属下。自己谦让退居后边的人,别人就会推崇他到前边去;自己谦让退居下面的人,别人就会抬举他到上面去。这话说得真对呀!

7.21　或曰:"弘羊榷利而国用足^①,盍榷诸^②?"

曰:"譬诸父子^③。为其父而榷其子^④,纵利^⑤,如子何^⑥? 卜式之云^⑦,不亦匡乎^⑧!"

【注释】

①弘羊榷(què)利：桑弘羊曾协助汉武帝实行盐铁官营、酒类专卖、禁止私人铸钱等政策，并设均输、平准等官，买贱卖贵，牟利以供朝廷，故云。弘羊，即桑弘羊（前152—前80），西汉著名的财政家。出身于洛阳商人家庭。他在汉武帝时曾任治粟都尉、大农丞等官职，参与制定当时的财政政策，并成为实际上的主要执行人。昭帝时为御史大夫。在始元六年（前81）举行的盐铁会议上，他力主继续执行武帝时的财政政策。次年，因参与盖长公主、上官桀等废昭帝立燕王旦的活动被杀。其事迹和思想可参看《史记·平准书》、《汉书·食货志》、《汉书·公孙刘田王杨蔡陈郑传》、《盐铁论》。榷，国家对商品实行专卖专利叫"榷"。世德堂本"榷"作"搉"。

②盍：何不。诸：之乎。宋仰高堂刻本作"取"。

③诸：之于。

④为其父：世德堂本作"为人父"。

⑤纵：即使。

⑥如子何：奈子何，对儿子怎么样呢？这句是批评榷利制度虽然使国家增加了收入，却苦了老百姓。如作"为人父而榷其子"，就是"当父亲的却向儿子实行专利"，意思又有所不同。

⑦卜式之云：卜式的话。据《史记·平准书》记载，元封元年（前110）天旱，武帝令百官求雨，卜式说："县官当食租衣税而已，今弘羊令吏坐市列肆，贩物求利。亨弘羊，天乃雨。"《汉书·食货志》也有记载，意思相同，文字小异。卜式，西汉武帝时河南人，以牧羊致富。由于数次捐献家财帮助汉廷征伐匈奴而得官，最高时曾任御史大夫。后来由于反对盐铁官营和"不习文章"而被贬。其事迹见《汉书·公孙弘卜式儿宽传》。

⑧不亦匡乎：不也是正确的吗？匡，正。

【译文】

有人说:"桑弘羊对盐铁实行朝廷专利,朝廷的费用就充足了,现在为什么不实行朝廷专利呢?"

扬子回答说:"朝廷和百姓就好像父亲和儿子。为了父亲而向儿子实行专利,即使父亲能得到利益,儿子又怎么样呢? 卜式说的应该杀死桑弘羊废除朝廷专利,不是很对吗?"

7.22　或曰:"因秦之法①,清而行之②,亦可以致平乎③?"

曰:"譬诸琴瑟。郑、卫调④,俾夔因之⑤,亦不可以致箫韶矣⑥。"

【注释】

①因:承袭。秦:秦朝。秦本来是东周时期的一个诸侯国。自秦孝公用商鞅变法,国势逐渐强盛。秦王嬴政二十六年(前221)兼并诸侯,统一中国,建立了秦朝。这是我国历史上第一个中央集权的专制主义封建王朝。公元前206年为汉所灭。法:制度。

②清:清明,清平。

③亦:也。致:达到。平:太平。

④郑、卫调:郑、卫音乐的调子。儒家认为古代郑、卫二地的音乐是淫声,不符合官方正统的所谓雅乐。

⑤俾:使。有人说"俾"通"卑",是卑下的意思,连上读;但古代没有这种说法。夔(kuí):古史传说中的著名音乐家,舜时的乐官。

⑥箫韶:或作"箾韶",传说中舜时的音乐名,儒家心目中的音乐典范。这句话意思是说,"因秦之法,清而行之",是不能达到太平之治的。秦朝执行的是法家的政策,儒家认为秦政是昏乱黑暗

政治的典型,是根本要不得的。所以扬雄这样说。

【译文】

有人说:"承袭秦朝的法度,廉洁地加以实行,也可以达到天下太平吗?"

扬子回答说:"譬如演奏音乐。如果是郑、卫音乐的曲调,就是让帝舜时著名的乐官夔来演奏,也不可能奏出像帝舜时的箫韶那样的雅乐来。"

7.23　或问:"处秦之世,抱周之书①,益乎②?"

曰:"举世寒③,貂狐不亦燠乎④?"

或曰:"炎之以火⑤,沃之以汤,燠亦燠矣⑥。"

曰:"燠哉,燠哉!时亦有寒者矣⑦。"

【注释】

①周之书:指儒家传习的古代文献,如五经等。儒家认为这些书反映了周文王、周武王、周公等圣人所制定的周政,周政是完美政治的典型,秦政则是反面典型。故发此问。

②益乎:有好处吗?

③举:皆,全。世:世界。寒:冷。喻个人或国家的不治。

④貂(diāo)、狐:皆哺乳纲食肉目动物,毛皮轻软,保温性能好,极为珍贵。这里是指用貂皮或狐皮做的衣服。燠(yù):温暖。喻个人或国家的得治。这是一句比喻的话:全世界寒冷,穿上貂皮袄或狐皮袄,不也就暖和了吗? 意思是说,"处秦之世抱周之书"可以使个人得治。

⑤炎:焚烧。以:用。

⑥"沃之以汤"二句:这也是比喻的话,用火烤,用汤浇,热也是很热

呀。意思是说,用秦法也可以得治。沃,浇灌。汤,热水。

⑦时亦有寒者矣:这句话意谓秦法并不能使天下普遍地长久地得到治平。汪荣宝说:"谓汤火之焰俄顷即衰,刑法之威旋踵而灭。恃汤火以为燠者,燠暂而寒常;用刑法以为治者,小治而大乱也。"(《法言义疏》卷十)

【译文】

有人问:"生活在秦朝的社会里,抱着周朝传下来的经书读,有益处吗?"

扬子回答说:"普天下都冷,你穿上皮袄不也暖和吗?"

那人问:"要暖和,用火来烤,用汤来浇,也暖和呀。"

扬子回答说:"暖和呀! 暖和呀! 但世上还是有寒冷的呀。"

7.24　非其时而望之①,非其道而行之②,亦不可以至矣③。

【注释】

①非:不是。其:那个。时:时机。望:希望。之:代词,指"其时"。

②道:道路,引申为道理、规律,再引申为理论、方针。之:代词,指"其道"。

③亦:也。至:到,达。

【译文】

不是那样的时机,却抱着那样的奢望;不是通往目标的道路,却要顺着它走下去,这是不可能达到目的的。

7.25　秦之有司负秦之法度①,秦之法度负圣人之法度。秦弘违天地之道②,而天地违秦亦弘矣。

【注释】

①有司：各部门的官吏。因为官吏有分工，各有所司，故称为"有司"。负：违背，败坏。法度：法令制度。

②弘：大。违：违背，违反。天地之道：儒家认为所谓"圣人之道"，即治理国家的方针原则等，是天地所规定的，故又称为"天地之道"。

【译文】

秦朝的官吏，败坏了秦朝的法令制度；秦朝的法令制度，违背了圣人的法令制度。秦朝这样严重地违反了天地的规律，所以天地也大大地违背秦朝的愿望，使它很快就灭亡了。

五百卷第八

在本卷中,扬雄除继续论说他对儒家所谓"圣人"和"圣人之道"的看法外,值得注意的是他以儒家的"圣人之道"为标准,比较全面地对其他各家的学说进行了评判。

关于先秦以至汉代诸子百家学派的划分,历史上有各种不同的归纳和概括。如《庄子·天下》、《孟子·滕文公下》、《尸子·广泽》、《荀子·非十二子》、《荀子·天论》、《荀子·解蔽》、《韩非子·显学》、《吕氏春秋·不二》、《淮南子·要略》、《史记·太史公自序》、《汉书·艺文志》等,都对历史上的学术流变、学术派别、各派的学术观点,有所论列。虽然各自的立场、论述的详略有所不同,对研究先秦以至汉代的思想史,都有其参考价值。

但到了扬雄的时候,有相对丰富的思想理论,能自成一家之言,有所流传因而在社会上有较大影响的,基本上不过儒、道、名、法、墨、阴阳数家。对儒家以外的各家,扬雄在《法言》中都有所涉及。但只有在本卷中,扬雄才从儒家的立场出发,对除名家以外的各派全面地作了评判(对名家公孙龙的评判见2.8条),即8.28条所说:"庄、杨荡而不法,墨、晏俭而废礼,申、韩险而无化,邹衍迂而不信。"应当说,扬雄虽然是站在儒家的立场上对各家进行评判,但他对各家的缺点的批评,还是有一定道理的。

此外，扬雄还在本卷一开始就反驳了"五百岁而有圣人出"的神秘的宿命论观点。这本来是孟轲的观点。《孟子·公孙丑下》："五百岁必有王者兴。"《孟子·尽心下》："由尧、舜至于汤，五百有余岁，……由汤至于文王，五百有余岁，……由文王至于孔子，五百有余岁，……"扬雄却说："尧、舜、禹、君臣也，而并；文、武、周公，父子也，而处；汤、孔子，数百岁而生。因往以推来，虽千一不可知也。"对孟轲的说法进行了反驳。扬雄认为，从已有的事实可以看出，即使一千年出一个圣人或者一年出一个圣人，都是可能的，不可能预先知道。因此，"五百岁而有圣人出"的论断是站不住脚的。可见扬雄虽然推崇孟轲，但并不迷信孟轲。

扬雄在本卷中还讲到古代的占星学和一些天文知识，也不乏有一定参考价值的思想。如认为人事的吉凶决定于道德而不是决定于星象，月亮的盈缺是由于月亮迎着太阳反映阳光的缘故等。

8.1　或问："五百岁而圣人出①，有诸？"

曰："尧、舜、禹②，君臣也，而并③；文、武、周公④，父子也，而处⑤；汤、孔子⑥，数百岁而生。因往以推来，虽千一不可知也。"

【注释】

①"五百岁"二句：《孟子·公孙丑下》："五百年必有王者兴，其间必有名世者。"又《孟子·尽心下》："由尧、舜至于汤，五百有余岁，……由汤至于文王，五百有余岁，……由文王至于孔子，五百有余岁，……由孔子而来至于今，百有余岁，去圣人之世若此其未远也，近圣人之居若此其甚也，然而无有乎尔，则亦无有乎尔。"这里就是对这种说法提出了疑问。

②尧、舜、禹：我国古史传说中的"圣君"，实际上是原始社会末期的部落联盟首领，禹同时又是奴隶社会第一个王朝夏朝的开国君王。

③并：并处，即生活在同时。

④文、武：周文王姬昌和其子周武王姬发。文王是商朝末年诸侯国周的首领，他奠定了灭商的基础，死后被谥为文王。周武王继位后，灭商而建立了周王朝。周公：姓姬名旦，周文王之子，周武王之弟，因其采邑在周（今陕西岐山北），故称"周公"。

⑤处：并处。这是为了避免修辞上的重复，所以把"并"和"处"分在两句中来说。

⑥汤：姓子，名履，又称"天乙"，或作"大乙"。死后被谥为成汤。他是夏朝末年诸侯国商的首领，后灭夏而建立了商王朝。孔子（前551—前479）：名丘，字仲尼。鲁国陬邑人。我国春秋末期著名的思想家、政治家和教育家，儒家学派的创立者。

【译文】

有人问："有人说每过五百年就有圣人出现，有这种事吗？"

扬子回答说："唐尧、虞舜、夏禹是君臣，同时生活在世上；周文王、周武王、周公姬旦是父子，共同居住在一起；由夏禹到商汤，由周公到孔子，好几百年才出一个圣人。由过去推测未来，即使是一千年出一个圣人或者一年出一个圣人，都是不可能知道的。"

8.2　圣人有以拟天地而参诸身乎①！

【注释】

①以：缘故，道理。拟：模拟，效法。参诸身：叄之于身，使身与天地相配而为三。李轨注说："禀天地精灵，合德齐明，是以首拟天，腹拟地，四支合四时，五藏合五行，动如风雷，言成文章也。"这样

以人之形体来配天地、四时、五行,那就不只是圣人而是任何人都可以与天地相配了。显然不符合扬雄这段话的原意。参,与"叁(三)"通。诸,之于。

【译文】

圣人效法天地,使自己与天地并列而为宇宙中万事万物的三大标准,是有道理的呀!

8.3　或问:"圣人有诎乎①?"

曰:"有。"

曰:"焉诎乎②?"

曰:"仲尼于南子,所不欲见也③;阳虎,所不欲敬也④。见所不见,敬所不敬⑤,不诎如何⑥?"

曰⑦:"卫灵公问陈⑧,则何以不诎?"

曰:"诎身将以信道也⑨。如诎道而信身,虽天下⑩,不为也⑪。"

【注释】

①诎(qū):屈服,妥协。

②焉诎乎:怎么会屈服呢?为什么屈服呢?焉,安,何。

③"仲尼于南子"二句:南子,春秋末年卫灵公夫人,当时把持着卫国国政,且行为不端,名声不好。所不欲见,不希望见她。所,指事之词,放在动词前面,表示其所涉及的对象。下"所"字同。孔丘见南子的事详见《史记·孔子世家》:"灵公夫人有南子者,使人谓孔子曰:'四方之君子不辱欲与寡君为兄弟者,必见寡小君。寡小君愿见。'孔子辞谢,不得已而见之。夫人在绤帷中。孔子入

门,北面稽首。夫人自帷中再拜,环佩玉声璆然。孔子曰:'吾乡为弗见,见之礼答焉。'子路不说。孔子矢之曰:'予所不者,天厌之! 天厌之!'"又见《论语·雍也》。

④"阳虎"二句:阳虎,或作"阳货",春秋末年鲁国大夫季氏的家臣。当时奴隶制度日趋没落,权力下移。季氏已经几代把持鲁国政权,这时阳虎又把持了季氏的权柄,出现了孔丘所谓"陪臣执国命"(《论语·季氏》)的情况。五臣注本"阳虎"前有"于"字。所不欲敬,不愿意和他讲究礼节来往。孔丘和阳虎交往的事,见《论语·阳货》:"阳货欲见孔子,孔子不见,归孔子豚。孔子时其亡也,而往拜之,遇诸涂。"

⑤见所不见,敬所不敬:意谓"见所不欲见,敬所不欲敬",二句皆省"欲"字。

⑥不诎如何:汪荣宝说:"'如'犹'而'也。详见《经传释词》。"(《法言义疏》卷十一)"不诎如何"即"不诎而何",意为,不是屈服又是什么呢?

⑦曰:五臣注本作"或曰"。

⑧卫灵公:春秋末年诸侯国卫国的国君,公元前534—前493年在位。陈(zhèn):即"阵"。这里指战争、军队等。卫灵公向孔丘问阵的事,见《论语·卫灵公》:"卫灵公问陈于孔子。孔子对曰:'俎豆之事,则尝闻之;军旅之事,未之学也。'明日遂行。"又见《史记·孔子世家》。

⑨将:乃。以:为。信:与"伸"通。道:本义为道路,引申为道理、原则等。这里指孔丘的主张。

⑩虽天下:即使可以得天下。

⑪不为也:五臣注本作"不可也"。

【译文】

有人问:"圣人有委曲求全的时候吗?"

扬子回答说："有。"

问："怎么委曲求全的呀?"

扬子回答说："孔子对于南子,是不愿意和她见面的,但还是见面了;对于阳虎,是不愿意和他来往的,但还是来往了。和不愿见面的人见面,和不愿来往的人来往,不是委曲求全是什么呢?"

问："卫灵公询问军事,为什么不是委曲求全呢?"

扬子回答说："委屈自己是为了伸张道义。如果要委曲道义来伸张自己,即使能得到整个天下,圣人也是不干的。"

8.4 圣人重其道而轻其禄①,众人重其禄而轻其道②。圣人曰:"于道行与③?"众人曰:"于禄殖与④?"

【注释】

①重:重视。道:本义为道路,引申为法则、规律、方针、路线等,进而引申为治理国家的方针、学说或世界观、思想体系等。后世儒者往往只承认儒家的根本原则为道。但扬雄却是在上述广泛的意义上来使用"道"这个概念的,故有"正道"与"奸道"、"邪道"之分,颇类似于《庄子》所谓"盗亦有道"。轻:轻视。禄:俸禄,指职位及报酬。

②众人重其禄而轻其道:五臣注本作"众人轻其道而重其禄"。

③于:句首助词,没有实义。行:实行。

④殖:增殖。

【译文】

圣人重视他的原则而轻视他的俸禄,一般人重视他的俸禄而轻视他的原则。圣人常问:"原则实行了吗?"一般人常问:"俸禄增加了吗?"

8.5　昔者齐、鲁有大臣①，史失其名。

曰："何如其大也②?"

曰："叔孙通欲制君臣之仪③，征先生于齐、鲁④，所不能致者二人。"

曰："若是，则仲尼之开迹诸侯也⑤，非邪?"

曰："仲尼开迹，将以自用也。如委己而从人⑥，虽有规矩准绳⑦，焉得而用之⑧?"

【注释】

①昔者：古时候。齐、鲁：今山东一带，古时为齐国和鲁国之地，故称之为齐、鲁。《资治通鉴》高帝七年引此句无"齐"字，下同。大臣：古时称官吏为臣，大臣指中央政权中少数最高级的官吏。扬雄在这里称"大臣"，是表示他对提到的人非常尊敬。

②何如其大也：他们为什么是大臣呢? 何如，为什么。何如，五臣注本作"如何"。

③叔孙通：姓叔孙，名何。秦汉之际薛县人。曾任秦博士，后归汉。刘邦统一天下后，他召集山东一批儒生为刘邦制定朝见宴享的礼仪，受到赏识，官至太常、太子太傅。其事迹见《史记·刘敬叔孙通列传》和《汉书·郦陆朱刘叔孙传》。制：制定。仪：礼仪。

④征：召，求。《资治通鉴》引作"召"。先生：古代对有学问有道德的人的尊称，这里指儒生。

⑤仲尼：孔丘的字。开：展布。迹：纵迹。诸侯：古代中央政权分封在地方上的各国国君。

⑥委：屈，弃。己：世德堂本作"巳"，误。从：循，顺。人：他人。

⑦规矩准绳：喻规则制度。规，圆规。矩，方尺。准，水平仪。绳，划直线的墨绳。

⑧之：代词，指规矩准绳。

【译文】

从前齐、鲁曾出过伟大的人物，但史书上漏记了他们的名字。

有人问："他们伟大在什么地方呢？"

扬子回答说："叔孙通打算替皇帝制定君臣之间的礼仪，向齐、鲁征召儒士，未能招来的有两个人，我说的就是他们。"

有人问："如果这样，那么孔子周游列国企求任用，错了吗？"

扬子回答说："孔子周游列国企求任用，是为了使自己的主张得到施行。如果放弃自己的主张而按照别人的意见行事，即使有正确的方针原则，又怎能使它们得到实行呢？"

8.6　或问："孔子之时，诸侯有知其圣者与①？"

曰："知之。"

"知之则曷为不用②？"

曰："不能。"

曰："知圣而不能用也③，可得闻乎？"

曰："用之则宜从之④，从之则弃其所习⑤，逆其所顺⑥，强其所劣⑦，捐其所能⑧。冲冲如也⑨。非天下之至⑩，孰能用之⑪？"

【注释】

①诸侯：古代中央政权分封在地方上的各国国君。其：《太平御览》卷四百零一"叙圣"条引此句作"孔子"。

②曷为：何为，为什么。世德堂本此句前有"曰"字。《太平御览》卷四百零一"叙圣"条引此句作"若知之则曷为不用"。

③知圣而不能用也：《太平御览》卷四百零一"叙圣"条引此句无"也"字。

④之:代词,指孔子。宜:应当。从:听从。

⑤其:代词,指任用孔子的国君。习:熟悉。

⑥逆:违背。顺:习惯。

⑦强:改善。劣:低劣。

⑧捐:舍弃。能:擅长。《太平御览》卷四百零一"叙圣"条引上述几句作"用之则弃其所习,逆其所从,强其所劣,损其所能"。

⑨冲冲如也:形容因为违反原来的习惯,搞得心神恍惚,不知如何是好的样子。《太平御览》卷四百零一"叙圣"条引此段无"冲冲如也"四字。冲冲,借为"憧憧",形容行动杂乱无章、没有定向的样子。

⑩非天下之至:《法言音义》说:"天复本作'天下之至德'。"世德堂本同。司马光说:"李、宋、吴本皆无'德'字。《音义》称天复本有之,今从之。"《太平御览》卷四百零一"叙圣"条引此句作"非天下之至圣"。至,极,最,引申为至善。汪荣宝说:"《考工记》:'覆之而角至。'郑注云:'至犹善也。'《管子·法法》:'夫至用民者。'房注云:'至,善也。'"(《法言义疏》卷十一)

⑪孰:谁。

【译文】

有人问:"孔子在世的时候,各国国君有知道他是圣人吗?"

扬子回答说:"知道。"

"既然知道,那么为什么不任用孔子呢?"

扬子回答说:"不能。"

那人问:"知道他是圣人却不能任用他,其中的原因可以说出来听听吗?"

扬子回答说:"任用圣人就要听从圣人;听从圣人,就要丢掉自己原来所熟悉的,违反自己原来所习惯的,增加自己原来所缺乏的,抛弃自己原来所擅长的。结果就会使自己心神恍惚,坐卧不安。如果不是天下最有道德的人,谁能任用圣人呀?"

8.7　或问："孔子知其道之不用也,则载而恶乎之^①?"

曰:"之后世君子^②。"

曰:"贾如是^③,不亦钝乎^④?"

曰:"众人愈利而后钝^⑤,圣人愈钝而后利。关百圣而不惭^⑥,蔽天地而不耻^⑦,能言之类,莫能加也。贵无敌^⑧,富无伦^⑨,利孰大焉?"

【注释】

①载:载道,带着他的主张。恶(wū):何。之:往。语本《论语·公冶长》:"子曰:'道不行,乘桴浮于海。'"又《子罕》:"子欲居九夷。"

②之后世君子:把道传给后代的君子。指传说中孔丘以著述显示自己主张的做法。如《史记·孔子世家》:"子曰:'弗乎,弗乎!君子病没世而名不称焉。吾道不行矣。吾何以自见于后世哉?'乃因史记作《春秋》。"

③贾(gǔ):商人,做买卖。如:若。是:此。

④钝:迟,慢。商人如果蓄货传给后人,不是太迟了吗?用以比喻,孔子把希望寄托在后代,太不切实际了。

⑤愈:通"愉",悦也。《荀子·君子》:"天子也者,势至重,形至佚,心至愈,志无所诎,形无所劳,尊无上矣。"杨注:"'俞'读为'愉'。"

⑥关:读为"贯",贯穿的意思。百圣:百代圣王。

⑦蔽:遮蔽,充塞。耻:羞愧。上文"关"是从时间上说,"蔽"是从空间上说。司马光说:"'蔽'当作'弊',终也。"汪荣宝说:"'弊'者,'獘'之俗字,此当读为'敝'。《说文》:'敝,一曰败衣。'引申为凡抵敝之称,又引申为尽为极。"(《法言义疏》卷十一)两说都是不对的。因为如果这样解释,"蔽"与"关"都指时间,不仅重复,而

且互不协调。

⑧敌：匹敌。

⑨伦：类。

【译文】

有人问："孔子知道他的主张得不到实行，要带着他的主张往哪里去呀？"

扬子回答说："传给后代的君子。"

问："做生意如果这样，不是太吃亏了吗？"

扬子回答说："一般人喜欢眼前获利但最后要吃亏，圣人喜欢眼前吃亏而最后获利。孔子的主张可以贯串百代而没有什么缺陷，屏蔽天地而没有什么不够，在人类中没有能超过它的。圣人的主张高贵得没有匹敌，富裕得无可比拟，你说到底谁的利大呀？"

8.8　或曰："孔子之道，不可小与①？"

曰："小则败圣②，如何③？"

曰："若是，则何为去乎④？"

曰："爱日⑤。"

曰："爱日而去，何也？"

曰："由群婢之故也⑥。不听正⑦，谏而不用⑧。噫者⑨，吾于观庸邪⑩！无为饱食安坐而厌观也⑪。由此观之，夫子之日亦爱矣⑫。"

或曰："君子爱日乎？"

曰："君子仕则欲行其义⑬，居则欲彰其道⑭。事不厌⑮，教不倦⑯，焉得日⑰？"

【注释】

①小：降低要求。《史记·孔子世家》说："子贡曰：'夫子之道至大也，故天下莫能容夫子。夫子盖少贬焉。'"与此意同。

②败圣：败坏圣人之道。

③如何：奈何。《法言音义》说："天复本无'如何'二字。"

④去：离开。这里指孔子离开鲁国。

⑤爱日：珍惜时日。

⑥婢：原作"谋"。五臣注本作"婢"。《史记·孔子世家》记载孔丘从鲁国出走后，季桓子曾说："夫子罪我以群婢故也夫。"汪荣宝说："此用《史记》文，不得作'谋'。盖'婢'误为'媒'，又误为'谋'也。"（《法言义疏》卷十一）因据改。这是指孔丘因为鲁定公接受齐景公送的女乐不理国政而去鲁的事。见《论语·微子》、《韩非子·内储说》及《史记·孔子世家》。

⑦不听正：即不理政事。正，与"政"通。

⑧谏而不用：孔丘谏而不用的说法，见《韩非子·内储说下》。

⑨噫者：司马光说："宋、吴本作'不用雌噫者'，今从李本，无'雌'字。"作"不用雌噫者"，义不可通。这是把上句之"不用"断在此句，又误衍"雌"字造成的。噫，感叹声。

⑩观：指观女乐。据《史记·孔子世家》记载，齐国送来女乐后，季桓子"往观再三"，鲁定公"往观终日"。庸：与"慵"通，懈怠、懒倦的意思。

⑪无为：不要干。厌：世德堂本作"恹"，二字通，安于、满足的意思。这句话是扬雄假设的孔丘之辞。汪荣宝说："孔子谏受女乐不听，不得已而思去。乃言：'吾之出此，岂为于游观之事性所懒倦不好耶？诚以爱日之故，不为饱食安坐而愿观也。'盖不愿显言鲁君之非，而托言己之去国，为不欲旷日游观之故。"（《法言义疏》卷十一）这都是后代的说法，其实孔丘本人远没有这样"温柔

敦厚"。

⑫夫子：指孔丘。"夫子"本是古代对做官的人的尊称，孔丘的学生
　用来称呼孔丘，后代就用来称呼老师。

⑬仕：出外做官。义：指主张。

⑭居：在家隐居。彰：著明。这里是宣传而使人明了的意思。道：
　指学说、理论等。

⑮事不厌：做事不知厌烦。世德堂本"厌"作"恹"。

⑯教不倦：教人不知疲倦。

⑰焉得日：哪里来的空闲时间呢？意思是说忙得很，当然是非常珍
　惜时间了。

【译文】

有人问："孔子的主张，不能降低要求吗？"

扬子回答说："降低要求就会败坏圣人的原则，怎么行呢？"

那人问："既然这样，那他为什么还要离开鲁国，周游列国企求仕
用呢？"

扬子回答说："为了珍惜时间。"

那人问："为了珍惜时间而离开鲁国，周游列国企求仕用，这是怎么
回事呀？"

扬子回答说："是因为那群女乐的缘故。鲁定公和季桓子贪图观看
齐景公送给的女乐，不处理国家大事，孔子进谏也不听。孔子想，唉！
我对于观看女乐已经倦怠了！不要整天吃得饱饱的，舒舒服服地坐着，
满足于观看女乐了吧。由此看来，孔子对他的时间是很珍惜的。"

那人问："君子珍惜时间吗？"

扬子回答说："君子外出做官就想实行他的主张，隐居在家就想阐
明他的理论。做事没有厌烦，教人不会疲倦，哪里还有空闲时间呀？"

8.9　或问："其有继周者①，虽百世，可知也②。秦已继

周矣③,不待夏礼而治者④,其不验乎⑤?"

曰:"圣人之言,天也。天妄乎⑥?继周者未欲太平也⑦。如欲太平也,舍之而用他道⑧,亦无由至矣。"

【注释】

①其:时间副词,表示将来。周:周朝。约从公元前1066年周武王灭商起,至公元前256年为秦所灭,有810年,是中国历史上时间最长的一个朝代。

②虽百世,可知也:这是引的孔丘的话,见《论语·为政》:"子张问:'十世可知也?'子曰:'殷因于夏礼,所损益可知也;周因于殷礼,所损益可知也。其或继周者,虽百世,可知也。'"世,代。

③秦:秦朝。秦本来是东周时期的一个诸侯国。自秦孝公用商鞅变法,国势逐渐强盛。秦王嬴政二十六年(前221)兼并诸侯,统一中国,建立了秦朝。这是我国历史上第一个中央集权的专制主义封建王朝。公元前206年为汉所灭。

④不待:不等待,不用。夏:夏朝。中国历史上第一个奴隶王朝,约为公元前2140—前1711年。者:代词,指"不用夏礼而治"的主体。根据当时流行的以董仲舒为代表的"三统"、"三正"的历史循环论,历史是按三个阶段循环发展的。比如夏朝是黑统,以寅月为正月;商朝是白统,以丑月为正月,周朝是赤统,以子月为正月。各有一套制度。周朝以后,又该实行夏朝的一套了。如《白虎通·三教》说:"王者设三教者何?承衰救弊,欲民反正道也。三王之有失,故立三教以相指受。夏人之王教以忠,其失野,救野之失莫如敬。殷人之王教以敬,其失鬼;救鬼之失莫如文。周人之王教以文,其失薄;救薄之失莫如忠。继周尚黑,制与夏同。三者如顺连环,周而复始,穷则反本。"但秦朝并没有实行夏朝的一套。所以说它是"不待夏礼而治者"。这种理论打着孔丘的招

牌,其实孔丘这段话显然没有后人加给它的那种三段循环论的意思。

⑤验:效验。

⑥妄:无验而言之谓妄。(见5·12条)

⑦太平:五臣注本皆作"泰平"。

⑧舍:抛弃。之:代词,指夏礼。他道:其他的理论、制度。五臣注本作"佗道"。

【译文】

有人问:"孔子说过,如果有继承周朝的朝代,即使是一百代以后的,也可以预先知道它的制度。秦朝已经继承周朝了,却没有实行根据三教循环理论应当实行的夏朝的制度来治理国家,大概是孔子的话没有根据吧?"

扬子回答说:"圣人的话,就是天要说的话。天会无根据地乱说吗?这是因为继承周朝的秦朝,没打算使天下太平。如果打算使天下太平,却不用圣人制定的制度而用其他的制度,那是没有办法达到太平的。"

8.10 赫赫乎日之光①,群目之用也②;浑浑乎圣人之道③,群心之用也④。

【注释】

①赫赫:形容太阳光芒强烈盛大的样子。日之光:五臣注本作"日出之光"。

②群目之用:即群目之所需要和依靠。

③浑浑:形容圣人之道浑厚博大的样子。圣人之道:圣人的学说、理论。

④群心之用:群心之所需要和依靠。

【译文】

鲜明显赫呀,太阳的光芒,这是人们的眼睛离不开的依靠;浑厚博大呀,圣人的学说,这是人们的思想离不开的依靠。

8.11　或问:"天地简易而圣人法之①,何五经之支离②?"

曰:"支离,盖其所以为简易也③。已简已易④,焉支焉离?"

【注释】

①天地简易:天地简明而易知。《易·系辞上》:"乾以易知,坤以简能。易则易知,简则易从。易知则有亲,易从则有功。有亲则可久,有功则可大。可久则贤人之德,可大则贤人之业。易简而天下之理得矣。"法:效法。

②五经:《易》、《诗》、《书》、《礼》、《春秋》等五部儒家经典。支离:分散破碎。指当时儒家经传的解说繁杂而又零碎。

③盖:大概,或许。表示有肯定倾向的疑问词。其:代词,指五经。所以:缘故,原因。为:成为。

④已:世德堂本皆作"巳",误。

【译文】

有人问:"天地是简明易于了解的,圣人是效法天地的,为什么圣人作的五经那么枝蔓繁多呢?"

扬子回答说:"枝蔓繁多,大概就是五经能够达到简明易于了解的原因吧。既然已经达到简明易于了解,哪里还会枝蔓繁多呢?"

8.12　或曰:"圣人无益于庸也①。"

曰:"世人之益者,仓廪也②,取之如单③。仲尼,神明也④,小以成小⑤,大以成大⑥。虽山川、丘陵、草木、鸟兽,裕如也⑦。如不用也,神明亦末如之何矣⑧。"

【注释】

①圣人:指孔丘。庸:平凡。这里指一般的人。

②仓廪:粮仓。

③如:而。俞樾说:"'如'读为'而',古字通用,故李注曰:'有时而尽。'"(《诸子平议》卷三十五)单:通"殚",竭,尽。

④仲尼,神明也:孔子是神明。5·1条:"天地,神明而不测者也。"这里是把孔丘比于天地,认为他作为圣人,有一种神妙莫测的能力。

⑤小以成小:小者用之以成其小。

⑥大以成大:大者用之以成其大。

⑦裕如:富饶、宽绰的样子。如,在古文中用作形容词或副词词尾时,与"然"同,意为"……的样子"。

⑧末:无。如之何:奈其何。

【译文】

有人说:"圣人对一般人没有什么益处。"

扬子说:"一般人认为的益处,好像粮仓,里面的粮食一下子就取完了。孔子好像神明,渺小的事物凭借他得以渺小,伟大的事物凭借他得以伟大。即使山川、丘陵、草木、鸟兽,都可以从他那里充分受益。但如果你不按照圣人的道理去做,那么神明也没有办法,不能有益于你了。"

8.13　或问:"圣人占天乎①?"

曰:"占天地②。"

"若此,则史也何异③?"

曰:"史以天占人④,圣人以人占天。"

【注释】

①占(zhān)天:占卜天意。占,占卜。古代把看龟兆以预测人事吉凶叫"占"。后来引申为卜筮预测的通称。《说文解字》:"占,视兆问也。从卜从口。"

②占天地:俞樾说:"'地'字疑'也'字之误。下文'史以天占人,圣人以人占天',但言天不言地,可证'地'字之误。"(《诸子平议》卷三十五)俞说比较合理。译文从之。

③史:指太史,古代官名,负责起草文书,记载史实,观测天象,推算历法等。

④以:用。

【译文】

有人问:"圣人占视天象吗?"

扬子回答说:"占视天象。"

"如果这样,那么太史的工作与圣人有什么不同呢?"

扬子回答说:"太史是通过占视天象来预测人事的吉凶,圣人是通过占视人事的盛衰来测知天意。"

8.14　或问:"星有甘、石①,何如?"

曰:"在德不在星②。德隆则晷星③,星隆则晷德也。"

【注释】

①甘:甘德,战国时期齐国人(一说楚国人或鲁国人)。我国古代著名的天文学家、占星家。著有《星占》八卷。石:石申(或作"石申

夫"），战国时期魏国人。我国古代著名的天文学家、占星家。著有《天文》八卷。他们二人的著作皆已失传，但在唐《开元占经》中有大量节录，其中最重要的是他们观测记录的黄道附近的恒星位置，这是我国也是世界上最早的恒星表。现在传世的署名"汉甘公、石申著"的《甘石星经》，乃后人综合多种著作伪托而成，并非甘德和石申的原书。

②在德不在星：人事的吉凶在于道德而不在于星象。当时社会上流行着天人感应的迷信思想，认为星象可以预示人事的吉凶。从这句话看，扬雄不完全同意这种说法。但从下文看，他也没有摆脱天人感应的思想，不过把次序颠倒了一下，认为起主要作用的是人事罢了。

③隆：盛大。晷（guǐ）：测量时间的仪器（圭表）在太阳下的影子叫晷。因为影随形生，所以可引申为影响、反映等义。这句话是说，德与星互相影响。但从上句可知，扬雄认为，德是第一位的，是起主要作用的。不能理解为德与星是不分主次地互相影响。因为那样就和"在德不在星"的观点矛盾了。

【译文】

有人问："关于星象有甘德和石申的著作，怎么样呢？"

扬子回答说："人事的吉凶决定于道德而不决定于星象。道德隆盛就影响星象吉祥，星象吉祥就反映道德隆盛。"

8.15　或问大人①。

曰："无事于小为大人。"

"请问小②？"

曰："事非礼义为小。"

【注释】

①大人：本指在高位的贵族，后来引申为指有道德的人。

②小：小事。《论语·子路》曾记载孔丘弟子樊迟请学稼、学圃。樊
迟出，孔丘说："小人哉，樊须也！上好礼，则民莫敢不敬；上好
义，则民莫敢不服；上好信，则民莫敢不用情。夫如是，则四方之
民襁负其子而至矣。焉用稼。"扬雄这段话可以说就是孔丘这段
话的翻版。

【译文】

有人问什么样的人算是大人。

扬子回答说："不干小事的人就是大人。"

"请问什么是小事？"

扬子回答说："无关于礼义的事就是小事。"

8.16　圣人之言远如天，贤人之言近如地①。

【注释】

①"圣人之言"二句：这里把圣人之言与贤人之言对比来说，但都是
褒义，并无贬义。所谓"远如天"，喻其博大精深。所谓"近如
地"，喻其明白切实。《太平御览》卷四百零一"叙圣"条引此段
"贤人"作"贤者"。

【译文】

圣人的言论博大深远好比天，贤人的言论明白切近好比地。

8.17　珑玲其声者①，其质玉乎②！

【注释】

①珑(lóng)玲：玉声。司马光说："玲玲，宋、吴本作'玲珑'，今从李本。"
汪荣宝改"玲"为"玲"，并说："'玲'，各本作'玲'。《音义》：'珑玲，上
音龙，下音灵。'按：《集注》引宋、吴本作'玲珑'。《说文》无'玲'有
'玲'。玲，玉声也。《汉书》本传：'和氏珑玲。'《太玄·唐》：'亡彼珑
玲。'字皆作'玲'，今据改。"(《法言义疏》卷十一)可供参考。

②质：本质，质地。这句话是谈文与质的关系，也就是说，有其文必有
其质。

【译文】

发出玲珑的声音的东西，其质地就是玉了吧！

8.18　圣人矢口而成言①，肆笔而成书。言可闻而不可
殚，书可观而不可尽②。

【注释】

①矢口：张口。矢，弛，松开。言：与下文的"书"，5·17条："书不
经，非书也；言不经，非言也。"可见这里说的言和书是指儒家经
典的言和书，而不是泛指一般的言和书。

②殚、尽：都是穷尽的意思。

【译文】

圣人一张口说的就是符合规范的话，一下笔写的就是符合规范的
书。圣人的言语可以聆听，但不可能完全领会它的意义；圣人的书可以
阅读，但不可能完全掌握它的内涵。

8.19　周之人多行①，秦之人多病②。行，有之也③；病，
曼之也④。周之士也贵，秦之士也贱。周之士也肆⑤，秦之士

也拘⑥。

【注释】

①周:周朝,约从公元前1066年周武王灭商起,至公元前256年为
　秦所灭,有810年,是中国历史上时间最长的一个朝代。行:
　德行。

②秦:秦本来是东周时期的一个诸侯国。自秦孝公用商鞅变法,国
　势逐渐强盛。秦王嬴政二十六年(前221)兼并诸侯,统一中国,
　建立了秦朝。这是我国历史上第一个中央集权的专制主义封建
　王朝。公元前206年为汉所灭。病:忧患,困辱。从下文说的秦
　之士“贱”和“拘”来看,这个“病”应是指秦人的外部条件,而不是
　其主观行为。所以,汪荣宝引《韩诗外传》“学而不能行之谓之
　病”(《法言义疏》卷十一)来解释,是不符合文义的。

③有之:有所往。之,往。

④曼之:无所往。曼,无。陶鸿庆说:“《音义》云:‘曼,无也。’李注
　云:‘行有之者,周有德也;病曼之者,秦无道也。’是李意亦训
　‘曼’为‘无’。惟五臣注皆未得两‘之’字义,故多曲说难通。
　今案:之,往也,适也。《问神篇》:‘面相之,辞相适。’宋云:‘适,
　往也。’司马云:‘之亦适也。’是也。坦坦然由于大道,所以多行。
　故曰:‘行,有之也。’伥伥然无所适从,所以多病。故曰:‘病,曼
　之也。’”(《读诸子札记》十四)陶读“行”为行走之“行”,是不对
　的。但对“之”的解释是对的。

⑤肆:随意。李轨注说:“肆放任意而道义行。”也就是孔丘说的“从
　心所欲不逾矩”(《论语·为政》)。

⑥拘:拘束。吴秘说:“拘,拘束于法。”司马光说:“动为文网所制。”

【译文】

周朝的人德行高,秦朝的人忧患多。德行高,所以有所适从,随遇

皆安;忧患多,所以无所适从,动辄得咎。周朝的儒士尊贵,秦朝的儒士卑贱。周朝的儒士随心所欲,但却不违礼义;秦朝的儒士畏惧刑法,因而谨慎小心。

8.20 月未望则载魄于西①,既望则终魄于东②,其溯于日乎③!

【注释】

①望:满月。载:与"哉"通,才、始的意思。魄:借为"霸",未满的月光。《说文解字》:"霸,月始生霸然也。承大月二日,承小月三日。从月霎声。《周书》曰:'哉生霸。'"但自刘歆创异说,《尚书》伪孔传继之,以"魄"为月质,即月之无光部分以后,在推断古代纪日上造成了极大的混乱。这个问题可参看王国维《生霸死霸考》(载《观堂集林》卷一)。

②既望:已望之后。据王国维研究,我国古代周族的历法把一个朔望月分为四段,自初一至初七、八谓之初吉,初八、九至十四、五日谓之既生霸,十五、六日至二十二、三日谓之既望,二十三日以后至月底谓之既死霸。这四段时间的第一天也可专名之为初吉、既生霸、既望、既死霸。这里用了既望的名称,但从全文看,实际是指整个下半月。终:结束,消失。汪荣宝说:"《书钞》一百五十引作'月之望则魄落于东'。"(《法言义疏》卷十一)

③溯(sù):迎、向的意思。《说文解字》作"𣹢",说:"𣹢,逆流而上曰𣹢洄。𣹢,向也。水欲下,违之而上也。从水㡿声。溯、𣹢或从辵、朔。"

【译文】

月亮在满月前初生时,是从月亮的西侧开始产生光亮;在达到满月以后,是在月亮的东侧最后消失光亮,大概这是由于月亮迎着太阳反射阳光的缘故吧!

8.21　彤弓卢矢^①,不为有矣^②!

【注释】

①彤(tóng)弓卢矢:实际上指"彤弓彤矢卢弓卢矢",这是为了文字简洁,把"彤矢卢弓"省略了。传说古代天子对有大功的诸侯,赐以彤弓彤矢和卢弓卢矢,使得专征伐。因此后世觊觎帝位的人,常模仿这些故事。据《汉书·王莽传》记载,平帝元始五年(5)赐王莽九锡,其中就有彤弓矢、卢弓矢。这里是以彤弓卢矢代表九锡。彤,赤色。卢,世德堂本作"黸",黑色。

②有:丰,多。这是句赞美王莽的话,意思是说王莽的功劳非常大,赐给九锡也不算多。旧注为了使扬雄免受附莽之讥,把这句话说成是讽刺王莽的,这就和扬雄拥护王莽的基本思想倾向发生了矛盾,所以是不对的。

【译文】

对于特别有功的大臣,赐给古代能够代表天子进行征伐的标志的赤色和黑色弓箭,并不算过分呀!

8.22　聆听前世^①,清视在下^②,鉴莫近于斯矣^③。

【注释】

①聆听:《法言音义》说:"俗本作'聆德',非。"司马光依宋、吴本作"聆德",世德堂本承之。此"听"与下"视"相对为文,不应作"德"。前世:前代。

②清:明。在下:下面的人。

③鉴:镜子。镜子可以照人,明面目衣冠之失,故"鉴"引申有"借
　鉴"、"鉴戒"等义。斯:此。

【译文】

仔细听取前代的经验教训,明白了解下面的情况要求,再也没有比
这更方便切近的借鉴了。

8.23　或问:"何如动而见畏①?"

曰:"畏人。"

"何如动而见侮②?"

曰:"侮人。夫见畏与见侮,无不由己③。"

【注释】

①畏:敬服。

②侮:侮辱。

③无不由己:都在于自己。己,世德堂本作"已",误。

【译文】

有人问:"怎么样会一行动就让别人敬畏?"

扬子回答说:"敬畏别人。"

"怎么样会一行动就被别人侮辱?"

扬子回答说:"侮辱别人。不管是让别人敬畏还是被别人侮辱,没
有不决定于自己的。"

8.24　或问:"礼难以强世①。"

曰:"难,故强世②。如夷俟倨肆③,羁角之哺果而啖
之④,奚其强? 或性或强,及其名一也⑤。"

【注释】

①强:勉强,强迫。

②故:所以。这里作连词,表示因为上面的原因,引起下面的结果。

③夷俟:即箕踞。一说为两腿张开坐在地上,一说为两腿盘曲坐在地上,都取其像簸箕之形,故称之为"箕踞"。古代人是席地而坐,其姿态是膝与小腿着地,以臀部坐在小腿和脚后跟上。跪则抬臀挺腰。箕踞被认为是不礼貌的行为。倨肆:倨傲而放肆。

④羁角:指小孩子。《礼记·内则》:"三月之末,择日剪发为鬌,男角女羁,否则男左女右。"郑注:"鬌,所遗发也。夹囟曰角,午达曰羁也。"这是指古代小孩生下来后第一次理发,男孩子留下脑门囟两旁的头发,叫"角";女孩子在头顶上留下一纵一横的头发,叫"羁"。故扬雄用羁角来代表小孩子。之:前一个"之"作助词,相当于现代汉语中的"的";后一个"之"是代词,指"果"。哺:口中咀嚼食物叫"哺"。果:果实。啖(dàn):吃。汪荣宝将"羁角之"与"哺果而啖之"分开解释作两件事,曰:"羁角之,谓成人而如童子之饰,犹云不冠也。""哺果而啖之,谓若未知粒食之民以果为饵,无饮食之礼也。"(《法言义疏》卷十一)羁角为童子之饰,制不同于成人,但不可谓之无制;哺果也难说就是未知粒食之民。故汪说未妥。

⑤名:成。王念孙说:"李轨曰:'功业既成,其名一也。'念孙案:李以'名'为名誉之'名',非也。名者,成也。言或性或强,及其成则一也。《广韵》引《春秋·说题辞》曰:'名,成也。'《广雅》同。"(《读书杂志》十六《余编》上)

【译文】

有人说:"礼仪难以勉强世人遵守。"

扬子回答说:"正因为遵守礼仪很难,所以要勉强世人遵守它。如果会客时两腿张开骄傲而放肆地坐着,参加宴会像小孩子吃果子一样随便,哪里还用得着勉强呢? 但不管是出于先天的本性,还是出于后天的勉强,等到完全习惯了礼仪以后,是一样的。"

8.25　见弓之张兮^①,弛而不失其良兮!

或曰:"何谓也^②?"

曰:"檠之而已矣^③。"

【注释】

①张:拉紧弓弦叫"张"。下文"弛",放松弓弦叫"弛"。

②何谓也:说的是什么意思。

③檠(qíng):一种防止弓变形的工具。用竹或木制成。放松弓弦时把它绑在里边。世德堂本作"撒"。这句话的言外之意是说,人必须平时有所修养,关键时刻才能有所作为。宋咸说:"言弓之一弛一张而不失其良者,以有檠正之也。人之一动一静而不失其善者,以有礼制之也。"可参考。

【译文】

看到拉紧弓弦的弓是良弓呀,就知道放松了弓弦还是良弓呀!

有人问:"这是为什么呢?"

扬子回答说:"不过是因为放松弓弦时把防止弓变形的工具檠绑在弓里面罢了。"

8.26　川有防^①,器有范^②,见礼教之至也^③。

【注释】

①川:河流。防:堤防。

②器:器具。范:借为"笵",模型。朱骏声《说文通训定声·谦部》

"笵"字下注:"水曰法,木曰模,竹曰笵,土曰型,金曰镕。经传以'范'为之。《刘衡碑》:'师训之范。'以范为之。"

③至:达,当。意谓伟大、正确。

【译文】

河流要有堤防,器具要有模型,由此可以知道礼义教化的伟大正确。

8.27 经营①,然后知榦桢之克立也②。

【注释】

①经营:测量。纵长为经,故测量长度也叫"经";围绕为营,故测量周长也叫"营"。所以用经营来表示测量。

②榦、桢:古代用土筑墙,立于两边约束夹版的长木叫"榦",立于两头的长木叫"桢"。这里用榦、桢表示建筑。克:能。这段话的言外之意是说,必须有礼教作为标准,然后才能治理好国家。旧注释"经营"为建筑,又颠倒了"经营"与"榦桢"的因果关系,把这句话变成了"经营,然后知榦桢之能有所立",就不符合原意了。

【译文】

必须经过测量,然后才能确定可以竖立夹板和柱子进行建筑。

8.28 庄、杨荡而不法①,墨、晏俭而废礼②,申、韩险而无化③,邹衍迂而不信④。

【注释】

①庄:庄周(约前369—前286)。他是宋国蒙人,战国时期道家的著名代表人物。现存的《庄子》(又称《南华经》)三十三篇,是由后

人编纂的一部先秦道家思想的总集,分内篇、外篇、杂篇三个部分。一般认为,内篇七篇为庄周自著,其他各篇则是其后学所述。杨:原作"扬"。据五臣注本改。杨指杨朱,或称杨子、阳生、阳子居等。战国初期卫国人,著名的思想家。他主张"为我"、"贵己"、"全性葆真",其事迹和思想散见于《孟子・滕文公下》、《孟子・尽心上》、《吕氏春秋・不二》、《淮南子・泛论训》等书。荡而不法:放荡而不遵守礼法。《晋书・王湛传》载王坦之《废庄论》引此句作"庄周放荡而不法"。荡,放荡。法,法度。

② 墨:墨翟(约前480—前420),春秋战国之际鲁国人(一说宋国人,曾做过宋国大夫),著名的思想家,墨家学派的创始人。他主张兼爱、非攻、尚贤、薄葬。晏:晏婴,字仲,谥平,史称晏平仲。夷维人,春秋末期齐国的大夫。今传《晏子春秋》一书,乃后人搜集有关他的记载和传说,加以润色编排而成。其事迹可看《史记・管晏列传》。俭而废礼:过分节俭因而废弃了礼教。

③ 申:申不害(约前385—前337)。他是战国时期法家代表人物之一。韩:韩非(约前280—前233)。他是战国末年著名的思想家,法家思想的集大成者。本为韩国之公子,入秦后被杀。传世的著作有《韩非子》一书。申、韩二人的事迹见《史记・老子韩非列传》。险而无化:险恶苛刻而缺乏教化。刘师培说:"'险'当作'检'。古'检'、'险'二字均与'佥'同,故可通用。《仓颉篇》云:'检,法度也。'《荀子・儒效篇》云:'礼者,人主之所以为群臣寸尺寻丈检式也。'注云:'检,束也。'《后汉书・仲长统传》:'是妇女之检柙。'注云:'规矩也。'又《周黄徐姜申屠传》:'执法以检下。'注云:'犹察也。''检而无化者',言其以法制束民而不知以德化之也。即重法律而轻道德之义。《史记・自序》:'名家俭而难遵。''俭'亦'检'字。盖苛察缴绕乃名法二家所同也。"(《法言补释》)也通。

④邹衍(约前 305—前 240)：或作"驺衍"、"鄹衍"。战国时期齐国
　人，阴阳五行家的代表人物。著作已佚。其事迹见《史记·孟子
　荀卿列传》。迂而不信：诡怪夸诞而不实在。迂，夸诞不正。信，
　诚实不欺。

【译文】

　　庄周、杨朱的学说放荡而不遵守法度；墨翟、晏婴的学说节俭而不
讲究礼仪；申不害、韩非的学说苛刻而否定教化；邹衍的学说怪诞而没
有根据。

　　8.29　圣人之材，天地也；次，山陵川泉也；次，鸟兽草
木也①。

【注释】

①"圣人之材"六句：材，资质，才干。这是说，世界上没有什么东西
　不受圣人的润泽，和 8·12 条"小以成小，大以成大，虽山川、丘
　陵、草木、鸟兽，裕如也"意思相同。旧注认为此段是说明三种不
　同人的材质，也通。但文句本身这种意思并不明确。如果和 8·
　12 条联系起来看，还是前一种解释较为合适。

【译文】

　　圣人的才能材质，大可与天地相比配；其次，可以使山陵河流相比；
再次可以使鸟兽草木各得其宜。

先知卷第九

【题解】

本卷主要讲儒家治理国家的原则和方法,值得注意的有强调中和、仁义教化与纲纪法令并重、圣人之法并不是僵化不变的等思想。

"中",本义为古代氏族社会的徽帜。遇有大事先于旷野立"中",群众则从四方来聚。引申为中心、内里、正当等义。"中"字在商周古文献中已常见。孔丘在《论语》中则明确地赋予"中"以政治和伦理意义。如在《尧曰》中借尧之口命舜治理天下要"允执其中"。在《子路》中则说:"不得中行而与之,必也狂狷乎"。把"中"看作治理国家和个人修养的最高准则。但对"中"的内涵却未作过明确的解说。只在子贡问"师与商也孰贤"时,批评"师也过,商也不及",然后说:"过犹不及。"(《先进》)因此引起后人的很多解释。

扬雄在本卷中赋予"中"的内涵即是"过犹不及"。所以一则说"龙之潜亢,不获其中矣。是以过中则惕,不及中则跃,其近于中乎"。二则说"圣人之道,譬犹日之中矣。不及则未,过则昃"。并且把"中"与"正"相等同:"什一,天下之正也。多则桀,寡则貉。"

"和",古文作"咊",意为声音相应,附和。在这个意义上,"和"读去声 hè。我们现在说的"和诗",仍然保留了这个意义和读音。但古籍多借"和"为"龢",义为协调、和谐,因此又意味着刚柔适中、恰到好处。这个意义后来成了"和"字最常用的意义。如《论语·学而》:"有子曰:礼之用,和为贵。"杨树达疏证:"和,今言适合、恰当、恰到好处。"

扬雄就是在这个意义上使用"和"的。所以说:"甄陶天下者,其在和乎! 刚则甄,柔则坏。"就是说治理国家要宽严适当,不能太严厉,也不能太软弱。太严厉了或太软弱了都治理不好国家。

扬雄还认为圣人之法并非是不管国家的盛衰而僵化不变的。如果僵化地以古圣人之法治理后世,就像"胶柱而调瑟",是治理不好的。他用尧舜禹是禅让天下,夏商周则把天下传给儿子;尧舜时只用象征性的刑罚,夏禹时用的肉刑就有三千种;唐尧同各族相亲相爱和平相处,汤武则用武力征服四方等事例,来说明圣人治理天下从来都不是固守旧法,而是随世道的变化而有所变化。

9.1　先知其几于神乎^①!

"敢问先知?"

曰:"不知。知其道者其如视^②,忽、眇、绵^③,作昞^④。"

【注释】

①先知:预先知道,即预知未来。其:恐怕,大概。几(jī):差不多,接近。

②其:第一个"其"是代词,指"先知"。第二个"其"是副词,当庶几、大概讲。

③忽、眇(miǎo)、绵:分而析之,"忽"为恍惚,"眇"为眇小,"绵"为绵薄;总而言之,则皆细小、微弱、若有若无之意。王念孙说:"忽、眇、绵,皆微也。……《汉书·律历志》:'无有忽微。'孟康曰:'忽微,若有若无,细于发者也。'《大戴礼·文王官人篇》曰:'微忽之言,久而可复。'是'忽'为'微'也。《方言》曰:'眇,小也。'《顾命》曰:'眇眇予末小子。'是'眇'为'微'也。《说文》曰:'绵,联微

也。'《广雅》曰:'绵,小也。'《大雅·绵篇》:'绵绵瓜瓞。'郑笺曰:
'绵绵然若将无长大时。'司马相如《上林赋》曰:'微睇绵藐。'是
'绵'为'微'也。《广雅》曰:'緫、紗、纱,微也。'曹宪:'緫音忽,紗
音眇,纱音蔑。'《集韵》:'纱又音绵。'緫、紗、纱与忽、眇、绵同义。"
(《读书杂志》十六《余编》上)

④作:为,成。晽:司马光说:"宋、吴本'晽'作'炳',今从李本。"
"晽"、"炳"二字通用,都是光明、显著之意。

【译文】

能够预知未来大概就近乎神了!

"请问怎样可以预知未来?"

扬子回答说:"不知道。对于懂得预知未来的规律的人,预知未来
就像看东西一样,即使非常细微幽暗的东西,也会显得很显著明亮。"

9.2　先甲一日易,后甲一日难①。

【注释】

①"先甲"二句:甲,指发布政令之日。汪荣宝说:"《易·蛊》孔疏引
郑注云:'甲者,造作新令之日。'按:古者国家发布政令,四时各
有定日。当春发政,必以甲乙。春者,岁始。甲日之政为一岁之
政之首。言甲足以统其他发政之日,故云'甲者造作新令之日'
也。政令当慎思于未发之前,不得辄改于已发之后。'先甲一日
易'者,先时图惟,则其成功也易。'后甲一日难'者,事后补救,
则其致力也难。云一日者,从其至迫之期言之也。"(《法言义疏》
卷十二)按:《管子·四时》说:"春三月以甲乙之日发五政","夏
三月以丙丁之日发五政","秋三月以庚辛之日发五政","冬三月
以壬癸之日发五政"。盖即汪氏解释"甲者造作新令之日"所本。
但他对整段话的解释,离原文本意太远了。还不如吴秘说的,

"今夫先见者,察民未犯之前,先一日申其令,则其为治易也;如
当已犯之后,后一日申其令,则其为治难也",比较符合原意。

【译文】

国家的政令,若在需要之前发布,就容易实行;若在需要之后发布,
就难以实行。

9.3　或问:"何以治国?"

曰:"立政①。"

曰:"何以立政?"

曰:"政之本②,身也③。身立则政立矣。"

【注释】

①立政:实行好的政治。

②本:根本。

③身:指皇帝。

【译文】

有人问:"怎样治理国家?"

扬子回答说:"建设好的政治。"

有人问:"怎样建设好的政治?"

扬子回答说:"政治的根本在于皇帝自身。如果皇帝能修养好自
己,好的政治就会建设起来。"

9.4　或问:"为政有几①?"

曰:"思、勩②。"

或问思、勩。

曰:"昔在周公③,征于东方,四国是王④;召伯述职⑤,蔽

芾甘棠⑥。其思矣夫⑦！齐桓欲径陈⑧，陈不果内⑨，执辕涛
涂⑩。其斁矣夫⑪！於戏⑫！从政者审其思、斁而已矣！"

或问："何思？何斁？"

曰："老人老⑬，孤人孤⑭，病者养⑮，死者葬⑯，男子亩⑰，
妇人桑⑱，之谓思⑲。若污人老⑳，屈人孤㉑，病者独㉒，死者
逋㉓，田亩荒㉔，杼轴空㉕，之谓斁㉖。"

【注释】

①为：从事。几：通"机"，机要，枢纽。

②思：怀念。斁(yì)：厌恶。

③周公：姓姬名旦，周文王之子，周武王之弟，因其采邑在周(今陕
西岐山北)，故称"周公"。他是周朝初年著名的政治家，儒家心
目中的圣人。

④四国：指周朝初年起来反抗中央政权的管、蔡、商、奄四国，用以
代表当时的全部反周势力。王：匡正的意思。《诗·豳风·破
斧》作"皇"。周武王灭商后，封纣的儿子武庚为诸侯，仍留商都。
又把商地分为三部分，封弟管叔、蔡叔、霍叔各据一部，监视武
庚。武王死后，成王年幼，由周公摄政。周王室内部发生矛盾。
武庚乘机串通三叔，联合奄等附近一些小诸侯国，起兵反周。周
公率兵东征，用了三年时间，才将这次叛乱平息，巩固了周王朝
的统治。这里说的就是这件事。

⑤召伯：姓姬，名奭，周之同姓贵族。因食邑在召，故称"召公"。周
武王灭商，封召公于北燕，为周代诸侯国燕国的始祖。成王时为
三公，与周公以陕为界，分而治之，为二伯，故又称"召伯"。述
职：履行其职务。这里指外出巡行视察。述，遵循。

⑥蔽芾(fèi)甘棠：《诗·召南·甘棠》中的句子。蔽芾，毛传：蔽芾，

小貌。"蔽"通"茀","茀苃"为双声形容词。甘棠，又叫"棠梨"、"杜梨"、"白棠"等，双子叶植物纲蔷薇目蔷薇科落叶乔木。据说周成王时，召公与周公分陕而治，召公巡行西方，不入民邑，在棠树下处理政事，甚得百姓拥护。召公死后，百姓不忍伐其树，而且作此诗怀念他。

⑦其：恐怕，大概。矣夫：句末感叹词。

⑧齐桓：即齐桓公。姓姜，名小白，春秋时期诸侯国齐的国君，公元前685—前643年在位。世德堂本"齐桓"下有"公'字。径：小路。引申为行走、经过。陈：周代诸侯国之一。开国君主胡公，名满，姓妫氏，传说是帝舜的后代。周武王灭商后封妫满于陈。其地在今河南东部与安徽交界处。公元前479年为楚所灭。

⑨果：能。内（nà）：同"纳"，接受。

⑩执：逮捕。辕涛涂：陈国大夫。五臣注本作"袁涛涂"。公元前656年，齐桓公伐楚，回师时欲假道陈国，陈大夫辕涛涂借故拒绝，齐桓公就逮捕了辕涛涂。其事见《左传》及《公羊传》。但两书记载的情节有所不同。古人有"周公东征则西国怨，西征则东国怨"的说法，这里是拿齐桓公与周公对比，以证明齐桓公是不受人欢迎的。

⑪戁：厌恶。

⑫於（wū）戏：呜呼。五臣注本作"呜呼"。

⑬老人老：第一个"老"作动词，第二个"老"是名词。意思是，以老人应得的待遇对待一切老人。

⑭孤人孤：以孤儿应得的待遇对待一切孤儿。句法同上。孤，幼而无父曰孤。

⑮病者养：使病人得到疗养。

⑯死者葬：使死者得到安葬。

⑰男子亩：使男子能安心耕作。

⑱妇人桑:使女子能安心纺织。

⑲之谓思:这就叫"思"。意思是说,这样就能得到百姓的怀念。

⑳污:李轨注:"污,慢。"即怠慢。刘师培说:"《左传·昭元年》:'处不辟污。'注云:'劳也。'《诗·周南》:'薄污我私。'传云:'烦也。''污人老'者,言不知古人安老之义,以劳苦之事役之也。《孟子》云:'颁白者不负戴于道路。'是古代之老,休而不劳。今反其道,故扬子以为讥。"(《法言补释》)李、刘二说皆可通。刘说似较有据,然李义较宽,似更符合文义。

㉑屈人孤:使孤儿得不到教养。屈,委屈。李轨注:"屈,穷。"

㉒病者独:病者无人照顾。

㉓逋:借为"膊",暴露。俞樾说:"既死矣,又何逋之有? 秘曰:'见死者逋逃而不葬。'光曰:'逃弃不葬。'皆就生者言,亦曲为之说耳。'逋'乃'膊'之假字。膊从尃声,尃从甫声,逋亦从甫声,故得通用。《说文·肉部》:'膊,薄膊,膊之屋上也。'《方言》:'膊,暴也。燕之外郊、朝鲜洌水之间,凡暴肉、发人之私、披牛羊之五藏谓之膊。'然则'死者膊'犹言暴露也。正与上文'死者葬'相对。"(《诸子平议》卷三十五)

㉔田亩荒:劳役繁重,男子不得耕作,田地荒芜。

㉕杼轴空:织布机上空空的。表示赋敛过度,老百姓已被搜刮的一无所有。杼、轴,二者都是织布机上的部件。杼即梭子;轴即筘,为控制经线的机构。"轴"或作"柚"(zhú)。

㉖之谓戁:这就叫"戁"。意思是说,这样就会使百姓厌恶。

【译文】

有人问:"治理国家有没有要抓住的关键?"

扬子回答说:"治理国家要抓住的关键是使百姓怀念,不使百姓厌恶。"

有人问使百姓怀念是怎么回事,使百姓厌恶是怎么回事。

　　扬子回答说："从前,周公率兵征伐东方,平息了管、蔡、商、奄四国的叛乱;召伯外出视察,为了不打扰老百姓而在矮小的甘棠树下处理政事。就使百姓怀念呀!齐桓公攻打楚国,回兵时向陈国借道,由于大夫辕涛涂的反对,陈国没有同意,齐桓公就把辕涛涂抓了起来。就使百姓厌恶呀!唉!掌权者关键是要考究明白什么事使百姓怀念,什么事使百姓厌恶罢了!"

　　那人问:"怎样做会使百姓怀念?怎样做会使百姓厌恶?"

　　扬子回答说:"使所有的老人都得到赡养,使所有的孤儿都得到抚育,使病人能得到疗养,使死者能得到安葬,使男子能安定地从事耕作,使妇女能安定地从事女工,这样就会使百姓怀念。若使老人得不到赡养,使孤儿得不到抚育,使病人没有人照顾,使死者暴尸于田野,劳役繁重使田园一片荒芜,赋敛过度使百姓一无所有,这样就会使百姓厌恶。"

　　9.5　为政日新①。

　　或人:"敢问日新②?"

　　曰:"使之利其仁,乐其义③,厉之以名④,引之以美⑤,使之陶陶然⑥,之谓日新⑦。"

【注释】

①为政:从政,治理国家。日新:永不懈怠、日有所进的意思。《易·大畜》象辞:"大畜刚健笃实辉光日新其德。"又《礼记·大学》:"汤之盘铭曰:'苟日新,日日新,又日新。'"

②敢问日新:请问什么是"日新"?

③利其仁,乐其义:使其以仁为利,使其以义为乐。

④厉之以名:用名誉加以勉励。厉,勉励。名,称誉。

⑤引之以美:用赞扬进行引道。引,引道。美,赞扬。

⑥陶陶然：快乐的样子。《法言音义》说："'乐其'，音'洛'，下'乐陶'同。"据此，《法言音义》所据本"陶陶然"上当有"乐"字。

⑦之谓日新：这就叫"日新"，这样就是做到了"日新"。

【译文】

治理国家要天天有新气象。

有人说："请问怎样做才能天天有新气象？"

扬子回答说："使人们把自己的仁惠当作受益，把自己的义举当作快乐，并用称誉来勉励人们，用赞扬来引导人们，使人们能高高兴兴地做到这些，就能天天有新气象。"

9.6　或问民所勤①。

曰："民有三勤。"

曰："何哉，所谓三勤②？"

曰："政善而吏恶，一勤也；吏善而政恶，二勤也；政吏骈恶③，三勤也。禽兽食人之食④，土木衣人之帛⑤，谷人不足于昼⑥，丝人不足于夜⑦，之谓恶政⑧。"

【注释】

①勤：劳苦，忧愁。

②何哉，所谓三勤：这句话是问，你所说的三种忧苦指什么呀？

③骈（pián）恶：都坏。骈，并，皆。

④"禽兽"句：食，第一个"食"作动词，当吃讲；第二个"食"是名词，当食物讲。

⑤土木：指各种建筑。衣：这里作动词，当穿讲。

⑥谷人：种田的人。

⑦丝人：纺织的人。

⑧之谓恶政：这就叫"恶政"。《太平御览》卷八百十八"帛"条引此
　　句作"此谓恶政也"。

【译文】

有人问百姓所忧虑的是什么。

扬子回答说："百姓有三种忧虑。"

问："你所说的三种忧虑是什么呀？"

扬子回答说："法度良好但官吏恶劣，是第一种忧虑；官吏良好但法
度恶劣，是第二种忧虑；法度和官吏都恶劣，是第三种忧虑。如果当权者
豢养许多珍禽异兽，使百姓穷得没有粮食吃；大肆装修亭台楼阁，使百姓
穷得没有衣服穿，种田的人夜以继日地劳动，还满足不了当权者的嗜欲，
纺织的人夜以继日地劳动还满足不了当权者的奢侈，这就叫恶政。"

9.7　圣人文质者也①：车服以彰之②，藻色以明之③，声
音以扬之④，诗书以光之⑤。笾豆不陈⑥，玉帛不分⑦，琴瑟不
铿⑧，钟鼓不拡⑨，则吾无以见圣人矣⑩。

【注释】

①文质：文饰质地，给质地以文饰。这一段是讲圣人所制定的各种
　　礼乐制度的作用和必要性。文，文饰。这里作动词用。质，
　　质地。

②彰：明辨。

③藻色：文采、颜色。

④声音：音乐。扬：称扬。

⑤光：光照。

⑥笾(biān)、豆：古代祭祀时盛祭品的器皿。竹制的叫"笾"，木制有
　　盖子的叫"豆"。

⑦玉、帛：古代用作祭品或礼品，对不同的人要用不同成色的玉

和帛。

⑧铿(kēng)：象声词，这里用来表示演奏琴瑟。

⑨抎(yǔn)：敲击的意思。五臣注本作"耺"。司马光说："李本、吴本'耺'皆作'耺'，于粉切。《说文》云：'耺，有所失也。'《音义》曰：'天复本作"耺"，音云，耳中声也。'今从之。"《后汉书·舆服志下》"公侯卿大夫之服用九章以下"句下注引此句也作"耺"。汪荣宝说："《子华子·虎会》云：'钟鼓枳圉，日以抎考，而和声不闻。'＇抎考'连文，义当相近。正合《法言》此文语意。"（《法言义疏》卷十二）司马说难通，汪说是对的。《诗·唐风·山有枢》："子有钟鼓，弗鼓弗考。"毛传："考，击也。"（或作"考亦击也"。）正是敲击之意。

⑩则吾：五臣注本作"吾则"。以：缘由，办法。又《后汉书·舆服志下》"公侯卿大夫之服用九章以下"句下注引此句作"吾无以见乎圣也"。

【译文】

圣人制定各种制度是为了表现各种事物本质：用不同的车马服装标示人的贵贱，用不同的文采颜色表明人的身份，用不同的音乐给以相应的称扬，用不同的诗文给以合适的赞美。如果祭祀时不用笾豆陈列祭品，对所用的玉帛不区分等级，也不弹琴瑟，不敲钟鼓来演奏音乐，那么我就没有办法知道圣人的主张是什么样子了。

9.8　或曰："以往圣人之法治将来，譬犹胶柱而调瑟①，有诸？"

曰："有之。"

曰："圣君少而庸君多，如独守仲尼之道，是漆也②？"

曰："圣人之法，未尝不关盛衰焉③。昔者尧有天下，举大纲④，命舜、禹；夏、殷、周属其子⑤，不胶者卓矣⑥。唐、虞象刑惟明⑦，夏后肉辟三千⑧，不胶者卓矣。尧亲九族，协和万国⑨；汤、武桓桓⑩，征伐四克⑪。由是言之，不胶者卓矣。礼乐征伐，自天子所出⑫，春秋之时⑬，齐、晋实与⑭，不胶者卓矣。"

【注释】

①胶柱而调瑟：把柱黏住再来调节瑟弦的音调，比喻不可能。胶，用动物的皮角或树脂熬成的黏性物质。因为可以用来黏东西，故引申为黏。柱，这里指琴瑟等弦乐器上用来调弦的短木。调，调节。

②漆：漆树的汁液，有黏性而可作涂料，所以又为各种黏液状涂料的统称。因为漆液为黑色，所以漆又意谓黑。也：通"邪"。

③未尝：从来没有。关：关联，关系。

④大纲：纲是网上的总绳。这里用来比喻国家政权。

⑤夏：夏朝，约为公元前2140—前1711年。殷：即商朝，约从公元前1711—前1066年。商朝在盘庚时迁都到殷（今河南安阳），故又称为"殷"。周：周朝，约从公元前1066年周武王灭商起，至公元前256年为秦所灭，有810年，是中国历史上时间最长的一个朝代。属(zhǔ)：交给，给与。《国语·越语下》："请委管籥属国家。"韦昭注："属，付也。"又《说文解字》："付，与也。从寸，持物对人。"

⑥不胶：不黏，即不固守一端。卓：读为"焯"。《说文》："焯，明也。"即分明、清楚的意思。

⑦唐：尧号陶唐氏，简称"唐"。虞，舜号有虞氏，简称"虞"。象刑惟明：用象征性的刑罚来彰明法度。传说古代只用象刑，后代才用肉刑。如《书·益稷》："皋陶方祇厥叙，方施象刑惟明。"《尚书大传·唐传》："唐虞象征而民不敢犯，苗民用刑而民兴相渐。"唐虞之象刑，上刑赭衣不纯，中刑杂屦，下刑墨幪。以居州里而民耻之。"又云："唐虞象刑：犯墨者蒙皂巾，犯劓者赭其衣，犯膑者以

墨幪其臏处而画之,犯大辟者布衣无领。"象,象征。刑,刑罚。
明,彰明。

⑧夏后:夏王,指夏禹。肉辟(bì):肉刑。三千:形容刑罚之多。
《书·吕刑》里有各种刑罚的具体数字,其实是后代的想象,并不
可信。关于禹行肉刑的记载,如《汉书·刑法志》:"禹承尧舜之
后,自以德衰而制肉刑,汤武顺而行之者,以俗薄于唐虞故也。"
所谓"象刑惟明"反映了原始社会时没有阶级和国家,也没有刑
罚,靠习惯和社会舆论调节社会关系的情况;所谓"夏后肉辟三
千"则反映了阶级社会中,由于尖锐的阶级对抗而产生了国家和
刑法的情况。古人不了解历史的发展,认为原始社会已有刑法,
只是象征性地使用,是不对的。

⑨亲九族,协和万国:亲九族,亲各族。"九"是形容其多。所谓"九
族",实际是指同一部落内的各个氏族。"百姓"指同一部落联盟
内的各个部落。"万邦"则指周围的其他部落联盟。后人考证九
族包括什么父族几、母族几、妻族几,都是因为不了解原始社会
的实际情况,用后代的情况去臆测古代所致。"万"也是形容其
多。《书·尧典》说尧"克明俊德,以亲九族;九族既睦,平章百
姓;百姓昭明,协和万邦"。即此文所本。

⑩汤、武:商汤、周武王。商汤姓子名履,又称"天乙",或作"大乙"。
死后被谥为成汤。他是夏朝末年诸侯国商的首领,后灭夏而建
立了商王朝。周武王又灭商而建立了周王朝。桓桓:威武的
样子。

⑪征伐四克:征服四方。指汤、武以武力推翻桀、纣,征服其他小
邦,建立了商朝和周朝。克,服。

⑫"礼乐征伐"二句:语本《论语·季氏》:"孔子曰:'天下有道,则礼
乐征伐自天子出;天下无道,则礼乐征伐自诸侯出。'"汪荣宝说:
"此文当云'自天子所',无'出'字。'尧亲九族'四句,句皆四言,

国、克为韵。此文'礼乐征伐'四句,亦句皆四言,所、予为韵。'自天子所',语本《诗·出车》。浅学人习知《论语》'自天子出'之文,遂于'所'下妄增'出'字。既失句例,又失其韵。不知二语虽用《论语》之文,而变'出'为'所',所以协韵。古人多有此法。"(《法言义疏》卷十二)

⑬春秋:本为古代各诸侯国编年史的通称。今传《春秋》据说是孔丘根据鲁国的史书加以增删而成。因其记事上起鲁隐公元年(前722),下至鲁哀公十四年(前481),后人遂将这一段时间称为春秋时期。我们现在说的春秋时期,因为要和中国古代史分期统一起来,所以一般以公元前770年周平王东迁为起点,终点则据《史记·十二诸侯年表》,定在公元前477年,即周敬王四十三年。

⑭齐:周代诸侯国之一。武王灭商,封吕尚于齐,领有今山东北部及东部地区。齐桓公(前685—前643年在位)时成为诸侯霸主。公元前379年为田氏所代。晋:周代诸侯国之一。周成王封弟叔虞于唐,领有今山西南部地区。叔虞子燮文改国号为晋。晋文公(前636—前628年在位)时成为诸侯霸主。公元前376年为韩、赵、魏所灭。与:赐,给。汪荣宝认为"与"通"予","实与"即《春秋公羊传》所谓"实与而文不与"(《法言义疏》卷十二)。如汪说,则"予"为称许、赞成之义。"不胶者卓矣"也就不是指齐、晋,而是指孔丘了。这种说法虽然似乎有文献根据,但本句并无一言提及孔丘,和前三句联系起来看,行为主体只能是天子和齐、晋,按照汪氏的说法,就无法和前三句协调,所以不可取。

【译文】

有人问:"用古代圣人的办法治理后代,就好像用胶把系弦的木柱黏死再来调节琴瑟的音调,是这样吗?"

扬子回答说:"是这样。"

那人说:"贤明的君主少而平庸的君主多,如果死抱着孔子的教条不放,就好像在漆黑的夜里盲目摸索,是不可能治理好国家的。"

扬子回答说:"圣人的办法,从来不是不管世道的盛衰而僵化不变的。从前,唐尧为天子,把统治天下的大权传给了虞舜,虞舜又传给了夏禹;夏朝、商朝、周朝则把统治天下的大权传给了他们的儿子,没有固守旧的办法是很清楚的呀! 唐尧、虞舜时代只用象征性的刑罚来显示犯人的罪恶,夏禹时代实行的肉刑就有三千种,没有固守旧的办法是很清楚的呀! 唐尧同各族相亲相爱,同各国和平相处;商汤王、周武王则用强大的武力征服四方。由这些情况可以说明,没有固守旧的办法是很清楚的呀! 各种礼乐制度和征伐命令,本来由天子来发布和实行,但春秋时期实际上是由齐、晋等诸侯霸主来发布和实行了,没有固守旧的办法是很清楚的呀!"

9.9　或曰:"人君不可不学律令①。"

曰:"君子为国:张其纲纪②,谨其教化③。道之以仁④,则下不相贼⑤;莅之以廉⑥,则下不相盗;临之以正⑦,则下不相诈;修之以礼义⑧,则下多德让。此君子所当学也。如有犯法,则司狱在⑨。"

【注释】

①人君:国家的君主。律令:法律、法令。

②纲纪:"纲"是提网的总绳,"纪"是系丝的细绳,"纲纪"以喻事物的关键和条理。这里指封建的政治制度。

③谨:慎重。原作"议"。五臣注本作"谨",《法言义疏》因之,因据改。教化:教育感化。这里指封建的意识形态。

④道之以仁：用仁引导。道，引导。以，用。

⑤相：互相。贼：残害。

⑥莅(lì)之以廉：用廉洁对待。莅，临，到，引申为治理、对待。

⑦临之以正：用正道治理。临，面临，指当政。正，正道。

⑧修：教道。刘师培说："'修'当作'循'，'循'与'顺'同。《说文》：'循，顺行也。'《淮南·本经训》：'五星循轨。'高注：'顺也。'循之以礼义'，犹言顺之以礼义也。古籍循、修互讹，说别见。"(《扬子法言校补》)此可备一说。

⑨司狱：主管行使法律的官吏。司，管理。狱，指诉讼审判监管等关于司法方面的各项事务。

【译文】

有人说："君主不可以不学习法律条令。"

扬子回答说："君子治理国家，要树立制度准则，重视教育感化。用仁爱来引导百姓，百姓就不会互相残害；用廉洁来感召百姓，百姓就不会互相掠夺；用正道来治理百姓，百姓就不会互相欺诈；用礼义来教化百姓，百姓就会崇尚道德和谦让。这些才是君子所应当学习的。如果有人犯法，则有专门行使法律的官吏负责，何必君主亲自过问呢？"

9.10　或苦乱。

曰："纲纪。"

曰："恶在于纲纪^①?"

曰："大作纲^②，小作纪。如纲不纲，纪不纪，虽有罗网^③，恶得一目而正诸^④?"

【注释】

①恶(wū)在于纲纪：为什么在于抓住纲纪？恶，何。

②作:用。《左传》成公八年引《诗》"恺悌君子,遐不作人",杜注:
"作,用也。"

③罗:捕鸟的网。

④目:罗网上的眼。正:方。这里指张开网眼。此以纲纪喻封建法
制,以罗网喻封建政权机构。纲纪不理则罗网不张,罗网不张则
难以为用。意谓如果不实行封建法制,封建政权机构就发挥不
了作用。

【译文】

有人忧虑治理不好国家。

扬子回答说:"治理国家要抓住纲常原则和法令制度。"

那人问:"为什么治理国家要抓住纲常原则和法令制度?"

扬子回答说:"治理国家,大事要根据纲常原则,小事要根据法令制
度。如果该用纲常原则的时候不用纲常原则,该用法令制度的时候不
用法令制度,是不可能治理好国家的,这就好像捕鱼和打猎,即使有罗
网,如果不抓住拉网的大绳和小绳,又怎么能使哪怕一个网眼张开呢?
又怎么能捕到鱼虾和禽兽呢?"

9.11 或曰:"齐得夷吾而霸①,仲尼曰小器②。请问
大器③?"

曰:"大器其犹规矩准绳乎④!先自治而后治人⑤,之谓
大器。"

【注释】

①齐:周代诸侯国之一。武王灭商,封吕尚于齐,领有今山东北部
及东部地区。夷吾:管仲,名夷吾,春秋时期的政治家,曾任齐桓
公相。他改革内政,使齐国强大起来,又以"尊王攘夷"为号召,

使齐桓公成为春秋时期第一个诸侯霸主。今传《管子》，并非管
仲所著，而是后人搜集编辑的古代文献，托名于他。其事迹见
《史记·管晏列传》。

②器：器皿，用来比喻人的才德、度量等。从上文"齐得夷吾而霸"
来看，这里应当是指才德。孔丘认为管仲器小的事，见《论语·
八佾》："子曰：'管仲之器小哉。'"

③请问大器：请问什么是大器。

④其：恐怕，大概。犹：好像。规：圆规。矩：方尺。准：水平仪。
绳：划直线的工具。

⑤先自治而后治人：因为规矩准绳都要先本身准确了，才能用来测
量，并纠正其他东西的偏颇，故云。

【译文】

有人说："齐国因为得到管仲而成为诸侯的霸主，孔子却说管仲是
小器。请问什么样的人才是大器？"

扬子回答说："大器大概就像规矩准绳一样吧！先把自己管治好再
去管治别人的人，就叫大器。"

9.12　或曰："正国何先①？"

曰："躬工人绩②。"

【注释】

①正国：治理好国家。何先：什么是首要的。

②躬：身，即自己。这是与"人"，即别人相对而言。工：巧，善。绩：
继，续。刘师培说："李注云：'躬，身也。工，官也。言先正身以
临百官，次乃览察其人，考其勋绩也。'案：李说非是。《说文》云：
'工，巧饰也，象人有规矩也。'是人有规矩亦谓之'工'。'躬工'，
犹言身正，谓己身能循规应矩也。'绩'字《尔雅》训为'继'。而

《左传·昭元年》:'远绩禹功。'注亦训'绩'为'续'。'躬工人绩',犹言己身既正,则人循之耳。"(《法言补释》)

【译文】

有人问:"治理国家什么是最首要的?"

扬子回答说:"必须自己做得好,别人才会跟着做。这就是治理国家最首要的。"

9.13　或曰:"为政先杀后教①?"

曰:"於乎②! 天先秋而后春乎? 将先春而后秋乎③?"

【注释】

①为政:执政,从事政治,治理国家。先杀后教:重刑罚而轻教化。《太平御览》卷十九"春"条引此句作"为政先杀后教欤"? 杀,刑杀。教,教化。

②於乎:即呜呼。五臣注本作"呜呼"。

③将:抑,或,选择连词。按,很多生物在一年四季中有春生夏长秋收冬藏的现象。汉代以董仲舒为代表的神学唯心主义的天人感应论,就把这种现象说成是天的意志的表现。如《春秋繁露·阴阳终始》说:"天亦有喜怒之气,哀乐之心,与人相副。以类合之,天人一也。春,喜气也,故生;秋,怒气也,故杀;夏,乐气也,故养;冬,哀气也,故藏。四者天人同有之。有其理而一用之,与天同者,大治;与天异者,大乱。"扬雄就是继承这种说法,用来为他的要重教化的政治主张作论证。

【译文】

有人问:"治理国家要先用刑罚后用教化吗?"

扬子回答说:"唉! 天是先有秋天后有春天呢? 还是先有春天后有秋天呢?"

9.14　吾见玄驹之步①**，雉之晨雊也**②**。化其可以已矣哉**③**！**

【注释】

①玄驹：或称"蚍蜉"，属膜翅目蚁科的昆虫，俗名蚂蚁。步：行。中国古代把冬季过后蚂蚁出巢活动作为自然界季节和气候变化的一种象征。如《大戴礼记·夏小正》："十有二月，……玄驹贲。玄驹也者，蝼也。贲者，何也？走于地中也。"《太平御览》卷九百四十七"蚁"条引郭璞《蚍蜉赋》："感萌阳以潜步，知将雨而封穴。"又引郭璞《蚍蜉赞》："蚍蜉琐劣，虫之不才，感阳而出，应雨讲台。"《文心雕龙·物色》也说："盖阳气萌而玄驹步，阴律凝而丹鸟羞。微虫犹或入感，四时之动物深矣。"

②雉之晨雊（gòu）：汪荣宝说："'晨'当为'震'。'晨'篆作'晨'。'震'之坏体似'晨'。传写者又因《诗·匏叶》有'雉之朝雊'语，遂改为'晨'矣。《夏小正》：'正月，雉震呴。'传云：'呴也者，鸣也。震也者，鼓其翼也。……然则鼓翼而鸣谓之震呴。'震'者'振'之假。《说文》：'振，一曰奋也。''呴'、'雊'同声通用。"（《法言义疏》卷十二）汪说是。雉，鸟名，属鹑鸡目雉科，俗称野鸡。雊，雉鸣声。

③化：造化，指气候之移易运转、万物之生长化育等自然界的变化。其：岂。已：止。司马光说："宋、吴本'已'作'成'，今从李本。"这一段是扬雄感叹自然界的变化不已。司马光释"化"为教化。刘师培则更进一步，说："盖玄驹之步，言蚁有君臣之谊也。雉之晨雊，言雉有夫妇之谊也。物尚如此，则民间之化，安得从缓。此扬子以物之有化，慨民之无化也。"（《法言补释》）都太过于穿凿。

【译文】

我看见阳气生蚂蚁就出巢活动，正月到雉鸟就鼓翅飞鸣。自然界的生息变化岂是可以停止的呀！

9.15　民可使觊德，不可使觊刑①。觊德则纯②，觊刑则乱。

【注释】

①"民可使"二句：觊(dí)，看见。这句话是扬雄向统治者献策。

②纯：同"惇"，憨厚。汪荣宝说："'纯'读为'惇'。《说文》：'惇，厚也。'经传通以淳、醇、敦、肫、纯为之。"(《法言义疏》卷十二)

【译文】

老百姓可以让他们看见讲究道德，不可以让他们看见实施刑罚。看见讲究道德就会变得善良，看见实施刑罚就会变得邪恶。

9.16　象龙之致雨也，难矣哉①！
曰："龙乎，龙乎②！"

【注释】

①"象龙"二句：《后汉书·礼仪志·请雨》"兴土龙"句下注引此句作"象龙之致雨艰矣哉"。汉代流行象龙求雨的迷信，如董仲舒《春秋繁露·求雨》就专门讲求雨的仪式。扬雄在这里借人之口对这种迷信提出了疑问。象龙，龙的偶像，龙的模型。致，招，求。

②龙乎，龙乎：龙呀，龙呀！这是句感叹的话，意思是说，这样的龙，有什么用！

【译文】

用象形的龙来求雨，真是太难了！
扬子说："这是龙吗！这是龙吗！"

9.17　或问政核①。

曰:"真伪。真伪则政核②。如真不真,伪不伪,则政不核③。"

【注释】

①核:中心,核心,引申为重要、关键。

②真伪则政核:汪荣宝说:"司马云:'"真伪真伪"当作"真真伪伪",古书多然。'按:司马说是也。古书凡遇重言及复举之词,皆省略不书,止于本字下作二短画以识之。传写每易致误。《诗·羔羊》:'委蛇委蛇。'释文云:'沈读作委委蛇蛇。'即其例。正与《论语》'君君臣臣父父子子,君不君臣不臣父不父子不子',本书《吾子》'奸奸诈诈,不奸奸不诈诈',文例相同。真者真之,伪者伪之,则事得其序而物莫能遁其情,故曰政核。"(《法言义疏》卷十二)其说亦通,可并存。

③"真不真"三句:真不真,真的不像真的。伪不伪,假的不像假的。则政不核,世德堂本作"则政事不核"。

【译文】

有人问治理国家的关键。

扬子回答说:"辨别真假。辨别真假就是治理国家的关键。如果真的不知道是真的,假的不知道是假的,治理国家就失去了关键。"

9.18　鼓舞万物者,雷风乎! 鼓舞万民者,号令乎①! 雷不一,风不再②。

【注释】

①"鼓舞"四句:五臣注本此两句作:"鼓舞万物者,其雷风乎! 鼓舞

万民者，其号令乎！"

②雷不一，风不再：雷不一，雷声不是响一下就完。比喻号令要经常重复，使人家都记住。风不再，风不重刮，即不是一下子向东刮又一下子向西刮。比喻号令不能轻易变动，使人无所适从。汪荣宝说："《后汉书·郎𫖮传》载𫖮奏云：'雷者号令，其德生养，号令殆废，当生而杀，则雷反作，其时无岁。'又云：'风者号令，天之威怒，皆所以感悟人君忠厚之戒。'又《寇荣传》载荣上书云：'连年大风，拔折树木，风为号令。'章怀太子注引翼奉云：'凡风者，天之号令，所以谴告人也。'然则雷风虽同为号令，而雷象生养，风象谴告，乃齐《诗》旧说。生养之令，不厌周复，故当不一。谴告之令，无取狎见，故当不再。'不一'谓不可止于一，'不再'谓不可至于再也。"（《法言义疏》卷十二）其说可供参考。

【译文】

鼓动宇宙间万物的，是雷风吧！鼓动国家中民众的，是号令吧！雷不是响一声就停止，所以号令要经常宣扬；风不会反复地刮来刮去，所以号令不能轻易改变。

9.19　圣人乐陶成天下之化，使人有士君子之器者也①。故不遁于世②，不离于群。遁离者，是圣人乎③？

【注释】

①"圣人乐陶"二句：乐，喜爱，乐于。陶，陶器。这里是作动词用，制作陶器的意思，引申为教育、造就的意思。化，教化，风化。器，才能，素质。五臣注本"乐"下有"天"字。司马光说："宋、吴本'乐'下有'天'字，今从李本。"俞樾说："宋、吴本'乐'下有'天'字，然于义殊不合。疑'天'乃'夫'字之误。'圣人乐夫陶成天下之化，使人有士君子之器者也'，其旨亦与李本不殊。因'夫'字

误作'天',宋、吴本遂依误本为说,凿矣。宜温公不之从也。"
(《诸子平议》卷三十五)

②遁:逃避。

③"遁离者"二句:这句话实际意思是说,遁世离群就不是圣人了。

【译文】

圣人是喜欢陶冶造就天下的风尚,使人人都有士君子的品质的人。所以不逃避社会,不脱离群众。逃避社会、脱离群众的人,能是圣人吗?

9.20　雌之不才,其卵殻矣①;君之不才,其民野矣②。

【注释】

①殻(duàn):鸟卵孵不出小鸟叫"殻"。

②野:不知礼义。

【译文】

雌鸟如果没有好的体质,它的卵就孵不出小鸟;君主如果没有好的品质,他的百姓就会野蛮不懂礼义。

9.21　或问曰:"载使子草律①?"

曰:"吾不如弘恭②。"

"草奏③?"

曰:"吾不如陈汤④。"

曰:"何为⑤?"

曰:"必也律不犯,奏不剞⑥。"

【注释】

①载:假设。草:起草。律:律令。

②弘恭：西汉后期沛人，宣元时为中书令，史称其"明习法令故事"。
　　其事迹可参看《汉书·佞幸传》和《汉书·萧望之传》。

③奏：进言于上叫"奏"。这里指封建官吏呈给皇帝的文书。

④陈汤：字子公，西汉后期瑕丘人。元帝时任西域副校尉，以征匈
　　奴赐爵关内侯。史称其"少好书，博达善属文"，"常受人金钱作
　　章奏，卒以此败"。其事迹见《汉书·傅常郑甘陈段传》。

⑤何为：干什么？意思是问，那么你能干什么呢？

⑥"必也律不犯"二句：必，一定。律不犯，不犯律。剡（yǎn），锐利。
　　汪荣宝说："民无罪行则律不犯，君无过举则奏不剡。"（《法言义
　　疏》卷十二）按，此句是模仿《论语·颜渊》："子曰：'听讼，吾犹人
　　也。必也使无讼乎！'"

【译文】

有人问道："假如使先生起草律令，怎么样？"

扬子回答说："我不如弘恭。"

"如果起草奏章呢？"

扬子回答说："我不知陈汤。"

那人继续问："那么先生能做什么呢？"

扬子回答说："一定要使百姓安分守法，没有人违犯律令，君主没有
过失。不用再写尖锐的奏章。"

　9.22　甄陶天下者①，其在和乎②！刚则颧③，柔则坏④。

【注释】

①甄（zhēn）陶：制作陶器，引申为治理、造就等义。《文选》何平叔
　　《景福殿赋》"甄陶国风"句下李善注引此句无"者"字。

②和：中和，即刚柔适中、无过无不及。

③刚：陶泥太干硬。颧（qì）：破裂。《法言音义》："颧，五计切，破

瓦也。"

④柔:陶泥太稀软。坯(pī):今作"坯"。没有烧过的砖瓦、陶瓷器等的原型叫"坯"。这里的意思是说太软了烧不成所需要的形状。《法言音义》说:"'坯',芳杯切,未烧瓦也。俗本作'怀',字之误也。"司马光说:"宋、吴本'坯'作'怀',今从李本。"按,这一段话是用制作陶器比喻统治百姓要宽严适中才行,太严酷了会出乱子,太宽柔了又达不到目的。

【译文】

治理天下的关键,大概就在于宽严适度吧! 就像用陶泥制作陶器一样,太干硬了就要破裂,太稀软了就不会成形。

9.23　龙之潜亢,不获其中矣①。是以过中则惕②,不及中则跃③。其近于中乎④!

【注释】

①"龙之潜亢"二句:龙,是中国古代传说中一种能深潜入水、飞升变化、兴云作雨的神兽。潜,潜伏,隐藏。亢,高亢,飞高。获,得到。中,适中。《易·乾》爻辞是用龙的由潜到亢来比喻事物由产生发展到盛极而衰的过程。所以说:"初九,潜龙勿用。九二,见龙在田,利见大人。九三,君子终日乾乾,夕惕若厉,无咎。九四,或跃在渊,无咎。九五,飞龙在天,利见大人。上九,亢龙有悔。"扬雄借此来表现他的"中和"思想。中,根据传统的说法,《易经》每卦又分为上下两卦,初、二、三爻为下卦,四、五、上爻为上卦。二爻为下卦之中。五爻为上卦之中。三爻为下卦之上,过中。四爻为上卦之下,不及中。

②惕:惊惧,忧虑。

③及:达到。跃:跳跃,前进。

④其近于中乎：这大概就接近于适中了吧。三爻、四爻虽然一过一
不及，但不像初爻、上爻那样极端，而且既过而惕，不及则跃，还
努力趋向中和，所以说"其近于中"。扬雄是借此告拆别人，极端
是不可能得其中和的；但如有小的偏离，只要自己努力克服，还
是可以接近中和的。

【译文】

　　龙在潜伏或飞得极高的时候，都不可能获得适宜的地位。因此，超
过了恰好适宜的地位就要警惕谨慎，没有达到恰好适宜的地位就要努
力上进。这样就接近恰好适宜的地位了吧！

　　9.24　圣人之道，譬犹日之中矣①。不及则未②，过
则昃③。

【注释】

①犹：好像。日之中：太阳正在中天，就是正午。刘师培说："《事类
赋》注一引'矣'作'乎'。"（《扬子法言校补》）

②未：未及。李轨注："不及中，未盛明。"

③昃（zè）：太阳偏西。李轨注："日昃明尽，言昏昧也。"

【译文】

　　圣人的原则，就好像太阳正在中天。不到中天就不够明亮，过了中
天就开始昏昧。

　　9.25　什一①，天下之中正也②。多则桀，寡则貉③。

【注释】

①什一：传说中国古代实行十分抽取一分的税率，称什一之税。

什,同"十",为了表示分数或倍数,特别写作"什"。

②正:汪荣宝作"中正",说:"各本皆无'中'字,今依钱本补。注'中赋正法',乃分释'中'、'正'二字。明李本如此。"(《法言义疏》卷十二)此文本《春秋公羊传》宣公十五年:"古者什一而藉。古者何为什一而藉?什一者,天下之中正也。"有"中"字,语气上更完整些;无"中"字,亦不影响文义。

③多则桀,寡则貊:多,多于什一。桀,夏朝的最后一个王,公元前1763—前1711年在位。姒姓,名履癸,桀为后人谥称。他是我国历史上有名的暴君,故用以代表聚敛之君。其事迹见《史记·夏本纪》。寡,少于什一。貊(mò),同"貃"。古代对北方落后种族的侮辱性称呼。这里用来代表落后国家。这句话也是本于《春秋公羊传》宣公十五年:"多乎什一,大桀小桀;寡乎什一,大貊小貊。"又《孟子·告子下》:"欲轻之于尧舜之道者,大貊小貊也;欲重之于尧舜之道者,大桀小桀也。"

【译文】

十分之一的税率,是天下最恰当的税率。超过十分之一的税率,就好像聚敛百姓财富的夏桀;低于十分之一的税率,就好像不知礼义文明的野蛮人。

　9.26　井田之田,田也①。肉刑之刑,刑也②。田也者,与众田之③。刑也者,与众弃之④。

【注释】

①井田之田,田也:扬雄惯于用这种方式表示他对某种东西的赞成或反对。如说:"法者,谓唐、虞、成、周之法也。"(4·24条)"不合乎先王之法者,君子不法也。"(2·8条)还说:"书不经,非书也;言不经,非言也。言、书不经,多多赘矣。"(5·17条)从这里可以

看出他受到孔丘"正名"思想的很大影响。西汉末年,土地兼并成为严重的社会问题。王莽为了笼络人心,标榜复古改制,宣布实行仿效古代井田制而来的王田制,曾在一段时间内骗得许多中下层人士的拥护。扬雄这段话就反映了这个情况。井田,我国古代殷周时期实行的一种土地制度。土地为最高统治者天子所有。天子除自己直接控制一部分外,把其余的分封给诸侯。诸侯也仿此再分封一部分土地给卿、大夫。下级统治者对分封得到的土地可以世袭使用,但不能自由买卖和转让;而且对分封给他土地的上级统治者要尽一定的义务,缴纳一定的贡赋。在耕作上,据说是由统治者将每方里土地按"井"字形划分为九块。周围八块为私田,分别授给八家。中间一块为公田,由八家共同耕种,收获全部为统治者所有。先耕种完公田然后才能耕种私田。正是由于这种封地被划成许多方块,好像"井"字的形状,所以称为"井田"。春秋后期,井田制开始逐渐没落,到战国时期,便完全崩溃了。关于井田制的性质,学术界尚未有统一的看法。

②肉刑之刑,刑也:肉刑,伤害犯罪人身体的刑罚。如墨刑(额上刺字)、劓刑(削去鼻子)、刖刑(砍脚)、宫刑(毁坏生殖器)、大辟(砍头)等。我国古代本有肉刑,汉文帝时废除了一部分肉刑。但官吏因缘施奸,或罪轻而陷之于死,或罪重而纵之不罚。名为轻刑,实际上便宜了贵族,害了一般平民。扬雄认为,除了尧舜盛世可以实行象刑外,后世必须实行肉刑。如9·8条说:"唐、虞象刑惟明,夏后肉辟三千,不胶者卓矣。"就反映了他的这种思想。王莽为了标榜复古改制,恢复了肉刑。参看13·34和注⑦扬雄这句话,和对井田制的赞美一样,说明了他对王莽的拥护态度。

③"田也者"二句:第一个"田"是名词,指田制。第二个"田"作动词,读 diàn,指耕种。

④弃：唾弃。这里有惩罚的意思。由于古代是在闹市执行死刑，并
　将尸体暴露街头，以示惩罚，称之为弃市，故引申有惩罚的意思。
　按，这两句话当是本于《礼记·王制》："爵人于朝，与士共之；刑
　人与市，与众弃之。"而略有变化。

【译文】

　井田这样的田制，才是符合规范的田制。肉刑这样的刑法，才是符
合规范的刑法。符合规范的田制，是与众人一起耕种田地。符合规范
的刑法，是与众人一起惩罚罪犯。

　9.27　法无限，则庶人田侯田①，处侯宅，食侯食，服侯
服。人亦多不足矣②。

【注释】

　①庶人：众人，指没有爵位官职的平民。田侯田：第一个"田"作动
　词，读 diàn，指耕种。第二个"田"是名词，指土地。下面"食侯
　食"、"服侯服"，句法与此相同。侯，古代贵族爵位的一种，这里
　用以代表贵族和高级官吏。

　②人亦多不足矣：众人多数就要穷了。人，众人，大家。亦，乃，就。

【译文】

　如果法度上没有限制，那么平民也能占有像贵族占有的那样大量
的土地，居住像贵族居住的那样华丽的住宅，吃像贵族吃的那样精美的
食物，穿像贵族穿的那样贵重的衣服。那样大多数人就要穷了。

　9.28　为国不迪其法①，而望其效，譬诸筭乎②！

【注释】

①为国：治理国家。迪：实践，遵循。

②诸：之于。筭(suàn)：古代计算用的竹筹。因此也可以与计算的"算"字通用。

【译文】

治理国家不按应有的法度办事，却希望得到那样的功效，这就好像做算术不遵守应有的规则，却希望得到正确的结果一样吧！

重黎卷第十

【题解】

本卷主要是评说历史人物，从传说时代到西汉当时，涉及近百人，内容比较庞杂。我们只能简单介绍一下为理解有关条目需要了解的我国古代宇宙学说和汉代经今古文学问题。

我国古代关于宇宙的学说主要有三家。宣夜说认为，"日月众星自然浮生虚空之中，其行其止，皆须气焉"。这是一个以元气为基础的无限宇宙学说。但它没有提出自己的宇宙结构体系，无法据以测算和预见天象的运动，没有实用价值，终于失传。盖天说认为，"天象盖笠，地法覆槃"，天上地下，平直延伸。因为不符合宇宙构造的实际，所以无法比较准确地测算和预见天体的运行。浑天说认为，"天体圆如鸡子，地如蛋黄而居天之中"。这实际上是一种地心说。但因人类是生活在地球上，人们从事天文观测，必须假设有以地球为中心的这样一个天球，才能用以地球为零点的坐标系来表现天体的方位和视运动。即使是现代天文学也是如此。所以浑天说比盖天说对天象运动的测算和预见更为准确。扬雄起初是相信盖天说的，后来经过与桓谭的讨论，并请教了制作浑天仪的黄门老工，转而相信了浑天说。本卷所言就是扬雄改信浑天说以后的观点。

秦始皇统一中国后，为了统一思想，接受丞相李斯的建议，"非博士官所职，天下敢有藏《诗》、《书》、百家语者，悉诣守、尉杂烧之。有敢偶语《诗》、《书》者弃市"(《史记·秦始皇本纪》),儒学受到很大打击。至汉废秦苛法,儒家逐渐复出。但因原流传的儒家经典几乎全部丧失,儒学传授起初只能师徒口耳相传,以后才逐渐用当时通行的文字记录下来,这就是所谓今文经。后来逐渐发现了一些藏于民间未遭焚烧的用以前东方六国文字书写的经典,这就是所谓古文经。今文经和古文经原来只是文字的差别,后来却发展为今文经学和古文经学两个互相排斥的学派。今文经学讲究微言大义,又有严重的迷信思想,到西汉末年与谶纬思想结合,形成了神学经学。古文经学则注重文字训诂,反对谶纬迷信。至东汉末二者逐渐合流。扬雄虽不像当时的儒生那样专习一经,而是"博览无所不见"(《汉书·扬雄传》),但他的思想是倾向于古文经学的。所以在本卷中,他对属于古文经的《周官》和《左传》都给予了肯定。

10.1　或问:"南正重司天,火正黎司地①,今何僚也②?"

曰:"近羲,近和③。"

"孰重? 孰黎④?"

曰:"羲近重,和近黎⑤。"

【注释】

①"南正"二句:重(zhòng)、黎,重黎是我国古代传说中的天文官。后来随着生产力的提高和自然科学的发展,观测天象以定四季和农时的工作分成两部分,一是观测太阳以制定历法,一是观测大火(心宿二,即天蝎座 α 星)来定农时,于是重黎也就变成了两个人。这就是《国语·楚语下》说的颛顼"命南正重司天,以属神;命火正黎司地,以属民"。南正,指太阳到了南方正中。火正,指大火到了南方正中。后来南正、火正就成了天文官的名称。《史记·太史公自序》:"昔在颛顼,命南正重以司天,北正黎

以司地。""火"误为"北"。扬雄因为要拿王莽时四辅分主四方比拟古代的重、黎,所以也用"北正"的说法。司:主,管。

②今何僚也:相当于现在的什么官呀? 僚,官职。

③羲、和:我国古代传说中重、黎以后的天文官。如《史记·天官书》:"昔之传天数者,高辛以前重黎,于唐、虞羲和。"有时也被说成是两个人,甚至两个家族。如《书·虞书·尧典》:"乃命羲、和,钦若昊天,历象日月星辰,敬授人时。"伪孔传曰:"重黎之后,羲氏、和氏,世掌天地四时之官。"《尧典》里还有命羲仲、羲叔、和仲、和叔分驻东南西北,观测星日运行,"以闰月定四时成岁"的记载。王莽于平帝元始元年(1)置羲和官,以刘歆为之,其职责和过去主管天文律历的太史令相近。践位后,始建国元年,又改大司农为羲和。另据汪荣宝考证,王莽曾于天凤元年(14)为四辅(太师、太傅、国师、国将)置属官:太师羲仲、太傅羲叔、团师和仲、国将和叔。扬雄认为,古代的重与黎就相当于当时的羲与和。

④孰重、孰黎:羲与和两个里边,哪一个相当于重,哪一个相当于黎呢? 孰,谁。

⑤羲近重,和近黎:羲相当于重,和相当于黎。王莽模仿《书·尧典》的记载,以四辅为四岳,分主四方:太师羲仲为东岳,主东方;太傅羲叔为南岳,主南方;国师和仲为西岳,主西方;国将和叔为北岳,主北方。扬雄把"南正重"、"北正黎"解释为主管南方、北方的官名,然后把羲、和同重、黎对比,于是得出了"羲近重、和近黎"的说法。

【译文】

有人问:"古时候南正重主管天文,北正黎主管地理,相当于今天的什么官职呀?"

扬子回答说:"近似于羲,近似于和。"

"羲与和哪一个近似于重? 哪一个近似于黎?"

扬子回答说:"羲近似于重,和近似于黎。"

10.2　或问《黄帝终始》^①。

曰:"托也^②。昔者,姒氏治水土而巫步多禹^③;扁鹊,卢人也^④,而医多卢^⑤。夫欲雠伪者必假真^⑥。禹乎,卢乎,《终始》乎!"

【注释】

①《黄帝终始》:书名。《史记·三代世表》后褚少孙答张夫子问,曾引《黄帝终始传》。索隐曰:"盖谓五行谶纬之说,若今之童谣言。"可见《黄帝终始》和纬书相似,是谈论阴阳五行、记载谣言谶语的书。自战国开始,许多阴阳五行家就把历史看成是五行运转终而复始的循环。西汉时期又有人把这种观点和谶纬相结合,用来说明朝代的更替。因为黄帝是传说中"制作"最多的古代圣君,还说他成了神仙升了天,所以这种理论往往假托黄帝之名以行。于是就出现了《黄帝终始》这种书。黄帝,姓公孙,名轩辕,号有熊氏。我国原始社会末期的部落联盟首领,中国古史传说中的所谓"圣君"。其事迹可参看《史记·五帝本纪》、《大戴礼记·五帝德》和《帝系》。

②托:假借。

③姒氏:指夏禹。夏禹姓姒(sì),故称为"姒氏"。相传夏禹治水,非常艰苦,得偏枯之病,步不相过,人谓之"禹步"。从现在医学的观点看来,大概是风湿麻痹或震颤麻痹症。后世巫祝往往效法夏禹的样子作舞蹈以降神,所以说"巫步多禹"。

④扁鹊,卢人也:扁鹊,战国时代著名的医学家,姓秦,名越人。其事迹见《史记·扁鹊仓公列传》。相传黄帝时有神医名扁鹊。因为秦越人医术好,当时的人就叫他为扁鹊。结果他的真名反而不为人所知了。卢人,卢,地名,在今山东境内。扁鹊本为郑人,因家于卢,故称为"卢人"。

⑤医多卢:行医的人多称自己为卢人。

⑥雠:同"售",贩卖。汪荣宝说:"《说文》无'售',古止作'雠'。《汉书·食货志》:'收不雠,与欲得。'颜注云:'雠读曰售。言卖不售者,官收取之;无而欲得者,官出与之。'《墨子·贵义》:'商人用一匹布不敢继苟而雠焉。'毕氏沅注云:'雠即售字正文。'"(《法言义疏》卷十三)假:假借。

【译文】

有人问《黄帝终始》这部书是不是黄帝写的。

扬子回答说:"这是后代人假托黄帝的名字写的。从前,夏禹因治理水土得了偏枯之病,于是很多巫祝就效法禹行走的样子作舞蹈以降神;名医扁鹊是卢地人,于是许多行医的人就说自己是卢地人。凡是企图制造假东西必然要冒充真东西。巫祝模仿禹的动作呀,医生自称是卢地人呀,《黄帝终始》假托黄帝的名字呀,都是这种情况!"

10.3　或问浑天①。

曰:"落下闳营之②,鲜于妄人度之③,耿中丞象之④,几乎⑤,几乎! 莫之能违也。"

"请问盖天⑥?"

曰:"盖哉,盖哉! 应难未几也⑦。"

【注释】

①浑天:我国古代关于宇宙结构的一种学说。对浑天说最完备的解释,是东汉张衡的《浑天仪注》,他说:"浑天如鸡子,天体圆如弹丸,地如鸡中黄,孤居于内。天大而地小。天表裹有水。天之包地,犹壳之裹黄。天地各乘气而立,载水而浮。周天三百六十五度四分度之一;又中分之,则一百八十二度八分之五覆地上,

一百八十二度八分之五绕地下。故二十八宿半见半隐。其两端谓之南、北极。北极乃天之中也,在正北,出地上三十六度;然则北极上规经七十二度,常见不隐。南极天之中也,在正南,入地三十六度;南极下规七十二度,常伏不见。两极相去一百八十二度半强。天转如车毂之运也,周旋无端,其形浑浑,故曰浑天也。"(《北堂书钞》卷一百四十九引)根据浑天说的观点制造的观测天象的仪器叫"浑仪",表演天象的仪器叫"浑象"。这里的"浑天"应是既指学说,也包括仪象。

② 落下闳:或作"洛下宏",字长公,巴郡阆中人,西汉时期的天文学家。《史记·历书》:"今上(汉武帝)即位,招致方士,唐都分其天部,而巴落下闳运算转历。"索隐引《益部耆旧传》云:"闳字长公,明晓天文,隐于落下,武帝征待诏太史,于地中转浑天,改颛顼历作太初历。拜侍中,不受。"营之:指落下闳按照浑天说的观点参与改定历法,并筹划制造浑仪。据《汉书·律历志》记载,这次改历在武帝元封七年,即太初元年(前104),所定的历法就叫太初历。

③ 鲜于妄人:复姓鲜于,名妄人,西汉时期的天文学家。据《汉书·律历志》记载,鲜于妄人于昭帝元凤三年至六年(前78—前75)为主历使者,主持了考校历法的工作。度之:指鲜于妄人测量推算日月星辰的运行,从而证明了根据浑天说制订的太初历优于旧历,是符合当时情况的。度,测量推算。

④ 耿中丞:耿寿昌,西汉宣帝时人,精通算术。因为他曾任大司农中丞,故称为"耿中丞"。象之:指耿寿昌按照浑天说的观点制造浑象以表演天象。象,制造浑象,这里作动词用。

⑤ 几:精微神妙。汪荣宝说:"《音义》:'几乎,音几,下同。俗本作"几几乎"。'《尚书·舜典》《正义》引扬子云:'几乎!几乎!'司马云:'宋、吴本作"几几乎"。'今崇文局本同。《宋书·天文志》引

亦作‘几几乎’。按:《系辞》虞注云:‘几,神妙也。’《广雅·释
诂》:‘几,微也。’然则‘几乎几乎’者,叹美浑天微妙之辞。作‘几
几乎’,误也。”(《法言义疏》卷十三)

⑥盖天:“天”字原误入注中,据五臣注本校改。“盖天说”是我国古
代早于“浑天说”的一种关于宇宙结构的学说。起初主张“天员
如张盖,地方如棋局。天旁转如推磨而左行,日月右行,随天左
转,故日月实东行,而天牵之以西没。……天形南高而北下。日
出高,故见;日入下,故不见。天之居如倚盖,故极在人北,是其
证也。极在天之中,而今在人北,所以知天之形如倚盖也。”较后
则认为“天似盖笠,地法覆盘。天地各中高外下。北极之下为天
地之中,其地最高,而滂沱四隤,三光隐映,以为昼夜。”(《晋书·
天文志上》)

⑦应难未几也:《太平御览》卷二“天部”及《事类赋》注一引此句皆
无“应难”二字。俞樾认为此二字乃是涉李轨注而衍(《诸子平
议》卷三十五)。汪荣宝说:“俞说非也。‘应难’之‘难’不读如
字。司马云:‘难,乃旦反。’是也。子云有难盖天八事,见《隋志》
及《开元占经》。……彼时盖天家必有强辞夺理以应之者,故曰
‘应难未几也’。”(《法言义疏》卷十三)俞说固非是,汪说亦过于
迂曲。据桓谭《新论·离事》,扬雄原来也是相信盖天说的,并曾
作盖天图。桓谭曾“难之”,扬雄“无以解”,遂“坏其所作”。由此
可知“应难未几”当是就“盖天说”的一般情况而言,并不一定
指哪件具体事。刘师培将“应难”同“未几也”分成两句,认为“应
难”是“言盖天之说当加以辩难”(《法言补释》)。这是把“应”理
解为“应当”,结果就把一个完整的句子分裂了。

【译文】

有人问对浑天说的看法。

扬子回答说:“按照浑天说的观点编定历法制作仪象,经过落下闳

的经营谋划,鲜于妄人的测量推算,到耿寿昌制出浑象,精微神妙呀! 精微神妙呀! 谈天的人不能违背它呀!"

"请问对盖天说的看法?"

扬子回答说:"盖天说呀! 盖天说呀! 它回答人们对它提出的疑难,没有达到精微神妙的程度呀!"

10.4　或问:"赵世多神①,何也?"
曰:"神怪茫茫,若存若亡,圣人曼云②。"

【注释】

①赵:指秦。据《史记·秦本纪》和《赵世家》记载,秦与赵是由共同的祖先繁衍而来。所以后人常以秦称赵、或以赵称秦。赵世,指秦代。这句话名为评论秦代,实际上是不满意当时社会上流行的神怪迷信。每当要指责当时的什么事情时,就说秦朝有这些事情,把秦朝骂一通,这在西汉几乎成了通例。至于说这段话乃是扬雄暗中讥刺王莽,是没有根据的。因为没有任何确凿的材料说明扬雄是反对王莽的。相反,扬雄对王莽的拥护态度倒是曾在他的著作中多次表现出来。王莽是搞了不少符命神怪的事。但是,即使扬雄明确反对这些事,也不等于就是在政治上反对王莽,何况扬雄从来就没有明确表示过反对。

②"神怪"三句:语本《论语·述而》:"子不语怪、力、乱、神。"茫茫,遥远不明的样子。若,像。存,有。亡,无。曼,不。

【译文】

有人问:"秦代有很多关于神怪的传说,这是为什么呀?"

扬子回答说:"神怪的事模模糊糊的,好像有又好像没有,圣人是不谈这些事的。"

10.5　或问:"子胥、种、蠡①,孰贤?"

曰:"胥也,俾吴作乱②,破楚、入郢、鞭尸、藉馆③,皆不由德④;谋越谏齐不式⑤,不能去,卒眼之⑥。种、蠡不强谏而山栖,俾其君诎社稷之灵而童仆,又终弊吴⑦。贤皆不足邵也⑧。至蠡策种而遁⑨,肥矣哉⑩!"

【注释】

①子胥:姓吴,名员,字子胥,春秋时期楚国人。因其父、兄俱为楚平王所诛,立志复仇,遂奔吴。他帮助阖庐夺得王位,整军经武,国势强盛。西破强楚,北威齐、晋,南服越人。后在吴王夫差时,因谏王拒绝越国求和、停止伐齐,渐被疏远,遂被赐死。其事迹见《史记·吴太伯世家》和《伍子胥传》。种:姓文,名种,字子禽。蠡:姓范,名蠡,字少伯。文种、范蠡同为春秋时期越国人,俱事越王句践为大夫,忠心辅佐,发奋图强,前后二十余年,使越国由弱转强。遂灭吴,报会稽之耻。后文种被句践赐死,范蠡弃官经商,成为巨富,定居陶,称"陶朱公"。他们的事迹见《史记·越王句践世家》和《史记·货殖列传》。

②俾吴作乱:指伍子胥帮助阖庐杀死吴王僚夺得王位之事。俾,使。

③郢:当时楚国都城,在今湖北江陵。鞭尸:《史记·伍子胥传》:"楚昭王出奔,吴王入郢。伍子胥求昭王既不得,乃掘楚平王墓,出其尸,鞭之三百然后已。"藉馆:指吴国君臣强占楚国君臣的宫舍及其妻妾。《吴越春秋·阖闾内传》:"乃令阖闾妻昭王夫人,伍胥、孙武、白喜亦妻子常、司马成之妻,以辱楚之君臣。"藉,践踏,凌辱。馆,客舍。这里指楚国君臣的宫舍。

④皆不由德:都没有遵循礼义道德。这是对伍子胥极端强烈的报

复心的批评。由,遵循。

⑤式:用。

⑥卒:终于。眼之:据《史记·伍子胥传》记载,吴王夫差赐伍子胥属镂之剑,令其自杀。死前,伍子胥告其舍人曰:"必树吾墓上以梓,令可以为器;而抉吾眼县吴东门之上,以观越寇之入灭吴也。"这句话是说,伍子胥关于灭越的谋略和不要伐齐的进谏都没有为吴王夫差采纳,但伍子胥还是不肯离吴他去,最后被迫自杀时还想亲眼证实吴国必然会被越国灭亡。

⑦"种、蠡不强谏"三句:这句话是说,在越王句践伐吴前,文种、范蠡明知此行不利,但不强谏力争,以致军败国危,困守会稽。结果句践只得抛弃一国之主的尊严去做吴王夫差的奴仆。最后又终于把吴国灭掉。山栖,指越王句践伐吴失败,被吴兵包围在会稽城里。因会稽城在山上,故云。栖,居。诎,屈。社稷,指国家。社是土地神,稷是谷神。古代统治者设坛祭祀二神以表示国家的统治权,所以常用社稷来代表国家。弊,同"毙",灭亡的意思。

⑧卲:高,美。原作"邵"。汪荣宝说:"治平本作'卲',世德堂本同。钱本作'邵',今从之。"(《法言义疏》卷十三)因据改。

⑨策:书简。这里作动词用,指范蠡致书于文种。遁:隐退。

⑩肥:借为"飞"。刘师培说:"《易·遁卦》'肥遁',汉本多作'飞',或本作'蜚'。此'肥'字亦与'飞'同。《汉书·五行志》云:'慧孛飞流。'注云:'飞,绝迹而去也。'扬子以'肥'称范蠡,即指其超然高举言也,与'肥遁'之'肥'同。"(《法言补释》)

【译文】

有人问:"伍子胥、文种、范蠡,谁是有道德的贤人呀?"

扬子回答说:"伍子胥挑唆阖庐杀死吴王僚,使吴国发生内乱,又打破楚国,攻入郢都,鞭打楚平王的尸体,强占楚国君臣的宫舍和妻妾,都没有遵循道德;他关于灭亡越国的谋略和不能伐齐的进谏没被吴王夫差采用,还不肯离开吴国到别处去,终于被杀害,死前他还要求把眼睛悬在吴国的东门上看着越国灭亡吴国。文种、范蠡明知不能伐吴却不努力进谏,致使越王句践被吴兵包围在会稽山上,不得不牺牲国家的尊严去做吴王的奴仆,最后又终于灭掉吴国。他们的道德都是不值得称道的。至于范蠡在灭吴以后写信给文种劝他和自己一样隐退出走,这才是超然离俗的举动呀!"

10.6　或问陈胜、吴广①。

曰:"乱。"

曰:"不若是则秦不亡②。"

曰:"亡秦乎?恐秦未亡而先亡矣③。"

【注释】

①陈胜:字涉,阳城人。雇农出身。吴广:字叔,阳夏人。陈胜、吴广是秦朝末年农民起义领袖。秦二世元年(前209),他们率领戍卒九百人在蕲县大泽乡(今安徽宿州)揭竿而起,反抗秦朝的残暴统治。并一度在陈县(今河南淮阳)建立了张楚政权,陈胜称王。他们的事迹见《史记·陈涉世家》。

②秦:秦朝。秦本来是东周时期的一个诸侯国。自秦孝公用商鞅变法,国势逐渐强盛。秦王嬴政二十六年(前221)兼并诸侯,统一中国,建立了秦朝。这是我国历史上第一个中央集权的专制主义封建王朝。公元前206年为汉所灭。

③"恐秦未亡"句:陈胜、吴广虽然在起义后不久都被杀死,但由他们发动的农民起义已经成为燎原大火,终于推翻了暴秦。陈胜、吴广的首义之功是不应抹杀的。扬雄面对西汉末年频繁的农民

起义，既恐惧、反对而又无可奈何，于是就诅咒起来。这和专门
为陈胜写"世家"的西汉司马迁比起来，是退步多了。

【译文】

有人问对陈胜、吴广的看法。

扬子回答说："他们是作乱。"

那人说："不这样秦朝就不会灭亡。"

扬子回答说："灭亡秦朝吗？恐怕秦朝还没有灭亡而他们自己倒先
灭亡了。"

10.7　或问："六国并①，其已久矣。一病一瘳②。迄始
皇③，三载而咸④。时激⑤？地保⑥？人事乎？"

曰："具⑦。"

"请问事⑧？"

曰："孝公以下⑨，强兵力农以蚕食六国⑩，事也。"

"保⑪？"

曰："东沟大河⑫，南阻高山⑬，西采雍、梁⑭，北卤泾垠⑮。
便则申⑯，否则蟠⑰。保也。"

"激⑱？"

曰："始皇方斧⑲，将相方刀；六国方木，将相方肉。
激也。"

【注释】

①六国：指战国时代与秦并立的韩、赵、魏、燕、齐、楚六国。并：
　并立。

②一：或。瘳(chōu)：病愈。

③迄：至。始皇：秦始皇（前259—前210），姓嬴，名政。公元前246

年即位为秦王,前 221 年统一全国,建立起我国历史上第一个中央集权的封建王朝,称"始皇帝"。前 210 年在巡行途中死于沙丘(今河北广宗)。其事迹见《史记·秦始皇本纪》。

④咸:同,兼。

⑤时:时势。激:借为"徼",侥幸的意思。汪荣宝说:"古'感激'字或以'憿'为之。《童子逢盛碑》'感憿三成',是也。故'憿幸'字亦以'激'为之。因经典多借'徼'为'憿',故温公云当作'徼'也。'幸'之本义为吉而免凶,活用之则以为觊冀得吉之义。'憿'义亦然。凡云'徼福'及云'徼天之衷'者,皆'憿'之活用。此云'时激',则用'憿'之本义,犹云'天幸'也。"(《法言义疏》卷十三)

⑥地:地势。保:险固。按,秦始皇共在位三十七年,其中称王二十六年,称皇帝十一年。其兼并六国,自公元前 230 年灭韩开始,至前 221 年灭齐为止,共十年。都不合"三载"之数。汪荣宝说:"疑三载乃三十载之误,举成数言,故曰三十载。传写脱十,遂为三载耳。"(《法言义疏》卷十三)也缺乏说服力,只好存疑。

⑦具:通"俱"。这是说,秦始皇所以能在短时间兼并六国,时机、地势、人事三者都起了作用。

⑧请问事:请问人事的作用表现在什么地方?

⑨孝公:秦孝公,名渠梁,公元前 361—前 338 年在位。其事迹见《史记·秦本纪》。

⑩强兵力农:指秦孝公任用商鞅,实行变法,废井田,开阡陌,奖励耕战,依功论爵,使秦国强盛起来。蚕食六国:指秦国从孝公开始逐渐侵蚀六国的土地,向东方扩张势力。

⑪保:地势的险固表现在什么地方呢?

⑫沟:阻隔。大河:黄河。

⑬高山:指终南山,即今秦岭。《法言音义》说:"高山,本或作'商

　　山'。"司马光说:"宋、吴本'高山'作'商山',今从李本。"商山亦
　　即秦岭。

⑭采:食邑。这里作动词,是"以……为食邑"的意思。雍、梁:古雍
　　州和梁州包括范围都太大,所以这里所谓雍、梁不应是指古雍州
　　和梁州。汪荣宝认为这是指雍水、梁山所处的地区,即咸阳以西
　　渭河流域土地肥沃、农产丰富的地区(见《法言义疏》卷十三)。
　　这个意见是对的。

⑮卤:通"虏"。《史记·高祖本纪》:"诸所过毋得卤掠。"《集解》引
　　应劭说:"'卤'与'虏'同。"《后汉书·光武帝纪》:"有出卤掠者。"
　　李贤注:"'卤'与'虏'同。"《方言》卷十二:"卤,夺也。"《说文·毌
　　部》:"虏,获也。"这里是夺取、占领的意思。泾:泾水。垠:
　　厓,边。

⑯便:便利。申:同"伸",向外扩张。

⑰否(pǐ):恶,不利。蟠:俯伏屈曲,指退守自保。

⑱激:时势的侥幸表现在什么地方呢?

⑲方:恰巧,正是。

【译文】

　　有人问:"六国与秦并立,时间已经很长了。情况时坏时好。但是
到秦始皇的时候,三年时间就把六国都兼并了。这是由于时机的侥幸?
地势的可靠?还是由于人事的努力呢?"

　　扬子回答说:"全都起了作用。"

　　"请问人事的努力表现在什么地方?"

　　扬子回答说:"自秦孝公以后,秦国努力加强军事力量,发展农业生
产,逐步侵吞六国的土地。这就是人事的努力呀!"

　　"地势的可靠表现在什么地方?"

　　扬子回答说:"秦国东面有大河为界,南面有高山阻挡,西部有雍水
梁山丰富的物产供给国家的需要,北面一直占领到泾水的发源地。有

利就往外扩张,不利就盘踞原地。这就是地势的可靠呀!"

"时机的侥幸表现在什么地方?"

扬子回答说:"秦始皇好像斧头,秦国的将领和官吏好像刀剑,都具有坚强的意志和杰出的能力;六国的君主好像木头,六国的将领和官吏好像鱼肉,都是懦弱无能甘受宰割的人。这就是时机的侥幸呀!"

10.8　或问:"秦伯列为侯卫①,卒吞天下,而赧曾无以制乎②?"

曰:"天子制公、侯、伯、子、男也③,庸节④。节莫差于僭,僭莫重于祭⑤,祭莫重于地,地莫重于天。则襄、文、宣、灵,其兆也⑥。昔者襄公始僭西畤⑦,以祭白帝⑧;文、宣、灵宗兴鄜、密、上、下⑨,用事四帝⑩;而天王不匡⑪,反致文、武胙⑫。是以四疆之内,各以其力来侵,攘肌及骨⑬,而赧独何以制秦乎⑭?"

【注释】

①秦伯:长者曰伯,故一方诸侯之长亦曰伯。周幽王被犬戎杀于骊山后,秦襄公将兵救周,并护送周平王东迁。平王赐岐以西之地予秦,并封襄公为诸侯。从此秦逐渐强盛起来,成为西戎霸主,故称之为"秦伯"。侯卫:传说我国古代中央政权的王室,将分封在四方的封国,按其远近,将贡献的轻重和时间分成等级,称为"服"。有五服、六服、九服等说法。如《国语·周语上》祭公谋父所说"先王之制,邦内甸服,邦外侯服,侯卫宾服,夷蛮要服,戎翟荒服",就是五服。在一服之内,又划分出若干等级,称为"圻"。如宾服又分为侯圻、甸圻、男圻、采圻、卫圻五等。总此五等而言则为"侯卫"。

②赧：指周赧王姬延，公元前 314—前 256 年在位，是周朝的最后一
个王。其事迹见《史记·周本纪》。曾（zēng）：副词，表示强调的
语气，竟、乃、就的意思。以：作为，行动。

③天子：指周王。制：节制。公、侯、伯、子、男：周代最高统治者为
天王。天王按亲族远近和功劳大小分封其部下为诸侯。诸侯的
爵位分为公、侯、伯、子、男五等。

④庸：用，以。节：指礼制。《丧服·四制》："节者，礼也。"

⑤僭（jiàn）莫重于祭：五臣注本作"僭莫僭于祭"。僭，僭越，以下拟
上，超越自己的本分。

⑥襄、文、宣、灵：指秦国的国君襄公、文公、宣公、灵公。他们都是
秦国历代比较有作为的君主，分别于公元前 777—前 766 年、前
765—前 716 年、前 675—前 664 年、前 424—前 415 年在位。其
事迹见《史记·秦本纪》。

⑦畤（zhì）：立坛以祭天地及五帝的地方。

⑧白帝：古代统治者崇奉的五天帝（即五方天神）之一。《周礼·天
官·大宰》："祀五帝则掌百官之誓戒。"疏云："五帝者，东方青帝
灵威仰，南方赤帝赤熛怒，中央黄帝含枢纽，西方白帝白招拒，北
方黑帝汁光纪。"又《周礼·春官·小宗伯》："兆五帝于四郊。"郑
注云："兆为坛之茔域。五帝：苍曰灵威仰，太昊食焉；赤曰赤熛
怒，炎帝食焉；黄曰含枢纽，黄帝食焉；白曰白招拒，少昊食焉；黑
曰汁光纪，颛顼食焉。"虽然五方五帝之说起源很早，但这么多复
杂的名目则是汉代谶纬兴起后附会出来的。据《史记·十二诸
侯年表》记载，秦襄公八年（前 770）"初立西畤，祠白帝"。本来只
有天子才能祭天地及五方天神，秦襄公作为一个诸侯是没有资
格祭五帝的，故称为"僭"。

⑨文、宣、灵宗：即秦文公、秦宣公、秦灵公。古代统治者死后，后继
者往往尊创始者为祖，其他先辈为宗。兴：建立。鄜、密、上、下：

即鄜畤、密畤、上畤、下畤。据《史记·秦本纪》和《封禅书》记载，秦文公十年（前756）作鄜畤，祭白帝。秦宣公四年（前672）作密畤于渭南，祭青帝。秦灵公三年（前422），于吴阳作上畤，祭黄帝，作下畤，祭炎帝。

⑩事：奉祀。四帝：即上述白帝、青帝、黄帝、炎帝。

⑪天王：指各代周王。司马光曰："宋、吴本'天王'作'天下'，今从李本。"《法言音义》曰："'天王不匡'，俗本作'天下'，误。"匡：纠正。

⑫致：送给。文、武胙：祭祀时上供的肉叫"胙"（zuò），"文、武胙"即祭祀周文王、周武王时上供的肉。周制，天王在祭祀祖先以后，将胙肉分赐给同姓诸侯，以表示亲善。对异姓诸侯，只赐给"二王"（夏、商）之后，不应该赐给秦，但实际上却赐给秦了。如《史记·周本纪》记载，周显王九年（前360）"致文、武胙于秦孝公"，三十五年（前334）又"致文、武胙于秦惠王"。

⑬攘肌及骨：形容各诸侯国侵夺周的领土越来越深入。攘，夺取。

⑮而赧独何以制秦乎：世德堂本无"而"字。

【译文】

有人问："作为西戎霸主的秦国本是周朝的一个属国，结果却并吞了整个天下，周赧王怎么不采取措施给以制裁呢？"

扬子回答说："天子制裁公、侯、伯、子、男这些诸侯，是用制度。对制度的破坏没有比僭越更严重的，僭越没有比对祭礼的僭越更严重的，对祭礼的僭越没有比对祭祀之地的僭越更严重的，对祭祀之地的僭越没有比对祭天之地的僭越更严重的。如此说来，秦襄公、秦文公、秦宣公、秦灵公就已经显露僭越的征兆。从前秦襄公开始僭越只有天王才能祭祀天帝的规定，建立西畤以祭祀白帝；秦文公、秦宣公、秦灵公相继兴建鄜畤、密畤、上畤、下畤，用来奉祀四方的天帝；但周天王不仅不加以制止，反而把祭祀周文王、周武王的胙肉送给不该送的秦国。因此，四境以内原为周朝属国的各个诸侯,便都用他们的力量来侵夺周的领土,而且越来越深入,好像吃完了肉还要啃骨头,既然这样,周赧王个人又有什么办法制裁秦国呢?"

10.9　或问:"嬴政二十六载天下擅秦①,秦十五载而楚②,楚五载而汉③。五十载之际而天下三擅。天邪?人邪?"

曰:"具④。周建子弟⑤,列名城⑥,班五爵⑦,流之十二⑧。当时虽欲汉,得乎? 六国蚩蚩⑨,为嬴弱姬⑩,卒之屏营⑪,嬴擅其政,故天下擅秦。秦失其猷⑫,罢侯置守⑬,守失其微⑭,天下孤睽⑮。项氏暴强⑯,改宰侯王,故天下擅楚。擅楚之月,有汉创业山南⑰,发迹三秦⑱,追项山东⑲,故天下擅汉。天也。"

"人?"

曰:"兼才尚攂⑳,右计左数㉑,动谨于时㉒,人也。天不人不因㉓,人不天不成。"

【注释】

①嬴政:即秦始皇(前259—前210),姓嬴,名政。擅:与"嬗"通,传递,变化。秦:秦朝。

②楚:指项羽。项羽名籍,字羽,下相人。楚国贵族出身。陈胜起义后,他与季父项梁一起在会稽起兵反秦。陈胜失败后,成为反秦的主力。秦亡后,项羽自封为西楚霸王,王九郡,都彭城(今江苏徐州)。后来在垓下(今安徽灵璧)被刘邦打败,自杀于乌江边。

③汉:汉朝。公元前206年秦朝灭亡后,项羽封刘邦为汉王,王巴、

蜀、汉中,都南郑(今陕西南郑)。后刘邦又起兵与项羽争夺天下,于公元前202年灭项羽统一中国,建立了汉朝,定都长安,史称"西汉"或"前汉"(前202—8)。

④具:通"俱"。这是说时机和人事都起了作用。

⑤周:周朝。

⑥列:同"裂",分解的意思。

⑦班:排列,规定。五爵:据《孟子·万章下》,应为天子、公、侯、伯、子、男五等爵位,但后人把天子看成爵位的制定人和赏赐者,超出所有爵位之上,于是五爵就成了公、侯、伯、子、男。

⑧流:变动,发展。十二:一般认为春秋时代有十二个大诸侯国,但所指不一,这里是泛言当时存在着许多诸侯国。

⑨六国:指战国时期与秦并立的韩、赵、魏、燕、齐、楚六国。蚩蚩:形容愚昧无知。刘师培曰:"《后汉书·袁绍传》载沮授引此文,注云:'《方言》:"蚩,悖也。"'"(《扬子法言校补》)

⑩嬴:秦,嬴姓,故以嬴指秦。弱:削弱。姬:周,姬姓,故以姬指周。

⑪卒:终。之:至。屏营:惊惶不知所措。《广雅·释训》:"屏营,伀伀也。"王念孙《疏证》云:"屏营、伀伀,皆惊惶失据之貌。"又汪荣宝说:"子云《豫州箴》云:'成、康太平,降及周微,带蔽屏营,屏营不起,施于孙子。'然则'屏营'者,不起之貌,谓微弱也。"(《法言义疏》卷十四)也通。

⑫猷(yóu):谋,道。

⑬罢侯置守:指秦始皇统一中国后,废除建置诸侯的分封制,实行中央集权的郡县制。侯,诸侯。守,郡守,总管一郡全面事务的行政长官。

⑭微:当作"徽",约束的意思。汪荣宝说:"《音义》:'守失其微,本或作"徽"。'按:作'徽'是也。'徽'、'微'形近,传写易误。……

《说文》:'徽,一日三纠绳也。'《广雅》:'徽,束也。'‘守失其徽',谓守令无以维系人民也。"(《法言义疏》卷十四)

⑮孤瞡:背叛离析。瞡,世德堂本作"暌",误。汪荣宝说:"‘孤瞡’双声连语,乖离分散之意。单言之则曰‘瞡’,《杂卦传》:‘暌,乖也。’长言之则曰‘暌孤’,《暌》九四、上九并云‘暌孤’。……倒言之则曰‘孤暌’。其义一也。"(《法言义疏》卷十四)

⑯项氏:项羽。暴:突然。

⑰有汉:即汉。"有"是名词词头,没有实义。山南:"山"指终南山,即今秦岭。秦亡后,项羽立刘邦为汉王,王巴、蜀、汉中(今四川和陕西南部秦岭以南地区),都南郑。因在终南山以南,故称为"山南"。

⑱发迹三秦:刘邦在和项羽争夺天下之初,首先灭掉项羽分封的雍王章邯、塞王司马欣、翟王董翳,夺取了关中,故云。发,显现。迹,功业。三秦,秦亡后,项羽将秦故地关中分为三部分,立秦降将章邯为雍王、司马欣为塞王、董翳为翟王,史称"三秦"。

⑲追项山东:"山"指崤山。这是说刘邦从关中出兵攻击项羽。

⑳兼才尚攉(quán):延揽和尊崇有才能和勇敢的人。兼,积聚。才,有才能的人。尚,尊崇。攉,勇壮的人。或作"权",作谋略讲,也通。

㉑右计左数:计数不离左右,即一切活动都经过仔细盘算和计划。

㉒动谨于时:行动审时度势,谨慎小心。

㉓因:就,成。

【译文】

　　有人问:"秦王嬴政即位后二十六年统一全国,使分裂的天下变为统一的秦,秦统一后十五年又变为楚,楚经过五年又变为汉。五十年之间天下发生三次变化。这是由于时机呢？还是由于人事呢？"

扬子回答说:"时机和人事都起了作用。周朝王室为自己的子弟们建立起许多诸侯国,把天下的土地城郭划开,按公、侯、伯、子、男五等爵位分封给他们,后来演变为十二大诸侯国。当时即使有人企图建立汉朝,又怎么可能呢? 六国愚昧无知,他们的行动实际上是为嬴姓的秦去削弱姬姓的周,最终不知所措,让嬴秦掌握了天下统的大权,所以天下变为秦。秦朝打错了主意,废除分封诸侯的制度,实行郡县制设置郡守,郡守丧失了对百姓的控制,天下背叛离析。项羽很快强大起来,又改行分封制立诸将为侯王,所以天下又变为楚。就在天下变为楚的当月,汉朝在终南山以南创立了基业,后来又扩大功业,吞并了项羽在秦国故地分封的雍王章邯、塞王司马欣、翟王董翳,并且出兵崤山以东追击项羽,所以天下又变为汉。这都是时机的作用呀!"

"人事的作用表现在什么地方?"

扬子回答说:"招纳和尊崇有才能和有勇力的人,一切举措都经过计划和盘算,行动小心谨慎审时度势,这就是人事的作用呀! 只有好的时机没有人的努力,时机不可能实现;只有人的努力没有好的时机,人的努力也不可能成功。"

10.10　或问:"楚败垓下,方死,曰:'天也。'谅乎①?"曰:"汉屈群策②,群策屈群力。楚憝群策③,而自屈其力。屈人者克,自屈者负。天曷故焉④。"

【注释】

①"楚败垓下"四句:楚,指项羽。公元前 202 年,项羽被刘邦包围于垓下(在今安徽灵璧),战败后自杀于乌江边。自杀之前曾说:"此天之亡我,非战之罪也。"谅乎,确实是这样吗? 谅,信,诚。

②汉:这里是指刘邦。刘邦字季,沛县人。公元前209年陈胜起
义后,他在沛县起兵响应。公元前206年,他率军攻占咸阳,
推翻了秦朝统治,被项羽封为汉王。后来他又灭掉项羽,建立
了汉朝,是为汉高祖,公元前202—前195年在位。策:谋略。

③憝(duì):怨恨,憎恶。

④"屈人者克"三句:克,胜利。曷,何。故,事。于省吾说:"'故'应
读作'辜',二字并谐古声。《书·酒诰》:'辜在商邑越殷国灭无
罹。''辜'即'故'。详《尚书新证》。《盨盉》:'有辜有故。''故'应
读作'辜'。《史记·屈贾列传》:'亦夫子之辜也。'索隐曰:'《汉
书》"辜"作"故"。'均其例证。辜,罪也。《项羽本纪》:'此天之亡
我,非战之罪也。'是项羽怨天而不罪已也。上云'屈人者克,自
屈者负',此接以'天曷辜焉',义谓羽自取灭亡,不应罪天也。"
(《双剑誃诸子新证·法言新证》)也通。

【译文】

有人问:"项羽在垓下被刘邦打败,自杀之前说:'这是天要灭亡
我。'确实是这样吗?"

扬子回答说:"刘邦能充分发挥众人的智谋,又能依靠众人的智谋
充分调动众人的力量。项羽则厌恶众人的智谋,并且自己耗尽了自己
的力量。能够充分发挥众人的力量的人胜利,自己耗尽自己力量的人
失败。这和天有什么关系。"

10.11 或问:"秦、楚既为天典命矣①,秦缢灞上②,楚分
江西③,兴废何速乎④?"

曰:"天胙光德而陨明忒⑤。昔在有熊、高阳、高辛、唐、
虞、三代⑥,咸有显懿⑦,故天胙之⑧,为神明主⑨,且著在天
庭⑩,是生民之愿也⑪,厥飨国久长⑫。若秦、楚强阅震扑⑬,

胎藉三正⑭，播其虐于黎苗⑮，子弟且欲丧之⑯，况于民乎，况于鬼神乎？废未速也。

【注释】

①为天典命：受天命主宰天下。典，主。

②秦缢灞上：指秦的灭亡。《史记·秦始皇本纪》："楚将沛公（刘邦）破秦军入武关，遂至霸上，使人约降子婴。子婴即系颈以组，白马素车，奉天子玺符，降轵道旁。"《集解》引应劭曰："组者，天子黻也。系颈者，言欲自杀也。素车白马，丧人之服也。"缢，悬绳自经或绞而杀之，皆谓缢。灞上，即霸上，地名，在长安东郊。

③楚分江西：指项羽的失败。分，指项羽死后其尸体被瓜分。《史记·项羽本纪》记载，项羽自杀后，汉将王翳取其头，杨喜、吕马童、吕胜、杨武各得其一体。江西，"江"指乌江，项羽自杀于乌江西岸，即今安徽和县东北之乌江浦。

④兴废何速乎：世德堂本"乎"作"也"。

⑤胙：《说文解字》："胙，祭福肉也。"引申为"福"，又引申为赐福、使福等。光：大。陨：失坠，毁坏，引申为使坏、使灭等。明：显著。忒：恶。

⑥有熊：有熊氏，即黄帝。姓公孙，名轩辕，号有熊氏。我国原始社会末期的部落联盟首领，中国古史传说中的所谓"圣君"。高阳：帝颛顼，原为高阳部落的首领，因号高阳氏。高辛：帝喾，名夋，原为高辛部落的首领，因号高辛氏。唐、虞：即尧、舜。我国古史传说中的两个"圣君"，实际上是原始社会末期的部落联盟首领。以上五人即是我国古史传说中的五帝（关于五帝，这是一种说法，还有别的说法），儒家心目中有德的圣君，实际上都是原始社会末期的部落联盟领袖，有的还可能不是一个人，而是一个强大的氏族或部落的代号。三代：指夏、商、周三个朝代。

⑦懿:美德。司马光说:"宋、吴本'显懿'作'显德',今从李本。"

⑧故天胙之:汪荣宝说:"《选注》引皆作'故天因而胙之'。"(《法言义疏》卷十四)

⑨为神明主:这里的"主"是主客之"主","为神明主"即作神祇的主人,指主持祭祀天地和天神,用来比喻统有天下。

⑩著:标记,注明。天庭:天帝之庭。

⑪生民:有生之民,即百姓。

⑫厥:其,指五帝和三代。飨(xiǎng)国:指掌握国家政权。飨,通"享"。

⑬若:如,像。阋(xì):争斗。震:强烈。扑:击打。

⑭胎藉:践踏。世德堂本作"胎籍"。《法言音义》说:"'胎'当作'跆',徒来切。跆,蹋也。藉,慈夜切。"《书·夏书·甘誓》:"有扈氏威侮五行,怠弃三正。""胎藉"即"怠弃"的意思。三正:三统三正。这是汉代流行的一种神秘主义的循环论的历史观。按照这种观点,王朝的更迭是按照三个阶段循环进行的。每一个阶段有一种颜色处在正统的地位,以某一个固定的月份作为正月。如夏代是黑统,以寅月为正月;商代是白统,以丑月为正月;周代是赤统,以子月为正月。扬雄和当时的儒者一样,认为只有汉朝才是继承"三统三正"的传统,受天命而王天下的正统。秦、楚都是违抗天命,不符合"三统三正"传统的,所以不应久长。应当说明的是,据近人考证,《书·甘誓》中的"三正"原来根本不是这个意思,而是指大臣、官长,即部落联盟中各部落、氏族的代表或首领。

⑮播:散布。虐:残暴。黎苗:众、庶,指普通民众。

⑯子弟且欲丧之:俞樾以为秦、楚无子弟欲丧之的事,此话当是为王莽而发。(见《诸子平议》卷三十五)但他举的例子并不能说明这个问题。其实这是扬雄的推论,并不一定非有其事。

【译文】

有人问："秦和楚既然受天命主宰天下,可是秦王子婴用组练系住脖子在灞上投降刘邦,楚王项羽在乌江西岸自杀后尸体被汉将瓜分,兴亡为什么这样快呀?"

扬子回答说:"天福佑有大德的人而毁灭有大恶的人。从前黄帝、颛顼、帝喾、唐尧、虞舜和夏、商、周三代,都有显著的美德,所以上天福佑他们,使他们统治天下,主持祭祀天地神明,并且在天帝的朝廷上注明,这是民众的愿望,所以他们统治天下的时间很长。像秦和楚那样内部激烈地互相斗争和互相打击,践踏'三统三正'的天命,残暴地虐待百姓,自己的子弟尚且企图灭亡它,何况老百姓呢? 何况鬼神呢? 他们早就该灭亡了,并不算快。"

10.12　或问:"仲尼大圣①,则天曷不胙②?"

曰:"无土③。"

"然则舜、禹有土乎④?"

曰:"舜以尧作土,禹以舜作土⑤。"

【注释】

①仲尼:孔丘(前551—前479)其字仲尼。

②曷:何。不胙:天不赐福给他。

③无土:没有领地。这句话是针对司马迁的。司马迁在《史记·秦楚之际月表》中说:"然王迹之兴,起于闾巷,合从讨伐,轶于三代,乡秦之禁,适足以资贤者为驱除难耳。故愤发其所为天下雄,安在无土不王。"《集解》引《白虎通》说:"圣人无土不王,使舜不遭尧,当如夫子老于阙里也。"从这里也可以看出扬雄的思想倾向。

④舜、禹:我国古史传说中的两个"圣君",实际上是原始社会末
　期的部落联盟首领。禹又是我国第一个王朝夏朝的开国
　君主。

⑤舜以尧作土,禹以舜作土:按照古史传说,尧把帝位禅让给舜,舜
　又禅让给禹。这实际上反映的是原始社会民主选举部落联盟首
　领的情况。后人不了解其本质,就把它说成是禅让。

【译文】

有人问:"孔子既然是大圣人,那么天为什么不福佑他,让他统治天
下呢?"

扬子回答说:"因为孔子没有领地作为依据。"

"那么虞舜和夏禹有领地作为依据吗?"

扬子回答说:"虞舜是从唐尧那里接受的帝位,是以唐尧的领地作
为依据;夏禹是从虞舜那里接受的帝位,是以虞舜的领地作为依据。"

10.13　或问圣人表里①。

曰:"威仪文辞②,表也;德行忠信③,里也。"

【注释】

①表:外表,仪表。里:本质,内容。

②威仪:庄严的仪容。文辞:优美的言辞。

③德行:高尚的道德。忠信:忠诚的品质。

【译文】

有人问圣人的外表和实质。

扬子回答说:"庄严的仪容,优美的言辞,是圣人的外表;高尚的道
德,忠诚的品质,是圣人的实质。"

10.14　或问:"义帝初矫^①,刘龛南阳^②,项救河北^③,二方分崩^④,一离一合^⑤。设秦得人,如何?"

曰:"人无为秦也。丧其灵久矣^⑥。"

【注释】

①义帝:项梁、项羽起兵反秦后,求楚怀王孙心于民间,立以为楚怀王。灭秦后,项羽自封为西楚霸王,尊怀王为义帝。初矫:指楚怀王初立的时候。矫,借为"挢",举也。

②刘龛南阳:指刘邦在进军关中的途中,战洛阳东,不利,乃略南阳郡,南阳郡守齮投降。刘,指刘邦。字季,沛县人。公元前206年陈胜起义后,他在沛县起兵响应。后建立汉朝,是为汉高祖,公元前202—前195年在位。龛,《法言音义》曰:"'龛'音'堪',与'戡'同。"戡,克,取。

③项救河北:指项羽杀宋义,将其兵北渡黄河赴钜鹿救赵王歇。项,项羽。名籍,字羽,下相人。与季父项梁一起在会稽起兵反秦。秦亡后,项羽自封为西楚霸王,王九郡,都彭城(今江苏徐州)。后来在垓下(今安徽灵璧)被刘邦打败,自杀于乌江边。

④二方分崩:指当时起义军内部分为项羽、刘邦两大集团,各有打算的情况。

⑤一离一合:或离或合,即忽离忽合,貌合而神离。

⑥灵:令,命。这里指天命。于省吾说:"'灵'、'令'古字通。《书·盘庚》:'吊由灵各。''灵'应读作'令'。详《尚书新证》。《吕刑》:'苗民弗用灵。'《礼记·缁衣》引作'苗民匪用命'。《庄子·寓言》:'复灵以生。''复灵'即'复命'。金文'令'、'命'同字。《渊骞》注:'灵,命也。'又《渊骞》'奸臣窃国命'与'窃国灵'并见。则'灵'可读作'令',明矣。此文言'人无为秦也,丧其命久矣',言秦之丧失其命久矣。"(《双剑誃诸子新证·法言新证》)

【译文】

有人问:"当楚怀王刚即位的时候,刘邦领兵去攻取南阳,项羽领兵去河北援救赵歇,义军分裂为两个集团,貌合神离。假如这时候秦朝得到有能力的人,局势会怎么样呢?"

扬子回答说:"秦朝不可能得到有能力的人,因为人们不会为秦朝出力。秦朝丧失天命已经很久了。"

10.15 韩信、黥布皆剑立南面称孤①,卒穷时戮②,无乃勿乎③?

或曰:"勿则无名,如何?"

曰:"名者,谓令名也④。忠不终而躬逆⑤,焉攸令⑥?"

【注释】

①韩信:江苏淮阴人,中国古代著名军事家,以善用兵著称于世。他是汉朝主要的佐命功臣之一,复来为吕后所诛。其事迹见《史记·淮阴侯列传》和《汉书·韩彭英卢吴传》。黥布:安徽六安人,姓英,名布。少时曾因犯罪被黥(脸上刺字),故又称"黥布"。他也是汉朝重要的佐命功臣,后来在刘邦消灭异姓诸侯王时被诛。其事迹见《史记·黥布列传》和《汉书·韩彭英卢吴传》。剑立:带剑而立,指拥有重兵。汪荣宝说:"'剑'读为'捡'。《说文》:'捡,拱也。''捡立'即'拱立'也。"(《法言义疏》卷十四)其说似太迂曲。南面:面向南方。称孤:王侯自称曰"孤",称孤即指为王。韩信曾为齐王、楚王,英布曾为九江王、淮南王,所以这样说。

②卒穷时戮:终于受到杀身灭族的极刑。卒,终于。穷,极。

③无乃:不是。勿:借为"吻"。《说文解字·日部》:"吻,尚冥也。"《广雅·释诂》四:"吻,冥也。"即愚昧之意。

④令:美,善。

⑤躬:自身,亲自。

⑥焉:何。攸:所。

【译文】

韩信、黥布都拥有重兵并且面向南方称王,但终于受到当时的极刑被杀身死,不是太愚昧了吗?

有人说:"如果他们是愚昧的,就不可能有那么大的名声,怎么能说他们是愚昧的呢?"

扬子回答说:"名声是指美好的名声。韩信、黥布不能尽忠到底而自己起来造反,还有什么美好的名声呀?"

10.16   或问淳于越①。

曰:"伎、曲②。"

"请问?"

曰:"始皇方虎挐而枭磔③,噬士犹腊肉也④。越与亢眉⑤,终无挠辞⑥,可谓伎矣。仕无妄之国⑦,食无妄之粟⑧,分无妄之桡⑨,自令之间而不违⑩,可谓曲矣。"

【注释】

①淳于越:齐人,秦始皇时为博士。《史记·秦始皇本纪》记载了始皇三十四年(前213)他在秦始皇面前和周青臣的一场辩论。在辩论中,他主张恢复分封制,并指责周青臣"面谀"、"非忠臣"。

②伎:借为"支",支吾、抵拒之意。汪荣宝说:"'伎'读为'忮'。《说文》:'忮,马强也。'引申为凡强之称。《广雅·释诂》:'忮,强也。'《通俗文》:'强健曰忮。''伎'、'曲'相反为义,谓强而终屈也。"(《法言义疏》卷十四)"忮"义亦是从"支"引申而来,汪说亦通。

曲：屈曲,屈服。

③始皇：秦始皇。捩(liè)：撕裂,折断。枭(xiāo)：一种猛禽,俗称
　　"猫头鹰"。磔(zhé)：撕裂动物肢体。

④噬(shì)：咬,嚼。腊(xī)肉：干肉。汪荣宝说："'腊'读为'醋'。
　　《说文》：'醋,啮也。'"(《法言义疏》卷十四)也通。

⑤与：《法言音义》说："音预。俗本作'兴'字,误。"司马光说："宋、
　　吴本'越与'作'越兴',今从李本。"亢(kàng)眉：扬眉。形容说话
　　时慷慨陈词,没有低声下气的神态。亢,高举。

⑥挠：屈曲。

⑦无妄之国：指秦。无妄,即不望,毋望。是不虞、不可逆料的意
　　思。汪荣宝说："《易·无妄》虞注云：'京氏及俗儒以为大旱之
　　卦,万物皆死,无所复望。'按,《释文》：'马、郑、王肃皆云妄犹望,
　　谓无所希望也。'……毋望犹言之虞也。"(《法言义疏》卷十四)
　　妄,犹望。

⑧粟：指做官领取的俸禄。

⑨桡：汪荣宝读"桡"为"饶",释为"余"(《法言义疏》卷十四)。朱骏
　　声读"桡"为"耀",释为"荣"(《说文通训定声》卷七)。从上下文
　　看,汪说与上面"食无妄之粟"重复,以朱说为是。

⑩自令之间而不违：刘师培曰："'令'与'善'同,'之'与'是'同。
　　'自令之间而不违',犹言独善于无道之朝而不去也。'之间'指
　　秦之朝廷言。"(《扬子法言校补》)

【译文】

有人问对淳于越的看法。

扬子回答说："既耿直倔强,又委曲求全。"

"请问这是什么意思?"

扬子回答说："当时秦始皇正像老虎和猫头鹰撕裂动物肢体一样
对待儒士,残害儒士好像咀嚼肉干一样。淳于越在他面前慷慨地发表

意见，始终没有谄谀的言语。这可以说是耿直倔强了。但淳于越在后果不可预料的秦国做官，领取后果不可预料的俸禄，分享后果不可预料的荣耀，在这样的环境中独善其身而不离去，这就可以说是委曲求全了。"

10.17　或问："茅焦历井干之死①，使始皇奉虚左之乘②。蔡生欲安项咸阳③，不能移④，又亨之⑤，其者未辩与⑥？"

曰："生舍其木侯而谓人木侯⑦，亨不亦宜乎？焦逆讦而顺守之⑧，虽辩，劘虎牙矣⑨。"

【注释】

①茅焦：秦始皇即位初期为秦官。历：经过。井干之死：据刘向《说苑·正谏》记载，秦始皇即位初期，太后私通嫪毐，生子二人。后秦始皇车裂嫪毐，扑杀二弟，迁太后于萯阳宫，还诛杀以此事进谏者二十七人。"井干之尸"就是形容被诛杀者陈尸阙下，纵横交错的情况。井干，井栏。死，汪荣宝说："'死'当为'尸'。《渊骞》'力不足而死有余'，宋、吴本作'力不足而尸有余'。明二字亦形近易误。"（《法言义疏》卷十四）

②虚左之乘（shèng）：空着左边位子的车。史载茅焦继二十七人之后冒死进谏，秦始皇接受了他的意见，"立驾千乘万骑，空左方，自行迎太后萯阳宫，归于咸阳"。乘，四马拉的车。

③蔡生欲安项咸阳：《史记·项羽本纪》记载，秦朝灭亡后，项羽焚毁咸阳宫室，欲东归故乡，有人建议他定都关中。裴骃《集解》说："《楚汉春秋》、《扬子法言》云说者是蔡生，《汉书》云是韩生。"到底是什么人，已经无法确定。

④不能移:没有能改变项羽的主意。刘师培说:"《学林》二引'不'上有'项'字。"(《扬子法言校补》)

⑤亨:"烹"本字,指项羽烹杀蔡生或韩生。

⑥其者:与"其诸"同,或者、大概的意思。陶鸿庆说:"'者'读为'诸'。五臣注本作'或者',与'其诸'义同。《音义》以'者'为衍字,失之。"(《读诸子札记》十四)辩:巧言。

⑦木侯:《史记》、《汉书》皆作"沐猴",即猕猴。项羽没有听从蔡生定都关中的建议,蔡生就骂他是"沐猴而冠",意思是说项羽徒然穿戴着人的衣冠,其实是像猴子一样不懂事。

⑧讦(jié):揭露,攻击。

⑨劘(mó):摩,摸。

【译文】

有人问:"茅焦越过纵横交错如井栏般的尸体去进行谏说,终于使秦始皇回心转意用空着左边位置的车去迎接太后。蔡生企图让项羽定都咸阳安据关中,却没能使项羽改变主意,反而被项羽烹杀,大概是他说话不够巧妙吧?"

扬子回答说:"蔡生忘了自己像猴子一样不懂事,却骂别人像猴子一样不懂事,他被烹杀不是很自然吗? 茅焦违抗秦始皇的命令去批评他,又用秦始皇愿听的话来感动他以保护自己,虽然言辞巧妙,却像摸弄老虎的牙齿一样危险呀!"

10.18　或问:"甘罗之悟吕不韦①,张辟彊之觉平、勃②,皆以十二龄③,戊、良乎④?"

曰:"才也。戊、良不必父祖。"

【注释】

①甘罗:战国末年楚国人,秦相甘茂之孙。其事迹见《史记·樗里

子甘茂列传》。吕不韦：战国末年卫国人。他因拥立秦庄襄王有功，被任为相国，封文信侯。秦始皇即位初期，仍任相国。门下有宾客三千，家僮万人，曾集门客编著了《吕氏春秋》一书。后始皇亲政，被免职，流放蜀郡自杀。其事迹见《史记·吕不韦列传》。据《史记·樗里子甘茂列传》记载，甘罗十二岁时为秦相吕不韦家臣，吕不韦派张唐相燕，张唐不肯，甘罗自荐去说服张唐，吕不韦看不起他，甘罗说："大项橐生七岁为孔子师，今臣生十二岁于兹矣，君其试臣，何遽叱乎？"终于使吕不韦同意了他的要求。

②张辟彊：汉初时人，张良之子。觉：悟。平：陈平，秦末汉初阳武人。他先追随项羽，后归附刘邦，成为重要的谋士和佐命功臣之一。汉朝建立，封曲逆侯。惠帝、吕后时，仕至丞相。吕后死，他和太尉周勃一起诛除诸吕，迎立文帝。其事迹见《史记·陈丞相世家》和《汉书·张陈王周传》。勃：周勃，汉初沛县人。他追随刘邦起义，成为重要的佐命功臣之一。汉朝建立，封绛侯。惠帝、吕后时，仕至太尉。因诛吕安刘之功居首，文帝时，曾为丞相。其事迹见《史记·绛侯周勃世家》和《汉书·张陈王周传》。据《史记·吕太后本纪》记载，惠帝死时，吕后哭而无泪。侍中张辟彊对左丞相陈平说："帝毋壮子，太后畏君等。君今请拜吕台、吕产、吕禄为将，将兵居南、北军，及诸吕皆入宫，居中用事。如此则太后心安，君等幸得脱祸矣。"陈平等从其计，后来陈平和周勃又同意吕后封诸吕为王。

③皆以十二龄：甘罗说吕不韦是十二岁，张辟彊说陈平和周勃，据《史记·吕太后本纪》和《汉书·外戚传》，则为十五岁。

④戊：五臣注本作"茂"。"戊"本音"茂"，与"茂"通。甘茂，甘罗的祖父。其事迹见《史记·樗里子甘茂列传》。良：张良，字子房，张辟彊的父亲。他出身韩国贵族。在秦末反秦斗争中，曾一度企图复兴韩国。后追随刘邦，成为主要谋士和佐命功臣之一。

汉朝建立,封留侯,其事迹见《史记·留侯世家》和《汉书·张陈
王周传》。

【译文】

有人问:"甘罗启发吕不韦,使吕不韦同意他去说服张唐相燕;张辟
疆启发陈平、周勃,使陈平、周勃认识到惠帝死后吕后哭而无泪的原因,
当时都只有十二岁,是不是出于甘罗的祖父甘茂、张辟疆的父亲张良的
指教呢?"

扬子回答说:"这是出于他们自己的才能。既然甘茂、张良能干出
一番大事业不必出于父亲或祖父的指教;甘罗、张辟疆的行事同样也可
以不必出于父亲或祖父的指教。"

10.19　或问:"郦食其说陈留①,下敖仓②,说齐罢历下
军③,何辩也!韩信袭齐④,以身脂鼎⑤,何讷也⑥?"

曰:"夫辩也者,自辩也;如辩人,几矣⑦。"

【注释】

①郦食其(lì yì jī):秦朝人,落魄儒生。后投奔刘邦,成为其谋士,
　以能言善辩著称。其事迹见《史记·郦生陆贾列传》和《汉书·
　郦陆朱刘叔孙传》。说(shuì)陈留:在刘邦攻秦的过程中,郦食其
　游说刘邦顺利地攻下陈留,为刘邦以后的胜利提供了有利的条
　件。说,游说。陈留,古地名。在今河南开封东南。

②下敖仓:在刘邦与项羽的战争中,刘邦因屡遭失败,曾想放弃敖
　仓,郦食其向刘邦陈说了取得敖仓据有其大批存粮的重要。刘
　邦遂复取敖仓,为以后的胜利创造了条件。敖仓,秦朝的大粮仓
　之一,因在敖山上,故名"敖仓"。敖山在今河南郑州西北。

③说齐罢历下军:齐王田广与其相国田横曾屯兵历下以防御汉兵,
　郦食其赴齐游说齐王降汉。田广和田横同意降汉,于是放松了

在历下的兵守战备。齐,指秦汉之际的齐王田广。秦末陈胜、吴广起义以后,六国贵族后裔亦纷纷起兵恢复故国。故齐王族田儋与其从弟田荣、田横亦起兵,并自立为齐王。后田荣又杀田儋之子田市,自立为齐王。田荣为人所杀后,田横又立田荣之子田广为齐王。历下,古地名,因在历山下,故名"历下"。历山在今山东济南西。

④韩信:江苏淮阴人,中国古代著名军事家,以善用兵著称于世。他是汉朝主要的佐命功臣之一,后来为吕后所诛。

⑤以身脂鼎:拿自己的身体去润滑鼎,指郦食其被田广投入鼎中烹杀。脂,此处作动词用,意为抹油使东西润滑。

⑥讷:拙于言辞。后韩信将兵攻齐,齐王田广以为郦食其前来游说他降汉是欺骗他,责成他前去说韩信退兵,郦食其却说:"而公不为若更言。"遂为齐王所烹。

⑦几:危。

【译文】

有人问:"郦食其说服刘邦攻取陈留,占领敖仓,又说服齐王田广放弃驻守历下的军队的防务,话说得多么巧妙呀! 可是等到韩信袭击齐国,郦食其被齐王丢到鼎里烹煮的时候,为什么说话又那么笨拙了呢?"

扬子回答说:"巧于言辞,是要用巧妙的言辞为自己辩护;如果拿巧妙的言辞去玩弄别人,那就太危险了。"

10.20　或问:"蒯通抵韩信①,不能下,又狂之。"

曰:"方遭信闭②,如其抵!"

曰:"巇可抵乎③?"

曰:"贤者司礼④,小人司巇,况拊键乎⑤!"

【注释】

①蒯通:本名"蒯彻",秦、汉之际的策士。因避汉武帝讳,《史记》、《汉书》改为"蒯通"。其事迹见《汉书·蒯伍江息夫传》。抵:结合下文看,即"抵巇"之"抵",是乘隙而入的意思,实际上是"抵"字本义——挤的引申义。汪荣宝认为应当作"扺":"《说文》:'扺,侧击也。从手,氏声。''抵,挤也。从手,氐声。'此文'蒯通抵韩信',即史迁云'为奇策感动之',字当作'扺'。今各本并作'抵',故《音义》读都礼切。而吴注亦云:'抵,挤也。'谓其谈说若挤排使之。则其误为已久矣。以奇策感动,谓不以直言正谏,而纡回其辞以触发之,正侧击之谓。以为挤排,于义未协。"(《法言义疏》卷十四)汪说认为不能以"抵"字本义为释是对的,但其读"抵"为"扺"亦不可取,因为这样解释就和下面"巇可抵乎"句意联系不起来了。

②方:正,当,引申为立刻的意思。闭:关,塞,引申为拒绝的意思。

③巇(xī)可抵乎:如果有罅隙就可以抵了吗? 巇,间隙。这里是与上文"闭"字相对而言。

④司:通"伺",侦候、察视。

⑤拊(fǔ):拍,击。键:门闩。

【译文】

有人问:"蒯通离间韩信和刘邦的关系,没有达到目的,就又装起疯来。对这件事你怎么看呢?"

扬子回答说:"一下子就遭到韩信的拒绝,这就是他离间的结果!"

那人问:"如果有间隙,就可以乘隙而入进行离间吗?"

扬子回答说:"贤人行动要看是不是符合礼,小人行动才看是不是有隙可乘,何况本来无隙可乘,偏要去撞门闩呢? 怎么会不失败呀!"

10.21　或问:"李斯尽忠^①,胡亥极刑^②,忠乎?"

曰:"斯以留客,至作相^③,用狂人之言,从浮大海^④,立赵高之邪说^⑤,废沙丘之正^⑥,阿意督责^⑦,焉用忠?"

"霍^⑧?"

曰:"始元之初^⑨,拥少帝之微^⑩,摧燕、上官之锋^⑪,处废兴之分^⑫,堂堂乎忠^⑬,难矣哉! 至显,不终矣^⑭。"

【注释】

①李斯(? —前208):战国末年楚国上蔡人,著名的政治家。他以客卿身份得到秦始皇的赏识,成为秦始皇统一天下的得力助手。秦朝建立,任丞相。

②胡亥:秦始皇次子。公元前210年秦始皇死后,他在赵高和李斯的支持下,夺取了帝位,即秦二世。公元前207年被赵高杀死。其事迹见《史记·秦始皇本纪》。

③"斯以留客"二句:李斯本来是楚人,入秦为客卿。公元前237年秦下令逐客,李斯上《谏逐客书》,秦始皇遂取消逐客令,李斯才得以留下来,后来又做了丞相。

④"用狂人"二句:指李斯以吹捧秦始皇超过三皇五帝的狂妄言辞取得秦始皇的信任,跟随秦始皇巡游全国(表面上说"从浮大海",实际上是指"从游全国"。这从下面讲的"立赵高之邪说,废沙丘之正"就可以看出来)。如相传为李斯手笔的始皇二十八年《琅邪刻石》说:"皇帝之明,临察四方。……人迹所至,无不臣者。功盖五帝,泽及牛马。莫不受德,各安其宇。"(《史记·秦始皇本纪》)

⑤赵高之邪说:据《史记·李斯列传》记载,秦始皇死后,赵高游说胡亥和李斯,诈为始皇遗诏,杀死长子扶苏,立胡亥为皇帝。赵

高,秦宦官。本赵国人,曾教胡亥学习律令。始皇时,任中车府令,又管行符玺事。二世时,任郎中令,居中用事。后杀李斯,任中丞相。不久又杀胡亥,立子婴为秦王。旋为子婴所杀。

⑥沙丘之正:指秦始皇正确的遗诏。据《史记·秦始皇本纪》记载,秦始皇死前曾"为玺书赐公子扶苏,曰:'与丧会咸阳而葬。'"是想让扶苏继承帝位。沙丘,古地名,在今河北广宗。公元前210年,秦始皇在巡游途中死于此地。

⑦阿意督责:指李斯为了保住自己的爵禄,投秦二世之所好,上书献"督责"之术。据《史记·李斯列传》记载,李斯"书奏,二世悦,于是行督责益严,税民深者为明吏。二世曰:'若此则可谓能督责矣。'刑者相半于道,而死人日成积于市,杀人众者为忠臣。二世曰:'若此则可谓能督责矣。'"阿意,曲顺人意。督责,督察然后给以处罚。

⑧霍:霍光,字子孟。公元前81年,汉武帝临死时,以他为大司马大将军,封博陆侯,与金日磾、上官桀、桑弘羊等共受遗诏,辅佐太子弗陵,即汉昭帝。昭帝死后,他迎立昌邑王刘贺为帝,不久即废之,改立汉宣帝。前后执政凡二十年。其事迹见《汉书·霍光金日磾传》。这句话是问霍光是否尽了忠。

⑨始元之初:原作"始六之诏"。司马光说:"李本作'始六世之诏',宋、吴本作'始六之诏'。《法言音义》说:"'始六世之诏',天复本作'始元之初'。"汪荣宝认为应作"始元之初",并说:"孝昭即位,明年为始元元年。始元七年八月,改是年为元凤元年。则'始元之初'者,谓孝昭之初年也。"(《法言义疏》卷十五)因据改。刘师培说:"作'始六世之诏'是也。'六世'者,汉由高祖至武帝,计六君也。'诏'谓制令之属。《尔雅·释诂》训'基'为'始','始'犹'基'也。'始六世之诏'者,言霍光之治以先世之制令为其基,犹言本六世之令也。与贾谊《新书·过秦篇》'奋六世之余烈',词

例相似。作'始元之初'者,则俗儒不达'始'字之义所妄改也。宋嘉祐本亦作'始六世之诏'。"(《扬子法言校补》)刘说虽亦能通,但过于迂曲。这里是强调霍光辅政初期处境困难的意思,故应以汪说为宜。

⑩拥少帝之微:昭帝即位时年仅八岁,一切政事都决定于霍光,故云。

⑪摧燕、上官之锋:挫败了燕王旦、上官桀等人的阴谋。据《汉书·霍光传》记载,元凤元年(前80)上官桀与其子骠骑将军上官安、御史大夫桑弘羊、昭帝庶姊鄂邑盖长公主、庶兄燕王旦勾结,企图杀霍光,废昭帝,立燕王为皇帝。"事发觉,光尽诛桀、安、弘羊、外人宗族。燕王、盖主皆自杀。光威震海内。"燕,燕王旦,昭帝庶兄。其事迹见《汉书·武五子传》。上官:上官桀。汉武帝时仕至太仆、左将军,与霍光等共受遗诏辅佐昭帝。

⑫处废兴之分(fèn):指霍光处在掌握废立皇帝大权的地位。这里是指昭帝死后,无子继承皇位。群臣议立武帝子广陵王胥,霍光不同意,而立武帝孙昌邑王贺。旋又废贺,立戾太子之孙刘询,是为宣帝。废兴,世德堂本作"兴废"。分,职责、名位。

⑬堂堂:光明正大的样子。

⑭至显,不终矣:显,霍光的妻子。显想使小女成君成为宣帝的皇后,于是唆使女医淳于衍毒死宣帝许皇后。诸医被捕下狱。显恐怕暴露真相,乃使霍光上奏宣帝,释放被捕的医生,不再追究这件事。

【译文】

有人问:"李斯尽忠于秦,秦二世胡亥却处他以极刑,到底该不该尽忠呀?

扬子回答说:"李斯以留下来的客卿身份,一直到成为丞相,他用吹捧秦始皇胜过三皇五帝的狂妄言辞取得信任,跟随秦始皇巡游海上,秦始皇死后,他又支持赵高立胡亥为皇帝的邪说,窜改了秦始皇在沙丘立下的召公子扶苏回咸阳奔丧并继承帝业的正确遗诏。秦二世上台后,他曲顺秦二世的意旨,献'督责之术',对臣民进行严密的监视和残酷的迫害。他什么地方忠呀?"

"霍光是不是忠呀?"

扬子回答说:"始元初年,霍光拥戴年少力弱的昭帝,挫败了燕王旦、上官桀等杀人谋反的阴谋,处在掌握废立皇帝大权的地位,堂皇正大,忠心耿耿,真不容易做到呀!后来包庇妻子显毒死宣帝许皇后的罪过,却没有忠到底。"

10.22　或问:"冯唐面文帝①,得廉颇、李牧不能用也②。谅乎③?"

曰:"彼将有激也④。亲屈帝尊,信亚夫之军⑤,至颇、牧,曷不用哉?"

"德⑥?"

曰:"罪不孥⑦,宫不女⑧,馆不新⑨,陵不坟⑩。"

【注释】

①冯唐:西汉文、景时人,其事迹见《史记·张释之冯唐列传》和《汉书·张冯汲郑传》。文帝:汉文帝刘恒,公元前179—前157年在位。他是比较有作为的君主,为西汉王朝的繁荣昌盛奠定了基础。其事迹见《史记·孝文本纪》和《汉书·文帝纪》。

②廉颇、李牧:都是我国古代著名的军事将领,战国末年赵国人。其事迹见《史记·廉颇蔺相如列传》。

③谅乎:的确是这样吗?谅,诚信。《说文解字·言部》:"谅,信也。"

④彼将有激也:这是说冯唐故意拿话刺激文帝。据《史记·张释之

冯唐列传》记载，汉文帝时，云中守魏尚数败匈奴，屡立战功。后来因为"坐上功首虏差六级"，被撤职并逮捕入狱。冯唐为此事愤愤不平，所以当汉文帝慨叹时无廉颇、李牧之将时，他就先拿话刺激文帝，接着就为魏尚伸冤。于是汉文帝令冯唐持节赦魏尚，复以为云中守，并拜冯唐为车骑都尉。所以扬雄认为冯唐的话是有感而发。彼，指冯唐。

⑤亲屈帝尊，信亚夫之军：据《史记·绛侯周勃世家》记载，汉文帝后元六年(前157)，北方匈奴入侵。文帝使刘礼、徐历、周亚夫率军分驻霸上、棘门、细柳以御之。文帝劳军，至霸上、棘门，长驱直入，将领下马迎送。至细柳，不能入；既入，又不许驱驰。将领皆以军礼见。文帝出来后称赞说："嗟乎！此真将军矣！曩者霸上、棘门军若儿戏耳，其将固可袭而虏也。至于亚夫，可得而犯邪！"信，借为"伸"，这里是赞扬、支持的意思。世德堂本"信"上有"以"字。亚夫，周亚夫，西汉功臣周勃之子，中国古代著名军事将领。汉景帝时，任太尉，平定吴、楚七国之乱，迁为丞相。其事迹见《史记·绛侯周勃世家》和《汉书·张陈王周传》。

⑥德：这是问文帝之德如何。

⑦罪不孥：一人有罪，不牵连家属。《史记·孝文本纪》元年："除收孥诸相坐律令。"孥，本指子女，这里统指家属。

⑧宫不女：皇宫里不留过多的女子。《孝文本纪》载后元七年遗诏："归夫人以下至少使。"《集解》引应劭说："夫人以下有美人、良人、八子、七子、长使、少使，凡七辈，皆遣归家，重绝人类也。"

⑨馆不新：不新建宫室。《孝文本纪》后元六年："孝文帝从代来，即位二十三年，宫室苑囿狗马服御无所增益，有不便，辄弛以利民。"

⑩陵不坟：不起高大的冢墓。《孝文本纪》后元六年："治霸陵皆以瓦器，不得以金银铜锡为饰，不治坟，欲为省，毋烦民。"陵，皇帝

的冢墓。坟,高大的土堆。

【译文】

有人问:"冯唐当面说汉文帝即使得到像廉颇、李牧那样的良将也不能任用他们,的确是这样吗?"

扬子回答说:"这是冯唐有意刺激文帝。文帝能放下皇帝的尊严,赞扬周亚夫治军有方,若遇到像廉颇、李牧这样的良将,怎么会不用呢?"

"请问文帝的德行如何?"

扬子回答说:"一人有罪不牵连家属,皇宫里不留纳过多的宫女,生前不新建宫馆苑囿,死后不建高大的冢墓。这就是文帝的德行。"

10.23　或问交①。

曰:"仁。"

问:"余、耳②?"

曰:"光初③。"

"窦、灌④?"

曰:"凶终⑤。"

【注释】

①或问交:这段话的意思是,有人问交友之道。下文回答说,要相交以仁。

②余、耳:陈余、张耳。二人皆秦朝大梁人,曾"相与为刎颈交"。秦末二人占据河北,先后拥立武臣、旧贵族赵歇为赵王。后二人闹翻,张耳投奔刘邦,陈余兵败被杀。汉朝建立,张耳受封赵王。其事迹见《史记·张耳陈余列传》和《汉书·张耳陈余传》。

③光初:开始好。这是说张耳、陈余的生死之交有始无终,后来互

④窦、灌:窦婴、灌夫。窦婴是窦太后之侄,景帝时为大将军,武帝初为丞相。他与灌夫相善,结为知交。后来失势,别人都疏远他,独灌夫遇之如故。其事迹见《史记·魏其武安侯列传》和《汉书·窦田灌韩传》。

⑤凶终:以罹祸结束。窦婴和灌夫最后因得罪丞相武安侯田蚡,都被杀。

【译文】

有人问相互交往的原则。

扬子回答说:"相互交往要讲究仁爱。"

那人问:"陈余、张耳的交往怎么样呢?"

扬子回答说:"以光彩照人开始,但有始无终。"

"窦婴、灌夫的交往怎么样?"

扬子回答说:"开始虽然好,但以得罪被杀结束。"

10.24　或问信。

曰:"不食其言①。"

"请人②。"

曰:"晋荀息③,赵程婴、公孙杵臼④,秦大夫凿穆公之侧⑤。"

问义⑥。

曰:"事得其宜之谓义⑦。"

【注释】

①不食其言:不背弃自己的诺言。食,吃,引申为消灭、忘记。

②请人:请举出不食其言的人。

③晋：周代姬姓诸侯国之一。初，周成王封弟叔虞于唐（在今山西翼城西），叔虞子燮文改称晋。公元前376年，分裂为韩、赵、魏三国。荀息：春秋时期晋国大夫。晋献公杀太子申生，立骊姬子奚齐为太子，使荀息辅之。荀息对献公说："臣竭其股肱之力，加之以忠贞。其济，君之灵也；不济，则以死继之。"（《左传》僖公九年）献公死，奚齐立。后来奚齐被大夫里克杀死，荀息又立骊姬之子卓子。里克又杀卓子，荀息乃自杀。所以《公羊传》僖公十年评论说："荀息可谓不食其言矣。"

④赵：战国时期诸侯国之一。赵氏原为晋国大夫。公元前五世纪中叶，赵与韩、魏三家分晋，公元前403年被周威烈王承认为诸侯，公元前222年为秦所灭。程婴、公孙杵臼：春秋时期晋大夫赵朔之友。晋景公时，大夫屠岸贾族诛赵氏，赵朔有遗腹子赵武。公孙杵臼以别人的孩子冒充赵武，故意使程婴告发而杀之，公孙杵臼亦死。然后程婴携赵武匿于山中。等到赵武长大，晋大夫韩厥等杀屠岸贾，晋景公乃复赵武爵位田邑。程婴后亦自杀以报赵氏。事见《史记·赵世家》，但其情节和《左传》成公八年所记有所不同。

⑤秦：秦国。秦本来是东周时期的一个诸侯国。自秦孝公用商鞅变法，国势逐渐强盛。秦王嬴政二十六年（前221）兼并诸侯，统一中国，建立了秦朝。这是我国历史上第一个中央集权的专制主义封建王朝。公元前206年为汉所灭。凿穆公之侧：意为葬于穆公之侧，即殉葬。《左传》文公六年："秦伯任好卒，以子车氏之三子奄息、仲行、𬬻虎为殉，皆秦之良也。国人哀之，为之赋《黄鸟》。"杜预注："子车，秦大夫氏也。"《史记·秦本纪》："三十九年，缪公卒，葬雍。……秦之良臣子舆氏三人名曰奄息、仲行、𬬻虎，亦在从死之中。秦人哀之，为作歌《黄鸟》之诗。"《正义》引应劭说："秦穆公与群臣饮酒酣。公曰：'生共此乐，死共此哀。'

于是奄息、仲行、鍼虎许诺。及公薨，皆从死。"凿，《法言音义》
说："颜师古《汉书》注曰：'凿谓所穿冢藏，音在到切，或如字。'"
颜师古注见《汉书·楚元王传》附《刘向传》。刘向上汉成帝谏葬
书说："其后牧儿亡羊，羊入其凿，牧者持火照求羊，失火烧其臧
椁。"可见"凿"作动词当穿孔讲，作名词当洞穴讲，用在冢葬则指
墓道。穆公，秦穆公任好，公元前 659—前 621 年在位。

⑥问义：李轨注说："既闻诸贤之信，又问于义谁得。"即问以上各人
之行事合不合义。

⑦宜：适合，应当。李轨注说："义者，得死生之宜也。不得死生之
宜者，非义也。若程婴、杵臼，兼乎信义者也。秦、晋大夫，止可
谓重言之信，蹈义则未也。"可供参考。

【译文】

有人问怎样算是有信用。

扬子回答说："不背弃自己的诺言。"

"请举出有信用的人。"

扬子回答说："晋国的大夫荀息为辅佐骊姬的儿子而死，赵朔的友
人程婴和门客公孙杵臼不怕牺牲保护赵朔的儿子赵武，秦国的大夫奄
息、仲行、鍼虎履行诺言殉葬在秦穆公的墓旁。这都是有信用的人。"

有人问怎样做才符合义。

扬子回答说："办事情做得恰好适当就叫做义。"

10.25　或问："季布忍焉①，可为也?"

曰："能者为之，明哲不为也②。"

或曰："当布之急，虽明哲，如之何?"

曰："明哲不终项仕③。如终项仕，焉攸避④?"

【注释】

①季布:秦、汉间楚地人。原为项羽部将,将兵数次围困刘邦。项羽失败后,刘邦悬赏捉拿他,乃卖身为奴。后得赦免,仕汉至河东守。其事迹见《史记·季布栾布列传》和《汉书·季布栾布田叔传》。

②明哲:明白事理的人。

③项仕:做项羽的官,即追随项羽。"项"指项羽。世德堂本无此二字。

④焉:何。攸:所。

【译文】

有人问:"季布真能忍受屈辱,可以这样忍受屈辱吗?"

扬子回答说:"有本领的人这样做,明白事理的人不这样做。"

那人说:"当季布被刘邦追捕得十分危急的时候,就是明白事理,又有什么办法呢?"

扬子回答说:"明白事理就不会追随项羽到底。如果追随项羽到底,又怎么能避免屈辱呢?"

10.26　或问贤。

曰:"为人所不能①。"

"请人②。"

曰:"颜渊、黔娄、四皓、韦玄③。"

问长者④。

曰:"蔺相如申秦而屈廉颇⑤,栾布之不倍⑥,朱家之不德⑦,直不疑之不校⑧,韩安国之通使⑨。"

【注释】

① 为人所不能：这段话意思是，有人问什么样的人是贤人。回答说，能够做一般人办不到的事就是贤人。

② 请人：请举出这样的贤人。

③ 颜渊：颜回（前521—前490），字子渊，春秋末年鲁国人。他是孔子认为最有德行的学生，孔丘曾称赞他："贤哉，回也！一箪食，一瓢饮，在陋巷，人不堪其忧，回也不改其乐。"（《论语·雍也》）黔娄：春秋末年齐国人。据说齐、鲁之君曾以厚礼聘其为卿相，黔娄辞而不受。他是传说中安于贫贱、不求富贵的典型人物。其事迹见皇甫谧《高士传》和刘向《列女传·贤明传》。四皓：即商山四皓东园公、绮里季、夏黄公、甪里先生。秦末此四人避乱商山中，因年老须眉皓白，时称"商山四皓"。刘邦曾招致之，不至。后来刘邦想废掉太子刘盈，吕后用张良计，请此四人跟随刘盈，以张声势，太子之位得以保全。韦玄：即韦玄成，字少翁。扶阳侯韦贤少子。宣帝时，其父死，他曾为佯狂，以让爵于兄。元帝时，曾仕御史大夫、丞相。其事迹见《汉书·韦贤传》。五臣注本有"成"字。司马光说："李、宋、吴本无'成'字。《音义》曰：'天复本作"韦玄成"。'今从之。"

④ 长者：道德高尚、待人忠厚的人。

⑤ 蔺相如：战国后期赵国人，因完璧归赵和在渑池之会上保护赵王有功，拜为上卿，与大将廉颇共同辅政。其事迹见《史记·廉颇蔺相如列传》。申秦：即申理于秦。秦昭王想以十五城为诱饵骗取赵惠文王的和氏璧，蔺相如自告奋勇奉璧入秦，见秦王无诚意遂使随从间道怀璧归赵。后来秦、赵渑池之会，秦王要赵王鼓瑟以辱之，蔺相如又以死要挟秦王击缶，保全了赵国的尊严。世德堂本"申"作"伸"。屈廉颇：屈意于廉颇。蔺相如拜上卿后，位在廉颇之右。廉颇自以功大不服，常常故意寻衅挑事，相如每每屈

己退让，不与争执。后廉颇受感动负荆请罪，两人结为生死之交。

⑥栾布之不倍：栾布原为梁王彭越之友，彭越派他出使齐。未还，汉朝以谋反诛彭越。栾布返回后，冒死"奏事彭越头下，祠而哭之"。栾布，西汉初年人，其事迹见《史记·季布栾布列传》和《汉书·季布栾布田叔传》。不倍，原作"不涂"。《法言音义》说："'栾布之不涂'，天复本作'不倍'。"汪荣宝说："作'不倍'于义为长，今从之。"（《法言义疏》卷十五）"倍"与"背"通，违背、背离的意思。

⑦朱家：西汉初年人，以任侠闻名当世。其事迹见《史记·游侠列传》和《汉书·游侠传》。不德：不矜其德，不以德自居。史载朱家"所藏活豪士以百数，其余庸人不可胜言。然终不伐其能，歆其德。诸所尝施，唯恐见之。……既阴脱季布将军之厄，及布尊贵，终身不见也。"

⑧直不疑：姓直，名不疑。西汉文、景时人。以受诬不自辩出名。后曾任御史大夫。其事迹见《史记·万石张叔列传》和《汉书·万石卫直周张传》。不校：不计较，不分辩。史载直不疑为郎时，同舍郎有金为别人拿去，怀疑是直不疑偷了，"不疑谢有之，买金偿"。直不疑没有哥哥，却有人诬陷他盗嫂，他也"终不自明"。

⑨韩安国之通使：景帝母弟梁孝王恃窦太后所爱，多所逾制，为景帝所疑。时韩安国为梁使，乃见景帝姊大长公主，为梁王辩解，帝意乃解。韩安国，字长孺。西汉景帝时，曾事梁孝王为中大夫。武帝时，曾任御史大夫。其事迹见《史记·韩长孺列传》和《汉书·窦田灌韩传》。

【译文】

有人问什么样的人是贤人。

扬子回答说："能够做一般人所不能做的事就是贤人"。

"请举出这样的贤人。"

扬子回答说:"颜渊、黔娄、商山四皓、韦玄,就是这样的贤人。"

问谁是道德高尚待人忠厚的长者。

扬子回答说:"蔺相如敢和秦王斗争却能对廉颇委曲退让,栾布不背弃彭越对自己的恩惠,朱家帮助别人却不夸耀自己的恩德,直不疑不计较别人对自己的误解和诬陷,韩安国暗中去长安为梁孝王解除景帝对他的疑心。这些人都是道德高尚待人忠厚的长者。"

10.27　或问臣自得①。

曰:"石太仆之对②,金将军之谨③,张卫将军之慎④,丙大夫之不伐善⑤。"

"请问臣自失⑥?"

曰:"李贰师之执贰⑦,田祁连之滥帅⑧,韩冯翊之愬萧⑨,赵京兆之犯魏⑩。"

【注释】

①臣自得:五臣注本"臣"下有"之"字。

②石太仆之对:史载石庆非常谨慎。当其为太仆时,有一次汉武帝出门,问石庆车上套了几匹马。石庆亲自以策数马,数毕才举手回答:"六马。"石太仆,指石庆。汉武帝时,曾任太仆、丞相。其事迹见《史记·万石张叔列传》和《汉书·万石卫直周张传》。太仆,汉代中央政府的九卿之一,掌管皇帝的舆马之事。

③金将军之谨:史载金日磾侍武帝,"目不忤视者数十年。赐出宫女,不敢近。上欲内其女后宫,不肯。其笃慎如此,上尤奇异之"。金将军,金日磾,字翁叔,本匈奴人。汉武帝时,曾任侍中、驸马都尉、光禄大夫、车骑将军。后受武帝遗诏,与霍光同辅昭

帝。其事迹见《汉书·霍光金日磾传》。

④张卫将军之慎：五臣注本"慎"上有"善"字。史载张安世居官非常谨慎，不求名利权势，隐人之恶而扬人之善。张卫将军，张安世，字子孺。汉武帝时，曾任光禄大夫。昭帝时，曾任右将军、光禄勋。宣帝时，曾任车骑将军、大司马、卫将军。其事迹见《汉书·张汤传》。卫将军，汉官名。主管京都和皇宫的保卫工作。

⑤丙大夫之不伐善：汉武帝末年，巫蛊之祸起，卫皇后及太子据均被迫自杀。太子孙刘询时年幼，受牵连系狱，得到丙吉的照顾和保护。后刘询（即宣帝）即位，丙吉从不表白自己的功劳。丙大夫，丙吉，字少卿。汉昭帝时，曾任光禄大夫。宣帝时，曾任御史大夫、丞相。其事迹见《汉书·魏相丙吉传》。伐，矜夸。

⑥臣自失：五臣注本"臣"下有"之"字。

⑦李贰师：李广利，汉武帝宠妃李夫人之弟，曾为贰师将军。其事迹见《汉书·张骞李广利传》。贰师，本是西汉时西域大宛国城名，产好马。太初元年（前104），汉武帝命李广利征大宛，"期至贰师城取善马，故号贰师将军"。执贰："贰"有离异之意，故称臣仕二主之人为"贰臣"。"执贰"指李广利之投降匈奴，后为匈奴单于杀死。其事见《汉书·匈奴传》。世德堂本作"执二"。

⑧田祁连：田广明，字子公。汉宣帝时，曾任御史大夫、祁连将军。又"以祁连将军将兵击匈奴"。其事迹见《汉书·酷吏传》和《匈奴传》。祁连，《汉书·宣帝纪》注引应劭说："祁连，匈奴中山名也。诸将分部，广明值此山，因以为号也。"滥帅：指田广明奉命率兵出征匈奴，明知匈奴在前，故意谎报不见匈奴，引军不战而还。结果被下狱，自杀死。滥，失实。

⑨韩冯翊之愬萧：史载韩延寿为左冯翊时，听说御史大夫萧望之要查问自己为东郡太守时滥用公款的事，就上书告发萧望之在任左冯翊时滥用廪牺官钱。审问结果，韩延寿事实俱在，而萧望之

卒无其事,于是韩延寿以"上僭不道"、"诬愬典法大臣"之罪弃市。韩冯翊,韩延寿,字长公。汉宣帝时,曾任东郡太守、左冯翊,故称为"韩冯翊"。其事迹见《汉书·赵尹韩张两王传》。冯翊,左冯翊,汉官名。武帝太初元年,将左、右内史和主爵都尉更名为京兆尹、左冯翊、右扶风,负责治理京都地区,谓之"三辅"。萧,萧望之,字长倩。汉宣帝时,曾任左冯翊、御史大夫、太子太傅等,其事迹见《汉书·萧望之传》。愬,告发。

⑩赵京兆之犯魏:史载赵广汉为京兆尹时,丞相魏相追查赵广汉无辜杀人事甚急。赵广汉想以事威胁魏相,使其不再追查自己的事,于是告发丞相夫人杀婢,结果以不符合事实被腰斩。赵京兆,赵广汉,字子都。汉昭帝、宣帝时,曾任京兆尹,故称为"赵京兆"。其事迹见《汉书·赵尹韩张两王传》。魏,魏相,字弱翁。汉昭帝时,曾任河南太守。宣帝时,曾任大司农、御史大夫、丞相。其事迹见《汉书·魏相丙吉传》。

【译文】

有人问做臣子的因自己的行为得到好处的有什么人。

扬子回答说:"太仆石庆小心地回答皇帝的问话,将军金日磾谨慎地侍奉武帝,卫将军张安世周到地履行自己的职务,大夫丙吉不夸耀自己在宣帝幼年时对他的照顾。这些人都因自己的行为得到了好处。"

"请问做臣子的因自己的行为受到惩罚的有什么人?"

扬子回答说:"贰师将军李广利背叛汉朝投降匈奴反被匈奴杀死,祁连将军田广明率兵征伐匈奴却谎报不见匈奴因而被下狱自杀身死,左冯翊韩延寿上书告发萧望之反被以诬告罪杀害,京兆尹赵广汉因冒犯魏丞相而被腰斩。这些人都因自己的行为受到了惩罚。"

10.28　或问持满①。

曰:"扼欹②。"

【注释】

①持：保持，掌握。

②扼：拿住。敧：原无此字，依五臣注本补。司马光说："李本无
'敧'字，今从宋、吴本。"敧，倾斜，不正。李轨注以敧器释之。关
于敧器的最早记载，见于《荀子·宥坐》："孔子观于鲁桓公之庙，
有敧器焉。孔子问于守庙者曰：'此为何器？'守庙者曰：'此盖为
宥坐之器。'孔子曰：'吾闻宥坐之器者，虚则敧，中则正，满则
覆。'孔子顾谓弟子曰：'注水焉。'弟子挹水而注之。中而正，满
而覆，虚而敧。孔子喟然而叹曰：'吁！恶有满而不覆者哉？'子
路曰：'敢问持满有道乎？'孔子曰：'聪明圣知，守之以愚；功被天
下，守之以让；勇力抚世，守之以怯；富有四海，守之以谦。此所
谓挹而损之之道也。'"据此可知敧器是一种礼器，还被统治者放
在座位旁边，作为一种鉴戒之器，它的特点就是"虚则敧，中则
正，满则覆"。照这种解释，这段话的意思就是，有人问怎样才能
保持满而不覆。回答说，要像敧器那样，总不要满，就不会倾覆
了。这是典型的道家思想，但也符合扬雄的处世哲学。

【译文】

有人问怎样才能保持满而不覆。

扬子回答说："要像敧器那样，总保持不满，就不会倾覆了。"

10.29　扬王孙倮葬以矫世①。

曰："矫世以礼，倮乎？如矫世，则葛沟尚矣②。"

【注释】

①扬王孙：姓扬，名贵，字王孙。汉武帝时人。扬，或作"杨"。其事
迹见《汉书·杨胡朱梅云传》和《西京杂记》卷三。倮葬：即裸葬。
倮，同"裸"。史载扬王孙"及病且死，先令其子曰：'吾欲嬴葬，以

反吾真,必亡易吾意。死则为布囊盛尸,入地七尺。既下,从足引脱其囊,以身亲土。"矫世:矫正世俗厚葬的陋习。

② 葛沟:即界沟,指古代村落或城市周围的护沟。于省吾说:"'葛'应读作'介'。介,古'界'字。'葛'从'曷'声,'曷'从'匂'声。金文'匂'字,《诗》均作'介'。《诗·甫田》:'攸介攸止。'《书·酒诰》:'尔乃自介用逸。'林义光均读'介'为'愒',其说至允,详《诗经通解》。'葛'之通'介',犹'愒'之通'介'矣,'介'、'界'古字通。《文选·魏都赋》注引《韩诗章句》:'介,界也。'《左襄九年传》:'使介居二大国之间。'注:'介,犹间也。'《左昭二十年传》:'逼介之矣。'注:'介,隔也。'是均读'介'为'界'。此例古籍习见,不胜繁举。'沟'者所以通水流,所以为界画,故曰'界沟'。上云'东沟大河',犹云'东界大河'。又上言:'扬王孙倮葬以矫世。曰:矫世以礼,倮乎?'此接以'如矫世,则界沟尚矣',意谓倮葬矫世之非礼。言倮葬尚须葬,如传尸沟壑,无须以葬,较诸倮葬,尤为简易,则界沟为尚矣。作反语以诘之也。倮葬以矫世,不如界沟之可尚,然而不为者,以其非礼也。"(《双剑誃诸子新证·法言新证》)

【译文】

扬王孙用裸葬来矫正世俗厚葬的陋习。

扬子说:"矫正世俗厚葬的陋习应当按照礼制,怎么能用裸葬呢?如果可以用裸葬来矫正世俗厚葬的陋习,那么人死了就丢到城外的界沟里更应该受到赞扬了。"

10.30 或问《周官》①。

曰:"立事②。"

《左氏》③。

曰:"品藻④。"

“太史迁⑤?”

曰:“实录⑥。”

【注释】

①《周官》:或称《周官经》,即今之《周礼》。它是记载我国古代官制的一部书,相传为周公所作,其实是战国时期的一些儒家之士根据春秋时代周王室及一些诸侯国的官制,按照儒家的政治理想加以增删排比汇编而成。全书分为《天官·冢宰》、《地官·司徒》、《春官·宗伯》、《夏官·司马》、《秋官·司寇》、《冬官·司空》六篇。因《冬官·司空》早已佚失,西汉时就以记录先秦时代手工业技术的《考工记》代替。

②立事:“事”指政事,“立事”是说奠定了治国的条例。

③《左氏》:或称《左氏春秋》,即今之《春秋左氏传》,又简称《左传》。它是我国古代一部著名的编年史,相传为左丘明所作,实际上可能是战国初期的儒家之士根据左丘明传诵的史料,加以剪裁整理而成。《左传》本来是独立成书的,至晋代杜预为它作注时才以传附经,将它与《春秋》合并。《左传》不仅其记事年代多于《春秋》,在史料和文学价值上更是远远地超过了《春秋》。

④品藻:品评鉴别。指《左传》对所叙述的人物和史实作了在扬雄看来是正确的评价。汪荣宝认为“品”指众多,“品藻犹云多文采”(《法言义疏》卷十五),是不符合文意的。因为扬雄在《法言》中强调的是文质相符,从来不单独称扬文采。司马光则将“品”“藻”分释,认为是“品第善恶,藻饰其事”。但和上、下文“立事”、“实录”联系起来看,这里的“品藻”就不应该是指两件事,而应该是指一件事。实际上品、藻俱有区分、鉴别之意,这里所以将两个字组合成一个词,就是为了与“立事”、“实录”相应,以求文章的节奏均衡。

⑤太史迁:这里是指司马迁的《史记》。古人著书一般不起书名,多以人名作书名。《史记》起初被称为《太史公书》或《太史公记》。

⑥实录:按照实际情况作的记录。《汉书·司马迁传》赞说:"自刘向、扬雄博极群书,皆称迁有良史之才,服其善序事理,辨而不华,质而不俚,其文直,其事核,不虚美,不隐恶,故谓之实录。"

【译文】

有人问对《周官》的看法。

扬子回答说:"确立了治理国家的条例。"

问对《左传》的看法。

扬子回答说:"对历史作了正确的品评鉴别。"

问对太史公司马迁所著书的看法。

扬子回答说:"对历史作了符合实际的记录。"

渊骞卷第十一

【题解】

本卷与《重黎卷》类似,主要内容仍然是评说历史人物,从传说时代到扬雄生活的时代,亦涉及近百人。正因为如此,所以有人认为,《渊骞卷》与《重黎卷》本为一篇,因为篇幅太长,所以才分为两卷。又因为内容旨意类似,所以两卷共有一序,即《法言序》中的《重黎序》。而今本《法言序》中的《渊骞序》,则为后来读《汉书·扬雄传》的人伪造加入本传的。再后来校《法言》的人又据本传增入《法言序》。但这种说法并没有有说服力的确凿证据,而且历史上也没有任何两卷书共用一序的实例。何况从汉至唐,在书籍全凭抄写的情况下,一人作伪一部抄本,何以竟能取代其他抄本而流通于天下,也很难说得通。所以上述意见可备一说而不可以为定论。

下面简单介绍一下本卷中提到的,在战国中后期政治斗争中起过很大作用,但在思想史著作中却很少论及的"纵横家"。"纵横家"即讲合纵、连横的政治游说之士,是战国后期政治外交活动中的两大派别。纵横原是表示地理方位的概念。南北为纵,东西为横。在战国七雄中,东方六国地连南北,故六国联合抗秦称为合纵。秦国居西,六国居东,故六国分别事秦谓之连横。《汉书·艺文志》记载的纵横家的著作,已经完全佚失。现存的记载先秦纵横家的文献,主要有《史记》的《苏秦列传》、《张仪列传》、《平原君虞卿列传》、《范雎蔡泽列传》、《鲁仲连邹阳列传》、《战国策》和长沙马王堆汉墓出土的《战国纵横家》等，此外还有学术界对其真伪看法不一的《鬼谷子》。

《汉书·艺文志》认为，"从横家者流，盖出于行人之官"，即外交官。从表面看，二者有类似之处。但纵横家在战国七雄之间纵横捭阖，极大地影响了战国时期政治形势的发展，其作用大大超过了一般的外交官。问题是，纵横家大多是从个人的功名利禄出发，选择和确定自己的立场和主张，缺乏原则性，因此常为后人所诟病。比如苏秦，他本来先去游说秦惠文王，要秦惠文王任用他，以吞并天下，称帝而治。但未得到秦惠文王的信用，于是转而去游说六国联合抗秦，成了合纵派的代表人物。当然，纵横家的活动虽然使战国时期的政治斗争显得波谲云诡，并未能改变秦统一的历史大趋势。

11.1 或问："渊、骞之徒恶乎在①？"

曰："寝②。"

或曰："渊、骞曷不寝③？"

曰："攀龙鳞，附凤翼④，巽以扬之⑤，勃勃乎其不可及也⑥。如其寝⑦！如其寝！"

【注释】

①渊：颜回（前521—前490），字子渊。骞：闵损，字子骞。二人的事迹见《论语》和《史记·仲尼弟子列传》。他们都是孔丘的得意门徒。如《论语·先进》："德行：颜渊、闵子骞、冉伯牛、仲弓。"《雍也》："贤哉回也！一箪食，一瓢饮，在陋巷，人不堪其忧，回也不改其乐。"《先进》："鲁人为长府，闵子骞曰：'仍旧贯之如何？何必改作？'子曰：'夫人不言，言必有中。'"徒：弟子，门徒。恶（wū）

乎在：何在？在哪里？意谓有哪些人？恶，何。

②寝：本义为"卧"，引申为"息"。这里是湮没无闻的意思。《法言音义》说："曰寝，俗本作'曰在寝'。'在'，衍字。"司马光曰："宋、吴本作'在寝'，今从李本"。

③曷：何。

④攀龙鳞，附凤翼：拉着龙的鳞，附着在凤的翅膀上。比喻凭借名人的关系。语本《史记·伯夷列传》："伯夷、叔齐虽贤，得夫子而名益彰。颜渊虽笃学，附骥尾而行益显。岩穴之士，趣舍有时若此，类名埋灭而不称，悲夫！闾巷之人，欲砥行立名者，非附青云之士，恶能施于后世哉？"

⑤巽（xùn）以扬之：即乘风飞升的意思。意谓颜回、闵损是由于孔子的关系才得以出名的。五臣注本无"巽"字。司马光说："宋、吴本作'巽以扬之'，今从李本。"俞樾说："卢氏文弨云：'李本"巽"作"翼"。'不知'翼'者即涉上句'附凤翼'而误衍。"（《诸子平议》卷三十五）汪荣宝说："《后汉书·光武帝纪》章怀太子注引此文正作'巽以扬之'（各本皆同），则其所据本有'巽'字，为宋、吴本所自出，钱本亦有之，于义为足。"（《法言义疏》卷十六）汪说是，李注本无"巽"字或作"翼"字，应当都是后来传写致误。巽，《周易》卦名，其象为风。扬，飞举。

⑥勃勃：蓬勃旺盛的样子。不可及也：世德堂本"也"作"乎"。

⑦如其寝：乃其寝，他们就湮没无闻！这句话实际上是一句反话，真正的意思是说，他们怎么会湮没无闻呀？

【译文】

有人问："颜渊、闵子骞等人的弟子是些什么人？"

扬子回答说："湮没无闻了。"

那人问："颜渊、闵子骞等人为什么没有湮没无闻？"

扬子回答说："颜渊、闵子骞等人是凭借他们和孔子的关系，好像拉住了龙的鳞片,附着在凤的翅膀上,乘风飞升,蓬勃迅猛,一般人根本不可能像他们那样。他们怎么会湮没无闻呀! 他们怎么会湮没无闻呀!"

11.2　七十子之于仲尼也①,日闻所不闻,见所不见,文章亦不足为矣②。

【注释】

①七十子:指孔子的那些优秀门生。据说有七十余人,七十是举其整数言之。司马光说:"宋、吴本作'七十二子',今从李本。"

②亦:这里是用作加强语气的语气词。不足:值不得。

【译文】

孔子的弟子们跟着孔子,天天听没有听见过的道理,看没有看见过的行事,忙着学习成为贤人君子,所以就不值得从事文章著述了。

11.3　君子绝德①,小人绝力。

或问:"绝德②?"

曰:"舜以孝③,禹以功④,皋陶以谟⑤,非绝德邪?"

"力⑥?"

"秦悼武、乌获、任鄙⑦,扛鼎、抃牛⑧,非绝力邪?"

【注释】

①绝:在某一方面有为一般人所不能及的极其高超的才能称"绝",如绝技、绝学等。

②或问"绝德":这句话是问,什么样的德才能称得上"绝德"?

③舜以孝:传说舜的父母、弟弟几次想杀死他,但舜仍然孝顺父母,爱护弟弟,从不懈怠。事见《史记·五帝本纪》。舜,帝舜。我国古史传说中的"圣君",实际上是原始社会末期的部落联盟首领。以,于。

④禹以功：传说尧、舜之时，洪水泛滥。舜命禹治水。禹劳身焦思，居外十三年，过家门而不入，终于成功。事见《史记·夏本纪》。禹，夏禹。我国古史传说中的"圣君"，既是原始社会末期的最后一个部落联盟首领，又是第一个王朝夏朝的开国君主。

⑤皋陶(gāo yáo)以谟：指皋陶和禹在舜面前陈述治理国家的大政方针，见《书·虞书·皋陶谟》。皋陶，或作"咎陶"、"咎繇"等。他是我国古史传说中舜、禹时代的贤臣，曾为大理官，执掌刑法。谟，计议谋划。

⑥力：这句话是问，多大的力才能称得上"绝力"？

⑦秦悼武：秦悼武王。或称"秦武王"，名荡。秦国君主，公元前310—前307年在位。乌获、任鄙：与秦悼武王同时的著名大力士。《史记·秦本纪》记载："武王有力好戏，力士任鄙、乌获、孟说皆至大官。王与孟说举鼎，绝膑。八月，武王死，族孟说。"

⑧扛：两手并举叫"扛"。鼎：古代用来烹饪的器皿，或用作象征国家权力的礼器。用青铜铸成，都很重。抃(biàn)牛：即空手与牛搏斗。汪荣宝说："张平子《思玄赋》旧注云：'抃，手搏也。'又通作'卞'。《汉书·哀帝纪》赞苏林注云'手搏为卞'，是也。然则'抃牛'即手搏牛之谓。《史记·殷本纪》《正义》引《帝王世纪》云：'纣倒曳九牛。'"(《法言义疏》卷十六)

【译文】

君子注重一般人达不到的高超道德，小人注重一般人达不到的巨大力气。

有人问："怎样的道德是一般人达不到的高超道德。"

扬子回答说："虞舜对父母的极端孝顺，夏禹全心全意治理水患的伟大功绩，皋陶关于治理国家的出色谋划，不就是一般人达不到的高超道德吗？"

"怎样的力气是一般人达不到的巨大力气？"

扬子回答说："秦悼武王、乌获、任鄙那样的人，扛举大鼎、空手斗牛那样的行动,不就有一般人达不到的巨大力气吗?"

11.4　或问勇。

曰:"轲也。"

曰:"何轲也①?"

曰:"轲也者,谓孟轲也②。若荆轲③,君子盗诸④。"

"请问孟轲之勇⑤?"

曰:"勇于义而果于德⑥,不以贫富贵贱死生动其心。于勇也,其庶乎⑦!"

【注释】

①何轲也:哪一个轲呀?

②孟轲(约前390—前305):字子舆,战国时期邹人,著名的思想家、政治家、教育家,儒家学派的主要代表人物之一。其事迹见《史记·孟子荀卿列传》,其思想言论见《孟子》。

③荆轲:本姓庆,战国末年卫国人。他曾为燕太子丹谋刺秦王嬴政,未成被杀。其事迹见《史记·刺客列传》。

④盗诸:即把他看作强盗的意思。诸,之。代词,指荆轲。

⑤请问孟轲之勇:原无"问"字,依世德堂本补。《太平御览》卷四百三十七"勇五"条引此句作"或问孟轲之勇"。

⑥果:果断。

⑦庶:庶几,接近。

【译文】

有人问谁是勇敢的人。

扬子回答说:"轲是勇敢的人。"

问:"哪一个轲呀?"

扬子回答说："轲说的是孟轲。像荆轲,君子是把他看成强盗的,怎么还会称赞他勇敢呢?"

"请问孟轲的勇敢表现在什么地方?"

扬子回答说:"孟轲对于实行仁义非常勇敢,而对于实行道德非常果断,不因为贫富贵贱死生而动摇决心。就勇敢来说,孟轲做得是很不错了!"

11.5　鲁仲连傓而不制①,蔺相如制而不傓②。

【注释】

①鲁仲连:战国末年齐国人,著名的策士。其事迹见《史记·鲁仲连邹阳列传》。傓(dàng)而不制:放逸而不受拘束。傓,放逸不羁。制,约束,管制。《法言音义》说:"'傓'与'荡'同。"司马光说:"宋、吴本'傓'作'傷','制'作'剬'。介甫曰:'"傓"古"荡"字,"剬"古"制"字。'今从李本。"史载鲁仲连"好奇伟傲倪之画策,而不肯仕宦任职,好持高节"。又载鲁仲连为赵解秦围,为齐下聊城之后,拒绝赵、齐之爵赐,而说:"吾与富贵而诎于人,宁贫贱而轻世肆志焉。"

②蔺相如:战国后期赵国人,因完璧归赵和在渑池之会上保护赵王有功,拜为上卿,与大将廉颇共同辅政。其事迹见《史记·廉颇蔺相如列传》。制而不傓:能够约束自己而不放纵。这应当是指蔺相如为了国家利益不和廉颇相争的事。

【译文】

鲁仲连放逸不羁而不受仕宦的拘束,蔺相如能自我控制而不肆意放纵。

11.6　或问邹阳①。

曰:"未信而分疑^②,伉辞免置^③,几矣哉^④!"

【注释】

①邹阳:西汉景帝时人,曾为吴王濞和梁孝王武的宾客。其事迹见《史记·鲁仲连邹阳列传》和《汉书·贾邹枚路传》。

②分(fèn):分际,即遭际、处境。于省吾说:"宋咸云:'言未为梁王所信,方为其所疑,虽能分解以免,固亦危矣。'胡玉缙训'疑'为'谤'。汪荣宝谓:"'分疑'即'辩疑',似以宋义为长。'按:宋、胡二说并误。'分'字应读今字去声。'分'谓分际。此言不但未信,且其分际方为人所疑。故云'未信而分疑'。"(《双剑誃诸子新证·法言新证》)

③伉辞:刚直不屈的言辞。伉,借为"抗"。置(chōng):捕鸟之覆车,引申为法网。

④几:危。

【译文】

有人问对邹阳的看法。

扬子回答说:"邹阳在不但没有得到信任,反而受到怀疑的处境中,以刚直不屈的言辞,免于坐牢和被杀,可真危险呀!"

11.7　或问:"信陵、平原、孟尝、春申^①,益乎?"

曰:"上失其政^②,奸臣窃国命^③,何其益乎?"

【注释】

①信陵:信陵君,名无忌,战国时期魏昭王少子,安釐王异母弟。曾为相辅政。其事迹见《史记·魏公子列传》。平原:平原君,名赵胜,战国时期赵之公子,在赵惠文王、孝成王时曾三度为相。其事迹见《史记·平原君虞卿列传》。孟尝:孟尝君,名田文,战国

时期齐之公子,其父靖郭君田婴为齐威王少子,宣王庶弟。孟尝
君在泯王时曾为相辅政。其事迹见《史记·孟尝君列传》。春
申:春申君,名黄歇,战国时期楚之大臣,楚考烈王时曾为相辅
政。其事迹见《史记·春申君列传》。这四人在当时都以善养士
著名。他们往往养士数千人,借此加强自己的力量,控制国家的
权力,并在列国间进行纵横捭阖的活动。

②上:指国君。

③国命:国家的权力。

【译文】

有人问:"信陵君、平原君、孟尝君、春申君,这些人有益于国家吗?"

扬子回答说:"当时国君丧失了对政权的控制,这些奸臣盗取了国家的权力,他们对国家有什么益处呀?"

11.8　樗里子之知也①,使知国如葬②,则吾以疾为蓍龟③。

【注释】

①樗(chū)里子:姓嬴,名疾,秦惠文王之异母弟。因家居樗里,故名"樗里子",或称"樗里疾"。他滑稽多智,时人称为智囊。秦武王、昭王时曾为丞相。其事迹见《史记·樗里子甘茂列传》。知:世德堂本作"智"。《法言音义》说:"音'智'。下'知国',如字。"

②使:假设,如果。如葬:世德堂本作"如知葬"。这是指樗里子预知其墓地前途一事。樗里子死后葬于长安城西章台之东,传说他临死前曾说:"后百岁,是当有天子之宫夹我墓。"到汉朝时,果然"长乐宫在其东,未央宫在其西,武库正直其墓"。

③蓍龟:蓍草和龟甲,古代用来占卜吉凶祸福的东西。《文选》袁彦

伯《三国名臣序赞》"公达潜朗,思同蓍蔡"句下李注引此句作"樗
里之智也,使知国若葬,吾以疾为蓍蔡也"。"蔡"是古代用来占
卜的大乌龟的名字(见《论语·公冶长》"臧文仲居蔡"条),所以
"蓍蔡"与"蓍龟"义同。

【译文】

樗里子的智慧真高呀,假如他能预知国家的命运像预知他的墓地
的前途那样准确,那么我就把他当成预知吉凶祸福的蓍草和龟甲。

11.9　周之顺、赧以成周而西倾①,秦之惠文、昭襄以西
山而东并②,孰愈③?

曰:"周也羊④,秦也狼。"

"然则狼愈与⑤?"

曰:"羊、狼一也。"

【注释】

①周:周朝。约从公元前1066年周武王灭商起,至公元前256年为
秦所灭,有810年,是中国历史上时间最长的一个朝代。顺:通
"慎",指周慎靓王姬定,公元前320—前315年在位。赧:指周赧
王姬延,公元前314—前256年在位,是周朝的最后一个王。二
人的事迹见《史记·周本纪》。周之顺、赧,《法言音义》说:"周
之顺、赧',诸本皆作'顺、赧',顺靓王及赧王也。俗本作'周之
倾',字之误也。《史记》作'慎靓王',《索隐》作'顺靓王'。或是
'慎'转为'顺'。"司马光说:"宋、吴本作'周之倾赧',今从李本。"
汪荣宝说:"《逸周书·谥法》:'慈和遍服曰顺。'别无'慎'字,明
'慎'即'顺'也。作'倾'者,顺、倾形近,兼涉下文'西倾'字而
误。"(《法言义疏》卷十六)以:从,由。成周:古地名,在今河南洛

阳东北。周敬王时将都城从王城迁于此,至周赧王时又迁回王城。这里是代指东周。西倾:指周王西向媚秦。

②惠文:秦惠文王嬴驷,公元前337—前311年在位。昭襄:秦昭襄王嬴则(一名稷),公元前306—前251年在位。他们的事迹见《史记·秦本纪》。西山:指秦所在的岐山。汪荣宝说:"《本纪》曰:'文公卒,葬西山。'按:秦文公葬地据《集解》引皇甫谧云'在今陇西之西县',则当今甘肃巩昌府西和县境。此文西山,不当指此。《易·随》:'上六,王用亨于西山。'又《升》'六四,王用亨于岐山。'毛氏奇龄《仲氏易》云:'西山者,岐山也。'焦氏循《易章句》亦云:'岐山犹西山也。'然则此即用《易》文,西山犹云岐山耳。"(《法言义疏》卷十六)东并:东向吞并周和其他六国。史载秦昭襄王五十一年(前256)灭西周,秦庄襄王元年(前249)灭东周。至此,周彻底灭亡。秦王嬴政二十六年(前221)并吞六国,统一天下。

③愈:更好些,更强些。

④也:句中助词,表示停顿,同时提示下文是对主语所说的对象进行的解释或叙述。

⑤然则:那么。这段话的言外之意是说,周不行"圣人之道"以奋发图强,反而西向媚秦,其亡国是咎由自取;秦不行正道,而用暴力并吞天下,也不足取。

【译文】

周朝的慎靓王、赧王等,从成周出发向西边的秦国献媚。秦国的惠文王、昭襄王等,从岐山出发向东边吞并天下,哪一个更好一点呀?

扬子回答说:"周好像是羊,秦好像是狼。"

"那么狼更好一点吗?"

扬子回答说:"羊和狼是一样的,都不好。所以周和秦也一样,都不好。"

11.10　或问:"蒙恬忠而被诛①,忠奚可为也②?"

曰:"堑山堙谷③,起临洮④,击辽水⑤,力不足而死有余⑥。忠不足相也⑦。"

【注释】

①蒙恬:秦朝大将。秦始皇曾派他将三十万众北逐戎狄,修筑长城,并驻守北方。因与公子扶苏相善,遂被秦二世赐死。其事迹见《史记·蒙恬列传》。

②奚:何。

③堑(qiàn):挖掘。堙(yīn):填塞。

④临洮:秦时县名,治所在今甘肃岷县境内。

⑤击:秦恩复云:"'击'当作'系'。系,属也。《史记》云'属之辽东',不作'击'可知。但各本皆误。或治平本初刻已如此。"(《重刻治平监本扬子法言并音义序》)辽水:即今辽宁之辽河。

⑥力不足而死有余:五臣注本"死"作"尸"。司马光说:"李本'尸'作'死',今从宋、吴本。"俞樾说:"'力'者,功也。《周官·司勋》'治功曰力',是也。言蒙恬为秦筑长城,无救于秦之亡。以论功则不足,以致死则有余矣。故曰'力不足而死有余'。宋、吴本'死'作'尸',误也。温公从之,非是。"(《诸子平议》卷三十五)俞樾对"力"的解释是对的,但完全否定"尸"字的理由是不充分的。作"尸"字亦可通。这句话是形容蒙恬受秦始皇的命令驱使百姓修筑长城的情况。

⑦相:显扬。俞樾说:"《说文·木部(按:"木"当为"目")》:'相,省视也。从目从木。'《易》曰:'地可观者莫可观于木。'是'相'与'观'义近。'忠不足相也',犹曰忠不足观也。"(《诸子平议》卷三十五)刘师培说:"'相'当作'桓'。《晏子春秋·杂》下:'望之相相然。'王氏《杂志》云:'"相"当作"桓"。《说文》:"桓,高貌。"'此文讹'桓'为'相',与彼同例,'忠不足桓',犹言忠不足崇也。"(《扬子

法言校补》)"榍"字今写作"楥"。俞、刘二氏说虽不同，而义实
相近。

【译文】

有人问："蒙恬忠于秦国，结果却被杀死，忠怎么可以呀？"

扬子回答说："蒙恬为秦国修筑长城，挖山填谷，西起临洮，东连辽
水，用处不大却死了很多人。这样的忠是不值得称道的。"

11.11　或问："吕不韦其智矣乎①？以人易货②。"

曰："谁谓不韦智者与？以国易宗③。"

"不韦之盗④，穿窬之雄乎⑤？"

"穿窬也者，吾见担石矣⑥，未见雒阳也⑦。"

【注释】

①吕不韦：战国末年卫国人。他因拥立秦庄襄王有功，被任为相
　国，封文信侯。秦始皇即位初期，仍任相国。门下有宾客三千，
　家僮万人，曾集门客编著了《吕氏春秋》一书。后始皇亲政，被免
　职，流放蜀郡自杀。

②以人易货：拿人当货物来投机赚钱。《史记·吕不韦列传》记载，
　吕不韦在邯郸做生意时，遇到时在赵国做人质的秦王孙子楚，把
　他当作"奇货"，以求"立主定国之赢"。于是不惜花费重金游说
　秦太子妃华阳夫人，使子楚得以立为嫡嗣。后子楚即位，吕不韦
　以拥戴之功，拜相国、封文信侯，食雒阳十万户。

③以国易宗：拿封爵交换宗族。指吕不韦虽然得以拜相封侯，猎取
　高官厚禄，但结果却被流放蜀地，自杀而死。国，封爵，封国。
　宗，宗族。

④不韦：五臣注本作"吕不韦"。

⑤穿窬(yú)："窬"是墙上的洞;"穿窬"即钻洞之义。或说"窬"借为
　　窳墙之义;"穿"为穿壁之义。二说皆可通。

⑥担石:容量单位,当时十斗为一石,两石为一担。

⑦雒阳:古地名,在今河南洛阳。当时是吕不韦的封邑。

【译文】

有人问:"吕不韦大概很有智谋吧? 用在赵国当人质的秦国的王孙
子楚来赚钱。"

扬子回答说:"谁说吕不韦是有智谋的人呀? 他虽然追求到了很高
的封爵,结果却换来了自杀灭族。"

"吕不韦盗取权力利禄,就像一个钻洞跳墙偷东西的能干的小
偷吗?"

"钻洞跳墙偷东西的小偷,我只见过偷到担石东西的,还没有见过
能偷个雒阳城的。"

11.12　秦将白起不仁①,奚用为也②? 长平之战③,四
十万人死。蚩尤之乱④,不过于此矣。原野猒人之肉⑤,川谷
流人之血。将不仁,奚用为!

"翦⑥?"

曰:"始皇方猎六国而翦牙,欻⑦!"

【注释】

①白起:战国末年秦国郿人。著名的军事将领。秦昭王时曾为左
　　庶长、大良造、上将军等,封武安君。他为秦国向东扩张,蚕食六
　　国立下了赫赫战功。后因与丞相范雎有隙,被赐死。其事迹见
　　《史记·白起王翦列传》。

②奚:何。为:句末疑问词,没有实义。

③长平之战：秦昭襄王四十七年（前260），白起率秦军与赵军战于长平，赵军战败，四十余万人降秦。白起"乃挟诈而尽坑杀之，遣其小者二百四十人归赵"。长平，古城名，故址在今山西高平西北。

④蚩尤：中国古史传说中黄帝时代九黎族的一个部落首领。传说神农氏衰，蚩尤作乱，黄帝与蚩尤大战于涿鹿之野，擒杀蚩尤。

⑤猒（yè）：满，塞。五臣注本作"厌"，二字通。这句话其实是说根本不能用白起这样的人为将，所以司马光说："用将所以救乱诛暴"，是符合扬雄思想的。

⑥翦：王翦。战国末年秦国频阳人。著名的军事将领。秦始皇统一中国时，他将兵灭掉赵、魏、楚、燕四国，立下了赫赫战功。其事迹见《史记·白起王翦列传》。这里是问王翦怎么样。

⑦欸（āi）：叹声词，此处表示厌恶、愤恨。

【译文】

秦将白起不行仁爱，为什么要用他呀？秦军和赵军的长平之战，白起一次就杀了赵国的降兵四十多万人。蚩尤作乱，也不过如此罢了。原野上布满了人的尸体，河谷中流淌着人的血液。作为将领而不行仁爱，为什么要用他呀！

有人问："王翦怎么样？"

扬子回答说："哼！当秦始皇猎取六国的时候，王翦就是他的爪牙呀！"

11.13　或问："要离非义者与①？ 不以家辞国②。"

曰："离也火妻灰子以求反于庆忌③，实蛛蝥之靡也④，焉可谓之义也⑤？"

"政⑥？"

"为严氏犯韩，刺相侠累⑦，曼面为姊⑧，实壮士之靡也，焉可谓之义也?"

"轲⑨?"

"为丹奉于期之首、燕督亢之图⑩,入不测之秦,实刺客之靡也,焉可谓之义也?"

【注释】

①要离:春秋末期吴国人,他曾舍家毁身,为吴王阖闾刺杀王子庆忌。其事迹见《吕氏春秋·忠廉》和《吴越春秋·阖闾内传》。

②不以家辞国:不因为家有妻子儿女而拒绝为国君服务。

③火妻灰子:据说要离为了刺杀庆忌,就叫阖闾砍掉自己的右手,杀死自己的妻子儿女,并且焚身扬灰。自己假装负罪出逃,从而骗取了庆忌的信任。然后鼓动庆忌回吴夺权,途中在船上将其杀死。求反于庆忌:求归于庆忌。指得以跟从庆忌,取得他的信任。求反,五臣注本无"求"字。《法言音义》说:"俗本脱'求'字。"反,回,归。庆忌,吴王僚之子。在阖闾谋杀吴王僚夺取王位后,他被迫流亡在外。

④蛛蝥:借为"侏儒"。《法言音义》说:"俗本作'蛛螯',误。贾谊《新书》曰:'蛛蝥作网。''蝥'音矛。"司马光曰:"宋、吴本'蝥'作'螯',今从李本。"刘师培说:"李注:'若蛛蝥之虫,小巧耳。'案:下文言聂政实壮士之靡,荆轲实刺客之靡,若此文以虫类为喻,则与下文不一律,'蛛蝥'即'侏儒'之异文耳。"(《法言补释》)刘说是。"蛛"亦写作"鼃"。《方言》卷十一:"鼃鼄,鼃蝥也。自关而西,秦、晋之间谓之鼃蝥。自关而东,赵、魏之郊谓之鼃鼄,或谓之蝸蝓。蝸蝓者,侏儒语之转也。"据《吕氏春秋》和《吴越春秋》记载,要离"细小无力,迎风则僵,负风则伏","拔剑则不能举臂,上车则不能登轼",故以侏儒为喻。靡:美,雄。原作"劘",五臣注本作"靡"。汪荣宝说:"下文'壮士之靡'、'刺客之靡',字皆作

'靡',此不当歧出。世德堂本作'靡',今据改。……舍弟东宝云:'左太冲《吴都赋》:"其邻则有任侠之靡,轻讹之客。"刘注:"靡,美也。"引《法言》刺客之靡。"靡"、"美"声义略近。凡训美善者,皆有雄长之义。……然则蛛蝥之靡,犹云蛛蝥之雄,与上文"穿窬之雄"、下文"滑稽之雄"同义。'按:东说是也。'靡'、'美'一声之转。"(《法言义疏》卷十六)

⑤焉:岂。

⑥政:聂政,战国初年轵人。他曾为严遂刺杀韩傀,然后自杀。其事迹见《史记·刺客列传》。这是问聂政是不是义者。五臣注本作"政也"。

⑦为严氏犯韩,刺相侠累:严遂因与韩傀不和,恐被杀,逃亡至齐,结交聂政,使刺杀韩傀。严氏,严遂,字仲子,原为韩之大夫。韩,战国时代诸侯国之一。韩氏原为晋国的大夫。公元前5世纪中叶,韩与赵、魏三家分晋。公元前403年被周威烈王承认为诸侯。公元前230年为秦所灭。侠累,韩傀(或作"韩廆"),字侠累,时为韩相。

⑧曼面:涂面。俞樾说:"'曼'当读为'镘'。《尔雅·释宫》:"'镘'谓之杇。'《说文·木部》:'杇,所以涂也。'是'镘'者,所以涂之具。故涂即可谓之镘。'镘面'者,涂面也。《音义》曰:'曼,谟官切,涂面。'此说得之。"(《诸子平议》卷三十五)

⑨轲:荆轲,本姓庆,战国末年卫国人。他曾为燕太子丹谋刺秦王嬴政,未成被杀。五臣注本作"轲也"。这是问荆轲是不是义者。

⑩丹:燕太子姬丹,战国末年燕王喜之子。他曾为质于秦,后逃回燕国,谋刺杀秦始皇以阻挡秦国统一天下。于期:樊于期,或作"樊于其"。本为秦将,因得罪秦王,逃亡至燕,后自杀。燕:周代诸侯国之一。周武王灭商后,封召公姬奭于北燕(今河北北部),是为燕国之始。公元前222年为秦所灭。督亢:古地名,大约在

现今河北涿县、固安、新城一带,是当时燕国著名的富庶地区。

【译文】

有人问:"要离难道不是行义的人吗? 他不因为自己的家属而拒绝为国君效劳。"

扬子回答说:"要离叫阖闾杀死自己的妻儿,并且焚烧他们尸体,扬弃他们的骨灰,以求能够接近庆忌。实际上只是侏儒中的强者,怎么能说他是行义的人呀?"

"聂政是不是行义的人呢?"

"聂政为了严遂而冒犯韩国,刺杀韩国的相国侠累,又对自己毁容以免姐姐受到连累,实际上只是壮士中的强者,怎么能说他是行义的人呀?"

"荆轲是不是行义的人呢?"

"荆轲为了燕国的太子姬丹,带着樊于期的头颅和燕国督亢地区的地图,进入后果不可预料的秦国,企图刺杀秦王,实际只是刺客中的强者。怎么能说他是行义的人呀?"

11.14　或问:"仪、秦学乎鬼谷术而习乎纵横言^①,安中国者各十余年,是夫?"

曰:"诈人也^②。圣人恶诸^③!"

曰:"孔子读而仪、秦行^④,何如也?"

曰:"甚矣! 凤鸣而鸷翰也^⑤。"

"然则子贡不为与^⑥?"

曰:"乱而不解,子贡耻诸;说而不富贵,仪、秦耻诸^⑦。"

【注释】

①仪:张仪,战国中期魏国人,秦惠文王时曾为相。其事迹见《史记·张仪列传》。秦:苏秦,字季子,雒阳人,与张仪同时。他曾

为纵约长,并佩六国相印。其事迹见《史记·苏秦列传》。《汉书·艺文志》载有《苏子》三十一篇,今佚。马王堆汉墓出土帛书《战国纵横家书》有苏氏书信和游说辞十六章。鬼谷:即鬼谷子,我国古代传说中的隐士。据说是战国时期楚国人,姓王,因隐于鬼谷,故号鬼谷子。善于修身养性和纵横捭阖之术。现存《鬼谷子》一书,乃后人伪托。纵横言:合纵连横之言。合纵、连横是战国中后期政治外交活动中的两大派别。南北为纵,六国地连南北,故六国联合抗秦谓之"合纵"。东西为横,秦国居西,六国居东,故六国分别事秦谓之"连横"。苏秦是合纵派的代表,张仪是连横派的代表。

②诈人:骗人的人。

③诸:之。

④孔子读:读孔子之书,学习"圣人之道"。仪、秦行:为张仪、苏秦之行,像张仪、苏秦那样去做。

⑤凤鸣而鸷翰:像凤那样叫而像鸷那样飞,即说好话干坏事的意思。凤,古代传说中的神鸟。鸷,猛禽。翰,又粗又长的羽毛叫"翰",所以"翰"又引申为飞。

⑥然则:那么。世德堂本"然则"上有"曰"字。子贡:孔丘的学生,姓端木,名赐,字子贡,以能言善辩著称。其事迹见《史记·仲尼弟子列传》和《论语》。史载齐欲伐鲁,于是子贡游说齐、吴、越、晋各国,挑起齐吴、晋吴、越吴之间的战争,结果存鲁、弱齐、亡吴、霸越。故有是问。

⑦诸:之。

【译文】

有人问:"张仪、苏秦跟着鬼谷子学习政治斗争的方法,在列国间进行合纵、连横的游说,各使中国安定了十多年,是这样吗?"

扬子回答说:"他们都是骗人的人,圣人厌恶这种人。"

那人问:"那么,学习了孔子的学说,却用张仪、苏秦的办法去实行,怎么样呢?"

扬子回答说:"嘴里说圣人的话,实际上却干骗人的事,如同一只鸟像凤凰那样叫,却像鸷鸟那样飞,这实在是太过分了!"

"那么子贡当时是不是不应该利口巧辞到处游说呢?"

扬子回答说:"国家有祸乱而不能加以排解,子贡认为是自己的耻辱;进行游说而不能取得富贵,张仪、苏秦认为是自己的耻辱。二者在本质上是不同的。"

11.15　或曰:"仪、秦其才矣乎①?迹不蹈已②。"

曰:"昔在任人,帝曰'难之',亦才矣③。才乎才,非吾徒之才也!"

【注释】

①其:疑问副词,或者、大概的意思。

②迹不蹈已:即不践迹矣。迹,足迹,踪迹。蹈,践,踏。已:句末语气词,用法同"矣"。

③"昔在任人"三句:司马光曰:"宋、吴本作'昔在任人,帝而难之,不亦才矣'。今从李本。"《书·舜典》记载舜即位后,命十二牧论帝德,有"难任人"之句,意思是说不要亲近佞人,扬雄在这里用的正是这个意思。汪荣宝认为《舜典》"难任人"之"难",与《尚书·皋陶谟》中谈到知人安民时,禹说的"惟帝其难之"之"难"是一个意思,是说知人之不易。(《法言义疏》卷十六)这是不对的,也不符合扬雄在此处引用这句话的意图。任人,即佞人。任,通"壬",佞也。难,患,引申为讨厌、疏远。

【译文】

有人说:"张仪、苏秦大概是有才能的人吧?他们做事不踩着别人脚印走。”

扬子回答说:“古时候对于奸佞的人,虞舜都说‘要疏远他们’。奸佞的人也是有才能的人。才能呀才能! 奸佞的人的才能可不是我们这样的人的才能呀!”

11.16　美行:园公、绮里季、夏黄公、角里先生①。
言辞:娄敬、陆贾②。
执正③:王陵、申屠嘉④。
折节⑤:周昌、汲黯⑥。
守儒⑦:辕固、申公⑧。
灾异⑨:董相、夏侯胜、京房⑩。

【注释】

①园公:五臣注本及《史记·留侯世家》皆作“东园公”。角里:世德堂本作“角里”。《法言音义》说:“上音鹿,《汉书》作‘角里’。”此四人秦末避乱商山中,因年老须眉皓白,时称“商山四皓”。刘邦曾招致之,不至。后来刘邦想废掉太子刘盈,吕后用张良计,请此四人跟随刘盈,以张声势,太子之位得以保全。

②娄敬:西汉初年人,曾因说刘邦定都关中,被赐姓刘。又谏刘邦不要与匈奴开战,而应采取和亲政策。还建议刘邦徙山东六国贵族之后及豪强名家于关中,以加强对他们的控制。其事迹见《史记·刘敬叔孙通列传》和《汉书·郦陆朱刘叔孙传》。陆贾:西汉初年人,官至太中大夫。曾说南越王尉佗归汉。又曾谏刘邦要以《诗》《书》治国,并受命著《新语》十二篇,讲治国成败之道。其事迹见《史记·郦生陆贾列传》和《汉书·郦陆朱刘叔孙传》。

③执正:持正不阿。《法言音义》说:“执正,俗本作‘政’,误。”司马

光说："宋、吴本'正'作'政'，今从李本。"

④王陵：秦末汉初人，刘邦的重要佐命功臣之一。汉朝建立，封安
国侯。汉惠帝时，继曹参之后为右丞相。吕后临朝称制，欲立诸
吕为王，王陵曾坚决反对。其事迹见《史记·陈丞相世家》和《汉
书·张陈王周传》。申屠嘉：西汉初年人，文帝时，曾为御史大
夫、丞相，封故安侯，曾严责汉文帝的幸臣邓通。其事迹见《史
记·张丞相列传》和《汉书·张周赵任申屠传》。

⑤折节：俞樾说："以周昌、汲黯而谓之折节，义不可通。……'折'
疑'抗'字之误，言其能抗节而不挠也。隶书'亢'字或作
'亣'。……此文'抗'字，从隶体作'扗'，形与'折'似，因误为
'折'。"（《诸子平议》卷三十五）

⑥周昌：西汉初年人，官至御史大夫，封汾阴侯。先是刘邦欲废太
子刘盈，立宠姬戚夫人子如意为太子，周昌坚持以为不可。后刘
邦以周昌为赵王如意相。刘邦死后，吕后欲杀如意，数次召如意
入京，周昌坚持不放。其事迹见《史记·张丞相列传》和《汉书·
张周赵任申屠传》。汲黯：字长孺。汉景帝时，曾为太子洗马。
汉武帝时，曾为东海太守、主爵都尉、右内史等。好直谏，曾当面
指责汉武帝"内多欲而外施仁义"。其事迹见《史记·汲郑列传》
和《汉书·张冯汲郑传》。

⑦守儒：坚守儒家之道。

⑧辕固：即辕固生，汉景帝时以治《诗》为博士。他曾在喜好黄老学
说的窦太后面前讥《老子》书为"家人言"，因而受到惩罚。后拜
为清河王太傅。五臣注本作"袁固"。申公：西汉初年人，以传
《诗》闻名当世，受业弟子达千余人。二人事迹皆见《史记·儒林
列传》和《汉书·儒林传》。

⑨灾异：善于言灾异。

⑩董相：指董仲舒（前179—前104）。今文经学大师，西汉广川人，

汉景帝时以治《春秋》为博士。汉武帝时,他以贤良对策,建议罢黜百家,独尊儒术,提出了以儒家宗法思想为中心、杂以阴阳五行的天人感应学说和三纲五常封建伦理。因为他曾任江都相和胶西相,故称之为董相。我国西汉时代著名的哲学家。传世著作有《春秋繁露》。其事迹见《史记·儒林列传》和《汉书·董仲舒传》。夏侯胜:字长公,西汉今文经学大师,以治《尚书》著名。汉宣帝时,官至太子太傅。其事迹见《汉书·眭两夏侯京翼李传》。京房:字君明,本姓李,自改为姓京。西汉今文经学大师,以治《易》著名。汉元帝时,仕至魏郡太守。其事迹见《汉书·儒林传》和《眭两夏侯京翼李传》。

【译文】

行为善良的人:东园公、绮里季、夏黄公、角里先生。

善于言辞的人:娄敬、陆贾。

主持正义的人:王陵、申屠嘉。

敢于直谏的人:周昌、汲黯。

坚守儒家学说的人:辕固生、申公。

好说灾异的人:董仲舒、夏侯胜、京房。

11.17　或问萧、曹①。

曰:"萧也规,曹也随②。"

"滕、灌、樊、郦③?"

曰:"侠介④。"

"叔孙通⑤?"

曰:"椠人也⑥。"

"爰盎⑦?"

曰:"忠不足而谈有余⑧。"

“晁错⑨？”

曰：“愚⑩。”

“酷吏⑪？”

曰：“虎哉，虎哉！角而翼者也⑫。”

“货殖⑬？”

曰：“蚊。”曰：“血国三千⑭，使掎疏饮水褐博⑮，没齿无愁也⑯？”

或问：“循吏⑰？”

曰：“吏也。”

“游侠⑱？”

曰：“窃国灵也⑲。”

“佞幸⑳？”

曰：“不料而已㉑。”

【注释】

①萧：萧何，秦末汉初沛县人。他随刘邦起义，平定天下，佐命之功居首。汉朝建立，封酂侯，任相国。他在建立西汉王朝的各种法令制度上起了重要作用。其事迹见《史记·萧相国世家》和《汉书·萧何曹参传》。曹：曹参，宁敬伯，秦末汉初沛县人，与萧何一起随刘邦起兵反秦，亦是重要的佐命功臣之一。汉朝建立，封平阳侯，任齐相。萧何死后，继为相国。其事迹见《史记·曹相国世家》和《汉书·萧何曹参传》。

②萧也规，曹也随：史载曹参代萧何为相国后，“举事无所变更，一遵萧何约束”。百姓歌之曰：“萧何为法，颟若画一；曹参代之，守而无失。”所以扬雄这样回答。规，规划，制订。随，跟随，遵从。

③滕：指夏侯婴，秦末汉初人。他本是“沛厩司御”，随刘邦起义后，

曾被封为滕公(滕令),成为重要的佐命功臣之一。汉朝建立,封
汝阴侯,仕至太仆。灌:灌婴,秦末汉初人。他本为贩缯者,后追
随刘邦,成为重要的佐命功臣之一。汉朝建立,封颖侯。文帝
时,仕至丞相。樊:樊哙,秦末汉初人。他本"以屠狗为事",后随
刘邦起兵反秦,成为重要的佐命功臣之一。汉朝建立,以功封舞
阳侯,曾为左丞相。郦:郦商,秦末汉初人。陈胜起义后,郦商聚
数千人响应,后归附刘邦,成为重要的佐命功臣之一,汉朝建立,
封曲周侯,曾为右丞相。以上四人的事迹见《史记·樊郦滕灌列
传》和《汉书·樊郦滕灌傅靳周传》。

④侠介:辅助。意思是说此四人都是刘邦夺取天下的助手。俞樾
说:"'侠'与'夹'通。《尚书·多方篇》:'尔曷不夹介乂我周王。'
此即杨子所本。《一切经音义》十二引《仓颉》曰:'夹,辅也。'《尔
雅·释诂》曰:'介,也比。''夹介'犹言辅助。说详《群经平议》。"
(《诸子平议》卷三十五)

⑤叔孙通:姓叔孙,名何。秦汉之际薛县人。曾任秦博士,后归汉。
刘邦统一天下后,他召集山东一批儒生为刘邦制订朝见宴享的
礼仪,受到赏识,官至太常、太子太傅。其事迹见《史记·刘敬叔
孙通列传》和《汉书·郦陆朱刘叔孙传》。

⑥槧人:诈人,虚伪的人。刘师培说:"'槧'与'渐'同。盖古'渐'或
书作'槧',与'槧'相似,故尔致讹。《书·吕刑》:'民兴胥渐。'王
引之解'渐'为'诈'。又《荀子·不苟篇》云:'知则攫盗而渐。'
《议兵篇》曰:'是渐之也。'《正论篇》曰:'上幽险则下渐诈矣。'
《庄子·胠箧篇》曰:'知诈渐毒。'诸'渐'字均当训'诈'。盖杨子
以叔孙通为诈人也。夫叔孙通之所为无一而非谲诈。又《五百
篇》以鲁二臣不受通征,称为'大臣',则杨子之嫉通也久矣。故
以'渐人'斥之。"(《法言补释》)

⑦爰盎:五臣注本及《史记》作"袁盎"。"袁"、"爰"相通。爰盎字

丝。汉文帝时,曾为齐相、吴相,景帝时,又曾为楚相。其事迹见
《史记·袁盎晁错列传》和《汉书·爰盎晁错传》。

⑧忠不足而谈有余:善于言辞但不够忠诚。

⑨晁错:西汉政论家。汉景帝时,曾为御史大夫。他主张重本抑
末、纳粟受爵;又建议募民徙边、备御匈奴;还提出要逐步削夺藩
王土地,以加强中央集权。吴王刘濞即以诛晁错、清君侧为名起
兵反汉,晁错为爰盎所谮,被景帝下令斩于东市。

⑩愚:陶鸿庆说:"上文论爰盎,曰:'忠不足而谈有余。'是以盎之挟
私害错为不忠也。又以错之尽忠为'愚',岂君子善善从长之义
乎?《音义》云:'天复本作'由忠'。当从之。'由'与'犹'同。
《礼记·檀弓》注:'犹,尚也。'《说文》:'尚,庶几也。'言庶几其
忠,许其忠而愚自见,义较今本为长。"(《读诸子札记》十四)此可
备一说。

⑪酷吏:指以严刑峻法来治理地方和审讯案件的官吏。《史记·酷
吏列传》和《汉书·酷吏传》记载了这些人的事迹。

⑫角而翼者也:世德堂本无"者"字。按,汪荣宝引俞樾《群经平议》
说"角"指鸟喙,"虎而角翼,谓以猛兽而兼鸷鸟之利,其搏噬不可
当也"(《法言义疏》卷十七),也通。

⑬货殖:即增殖财物,这里指从事工商业牟取暴利致富的豪民。
《史记·货殖列传》和《汉书·货殖传》记载了这些人的事迹。
货,财物。殖,生息。

⑭血国三千:吸普天下各国的血。"血"在这里作动词用,"三千"是
形容其多。

⑮捋疏:即采摘野菜,意谓粗食。五臣注作"将疏"。《法言音义》
说:"捋疏,上音郎活切,俗本作'将',误。"捋,采摘。疏,通"蔬",
这里指野菜。褐博:即《孟子·公孙丑上》所说的"褐宽博",古代
所谓贱者穿的衣服。

⑯没齿无愁也：五臣注本作"没齿然也"。司马光说："李本作'没齿无愁也'，今从宋、吴本。"《法言音义》说："俗本误作'没齿然也'。"没齿，"齿"指年龄，"没齿"即终身。

⑰循吏：指奉职遵法、因循守成的官吏。《史记·循吏列传》和《汉书·循吏传》记载了这些人的事迹。

⑱游侠：指好交游，行侠义，喜济人之危而不自矜的人。《史记·游侠列传》和《汉书·游侠传》记载了这些人的事迹。

⑲国灵：即国令、国命。这里指国家的权力。灵，令，命。

⑳佞幸：指以谄媚取得皇帝宠幸的人。《史记·佞幸列传》和《汉书·佞幸传》记载了这些人的事迹。佞，谄谀。幸，宠爱。

㉑不料：即《史记·佞幸列传》所谓"不足数也"。料，度量，计数。

【译文】

有人问对萧何、曹参的看法。

扬子回答说："萧何制定了各种法令制度，曹参遵循它们而无所变更。"

"你对滕公夏侯婴、灌婴、樊哙、郦商怎么看？"

扬子回答说："他们是高帝夺取天下的助手。"

"你对叔孙通怎么看？"

扬子回答说："虚伪的人。"

"你对爰盎怎么看？"

扬子回答说："不够忠诚却善于言谈。"

"你对晁错怎么看？"

扬子回答说："愚笨的人。"

"你对执法残酷的官吏怎么看？"

扬子回答说："就像老虎呀！就像老虎呀！而且是生了犄角长着翅膀的老虎。"

"你对从事工商业牟取暴利的豪民怎么看？"

扬子回答说:"就像蚊子。"又说:"他们吮吸各国民众的血,使人们只能吃野菜,喝白水,穿破衣,怎么能一辈子不发愁呢?"

有人问:"你对奉职守法的官吏怎么看?"

扬子回答说:"这才是符合规范的官吏。"

"你对好交游行侠义的人怎么看?"

扬子回答说:"这是些窃夺国家权力的人。"

"你对以谄媚取得皇帝宠幸的人怎么看?"

扬子回答说:"这是些不值得谈论的人罢了。"

11.18　或问近世社稷之臣①。

曰:"若张子房之智②,陈平之无悟③,绛侯勃之果④,霍将军之勇⑤,终之以礼乐⑥,则可谓社稷之臣矣。"

或问:"公孙弘、董仲舒孰迩⑦?"

曰:"仲舒欲为而不可得者也⑧,弘容而已矣⑨。"

【注释】

①社稷之臣:能安邦定国的大臣。社稷,国家政权。社是土地神,稷是谷神。古代帝王祭祀二神以祈求保护其统治,所以用社稷来代表国家政权。

②张子房:张良,字子房。他出身韩国贵族。在秦末反秦斗争中,曾一度企图复兴韩国。后追随刘邦,成为主要谋士和佐命功臣之一。汉朝建立,封留侯。

③陈平之无悟:指陈平机智多谋,遇事善抓时机,因而能避免损失,获得成功。陈平,秦末汉初阳武人。他先追随项羽,后归附刘邦,成为重要的谋士和佐命功臣之一。汉朝建立,封曲逆侯。惠帝、吕后时,仕至丞相。吕后死,他和太尉周勃一起诛除诸吕,迎

立文帝。悟，五臣注本作"悟"。司马光说："李本'悟'作'悟'，今
从宋、吴本。'悟'与'忤'同。"汪荣宝认为"'悟'为'悟'之假"
（《法言义疏》卷十七）。其实"忤"、"悟"相通，都是违逆的意思。

④绛侯勃：周勃。汉初沛县人。他追随刘邦起义，成为重要的佐命
功臣之一。汉朝建立，封绛侯。惠帝、吕后时，仕至太尉。因诛
吕安刘之功居首，文帝时，曾为丞相。果：果敢。指周勃处事有
决断，在吕后死后敢于毅然夺取军权，消灭诸吕。

⑤霍将军：霍光。字子孟。公元前81年，汉武帝临死时，以他为大
司马大将军，封博陆侯，与金日磾、上官桀、桑弘羊等共受遗诏，
辅佐太子弗陵，即汉昭帝。昭帝死后，他迎立昌邑王刘贺为帝，
不久即废之，改立汉宣帝。前后执政凡二十年。勇：勇敢。指霍
光处事果断，如扑灭燕王旦、鄂邑盖长公主、上官桀和桑弘羊等
人的谋反事件，毅然废掉昌邑王贺而立戾太子之孙刘询为皇
帝等。

⑥终：竟，成，即使之完备的意思。

⑦公孙弘：姓公孙，名弘，字季。他少时家贫，曾牧猪于海边。武帝
时，以贤良、文学对策第一，拜为博士。后仕至御史大夫、丞相，
封平津侯。其事迹见《史记·平津侯主父列传》和《汉书·公孙
弘卜式儿宽传》。董仲舒（前179—前104）：广川人。他是西汉时
期重要的唯心主义哲学家，专治《春秋公羊传》的今文经学家。
汉武帝时，他以贤良对策，建议"罢黜百家，独尊儒术"。又多言
灾异，差一点送命，"遂不敢复言灾异"。孰迩：谁近，意思是问这
二人中谁更近于社稷之臣。

⑧不可得者也：世德堂本无"者也"二字。

⑨弘容而已矣：史载公孙弘"不肯面折廷争"，"尝与公卿约议，至上
前，皆倍其约，以顺上旨"语本《孟子·尽心上》。所谓"有事君人
者，事是君则为容悦者也；有安社稷臣者，以安社稷为悦者也"。

容,本义为容颜,这里指以阿谀逢迎之容取悦于上。

【译文】

有人问近代能够安邦定国的大臣都有什么人。

扬子回答说:"像张子房的足智多谋,陈平的没有失误,绛侯周勃的果断,大将军霍光的勇敢,如果他们进一步讲求礼乐而使自己更加完美,就可以说是安邦定国的大臣了。"

那人问:"公孙弘、董仲舒哪一个更接近安邦定国的大臣?"

扬子回答说:"董仲舒是想做个安邦定国的大臣但没有能够做到,公孙弘不过是以阿谀逢迎的态度取悦于皇帝罢了。"

11.19　或问近世名卿①。

曰:"若张廷尉之平②,隽京兆之见③,尹扶风之絜④,王子贡之介⑤,斯近世名卿矣⑥。"

"将⑦?"

曰:"若条侯之守⑧,长平、冠军之征伐⑨,博陆之持重⑩,可谓近世名将矣⑪。"

"请问古⑫。"

曰:"鼓之以道德,征之以仁义⑬。舆尸血刃⑭,皆所不为也。"

【注释】

①卿:我国古代王和诸侯属下的高级官长为卿。这里是泛指朝廷大臣。

②张廷尉:张释之,字季。汉文帝时,曾任廷尉,是当时中央负责刑狱的官吏。汉景帝时,曾任淮南相。其事迹见《史记·张释之冯唐列传》和《汉书·张冯汲郑传》。平:公允。指张释之执法公

允,不屈从皇帝的旨意。有一次有人惊吓着文帝乘舆之马,文帝要处死这个人,张释之坚持按律罚金。

③隽(juàn)京兆:隽不疑,字曼倩。汉武帝时,曾任青州刺史。昭帝时,曾任京兆尹,是当时主管京都地区的行政长官。其事迹见《汉书·隽疏于薛平彭传》。见:见识,指隽不疑遇事明敏,不受迷惑。昭帝初年,有人自称是卫太子,昭帝使朝中大臣共同察认,都不敢发言。隽不疑后到,立即命随从把这个人捆起来。经过审问,果然是他人冒充。

④尹扶风:尹翁归,字子兄。汉宣帝时,曾任右扶风,是当时主管京都西部地区的行政长官。其事迹见《汉书·赵尹韩张两王传》。絜:同"洁",指为官清廉。史载尹翁归"廉不受馈","在公卿之间清洁自守,语不及私",甚至使廷尉都不敢以私事求他。

⑤王子贡:王尊,字子贡。小时家贫,为诸父牧羊。汉元帝时,曾为东平相。汉成帝时,仕至京兆尹。其事迹见《汉书·赵尹韩张两王传》。关于王尊的名和字,《汉书·百官公卿表》作"王遵",《汉书·赵尹韩张两王传》作"子赣"。"遵"与"尊"通。"赣"与"贡"通。介:耿介。王尊为人率直,不阿上,不比附,因此多次被免官。

⑥斯:则,乃。近世名卿:五臣注本无"近世"二字。

⑦将:这是问近代名将有哪些人。

⑧条侯:指周亚夫。绛侯周勃长子胜之因罪被废后,汉文帝又封其子周亚夫为条侯,以"续绛侯后"。守:守备。指周亚夫用兵严肃认真,善于坚守以待时。吴楚七国之乱时,最初七国之兵甚强,周亚夫坚守不战而断七国兵之粮道,终于很快就削平了七国之乱。

⑨长平:指卫青,字仲卿,汉武帝皇后卫子夫的同母弟。他历任骠骑将军、大将军,封长平侯。冠军:霍去病,汉武帝皇后卫子夫之

姊少儿之子。他曾为骠骑将军,封冠军侯。二人都是西汉时期征伐匈奴的名将。他们曾多次分别或合作统率大军北击匈奴,经过十年左右的艰苦战争,终于打垮了匈奴的力量,基本上解除了匈奴对汉王朝的威胁。其事迹见《史记·卫将军骠骑列传》和《汉书·卫青霍去病传》。征伐:善于征伐。

⑩博陆:指霍光。字子孟。公元前81年,汉武帝临死时,以他为大司马大将军,封博陆侯,与金日磾、上官桀、桑弘羊等共受遗诏,辅佐太子弗陵,即汉昭帝。昭帝死后,他迎立昌邑王刘贺为帝,不久即废之,改立汉宣帝。前后执政凡二十年。持重:行事严肃慎重。霍光虽被武帝任为大司马大将军,但并未领兵打过仗。扬雄把他列入名将,一方面是使名将与名卿一样满四人之数;也说明在扬雄看来,为将不只是带兵打仗,还要处事坚毅慎重。

⑪近世名将:五臣注本无“近世”二字。

⑫请问古:请问古代的名卿名将是什么样子。

⑬“鼓之”二句:意思是说用道德仁义来鼓励和节制人的行动。鼓、征,“征”借为“钲”,古代的一种铜质乐器。鼓和钲是古代军队中用来发布命令的器具,鼓用来表示行动和前进,钲用来表示静止和后退。

⑭舆尸:即抬着死尸。舆,扛,抬。血刃:“血”在这里作动词;“血刃”是使刀刃带血,即杀伤人的意思。

【译文】

有人问近代有名的大臣都有什么人。

扬子回答说:“像廷尉张释之的执法公平,京兆尹隽不疑的见事明敏,右扶风尹翁归的为官清廉,王子贡的耿介率直,这些人就是近代有名的大臣了。”

“近代有名的大将都有什么人?”

　　扬子回答说:"像条侯周亚夫的善于守卫,长平侯卫青、冠军侯霍去病的能征善战,博陆侯霍光的严肃慎重,就可以说是近代有名的大将了。"

　　"请问古代有名的大臣和大将是什么样子。"

　　扬子回答说:"古代有名的大臣和大将是用道德来征服人们,用仁义来节制人们。车子拉尸体、刀刃沾鲜血等杀人伤命的事,他们是不干的。"

　　11.20　张骞、苏武之奉使也①,执节没身②,不屈王命③,虽古之肤使④,其犹劣诸⑤!

【注释】

①张骞:西汉中期人。汉武帝为了打击匈奴,曾两次派张骞通使西域。在第一次出使途中,他曾被匈奴扣留十多年,并被强迫娶匈奴女子为妻。但他始终不肯投降,终于逃出匈奴,完成了出使任务。后官至大行,封博望侯。其事迹见《史记·大宛列传》和《汉书·张骞李广利传》。苏武:字子卿,西汉中期人。汉武帝天汉元年(前100),苏武奉命出使匈奴,被匈奴扣留十九年,受了许多折磨,始终不肯投降,直到汉昭帝始元六年(前81),才得以回国。其事迹见《汉书·李广苏建传》。

②节:操守叫"节",古代使臣出使时所拿的信物凭证也叫"节"。这里语意双关,两种意思都有。没身:终身,也就是始终的意思。没,尽。

③屈:废,弃。

④肤:李轨注:"肤,美。"

⑤其:或者,大概。犹:尚,还。诸:之。

【译文】

张骞、苏武奉命出使,能始终保持节操,不辜负皇帝交给的使命,即使是古代的优秀使节,恐怕也比不上他们!

11.21　世称东方生之盛也①。言不纯师,行不纯表②,其流风遗书③,蔑如也④。

或曰⑤:"隐者也⑥。"

曰:"昔之隐者,吾闻其语矣,又闻其行矣⑦。"

或曰:"隐道多端⑧。"

曰:"固也⑨。圣言圣行不逢其时,圣人隐也。贤言贤行不逢其时,贤者隐也。谈言谈行,而不逢其时,谈者隐也⑩。昔者箕子之漆其身也⑪,狂接舆之被其发也⑫,欲去而恐罹害者也⑬。箕子之《洪范》⑭,接舆之歌凤也哉⑮?"

或问:"东方生名过实者,何也⑯?"

曰:"应谐、不穷、正谏、秽德⑰。应谐似优⑱,不穷似哲⑲,正谏似直,秽德似隐。"

"请问名。"

曰:"诙达⑳。"

"恶比㉑?"

曰:"非夷尚容,依隐玩世,其滑稽之雄乎㉒!"

或问:"柳下惠非朝隐者与㉓?"

曰:"君子谓之不恭㉔。古者高饿显㉕,下禄隐㉖。"

【注释】

①东方生:指东方朔,字曼倩,西汉文学家。他性情诙谐滑稽,事汉

武帝,官至太中大夫。其事迹见《史记·滑稽列传》后附褚少孙补篇和《汉书·东方朔传》。

②言不纯师,行不纯表:教人者称"师",标志者称"表",所以师、表都有模范、表率的意思。这两句是说东方朔的言行都因势而变,不完全以圣人之道为标准。"行不纯表",《汉书·东方朔传》赞和《风俗通义·正失》引皆作"行不纯德"。

③流风:先代流传给后代的优良作风。遗书:先代遗留给后代的著作。

④蔑如:空洞无物的样子。

⑤或曰:司马光说:"宋、吴本'或曰'作'或问',今从李本。"

⑥隐者也:这句话的言外之意是说,怎么能拿圣贤的标准来要求他呢? 东方朔曾说"古之人,乃避世深山中",而他自己则是"所谓避世于朝廷间者也",所以这里说他是隐者。

⑦"昔之隐者"三句:言外之意是说,东方朔不能称作隐者。

⑧隐道多端:这句话的言外之意是说,东方朔的避世方法也是一个途径,何必要求他一定要像古代的隐者一样。端,头绪,方面。

⑨固:确实。

⑩"谈言谈行"三句:五臣注本无"而"字。汪荣宝说:"'谈'皆'诙'字之误。下文'诙达',《音义》云:'本或作谈达。'按:隶书'诙'或作'𧨾',与'谈'形相似,传写每易致误。《公孙弘传》'诙笑多闻',今本作'谈笑'。颜注云:'或作"诙"。'是其证。"(《法言义疏》卷十七)汪荣宝的意见是对的,"诙"即诙谐之意。这句话的言外之意是说,东方朔只能算诙谐之隐,诙谐之隐不是避世的正道。

⑪箕子:殷末周初人,商纣王的叔父,名胥余。因其封邑在箕(今山西太谷),封爵为子,故称箕子。漆其身:商朝末年,纣王无道,箕子谏之不听,恐被杀害,于是就用漆涂身,披发佯狂以避祸。

⑫狂：狂人，即言行不合当时流俗的人。接舆：春秋时期的隐士，楚国人，约与孔子同时。见《论语·微子》。有人说他姓陆，名通，字接舆；也有人说接舆不是名字，而是指"接孔子之舆的那个人"。被其发：披散着他的头发，佯狂以避世。被，同"披"。

⑬罹（lí）：遭，被。

⑭箕子之《洪范》：传说周武王灭商后，曾向箕子问治国之道，箕子陈《洪范》，就是现在《尚书》中的《洪范》。

⑮接舆之歌凤：《论语·微子》记载，楚狂接舆曾歌而过孔子云："凤兮凤兮，何德之衰？往者不可谏，来者犹可追。已而，已而！今之从政者殆而！"劝孔丘不要再追求仕进。这句话是说，东方朔怎么能和箕子之陈《洪范》、接舆之劝孔子相比呢？东方朔曾以箕子和接舆自比，所以扬雄这样说。

⑯"东方生"二句：是问，那么东方朔为什么能名过其实呢？

⑰应谐：应对以谐，即以诙谐之语回答别人的问难。不穷：应对无穷，即不管别人问什么他都能立即回答，没有他回答不出来的。正谏：直言进谏，即史传所谓"朔虽诙笑，然时观察颜色，直言切谏。"秽德：自秽其德，即以滑稽放荡的言行来掩盖自己的思想和主张。

⑱优：优游，即闲暇、安逸之意。俞樾说："李注曰：'似倡优。'此说非也。下文'不穷似哲，正谏似直，秽德似隐'，哲也、直也、隐也，皆美名。不应首句言似倡优也。且似倡优矣，尚何名过其实之有？与问意亦不相应也。此'优'字乃优游之义。《论语·宪问篇》皇侃疏曰：'优犹，宽闲也。'《左氏春秋》序：'优而柔之。'正义曰：'优、柔俱训为安，宽舒之意也。'皆可说此'优'字之义"（《诸子平议》卷三十五）。汪荣宝则说："诙谐正俳优之事，解为安闲，则与'应谐'字义不相承。……《汉书·叙传》云：'东方赡辞，诙谐倡优，讥苑扞偃，正谏举邮，怀肉污殿，弛张沉浮'。'诙谐倡

优',即'应谐似优'之义;'正谏举邮'即'正谏似直'之义;'怀肉
污殿,弛张沉浮'即'秽德似隐'之义。班语全本《法言》,是班亦
解'优'为倡优。弘范此解即据《叙传》,俞说失之。"(《法言义疏》
卷十七)其实俞说是对的。首先,东方朔《戒子诗》有"优哉游哉"
之句,正可说明此处"优"字的含义;其次,"应谐似优,不穷似哲,
正谏似直,秽德似隐"中的"哲"、"直"、"隐"都说的是品质,"优"
字不应是指职业;再者,汪说"班语全本《法言》",亦属牵强附会。
所以汪氏的解释是不对的。

⑲ 哲:智慧。《风俗通义·正失》引此句作"智"。司马光说:"吴本
'哲'作'智',今从李、宋本。"

⑳ 诙达:诙谐而通达。司马光说:"宋本作'请问名字达',吴本作
'请问名谈达',今从李本。"《法言音义》说:"上音灰。旧本皆作
'诙达'。《汉书》曰:'朔诙达多端,不名一行。'本或作'谈达',又
作'名字达',皆误。"《风俗通义·正失》引《汉书》"诙达多端,不
名一行","达"字作"诞"。据此,这里"诙达"似亦应作"诙诞"。

㉑ 恶(wū)比:何所比。意思是问,那么东方朔应该属于哪一类的人
物呢? 恶,何。

㉒ "非夷尚容"三句:原作"非夷齐而是柳下惠,戒其子以尚容,首阳
为拙,柱下为工,饱食安坐,以仕易农,依隐玩世,诡时不逢,其滑
稽之雄乎"。司马光说:"李、宋、吴本皆云:'非夷尚容,依隐玩
世,其滑稽之雄乎。'按:《汉书》具载扬子之言,恐诸家脱误也。
今从《汉书》。"秦恩复说:"曰:'非夷尚容,依隐玩世,其滑稽之雄
乎。'按:李本如此,温公《集注》可证。此本衍字,皆温公取《汉
书》所增,而修板依之挤入,非治平之旧也。"(《重刻治平监本扬
子法言并音义序》)汪荣宝说:"钱本正作'非夷尚容,依隐玩世',
《黄太史集》任渊注引《法言》此文亦然,所据皆未经修改之本。"
(《法言义疏》卷十七)因据改。非夷尚容,依隐玩世,《太平御览》

卷四百五十九"鉴戒"条下引《东方朔集》说："朔将仙,戒其子曰:
'明者处世,莫尚于中庸。优哉游哉,与道相从。首阳为拙,柱下
为工。饱食安步,以仕代农。依隐玩世,诡时不逢。"扬雄这两句
话就是对东方朔这段话的概括。班固在《汉书·东方朔传》赞中
把东方朔的话和扬雄的话糅在了一起。司马光再据《汉书》来改
《法言》,于是就产生了上述错乱。非夷,不赞成伯夷的做法。
夷,指伯夷,殷末周初人。传说名元(或作"允"),字公信,是当时
一个小诸侯孤竹君墨胎氏长子。他因与其弟叔齐(传说名智,或
作"致",字公达)互让君位,两人都逃到周国。周武王伐纣,他们
又拦住车马劝阻。周灭商后,他们以吃周朝的粮食为耻,遂隐于
首阳山,采薇而食,终于饿死。其事迹见《史记·伯夷列传》。尚
容,推崇安分随时、与世俯仰的做法。刘师培说:"李注云:'非夷
齐是柳下惠,戒其子以尚同。'案:此指东方朔戒子之诗言。朔诗
言:'首阳为拙,柳下为工。'此'容'字疑'禽'字之讹。禽即柳下
惠之名。'尚禽'指'柳下为工'言,'非夷'指'首阳为拙'言。'尚
禽'与'非夷'对文。"(《法言补释》)刘氏虽未说明"柳下为工"所
据何本,但从此处上下文及《汉书·东方朔传》赞所谓"非夷齐而
是柳下惠"来看,其说也有一定道理,故录以备考。依隐,依违不
决、徘徊反复,这里是待人处世随和、无可无不可的意思。玩世,
以游戏的态度处世,遇事不认真的意思。滑稽,言行诙谐。

㉓柳下惠:春秋时期鲁国大夫,姓展,名获,字禽,或云季。因居柳
下,谥曰惠,故称之为"柳下惠"。孟轲说他"不羞污君,不卑小
官"(《孟子·公孙丑上》)。看来也是个贪图官禄的人。朝隐:避
世于朝廷之上。这句话言外之意是说,柳下惠与东方朔是同类
人,你不赞成东方朔的做法,那么你对柳下惠的行为怎么看呢?
李轨注说:"此问发于东方朔也。"把这句和上句李注"非夷齐而
是柳下惠"联系起来,可以看出注㉒所引刘师培所说"柳下为工"

应是东方朔戒子诗的原文，而"柱下为工"则是后来的论文。

㉔君子谓之不恭：语本《孟子·公孙丑上》："孟子曰：'伯夷隘，柳下惠不恭。隘与不恭，君子不由也。'"恭，庄重，严肃。

㉕高：尊崇。饿显：贫穷而有声誉。

㉖下：卑视。禄隐：享受俸禄却标榜隐世，即上文所谓"朝隐"。

【译文】

社会上对东方朔很是赞扬。其实东方朔言谈不完全符合圣贤的教导，行为也不完全符合圣贤的标准，他并没有好的作风和著述流传后世。

有人说："东方朔是避世的隐士，怎能用圣贤的标准要求他呢？"

扬子回答说："古代的隐士，我听说过他们的言谈，也听说过他们的行为，都不像东方朔这个样子。"

那人说："避世隐居有许多条途径，何必要求东方朔一定要像古代的隐士那样呢？"

扬子回答说："避世的途径确实很多。圣人的言谈和圣人的行为，遇不到合适的时机，圣人就会隐居避世。贤人的言谈和贤人的行为，遇不到合适的时机，贤人就会隐居避世。诙谐的言谈和诙谐的行为，遇不到合适的时机，诙谐的人就会隐居避世。从前箕子用漆涂抹自己的身体，楚国狂人接舆披散自己的头发，是因为怕遭祸害，所以企图避世隐居。东方朔哪能和箕子向周武王陈述治国的大法《洪范》，接舆向孔子歌唱'凤兮'，劝孔子不要再求仕进相比呢？"

那人问："那么东方朔的名声超过他的实际，是为什么呢？"

扬子回答说："那是因为他应对诙谐有趣，言词滔滔不绝，乘机进行劝谏，贬低自己品德。应对诙谐有趣好像悠然自得，言词滔滔不绝好像富有智慧，乘机进行劝谏好像为人正直，贬低自己品德好像隐遁避世。"

"请问对东方朔名声应该如何适当评价。"

扬子回答说："应该是诙谐而通达。"

“那么东方朔是属于哪一类的人物呢?”

扬子回答说:“东方朔不赞成像伯夷那样固执己见,推崇安分随时的处世方法,以无可无不可的游戏态度待人处世,大概是滑稽之人当中的杰出者吧!”

那人问:“柳下惠不也是避世于朝廷之上的人吗? 你对柳下惠怎么看呢?”

扬子回答说:“对柳下惠这种行为,君子认为是不郑重的。因为古代尊崇贫穷却有良好声誉的人,卑视贪图仕禄却要标榜避世的人。”

11.22　妄誉①,仁之贼也;妄毁,义之贼也。贼仁近乡原②,贼义近乡讪③。

【注释】

①妄:荒诞,荒谬。

②乡原:一乡都称为原人的人,即不讲是非、同乎流俗,因而一乡都称赞的老好人。这是孔丘、孟轲的用语。《论语·阳货》:“子曰:‘乡愿,德之贼也。’”《孟子·尽心下》:“阉然媚于世也者,是乡原也。”非之无举也,刺之无刺也,同乎流俗,合乎污世,居之似忠信,行之似廉洁,众皆悦之,自以为是,而不可与入尧、舜之道。故曰:‘德之贼也。’”扬雄在这里主要取其“媚于世”,即“妄誉”的含义。原,同“愿”,谨善的意思。

③乡讪:一乡都称为讪人的人,即妄毁别人、因而一乡的人都说他不好的人。这是扬雄和“乡原”相对应而造出来的一个词。讪,毁谤。

【译文】

虚妄地赞扬别人,就是对仁的破坏;虚妄地诽谤别人,就是对义的破坏。破坏仁就近似于一乡人都说好的“乡愿”,破坏义就近似于一乡人都说坏的"乡讪"。

11.23　或问："子蜀人也^①,请人^②?"

曰："有李仲元者^③,人也。"

"其为人也奈何?"

曰："不屈其意^④,不累其身^⑤。"

曰："是夷、惠之徒与^⑥?"

曰："不夷不惠,可否之间也^⑦。"

"如是,则奚名之不彰也^⑧?"

曰："无仲尼^⑨,则西山之饿夫与东国之绌臣恶乎闻^⑩?"

曰："王阳、贡禹遇仲尼乎^⑪?"

曰："明星皓皓^⑫,华藻之力也与^⑬?"

曰："若是,则奚为不自高^⑭?"

曰："皓皓者,已也;引而高之者,天也。子欲自高邪?仲元,世之师也^⑮。见其貌者,肃如也^⑯;闻其言者,愀如也^⑰;观其行者,穆如也^⑱。郫闻以德诎人矣^⑲,未闻以德诎于人也。仲元,畏人也^⑳。"

或曰："育? 贲^㉑?"

曰："育、贲也,人畏其力而侮其德^㉒。"

"请条^㉓。"

曰："非正不视,非正不听,非正不言,非正不行。夫能正其视听言行者,昔吾先师之所畏也^㉔。如视不视,听不听,言不言,行不行,虽有育、贲,其犹侮诸!"

【注释】

①子:古代对有学问、有道德的人的尊称。这里指扬雄。

②请人:请问有什么人才。

③李仲元:李弘,字仲元,蜀人,与扬雄同时。其事迹见皇甫谧《高士传》和常璩《华阳国志·蜀郡士女赞》。

④屈:委屈,放弃。意:意志。《华阳国志》、《意林》和《太平御览》卷二百六十五"从事"条引此文皆作"志"。

⑤累:《意林》引此文作"辱"。

⑥夷:伯夷。惠:柳下惠。徒:同党,从者。

⑦可否之间:无可无不可。语本《论语·微子》:"子曰:'不降其志,不辱其身,伯夷、叔齐与!'谓'柳下惠、少连降志辱身矣。言中伦,行中虑,其斯而已矣。'谓'……我则异于是,无可无不可。'"又《孟子·公孙丑上》:"孟子曰:'伯夷隘,柳下惠不恭。隘与不恭,君子不由也。'"从这些说法可以看出,孔丘和孟轲都认为伯夷和柳下惠都是既有优点又有缺点的。扬雄所谓"可否之间",是说李弘兼有二人优点而无二人缺点的意思。

⑧奚:何,为什么。彰:显,著。

⑨仲尼:孔丘字。

⑩西山:指首阳山。伯夷在饿死首阳山之前所作的歌辞中有"登彼西山兮,采其薇矣"之句,故此云西山。饿夫:挨饿的男子,指伯夷。东国:指鲁。因鲁在我国东部,故云东国。绌臣:被贬逐之臣,指柳下惠。语本《论语·微子》:"柳下惠为士师,三黜。入曰:'子未可以去乎?'曰:'直道而事人,焉往而不三黜?枉道而事人,何必去父母之邦?'"绌,与"黜"通,贬逐、罢免的意思。《文选》陆士衡《演连珠》第五首注引《法言》即作"黜"。恶乎:何以,怎么。这段话的言外之意是说,李弘是因为没有得到圣人的称扬,所以才没有扬名。

⑪王阳：王吉，字子阳。汉宣帝时，曾为益州刺史、谏大夫。贡禹：字少翁，与王吉同时人。汉宣帝时，曾为凉州刺史。汉元帝时，曾为御史大夫。他们二人都以崇礼明经、为官清廉而名重当时。其事迹见《汉书·王贡两龚鲍传》。

⑫皓皓：洁白，光明，喻人高尚的品德。

⑬华藻：文采画饰，喻他人的称扬。汪荣宝释"华藻"为星之光采（《法言义疏》卷十七），这就不仅与"皓皓"相重复，而且也与上面的问题失去了连接，所以是不对的。也与：句末疑问词。这段话的言外之意是说，王阳、贡禹之所以出名，不是由于别人的称扬，而是由于他们有很高的地位。

⑭"若是"二句：若是，如此，像这样。奚为，何为，为什么。这段话的言外之意是说，一个人是无法使自己得到崇高地位的，只有得到了当权者的任用，才能获得很高的地位，才会名闻天下。

⑮仲元，世之师也：《太平御览》卷四百零四"师"条引此文作"李仲元，一世之师也"。

⑯肃如：庄重的样子。

⑰愀（qiǎo）如：感动的样子。《法言音义》说："愀如，亲小切。旧本皆作'俏如'，昌六切，动色貌。"《太平御览》卷二百六十五"从事"条引《益部耆旧传》作"戚如"。汪荣宝说："《说文》无'愀'有'𢝕'，云：'𢝕然也。'引《孟子》曰：'曾西𢝕然。'即'愀'字。秋声，未声，古读相近也。本作'俏'者，即'𢝕'之假。"（《法言义疏》卷十七）

⑱穆如：尊敬的样子。

⑲𩣡：与"但"通。《法言音义》说："'𩣡'音丹，犹但也。或古'𩣡'、'但'通用，亦音但。本或作'但'。"五臣注本作"但"。司马光说："李本'但'作'𩣡'。……今从宋、吴本。"诎：与"屈"通。

⑳畏人：使人敬畏的人。

㉑育、贲：夏育、孟贲。二人都是古代传说中的大力士。

㉒侮：轻视，看不起。

㉓请条：请你逐条说说，即详细说明的意思。条，条目，条理。

㉔昔吾先师之所畏：也就是 3·25 条"言不惭、行不耻者，孔子惮
　　焉"的意思。先师，指孔子。

【译文】

有人问："先生是蜀地人，请问蜀地有什么人才？"

扬子回答说："有个叫李仲元的人，是个人才。"

"他为人怎么样？"

扬子回答说："他不放弃自己的意志屈从别人，也不使自己的身体
遭受祸害。"

那人问："是伯夷、柳下惠一类的人吗？"

扬子回答说："不像伯夷那样狭隘固执，也不像柳下惠那样甘于屈
辱，而是无可无不可，处于二人之间。"

"既然如此，那么为什么李仲元的名字没有被人传颂呢？"

扬子回答说："如果不是孔子提到伯夷和柳下惠，首阳山上挨饿的
汉子和鲁国被贬黜的臣子怎能出名呢？"

那人问："难道王阳和贡禹被孔子提到了吗？为什么他们能出
名呢？"

扬子回答说："星星的明亮光芒，难道是文采画饰的作用吗？王阳、
贡禹的出名，不是由于别人的称扬，而是由于他们有很高的地位。"

那人问："既然这样，那么李仲元为什么不自己抬高自己的地
位呢？"

扬子回答说："发出明亮光芒的，是星星自身；牵着星星使它高高在
上的，是天。你想自己抬高自己的地位吗？这怎么可能呀？李仲元是
世人的师表。看见他的仪容的人，就会庄重起来；听到他的言谈的人，
就会受到感动；了解他的作为的人，就会肃然起敬。只听说过以自己的
德行使别人屈服的，没听说过以自己的德行屈服于别人的。李仲元就

是这种使人畏惧的人。"

那人问:"夏育、孟贲这样的大力士,不也是使人畏惧的人吗?"

扬子回答说:"对于夏育、孟贲,人们是畏惧他们的力气而看不起他们的道德。"

"请你一条一条地详细说明一下。"

扬子回答说:"不正当的不看,不正当的不听,不正当的不说,不正当的不做。能够使自己看的、听的、说的、做的都正当的人,是连我们古代的先师孔子都畏惧的。如果看不该看的,听不该听的,说不该说的,做不该做的,即使有夏育和孟贲那么大的力气,人们大概还是要看不起他!"

君子卷第十二

【题解】

　　本卷涉及圣人、君子、儒家和道家一些人物、人能否成仙等问题。从扬雄对孟轲和荀况的不同评价中,可以看到孔丘之后儒家学派的分化和派别分歧。我们对此作些简单介绍。

　　古今中外所有的政治、宗教、学术流派,在其创始人去世后,都会逐渐又分化为多个不同的派别。《韩非子·显学》曾说,孔丘死后,"儒分为八","取舍相反不同"。但由于史料缺乏,不可详考。从后代的发展情况看,主要是孟轲和荀况两派,分歧相当尖锐。所以荀况在《荀子·非十二子》中,除了批评子张氏、子夏氏、子游氏等"贱儒"外,主要是对孟轲一派进行了猛烈的抨击。

　　其实从思想上看,还是孟轲更接近孔丘。比如,孔丘把其前关于仁的思想发展成具有哲学意义的概念,在政治上则提出"为政以德"(《论语·为政》)的德治思想。孟轲对此加以继承和发展,提出"仁政思想",认为"以德行仁者王"、"以力假仁者霸"(《孟子·公孙丑上》),区分了王道和霸道,把实行仁政的王道作为政治统治的理想。又如,孔丘虽然没有明确提出人性善的命题,但"仁"的概念实际上蕴涵了这种意思,所以才说"性相近也,习相远也"(《论语·阳货》)。孟轲由此生发开去,认为仁义礼智是天道所命,根植于心,于是得出了人性善的结论。

　　与孟轲认为人性善,因而重视内在心性修养不同,荀况认为人性恶,即人生而天然好利多欲,因此必须通过教化对人性之恶加以改造制约而使人向善。这种外在的制约行为的规范,就是礼。但礼也不是万能的,所以荀况又引法入礼,提出用礼义法度来维护社会秩序,治理国家。

　　正是从荀况的思想出发,适应战国末年由分裂走向统一的社会趋势,他的学生韩非、李斯都成了法家。法家思想也成了秦始皇统一中国的指导思想。但当国家统一、社会安定,法家赤裸裸的严刑峻法不再适应统治需要时,以孔、孟为代表的儒家思想又逐渐成为社会的主流意识形态。这里不仅法家备受抨击,荀况也常遭非议。扬雄对荀况的批评就反映了这种情况。但实际上中国古代专制社会的统治者都是阳儒阴法。就像汉宣帝刘询对他儿子汉元帝刘奭说的:"汉家自有制度,本以霸王道杂之。"

12.1　或问:"君子言则成文,动则成德,何以也?"

　　曰:"以其弸中而彪外也①。般之挥斤②,羿之激矢③。君子不言,言必有中也④;不行,行必有称也⑤。"

【注释】

①弸(péng):《说文解字》:"弸,弓强貌。"引申为强,又引申为满。彪:《说文解字》:"彪,虎文也。从虎。彡,象其文也。"引申为文采。

②般:指公输般,或作"公输盘"。他是春秋战国之际鲁国的巧匠,所以又叫鲁班。斤:砍木头用的一种斧子,刃横似锄。

③羿(yì):中国古代善射而名羿的有两人。一为尧时"上射十日而下杀猰貐"的羿(见《淮南子·本经训》),一为夏代诸侯国有穷之君,即"不修民事而淫于原野",被"家众杀而亨之"的后羿(见《左传·襄公四年》)。根据文义,这两个羿都符合条件。激:促发,使动。

④中（zhòng）：符合。

⑤称（chèn）：适宜。

【译文】

有人问："君子一说话就富有文采，一行事就符合道德，这是为什么呀？"

扬子回答说："这是因为君子的内在思想丰富，所以表现出来就文采优美，道德高尚。就像公输般挥动斧子，羿发射弓箭一样。君子除非不说话，一说话就必然恰到好处；除非不行事，一行事就必然正好合适。"

12.2　或问君子之柔刚①。

曰："君子于仁也，柔；于义也，刚。"

【注释】

①柔：柔和，和顺。刚：刚毅，坚强。

【译文】

有人问君子在什么情况下态度温柔，在什么情况下态度刚强。

扬子回答说："君子在实行仁爱的时候，态度温柔；在实行道义的时候，态度刚强。"

12.3　或问："航不浆①，冲不莽②，有诸③？"

曰："有之。"

或曰："大器固不周于小乎？"

曰："斯械也。君子不械④。"

【注释】

①航：船。《方言》卷九："舟，自关而西谓之船，自关而东或谓之舟，

或谓之航。”李轨注认为是“楼航”，即具有重楼的大船。浆：当作“桨”，划船的工具。

②冲：冲车，一种战车。“冲”本作“𨏥”，或作“衝”。《说文解字》：“𨏥，陷敶车也。从车，童声。”《淮南子·览冥训》：“大冲车。”高诱注：“冲车，大铁著其辕端，马被甲，车被兵，所以冲于敌城也。”荠：采荠，古代车行时的乐曲。荠，或作“齐”，或作“茨”。刘师培说：“李注云：‘楼航不挹浆，冲车不载荠。’俞樾云：‘“荠”当为“齐”，“齏”之叚字。郑注《周礼》曰：“凡醯浆所和，细切为齏。”此言楼航不可挹酒浆，冲车不可盛齏醯也。’案：‘浆’当作‘桨’。《方言》云：‘所以隐棹谓之䉵。’注云：‘䉵，摇橹小橛也。’‘荠’训为‘采荠’之‘荠’。《礼记·仲尼燕居篇》言君子之在车也，‘和鸾中采荠’。采荠为乐名。《周礼·乐师》云‘趋以采齐’，而《夏官》复有齐右之官。是采荠为行车之音也。盖‘航’为大舟，‘冲’为行军之高车。此言大舟不必恃橹棹之用，兵车不必合采荠之音也。故或以‘大器不周于小’为问，即言大器于小者有所不备也。‘采荠’单称为‘荠’，与《周礼·钟师》‘齐夏’一律。李、俞之说均非。”(《法言补释》)

③诸：之乎。

④“或曰”几句：固，乃。周，全。这段话的言外之意是说，君子也有不如一般人的地方吗？回答说，这是说的器物呀！君子可不是器物。

【译文】

有人问：“大船不使用木桨，战车不遵循乐曲，是这样吗？”

扬子回答说：“是这样。”

那人问：“那么大器就一定有不如小器的地方吗？”

扬子回答说：“这说的是器械。君子可不是器械。”

12.4　或问孟子知言之要①，知德之奥②。

曰:"非苟知之,亦允蹈之③。"

或曰:"子小诸子④,孟子非诸子乎?"

曰:"诸子者,以其知异于孔子也⑤。孟子异乎不异⑥?"

【注释】

①孟子:即孟轲(约前390—前305),字子舆,战国时期邹人,著名的
思想家、政治家、教育家,儒家学派的主要代表人物之一。言:指
孔丘的学说。要:要旨。

②德:指孔丘的品德。奥:精义,本质。

③允:确实。蹈:履行。

④小:轻视,看不起。诸子:众先生,指先秦和汉代各个学术流派及
其代表人物。《史记·太史公自序》归纳为阴阳、儒、墨、名、法、
道六家,《汉书·艺文志》则归纳为儒、道、阴阳、法、名、墨、纵横、
杂、农、小说十家。这里是指除儒家外各家学派的代表人物。

⑤以:因为,由于。其知:他们的学说。

⑥孟子异乎不异:这一句也可以断为:"孟子异乎? 不异。"那就变成了
自问自答,但其意思是一样的。这段话的言外之意是说,孟子的学
说和孔子是一致的,因此孟子是圣人之道的继承者,不是诸子。

【译文】

有人问孟子是否懂得圣人学说的要旨和圣人道德的精义。

扬子说:"不但懂得,而且确实履行了。"

那人问:"你看不起诸子,孟子不是诸子吗?"

扬子回答说:"诸子之所以成为诸子,是因为他们的学说不同于孔
子的学说。孟子是不是不同于孔子呀?"

12.5　或曰:"孙卿非数家之书①,侻也②。至于子思、孟

轲③,诡哉④!"

曰:"吾于孙卿与? 见同门而异户也⑤。惟圣人为不异。"

【注释】

①孙卿:世德堂本作"荀卿",即荀况(约前313—前230)。卿是当时对他的尊称。战国末年赵国人,我国古代著名的唯物主义哲学家。他曾游学齐国,在稷下学宫三为祭酒,后又担任过楚国兰陵令。他的思想虽然也属于儒家学派,但和孟子有分歧,他的学生韩非、李斯都成为法家学派的代表人物。其事迹见《史记·孟子荀卿列传》。传世著作有《荀子》一书。非数家之书:批评诸家的书,指《荀子·非十二子》。荀况在这篇文章中批评了他认为是完全错误,但"其持之有故,其言之成理,足以欺惑愚众"的六派十二个代表人物的观点,其中包括子思和孟轲。

②俍(tuì):可,好。汪荣宝说:"《音义》:'俍也,他括切,可也。'按:《广雅·释诂》:'俍,可也。'《说文》无'俍'有'娧',好也,当与'俍'同字。宋、吴本'俍'作'脱'。"(《法言义疏》)卷十八)

③子思:孔丘的孙子孔伋,字子思。《汉书·艺文志》著录《子思》二十三篇,已佚。传说现存《礼记》中的《中庸》、《表记》、《坊记》等是他的著作。孟轲(约前372—前289):字子舆,战国时代邹人,我国古代著名的思想家,儒家崇拜的"亚圣人"。孟轲是子思的学生。二人思想一致而前后相承,故人们往往二人并提,或称之为思孟学派。认为其是儒家思想的正统学派。

④诡:乖违,欺诈。《荀子·非十二子》曾批评子思、孟轲的学说"僻违而无类,幽隐而无说,闭约而无解"。"诡"当即指此。

⑤"见同门"句:这段话的言外之意是说,只有子思、孟轲才同孔子完全一致。这些话反映了扬雄尊孟抑荀的态度。门,喻大的学派。户,喻大学派中的小派别。

【译文】

有人说："荀况批评一些学派的文章,是正确的。至于批评子思和孟轲,就不正确了!"

扬子说:"我和荀况吗?虽然都是圣人的门徒,但是在观点上有所不同。我只和圣人在观点上没有什么不同。"

12.6　牛玄、骍、白^①,睟而角^②,其升诸庙乎^③!是以君子全其德^④。

【注释】

①牛玄、骍、白:《法言音义》说:"俗本作'玄牛骍白',误。"司马光说:"宋、吴本'牛玄骍白'作'玄牛骍白','睟'作'粹'。今从李本。"古代人祭祀,讲究用某种毛色纯粹的牺牲。如《礼记·檀弓》说:"夏后氏尚黑,大事敛用昏,戎事乘骊,牲用玄。殷人尚白,大事敛用日中,戎事乘翰,牲用白。周人尚赤,大事敛用日出,戎事乘骝,牲用骍。"玄,黑色。骍,赤色。

②睟:通"粹",即纯粹之意。汪荣宝说:"《说文》无'睟',盖即'粹'之或体。《太玄》以睟准乾,即取乾德纯粹之义。《玄冲》云:'睟,君道也。'范注云:'阳气纯也。'又《玄错》云:'睟文之道,或淳或班。'注云:'淳睟其道,班有文也。'明'睟'即'粹'也。"(《法言义疏》卷十八)角:古代祭祀用牛,不仅毛色要纯,对角也有一定要求。如《礼记·王制》说:"祭天地之牛,角茧栗;宗庙之牛,角握;宾客之牛,角尺。"这里的"角",就指牛角长得合乎标准,可以用作牺牲。

③其:大概,或者。升:奉上,进献。诸:之于。庙:祭祀祖先或神灵的地方。

④是以:以是,因此。君子全其德:五臣注本无"其"字。宋咸、吴秘把本条同上条连为一条,陶鸿庆则认为此条应与12·3条连为

一条(《读诸子札记》十四)。汪荣宝说："此数语自为一章,本不与上文相属。宋、吴穿凿求通,固失其旨。陶以为错简,尤误。"(《法言义疏》卷十八)汪说是对的,所以还是独立成条为宜。全,使之完美。

【译文】

牛,如果是黑色的、赤色的、白色的,颜色纯粹而角又长得符合标准,就可以奉献到庙里作祭祀用的牺牲了吧! 因此,君子努力完善自己的德行。

12.7　或问君子似玉①。

曰:"纯沦温润②,柔而坚③,玩而廉④,队乎其不可形也⑤。"

【注释】

①君子似玉:君子的品质好像玉。语本《诗·秦风·小戎》:"言念君子,温其如玉,在其板屋,乱我心曲。"郑笺:"言,我也。念君子之性温然如玉,玉有五德。"正义引《聘义》云:"君子比德于玉焉。温润而泽,仁也;缜密以栗,知也;廉而不刿,义也;垂之如坠,礼也;孚尹旁达,信也。"

②纯沦、温润:都是叠韵词,形容玉的润泽与和谐的外表,以喻君子温文尔雅的风度。亦即《聘义》所谓"温润而泽"。

③柔而坚:"柔"谓玉之纹色细密,喻君子的表现温和;"坚"谓玉之质地坚硬,喻君子的意志坚定;此即《聘义》所谓"缜密以栗"。

④玩而廉:"玩"借为"刓","刓"谓刓团,即没有棱角,喻君子处事圆通;"廉"谓廉隅,以棱角表示方正,喻君子行为端正;此即《聘义》所谓"廉而不刿"。

⑤队:吴秘说:"'队乎'犹言垂之如队。"这是根据《聘义》所谓"垂之如

坠",释"队"为"坠"。俞樾说:"宋训'队'为'众',未知何据。秘曰:'队乎犹言垂之如队。'温公从之。然玉之德多矣,何独以'下之如队'言之乎。《说文·心部》:'慄,深也。''队'疑'慄'之假字。或学者多见'队'而少见'慄',而改之也。惟其深,故不可得而形之矣。"(《诸子平议》卷三十五)汪荣宝说:"'队'当读为《诗·柏舟》'威仪棣棣'之'棣'。彼《毛传》云:'富而闲习也。'《新书·容经》云:'棣棣,富也。'《孔子闲居》引《诗》作'逮逮'。彼郑注云:'安和之貌也。'"(《法言义疏》卷十八)从此文与《聘义》的联系看,吴秘的说法有一定道理。但"队"作"坠"讲和"不可形"统一不起来,所以吴说于理难通。俞、汪二家相较,从文字上说,俞说较佳;从文义上讲,则汪说见长。故并存之,以备参考。

【译文】

有人问君子的品德是否像玉一样。

扬子回答说:"君子的品德善良美好温文尔雅、仪容柔和而意志坚定,处事圆通而行为端正,真是精微深奥得无法形容呀!"

12.8　或曰①:"仲尼之术②,周而不泰③,大而不小④,用之犹牛鼠也!"

曰:"仲尼之道⑤,犹四渎也⑥;经营中国⑦,终入大海。他人之道者⑧,西北之流也;纲纪夷貉⑨,或入于沱⑩,或沦于汉⑪。"

【注释】

①或曰:世德堂本作"或问"。

②仲尼:孔丘字。术:学说,主张。

③周而不泰:广博完密但不符合世情。周,完密。泰,通达。

④大而不小：能大而不能小，即能鼓吹而不能实行。在8·8条中也有"孔子之道不可小与"之问，可见这是当时相当普遍的想法。

⑤道：与上述"术"同义，是一种更加尊重的说法。

⑥四渎：古时把中原地区独流入海的四条大河称为"四渎"。《尔雅·释水》："江、河、淮、济为四渎。四渎者，发源注海也。"

⑦经营：周旋往来，即宛转流贯的意思。《文选·上林赋》："经营乎其内。"郭璞注："经营其内，周旋苑中也。"又《舞赋》："经营切儗。"李善注："经营，往来之貌。"但这里是借河流润泽土地，哺育百姓的功能来比喻仲尼之道对于治理国家，教养百姓的作用，所以"经营"又有规度、治理的意思。《书·召诰》："厥既得卜则经营。"伪孔传："其已得吉卜，则经营规度城郭郊庙朝市之位处。"因此，"经营"一词在这里具有双重含义。

⑧他人：五臣注本作"它人"。

⑨纲纪：和上文"经营"一词是一个意思，用法亦同。夷貉(mò)：貉，同"貊"；夷是古代对东方少数民族的称呼，貊是古代对北方少数民族的一种侮辱性称呼；这里是用夷貉来代表古代中国边疆地区的各少数民族和国家。

⑩沱：沱江，长江的支流，在今四川境内。

⑪汉：汉水，长江的支流，在今湖北境内。这段话的言外之意是说，只有孔子的学说是治理国家的根本，可以比较容易地取得成功。其他人的学说不过是一些雕虫小技，虽然也有一些小的用处，但必须通过各种途径归附于孔子的学说，才能最后走上正道。

【译文】

有人说："孔子的学说，周密完备却不会变通，堂皇伟大却难以具体，实施起来就好像把牛放到只有老鼠才能活动的地方，根本行不通。"

扬子回答说："孔子的学说，好像独流入海的四条大河；它治理中国使中国走上正道，就像这四条大河润泽中国的土地，终于流入大海。其他人的学说,像西北地区的一些小河;它们只能治理边疆落后的异族地区,取得微小的效果,就像这些小河只能润泽很小的地区,最后或者流入沱河,或者汇入汉水。"

12.9　淮南说之用①,不如《太史公》之用也②。《太史公》,圣人将有取焉;淮南,鲜取焉尔③。必也儒乎!乍出乍入④,淮南也;文丽用寡,长卿也⑤;多爱不忍,子长也⑥。仲尼多爱,爱义也;子长多爱,爱奇也。

【注释】

①淮南:指汉淮南王刘安(前179—前122),沛郡丰人。其事迹见《史记·淮南衡山列传》和《汉书·淮南衡山济北王传》。

②《太史公》:指司马迁的著作《太史公书》,今称《史记》。司马迁(约前145或前135—?),字子长,夏阳人,西汉著名的历史学家、文学家和思想家。因为他在汉武帝时曾做过太史令,故称为"太史公"。

③鲜(xiǎn):少。取:接受,赞成。焉尔:句末语气词。

④乍出乍入:乍出乍入于儒。指刘安的学说,忽然符合儒家思想,忽然又不符合儒家思想。按,《淮南子》的思想内容比较庞杂,它主要标榜道家思想,同时也吸取了儒、墨、法、阴阳五行等家的一些思想。所以扬雄这样说。

⑤长卿:司马相如(前179—前117),字长卿,西汉前期著名的文学家。其事迹见《史记·司马相如列传》和《汉书·司马相如传》。

⑥子长:司马迁,字子长。

【译文】

淮南王刘安的学说的功用,不如《太史公》的功用。对《太史公》太史公司马迁的学说,圣人有可以赞成的内容;对淮南王刘安的学说,就很少有可以赞成的内容了。一定要儒家的学说才符合圣人的思想!时而符合儒家学说,时而又不符合儒家学说的,是淮南王刘安;文章非常华丽,却没有多少用处的,是司马相如;喜爱各种各样的人物和故事,而不忍心舍弃的,是司马迁。孔子喜爱的东西很多,他是喜爱符合仁义的东西;司马迁喜爱的东西很多,却是喜爱奇异的东西。

12.10　或曰:"甚矣,传书之不果也①。"
曰:"不果则不果矣,又以巫鼓②。"

【注释】

①传书:汉代称解释儒家经典的书为"传"或"传书"。这里主要是指西汉后期流行的那些借解释儒家经典来宣扬迷信思想的纬书。果:实。俞樾说:"《说文·木部》:'果,木实也。''木实'谓之'果',故'果'与'实'同义。《淮南子·道应训》高诱注曰:'果,诚也。''诚'即'实'也。'传书之不果',言传记之书多失实也。宋、吴说'果'字皆未得其义。"(《诸子平议》卷三十五)

②又以巫鼓:原作"人以巫鼓"。汪荣宝说:"《音义》:'人以巫鼓,天复本作"又以巫鼓"。'按:此形误之显者,今据订正。"(《法言义疏》卷十八)这段话反映了扬雄对当时以谶纬之术为代表的神学经学的不满。巫鼓,以巫术来鼓吹,也就是宣扬巫术的意思。巫,巫觋,古代的宗教职业者,宣称能与神交通,为人占卜吉凶,祈福禳灾等。鼓,鼓击之则响,因此引申为敲击和发声,又引申出鼓吹、鼓噪等义。

【译文】

有人说:"解释经典的传书不符合事实的情况,真太严重了。"
扬子回答说:"不符合事实就不符合事实吧,还要用巫术来加以鼓吹。"

12.11　或问:"圣人之言①,炳若丹青②,有诸?"

曰:"吁③! 是何言与! 丹青初则炳,久则渝。渝乎哉④?"

【注释】

①圣人:《后汉书·隗嚣公孙述列传》"以明丹青之信"句下注引此
　　句作"王者"。

②炳:鲜明。《后汉书·李王邓来列传》"开以丹青之信"句下注引
　　此句"炳"作"明"。丹青:"丹"即赤色,"青"即青色。丹、青都是
　　绘画中常用的颜色,所以常用丹青代表图画。

③吁:惊叹词。

④"丹青"三句:这段话的言外之意是说,圣人的言论永远光彩照
　　人,既不会暗淡,也不会过时。渝,变。

【译文】

有人说:"圣人的言论,色彩鲜明好像图画,是吗?"

扬子回答说:"哎呀! 这是什么话呀! 图画起初倒是色彩鲜明,时
间一长就要变得暗淡。圣人的言论会变暗淡吗?"

12.12　或曰:"圣人之道若天,天则有常矣①。奚圣人
之多变也②?"

曰:"圣人固多变③。子游、子夏得其书矣④,未得其所以
书也⑤;宰我、子贡得其言矣⑥,未得其所以言也⑦;颜渊、闵
子骞得其行矣⑧,未得其所以行也⑨。圣人之书、言、行,天
也,天其少变乎⑩?"

【注释】

①常:恒久,经常,引申为规律,规则。

②奚:何。

③固:确实。

④子游:孔丘的学生言偃,字子游。子夏:孔丘的学生卜商,字子夏。二人的事迹见《论语》和《史记·仲尼弟子列传》。

⑤未得其所以书:不懂得他为什么这样做,亦即不理解这些文献的深刻含意的意思。《史记·孔子世家》:"至于为《春秋》,笔则笔,削则削,子夏之徒不能赞一辞。"得其书,熟悉孔子整理或著述的文献。《论语·先进》:"文学:子游,子夏。"这里的"文学"即指古代文献。

⑥宰我:孔丘的学生宰予,字我,以能言善辩著称。子贡:孔丘的学生端木赐,字子贡。以能言善辩著称。二人的事迹见《论语》和《史记·仲尼弟子列传》。

⑦未得其所以言:不知道他为什么这样说,亦即不懂得他言论的精义的意思。《论语·公冶长》:"子贡曰:'夫子之文章,可得而闻也;夫子之言性与天道,不可得而闻也。'"得其言,熟悉孔子的言论。《论语·先进》:"言语:宰我,子贡。"

⑧颜渊:即颜回(前521—前490),字子渊,春秋末年鲁国人。他是孔丘最赞赏的学生,以德行著称。闵子骞:即闵损,孔子的学生,以德行著称。二人的事迹见《史记·仲尼弟子列传》和《论语》。

⑨未得其所以行:不理解他为什么这样行事,亦即不懂得他德行的深意的意思。按,此句于文献无征。其实这些说法都是扬雄为了论证"圣人固多变",强调圣人之徒只能各得圣人之一端,而且其所得也极为肤浅,才这样说的,不一定必须于文献有征。得其行,熟悉孔子的德行。《论语·先进》:"德行:颜渊,闵子骞,冉伯牛,仲弓。"

⑩"圣人之书"三句:这段话的言外之意是说,圣人之道和天道一样,从其内在本质说,是不变的,但它表现在许多不同的方面。一般人只了解其某个方面的一点皮毛,就认为它是多变的了。其,岂。

【译文】

有人说:"圣人的思想体系好像天,天是恒常不变的。为什么圣人的变化那么多呢?"

扬子回答说:"圣人确实变化多,就连他的那些优秀弟子也只了解其中的一个方面,而且了解得很肤浅。子游、子夏熟悉圣人的文献,但没有理解圣人整理文献的奥妙;宰我、子贡熟悉圣人的言论,但没有理解圣人发表言论的深意;颜渊、闵子骞熟悉圣人的德行,但没有理解圣人成就德行的根源。圣人的文献、言论、德行,都好像天,天的变化难道少吗?"

12.13　或曰:"圣人自恣与^①?何言之多端也?"

曰:"子未睹禹之行水与^②?一东一北^③,行之无碍也?君子之行独无碍乎?如何直往也?水避碍则通于海,君子避碍则通于理。"

【注释】

①恣:任意,放纵。与(yú):句尾语气词。

②禹:夏禹。我国古史传说中的"圣君",既是原始社会末期的最后一个部落联盟首领,又是奴隶社会第一个王朝夏朝的开国君王。行水:通水,即疏道河川,使水流通。《汉书·沟洫志》:"禹之行河水,本随西山下东北去。"颜注云:"'行'谓通流也。"指禹治水时,改变其父鲧堵截洪水的办法,根据地势高低加以疏导,经过十三年的努力,终于消除了水患。

③一东一北:或东或北,喻不断改变方向。

【译文】

有人说:"圣人是很放纵自己的吧?不然为什么说话那样变化多端呢?"

扬子回答说:"你没看见夏禹怎样疏导流水吗?时而往东边疏导,

时而又往北边疏导,如果疏导起来没有阻碍,还不断改变方向干什么呢? 难道独有君子行事没有阻碍吗? 怎么能直来直去呀? 水曲曲折折避开障碍才能流到海里,君子随机应变才能避开障碍才能符合道理。"

12.14　君子好人之好①,而忘己之好;小人好己之恶②,而忘人之好。

【注释】

①好人之好:第一个"好"作动词,读 hào,作喜好、爱好讲;第二个"好"是名词,读 hǎo,作好处、优点讲。

②好己之恶:世德堂本作"好己之好"。

【译文】

君子喜爱别人的优点,却看不见自己的优点;小人喜爱自己的缺点,却看不见别人的优点。

12.15　或曰:"子于天下则谁与①?"

曰:"与夫进者乎②!"

或曰:"贪夫位也,慕夫禄也,何其与?"

曰:"此贪也,非进也。夫进也者,进于道,慕于德,殷之以仁义③。进而进④,退而退⑤,日孳孳而不自知勌者也⑥。"

或曰:"进进则闻命矣⑦,请问退进⑧?"

曰:"昔乎颜渊以退为进⑨,天下鲜俪焉⑩。"

或曰:"若此,则何少于必退也⑪?"

曰:"必进,易俪⑫;必退,易俪也。进以礼,退以义,难俪也。"

【注释】

①与:偕同,赞许。

②夫:彼,那。进者:努力进取的人。

③殷:盛大,众多。这里作动词,是使之盛大、众多的意思。

④进而进:第一个"进"指出仕为官,第二个"进"指努力于道德的
　　培养。

⑤退而退:司马光说:"'退而退'当作'退而进',言不以禄位之进
　　退,务进于道德而已。故下文云:'请问退进。'"汪荣宝说:"温公
　　说是也。"(《法言义疏》卷十八)

⑥孳孳:努力不懈的样子。不自知:五臣注本作"不知"。勌:同
　　"倦"。二字同字异体。

⑦进进:既出仕为官又努力增进道德修养,即上文所谓"进而进"。
　　世德堂本作"进退",误。闻命:听你说过了。命,辞令。

⑧退进:不出仕而努力增进于道德修养,即司马光所谓"退而进"。

⑨颜渊:指颜回(前521—前490),字子渊,春秋末年鲁国人。他是
　　孔丘最赞赏的学生,以德行著称。其事迹见《史记·仲尼弟子列
　　传》和《论语》。以退为进:以不求权位利禄来努力增进仁义道
　　德。《论语·雍也》记载:"子曰:'贤哉,回也! 一箪食,一瓢饮,
　　在陋巷,人不堪其忧,回也不改其乐。贤哉,回也!'"

⑩鲜(xiǎn):少。俪:相并,匹配。

⑪少:看不起,不推崇。五臣注本"少"作"小"。必退:一味求退,在
　　各方面都消极退让。

⑫必进,易俪:世德堂本作"必进,易俪也"。必进,一味求进,在各
　　方面都努力进取。

【译文】

有人问:"你赞许世界上什么样的人?"

扬子回答说:"赞许那些努力进取的人吧!"

那人说:"这些人是贪图那个权位,羡慕那个俸禄,你为什么赞许他们呢?"

扬子回答说:"你说的这是贪婪,不是进取。我说的努力进取的人,是努力追求真理,爱慕德行,用仁义来培养丰富自己。出仕做官是这样努力,不出仕做官还是这样努力,天天努力不懈而自己不知道疲倦的人。"

那人说:"出仕做官而努力增进仁义道德的人,听你说过了。请你举个不出仕做官而努力增进仁义道德的人。"

扬子回答说:"古时候的颜渊就是以不求权位利禄来努力增进仁义道德的人,天下很少有能和他相比的人。"

那人问:"既然这样,那么你为什么不推崇坚决不出仕做官呢?"

扬子回答说:"一味坚持出仕做官,容易做到;一味坚持不出仕做官,也容易做到。出仕做官和不出仕做官都根据礼义行事,就难做到了。"

12.16　或曰:"人有齐死生、同贫富、等贵贱①,何如?"

曰:"作此者其有惧乎②? 信死生齐、贫富同、贵贱等③,则吾以圣人为嚣嚣④。"

【注释】

①齐、同、等:同义词,都是认为等同、一样的意思。按,这是指庄周学派的观点。《庄子·齐物论》就专门论述了各种差别的相对性,并把这种相对性绝对化,从而走向了相对主义和虚无主义。如说万物"其分也成也,其成也毁也,凡物无成与毁,复通为一",否认了万物的生灭。《秋水》也说:"以道观之,物无贵贱。"从而否认了贫富、贵贱之间的差别。

②其:或者,大概。

③信:诚然,确实。

④嚣嚣(xiāo):轻浮喧哗、喋喋不休的样子。《法言音义》说:"嚣嚣,

五刀切。""五刀切"今读作 āo,这样"嚣嚣"就应该与"謷謷"或者"嗸嗸"相通,为众口忧愁之声。但根据上下文义,"嚣嚣"不应作这种解释,还是以读 xiāo 音为宜。

【译文】

有人说:"有人认为生死一样、贫富相同、贵贱无别,你认为怎么样?"

扬子回答说:"说这种话的人大概是心里非常有所恐惧吧? 如果确实生死一样、贫富相同、贵贱无别,那么我将把圣人的教导看成是不负责任的随便乱说。"

12.17　通天、地、人①,曰儒;通天、地而不通人,曰伎②。

【注释】

①通:了解,懂得。天、地:指自然界。人:指人类社会。

②伎:与"技"通,指技术、才艺。按,这种说法从表面上看是自然和人事并重,实际上反映的是儒家重视社会政治伦理道德而轻视自然研究的传统倾向。因为儒家所谓的"通天"、"通地",往往不是真正客观地去了解自然,而是拿自然和人事相互比附,并经常带有神学色彩。

【译文】

只有既懂得天文、地理,又懂得社会人事的人,才能叫做儒者;只懂得天文、地理,却不懂得社会人事的人,只能叫做有技艺的人。

12.18　人必先作①,然后人名之②;先求,然后人与之。人必其自爱也,而后人爱诸③;人必其自敬也,而后人敬诸。自爱,仁之至也④;自敬,礼之至也。未有不自爱、敬而人爱、敬之者也。

【注释】

①作：作为，行事。

②名：指称，评价。

③而后：五臣注本作"然后"。下同。

④至：极。按，这段话本《荀子·子道》："子路入。子曰：'由，知者若何？仁者若何？'子路对曰：'知者使人知己，仁者使人爱己。'子曰：'可谓士矣。'子贡入。子曰：'赐，知者若何？仁者若何？'子贡对曰：'知者知人，仁者爱人。'子曰：'可谓士君子矣。'颜渊入。子曰：'回，知者若何？仁者若何？'颜渊对曰：'知者自知，仁者自爱。'子曰：'可谓明君子矣。'"但又有所发挥。

【译文】

一个人必须自己先有所作为，然后别人才会有所评价；必须自己先有所追求，然后别人才会有所给予。一个人必须自己爱戴自己，然后别人才会爱戴他；一个人必须自己尊敬自己，然后别人才会尊敬他。自己爱戴自己，就是最高的仁；自己尊敬自己，就是最高的礼。没有自己不爱戴自己、自己不尊敬自己，而别人却会爱戴他、尊敬他的事。

12.19　或问："龙、龟、鸿鹄①，不亦寿乎？"

曰："寿。"

曰："人可寿乎？"

曰："物以其性，人以其仁②。"

【注释】

①鸿鹄：即鹄，鸟名，属游禽目，俗名"天鹅"。

②"物以其性"二句：性，材质。仁，道德。这段话的言外之意是说，人的体质是无法像动物那样长寿的；但如果有高尚的道德，即使

人死了,声名却能够永垂不朽,就可以说是长寿了。

【译文】

有人问:"龙、龟、天鹅,不是很长寿吗?"

扬子回答说:"是很长寿。"

问:"人能不能那样长寿呢?"

扬子回答说:"动物长寿是靠它天生的性质,人长寿要靠他高尚的道德。"

12.20　或问:"人言仙者,有诸乎①?"

"吁②!吾闻宓羲、神农殁③,黄帝、尧、舜殂落而死④,文王毕⑤,孔子鲁城之北⑥。独子爱其死乎?非人之所及也。仙亦无益子之汇矣⑦。"

或曰:"圣人不师仙,厥术异也⑧。圣人之于天下,耻一物之不知;仙人之于天下,耻一日之不生。"

曰:"生乎,生乎!名生而实死也⑨。"

或曰:"世无仙则焉得斯语⑩?"

曰:"语乎者⑪,非嚣嚣也与⑫?惟嚣嚣为能使无为有。"

或问:"仙之实⑬?"

曰:"无以为也。有与无,非问也。问也者,忠孝之问也。忠臣孝子惶乎不惶⑭?"

【注释】

①有诸乎:秦恩复认为"'乎'当作'曰'"(《重刻治平监本扬子法言并音义序》)。如果这样,则应属下读。

②吁:感叹声。五臣注本"吁"上有"曰"字。

③宓羲:五臣注本作"伏牺",《法言音义》"宓"作"虙"。又作"包

羲"、"庖牺"、"宓羲"或"虑羲"等,本是对我国古代渔猎畜牧时期
先民的一种称呼。因为后人不了解历史真相,就把他当成一个
人,而且加以神化,于是就成为古史传说中创造渔猎畜牧业和法
制的一位"圣君"。神农:中国古史传说中的神农氏,本来是对我
国原始社会农业发生时代先民的一种通称,也是被后人神化,变
成了古代创造农业和医药的一位圣君。殁:死亡。

④黄帝:姓公孙,名轩辕,号有熊氏。我国原始社会末期的部落联
盟首领,中国古史传说中的所谓"圣君"。尧、舜:我国古史传说
中的两个"圣君",实际上是原始社会末期的部落联盟首领。殂
落:逝而下,形容死亡。殂,逝,往。

⑤文王:周文王姬昌。文王是商朝末年诸侯国周的首领,他奠定了
灭商的基础,死后被谥为文王。毕:古地名,在今陕西咸阳东。
传说文王死后葬于此。《史记·周本纪》:"九年,武王上祭于
毕。"《集解》引马融说:"毕,文王墓地名也。"

⑥鲁城:鲁国的都城,在今山东曲阜。孔丘死后葬于鲁城之北。

⑦汇:品类。

⑧厥:其。术:道。

⑨"生乎"三句:吴秘说:"神仙者,谓之羽化蝉蜕而升天,是名生也;
其实则降年尽而死耳,故曰实死。"

⑩焉得:哪里来的? 斯:此,这些。

⑪语乎者:说这种话的人。刘师培说:"此'乎'字系代词。'语乎
者'犹言'语此'也,即指语仙术者言也。与古籍各'乎'字均殊,
非语助词,亦非状事状物之词。"(《法言补释》)

⑫嚣嚣(xiāo):轻浮喧哗、喋喋不休的样子。也与:句末疑问词。

⑬实:实际,实质。

⑭偟:暇。

【译文】

有人问："人们说有长生不死的仙人,有这种仙人吗?"。

"唉!我听说伏牺、神农死了,黄帝、唐尧、虞舜,也像树叶一样零落而死,周文王死后葬在毕,孔子死后葬在鲁国都城的北面。难道他们都是喜欢死,只有你吝惜死,不想死吗?这不是人所能够做到的。仙人对先生等人是没有什么益处的。"

那人说："圣人不学习仙人那一套,是因为他们遵循的道理不一样。圣人对于天下的事物,有一样不懂得也感到耻辱;仙人生活在世界上,有一天不能活着也感到耻辱。"

扬子说："长生呀!长生呀!嘴巴上说是长生了,实际上还不是都死了。"

那人问："世界上既然没有长生不死的仙人,那么说有长生不死的仙人的这些话是从哪里来的呢?"

扬子回答说："说这种话的人,不就是那些不负责任地随便乱说的人吗?只有那些不负责任地随便乱说的人,才能把没有的事说成煞有其事。"

那人问："既然如此,仙人实际上到底是怎么回事呀?"

扬子回答说："不要问这些了。有没有仙人的事,是不应该问的。如果要问的话,应该问关于忠孝的事。对于忠臣孝子来说,忙着侍奉君主和亲长还来不及,哪里还有闲暇时间来问关于仙人的事呢?"

12.21　或问："寿可益乎^①?"

曰："德。"

曰："回、牛之行^②,德矣,曷寿之不益也^③?"

曰："德故尔^④。如回之残、牛之贼也^⑤,焉得尔^⑥?"

曰："残、贼或寿。"

曰："彼妄也^⑦。君子不妄。"

【注释】

①寿可益乎:《左传》襄公二十四年:"穆叔如晋。范宣子逆之,问焉,曰:'古人有言曰:死而不朽。何谓也? ……'穆叔曰:'……豹闻之,太上有立德,其次有立功,其次有立言。虽久不废,此之谓不朽。'"这里所说的德可以益寿,也就是道德高尚可以死而不朽的意思。

②回:颜回(前521—前490),字子渊,春秋末年鲁国人。他是孔丘最赞赏的学生,以德行著称。其事迹见《史记·仲尼弟子列传》和《论语》。牛:冉耕,字伯牛,孔子的学生。据说二人的德行都很好。如《论语·先进》说:"德行:颜渊、闵子骞、冉伯牛、仲弓。"

③曷:何。

④尔:如此。

⑤残、贼:都是败坏仁义道德的意思。《孟子·梁惠王下》:"贼仁者谓之贼,贼义者谓之残。"

⑥焉得尔:世德堂本作"焉德尔",误。此句"尔"字,可以有两种理解:或指颜回和冉耕的真实寿命;或指他们的名垂后世。如前者,这句话就是说,正因为他们道德高尚,所以才能有这样的寿命,否则将更短命。如后者,这句话就是说,正因为他们道德高尚,所以才能这样名垂后世,否则就人死名灭了。这两种理解都通,却难以确定扬雄的本意是哪一种。这是扬雄故意追求文辞简奥造成的。

⑦妄:妄为,即上文所谓残、贼。李轨注说:"《论语》曰:'人之生也直,罔之生也幸而免。'扬子之谈亦犹此义。"汪荣宝说:"《法言》此文,正用《论语》义为说,而字作'妄'者,盖读'罔'为'妄'也。"(《法言义疏》卷十八)

【译文】

有人问:"人的寿命可以增益吗?"

扬子回答说:"道德高尚可以益寿。"

问:"颜回、冉耕的行为,是很有道德的,为什么他们的寿命没有增益,年纪轻轻死了呢?"

扬子回答说:"正因为他们道德高尚,所以才能这样。如果颜回、冉耕败坏仁义道德,又怎能这样呢?"

那些人说:"败坏仁义道德的人有的寿命很长。"

扬子说:"那是些胡作妄为的人,能长寿不过是侥幸免于祸害罢了。君子是不胡作妄为的。"

12.22　有生者,必有死;有始者,必有终。自然之道也①。

【注释】

①自然:自然而然,即事物本身所有,不是人力所为。道:规律。按,这段话可以说是对上面三条的总结。意思是说,世界上的事物,凡是有产生,就必然有死亡;凡是有开始,就必然有终结。这是事物本身的发展规律,不是人力所能改变的。这些话反映了道家思想对扬雄的影响。

【译文】

世界上的事物,凡是有产生的,必然有死亡;凡是有开始的,必然有终结。这是事物本身自然而然的规律。

12.23　君子忠人,况己乎? 小人欺己,况人乎?

【译文】

君子对别人都是忠诚的,何况对于自己呢? 小人连自己都要欺骗,何况对于别人呢?

孝至卷第十三

【题解】

本卷较多地谈到了孝。但需要说明的是,历史上对扬雄与王莽的关系的一些看法。

关于扬雄对王莽的态度及其缘由,我们在前言中已有说明,兹不赘述。由于扬雄历仕西汉皇朝成、哀、平三世,王莽代汉建立新朝后,扬雄不但继续为官,而且"以耆老久次转为大夫",复作《剧秦美新》一文对新莽政权加以赞扬,在本卷最后又有数条赞美王莽及其政策的言论,所以历史上有人对其政治人品提出批评,认为他不能忠于汉室,而谄媚新主。

但在北宋以前,对扬雄的赞誉还是主流。从汉代的桓谭、王充、张衡,晋代的李轨、范望,唐代的韩愈、柳宗元,到北宋的邵雍、苏洵、司马光等,都对扬雄倍加称赞。但到了南宋,小朝廷偏安江左,皇帝已向金国称臣,对古代历史却大讲正统。特别是朱熹在《通鉴纲目》中仿效所谓孔丘修《春秋》利用微言大义对历史人物加以褒贬的手法,称扬雄为"莽大夫",人称"三字狱"。其后随着理学的泛滥,特别是程朱理学成为国家的主流意识形态,扬雄直到近代再也未能翻身。

也有一些学者出来为扬雄洗冤。但囿于封建正统思想,不敢承认他曾赞誉过王莽,而是千方百计企图证明他赞誉王莽的话都是反话,其实都是反对王莽代汉自立的。从李轨、司马光,到近代的汪荣宝等人,采取的都是这种办法。这种牵强附会的说法当然难以说服人。还有人甚至说扬雄赞扬王莽的文字是和他有仇的人在他死后伪造并塞入《法言》的。这当然更是没有根据的想当然的说法。

其实如果我们摆脱封建正统思想的束缚,客观地看待扬雄从入京师为官,历仕成、哀、平三世,到最后转而拥护王莽的思想变化过程,就可以看出,扬雄之所以转而拥护王莽,并不是从个人的功名利禄出发,而是从挽救社会危机出发的。这其实是当时社会上一种相当普遍的思潮。只是当王莽及其政策的假面被时代洪流冲掉,露出了本质,原来为挽救社会危机而拥护他的人转而反对他时,扬雄已经老了,不久就死了,没有来得及实现这种转变而已。所以对扬雄拥护王莽的这些言行,既不必加以苛责,也不必为其辩护,而是应该从实事求是的分析中得出合乎实际的结论。

13.1　孝,至矣乎①！一言而该②,圣人不加焉③！

【注释】

①至矣乎:五臣注本无"乎"字。至,极。

②该:兼备,包括。

③加:增益,补充。

【译文】

孝是最高的道德了吧！这一个字就概括了道德的全部内容,就是圣人也没有什么还要增加的了。

13.2　父母,子之天地与！无天何生？无地何形①？天地裕于万物乎②？万物裕于天地乎？裕父母之裕③,不裕矣！事父母自知不足者,其舜乎④！

【注释】

①形：在这里作动词，赋给万物以形体的意思。用天地和万物的关系来比喻父母和子女的关系，这是汉代社会上流行的思想。如《汉书·武五子传》载壶关三老令狐茂上武帝书云："臣闻父者犹天，母者犹地，子犹万物也。"

②天地裕于万物乎：世德堂本无"乎"字。下句同。裕，富饶，优厚。

③裕父母之裕：自以对父母之厚为厚，即李轨注所谓"养父母自以为足者"。第一个"裕"作动词，第二个"裕"是名词。汪荣宝认为这句话是说"子于父母之德无厚薄可论"；若论厚薄，则是"侪父子之道于朋友之交，虽自谓知所厚，而适见其薄而已"（《法言义疏》卷十九）。但这样解释就和下文"事父母自知不足者"相矛盾了，所以还是李轨注比较合适。

④其：或者，大概。舜：我国古史传说中的"圣君"，实际上是原始社会末期的部落联盟首领。这位"圣君"亦是古代孝的化身，据说其"父顽，母嚚，弟傲"，几次阴谋杀死他，他却始终孝顺父母。

【译文】

父母，就是子女的天地吧！没有天万物怎么会产生？没有地万物怎么会成形？是天地优厚地赋予万物呢？还是万物优厚地赋予天地呢？当然是天地优厚地赋予万物。所以，满足于自己对父母的优厚的，实际上是对父母的不优厚；侍奉父母而自己知道不够的，大概是虞舜吧！

13.3　不可得而久者，事亲之谓也①。孝子爱日②。

【注释】

①事：侍奉。亲：双亲，即父母。

②爱日：珍惜时间。

【译文】

不可能永久继续下去的，就是侍奉父母这件事。所以孝子珍惜有限的时日，努力把父母侍奉好。

13.4　孝子有祭乎①？有齐乎②？夫能存亡形、属荒绝者③，惟齐也④。故孝子之于齐，见父母之存也⑤。是以祭不宾⑥。人而不祭，豺獭乎⑦？

【注释】

①祭：祭奠祖先。

②齐：世德堂本作"斋"，下同。"斋"字古作"齐"。古人在祭祀神仙或祖先之前，讲究沐浴洁身，并且在一定时间内在生活上有所禁戒，以把精神感情集中到所祭祀的对象上去，这叫做"斋"。

③存亡形：显现死者的形象。存，在，有，引申为显现。亡形，死者的形象。属（zhǔ）荒绝：联系死者。属，连续。荒绝，空虚断灭，借指死者。

④惟齐也：五臣注本"也"作"乎"。

⑤"故孝子"二句：这是说孝子通过斋戒，集中精神思念已经死去的父母，就可以在脑子中再现父母的形象。《礼记·祭义》说："致齐于内，散齐于外。齐之日，思其居处，思其笑语，思其志意，思其所乐，思其所嗜，齐三日乃见其所为齐者。"

⑥祭不宾：当作"齐不宾"，即孝子在斋戒中不会宾客。司马光说："宾谓敬多而亲少，如待宾客。"俞樾说："以《仪礼》言之，则祭必有宾。杨子此言，非古制矣。'祭'疑'齐'字之误。上文曰：'夫能存亡形属荒绝者，惟齐乎！故孝子之于齐，见父母之存也。'此云：'是以齐不宾。'义正相应。谓方齐之时，不接见宾客也。'齐'误作'祭'，义不可通。宋、吴之解，与礼不合。光曰：'宾谓

敬多而亲少,如待宾客。'则曲为之说矣。"(《诸子平议》卷三十五)俞说是对的。李轨注:"夫齐者,交神明之至。故致齐三日,乃见其所为齐者。《礼记》之论齐备矣。而发斯谈者,有慨乎时人。"刘师培说:"据李注似亦作'齐','祭'涉下文'不祭'而误。《礼书》七十六正引作'齐不宾',当据订。"(《扬子法言校补》)

⑦豺:一种似狼而略小的猛兽,属哺乳纲食肉目。獭(tǎ):即水獭,属哺乳纲食肉目的一种水居动物,主要靠捕食鱼类为生。豺和獭在捕到的猎物多的时候,常把猎物摆开风干以备日后食用,就好像人们祭祀时陈列供物一样。故古有"豺祭"、"獭祭"之说。见《礼记·月令》、《夏小正》、《淮南子·时则训》、《吕氏春秋·孟春纪》和《吕氏春秋·季秋纪》等。

【译文】

孝子要祭祀祖先吧? 祭祀祖先要进行斋戒吧? 能够向子女重新显现已经死去父母的形象,使子女和死去父母发生联系的,只有斋戒。所以孝子在斋戒中可以见到已经死去的父母的形象。因此,孝子在斋戒中是不会见宾客的。豺和獭都还要祭祀祖先,人如果不祭祀祖先,不是连豺和獭都不如了吗?

13.5　或问子①。

曰:"死生尽礼②,可谓能子乎?"

【注释】

①或问子:五臣注本无"问子"二字。因此"或"字与下面"曰"字连起来,变成了一句问话,与下段话成为一条。但这句话在意义上与下文又联系不起来,所以司马光说:"此问答不类,疑下有脱文。"

②尽:竭尽,完备。按,《论语·为政》说:"樊迟御。子告之曰:'孟孙问孝于我,我对曰:无违。'樊迟曰:'何谓也?'子曰:'生,事之

以礼;死,葬之以礼,祭之以礼。'"当即扬雄所本。

【译文】

有人问做儿子的道理。

扬子回答说:"不管是父母在世的时候或者是父母去世以后,都能完全按照礼的要求侍奉父母,就可以说是会做儿子了吧?"

13.6　曰①:石奋、石建②,父子之美也。无是父,无是子;无是子,无是父。

或曰:"必也两乎③?"

曰:"与尧无子④,舜无父⑤,不如尧父舜子也。"

【注释】

①曰:当为衍字。汪荣宝说:"此别为一章,不与上章相属。章首'曰'字亦俗本妄增。盖既于上章删'问子'字,以'死生尽礼'云云为或问之语,因以'石奋石建'云云为答问之语,而于其上增'曰'字也。治平本'曰石'二字占一格,增补之迹显然。此旧监本无'曰'字之证。"(《法言义疏》卷十九)

②石奋、石建:皆西汉前期人。石建为石奋的长子。石家父子皆以为官谨慎,事亲至孝著名。其事迹见《史记·万石张叔列传》和《汉书·万石卫直周张传》。

③必:一定。两:并,耦,即二者兼具的意思。

④与:与其。尧无子:尧没有好儿子。《史记·五帝本纪》:"尧知子丹朱之不肖,不足授天下。"尧,我国古史传说中的"圣君",实际上是原始社会末期的部落联盟首领。

⑤舜无父:舜没有好父亲。《五帝本纪》又载:"舜父瞽叟顽,母嚚,弟象傲,皆欲杀舜。"舜,我国古史传说中的"圣君",实际上是原

始社会末期的部落联盟首领。

【译文】

石奋和石建是父子关系的榜样。没有这样的父亲,就不会有这样的儿子;没有这样的儿子,就不会有这样的父亲。

有人问:"必须父亲和儿子两方面都符合规范吗?"

扬子回答说:"与其像唐尧那样没有符合规范的儿子,像虞舜那样没有符合规范的父亲,不如既有唐尧那样符合规范的父亲,又有虞舜那样符合规范的儿子。"

13.7 "子有含菽缊絮而致滋美其亲①,将以求孝也。人曰伪,如之何?"

曰:"假儒衣、书②,服而读之,三月不归③,孰曰非儒也?"

或曰:"何以处伪④?"

曰:"有人则作,无人则辍,之谓伪⑤。观人者审其作、辍而已矣⑥。"

【注释】

①含:食。《法言音义》说:"本亦作'唅',音同。"菽:豆类。这里意谓粗粮。我国古代以稻、粱为细粮,而以菽、稷为粗粮。缊(yùn)絮:破旧的绵絮。我国古代没有棉花,都是以丝为绵絮。汪荣宝释"缊"为"裹",说:"'缊'读为'蕰',《说文》:'蕰,积也。'字亦作'韫',《广雅·释诂》:'韫,裹也。'《说文》:'絮,敝绵也。'《玉藻》孔疏云:'好者为绵,恶者为絮。'按:'缊絮'与'含菽'对文,义当为裹。若读为《论语》'衣敝缊袍'之'缊',则'缊'、'絮'二字同诂,与'含菽'字不相协矣。"(《法言义疏》卷十九)其说也通。致:献,送。滋:美味而浓曰滋。这里指精美的食品。美:华美的衣服。亲:双亲,即父母。

②假：借，引申为拿。

③三月："三"言其多，"三月"就是许多月的意思。归，终，休。这段
话的言外之意是说，只要他持之以恒地坚持做下去，别人就不会
说他是作假了。

④何以处伪：用什么办法识别出作假呢？处，判断，决定。《汉书·
谷永杜邺传》"臣愚不能处也"句下，师古注曰："处谓断决也。"

⑤"有人则作"三句：五臣注本作"有人则作之，无人则辍之，之谓伪"。

⑥审：详细考究。

【译文】

"有的儿子自己吃粗食穿破衣，而把滋养的食物和华美的衣服奉献给
父母享受，用来尽他的孝心，别人却说这是假的。怎么办呢？"

扬子回答说："把儒生的衣服和儒家的书籍拿来，穿上这些衣服来
读这些书，一连三个月都不回家，谁还会说你不是儒生呢？"

有人问："用什么办法来判断一个人的表现是不是假的呢？"

扬子回答说："如果一个人，当别人在场的时候就做某种事，当别人
不在场的时候就不做某种事，这种表现就是假的。观察一个人，就是要
考察他在什么情况下做什么和在什么情况下不做什么罢了。"

13.8　不为名之名①，其至矣乎②！为名之名，其次也。

【注释】

①为(wèi)：表示追求的目的。名：名望，声誉。

②其至矣乎：世德堂本无"乎"字。其，或许，大概。

【译文】

不是为了追求名声而得来的名声，大概是最高级的名声了吧！为
了追求名声而得来的名声，则是比较低级的名声。

13.9 或问忠言、嘉谋①。

曰:“言合稷、契之谓忠②,谋合皋陶之谓嘉③。”

或曰:“邵如之何④?”

曰:“亦勖之而已⑤。庳则秦、仪、鞅、斯亦忠嘉矣⑥。”

【注释】

①谋:谋划,计议。五臣注本作“谟”,下同。汪荣宝说:“‘忠言嘉谋’,钱本、世德堂本作‘嘉谟’。下‘谋合皋陶’,作‘谟合’。此校书者因《皋陶谟》乃《尚书》篇名,故改‘谋合皋陶’字为‘谟’,而并改‘或问嘉谋’字为‘嘉谟’也。治平本两‘谟’字皆作‘谋’。今浙江局翻刻秦氏影宋本乃皆作‘谟’,此又校者用世德堂本改之。《汉书·匈奴传》赞‘忠言嘉谋之士’,语即本此。明《法言》旧本作‘谋’也。”(《法言义疏》卷十九)

②言合稷、契(xiè):言论合乎稷、契之道。关于稷、契的言论,汪荣宝认为存在于《尚书·弃稷》逸篇中。他说:“《书》序‘皋陶矢厥谟,禹成厥功,帝舜申之,作《大禹》、《皋陶谟》、《弃稷》’。今伪孔本分《皋陶谟》为两篇,其所分之下篇改题《益稷》。孔疏云:‘马、郑、王所据《书》序此篇名为《弃稷》,又合此篇于《皋陶谟》,谓其别有《弃稷》之篇,皆由不见古文,妄为说耳。’王氏鸣盛《后案》云:‘蔡邕《独断》云:“汉明帝诏有司采《尚书·皋陶篇》制冕旒。”今其制正在《益稷》内,可见不可分篇。且孔颖达于《书》疏以马、郑、王合为一篇,别有《弃稷》为妄说;及作《诗·齐谱》疏,又引《皋陶谟》弼成五服。一人之作,自相矛盾。据《法言》云:‘言合稷、契之谓忠。’若如晚晋本,稷、契无一遗言,子云何以遽立此论?知杨所见真《弃稷篇》中多稷、契之言也。此篇至晋而亡。今之割《皋陶谟》下半篇以为《益稷》者,乃晚晋人所分也。西庄此说甚允。子云说经,虽皆用今文,然固非不见古文者。《重黎》

云：'或问：《周官》？曰：立事。《左氏》？曰：品藻。'苟非亲见二书，必不妄作此语。此云'言合稷、契之谓忠'，亦正据《尚书·弃稷》逸篇为说，非想当然语也。"（《法言义疏》卷十九）稷，即后稷。姓姬氏，名弃。因好农耕稼穑，故号"后稷"。相传为周之始祖，尧舜时为农师。其事迹见《史记·周本纪》。契，姓子氏，传为殷之始祖。舜时为司徒，因佐禹治水，封之于商。其事迹见《史记·殷本纪》。谓之：五臣注本作"之谓"。

③谋合皋陶（gāo yáo）：谋划合乎皋陶之道。皋陶，或作"咎陶"、"咎繇"等。他是我国古史传说中舜、禹时代的贤臣，曾为大理官，执掌刑法。据说他曾在舜的面前讲述治理国家的道理，就是现在的《书·虞书·皋陶谟》。

④卲：当作"卯"，高大、美好的意思。如之何：奈其何，怎么办。这句话是接着上句话来发问的。

⑤勖（xù）：勉励，努力。

⑥庳：《法言音义》说："音婢，下也。"本义为屋卑，引申为凡低下、矮小之称。秦、仪：苏秦、张仪。苏秦，战国时期合纵派的代表人物。其事迹见《史记·苏秦列传》。张仪，战国时期连横派的代表人物。其事迹见《史记·张仪列传》。鞅：商鞅。战国中期人，法家思想的代表人物。本卫国之公子，姓公孙氏。后赴秦，说秦孝公变法，使秦国强盛起来，为日后秦并吞诸侯统一中国打下了基础。秦孝公封以商於十五邑，号商君。其事迹见《史记·商君列传》。传世的《商君书》记载了他的思想和言论。斯：李斯（？—前208），战国末年楚国上蔡人。法家思想的实践者。秦始皇统一天下的得力助手。全国统一后，他建议秦始皇焚诗书、禁私学。后又助秦二世用阴谋夺得帝位，并实行督责之术。极力推行专制政治。

【译文】

有人问什么样的言论是忠诚的言论，什么样的谋划是善美的谋划。

扬子回答说："言论符合后稷和契的言论,就是忠诚的言论;谋划符合皋陶的谋划,就是善美的谋划。"

那人说："这个标准太高了,怎么办得到呢?"

扬子回答说："这个标准虽然高,也只能努力去做罢了。如果把标准降低,那么苏秦、张仪、商鞅、李斯的言论和谋划也成了忠诚的言论和善美的谋划了。"

13.10　尧、舜之道皇兮①!夏、殷、周之道将兮②!而以延其光兮③!

或曰:"何谓也④?"

曰:"尧、舜以其让⑤,夏以其功⑥,殷、周以其伐⑦。"

【注释】

①尧、舜:我国古史传说中的两位"圣君",实际上是原始社会末期的部落联盟首领。皇:堂堂,盛大。兮(xī):句末助词。

②夏:我国历史上第一个奴隶制王朝。约为公元前2140—前1711年。殷:继夏而起的奴隶制王朝,本称商。商王盘庚时迁都于殷(今河南安阳),故又称"殷"。约为公元前1711—前1066年。周:周朝。约从公元前1066年周武王灭商起,至公元前256年为秦所灭,有810年,是中国历史上时间最长的一个朝代。将:与"皇"义同,选用不同的词是为了避免行文上的重复。儒家认为这三个朝代的创始者夏禹、商汤、周文王和周武王都是古代的圣人,故云。

③而:连接词,这里有因、乃等义。以:因此。延:续。

④何谓:怎么说,为什么。

⑤以:由于。让:禅让。传说尧将帝位禅让给舜,舜后来又禅让给禹。这反映了原始社会民主选举部落联盟领袖的情况。后人不

了解其实质,就说成是禅让了。

⑥功:功劳。指夏禹带领百姓治理洪水泛滥的功劳。

⑦伐:征伐。指商汤以武力推翻夏桀和周武王以武力推翻殷纣。

【译文】

唐尧、虞舜的思想和行为是多么辉煌呀!夏禹、商汤、周武王的思想和行为是多么伟大呀!因此他们的光辉一直延续到现在呀!

有人问:"这是指什么呀?"

扬子回答说:"唐尧、虞舜是由于他们对帝位的禅让,夏禹是由于他治理洪水的功劳,商汤、周武王是由于他们对残暴的夏桀和殷纣的征伐。"

13.11　或曰:"食如蚁①,衣如华②,朱轮驷马③,金朱煌煌④,无已泰乎⑤?"

曰:"由其德⑥,舜、禹受天下不为泰;不由其德,五两之纶⑦,半通之铜⑧,亦泰矣。"

【注释】

①蚁:同"蚁"。形容食物之精细。汪荣宝说:'《音义》云:'蚁与蚁同。'《御览》八百四十九,又九百四十七引,并作'蚁'。案:'食如蚁'于义难通。'蚁'当作'皑'。《说文》:'皑,霜雪之白也。''食如皑'犹云'食如霜雪',状精米之洁白也。'皑'误为'蚁',传写遂改为'蚁'耳。"(《法言义疏》卷十九)汤炳正说:"果如汪说,则作'食如霜雪'方可通。若作'食如皑'则须解作'食如白',是成何语哉?崔骃《七依》云:'玄山之梁,不周之稻,万凿百陶,精细如蚁。'是古人皆以'蚁'比食之精者,不必改字。"(《法言汪注补正》,《制言半月刊》第四期,1935年11月)

②华:文采,画图。古代统治者的官服都非常华丽。如据《后汉

书·舆服志下》记载,古代贵族"以五采章施于五色作服"。"天子备章"即十二章,"公侯卿大夫之服用九章以下",不同等级有不同的图案和色彩,所以扬雄这样说。

③朱轮驷马:四匹马拉的大红车轮的车子。这是形容当时的贵族和官吏们所乘的车子之威武和华丽。《后汉书·舆服志上》"所御驾六,余皆驾四,后从为副车"句下注引《逸礼·王度记》:"天子驾六马,诸侯驾四,大夫三,士二,庶人一。"又"除吏赤画杠,其余皆青云"句下注引《古今注》:"武帝天汉四年,令诸侯王大国朱轮,特虎居前,左兕右麋。小国朱轮画,特熊居前,寝麋居左右,卿者车也。"

④金朱:金印朱绶。"绶"指系印的丝带子。《后汉书·舆服志下》"诸侯王赤绶"句下注引徐广说:"太子及诸王金印,龟纽,熏朱绶。"煌煌:明亮的样子。宋、吴本此句作"朱轮驷马受天金朱煌煌","受天"二字系衍文。

⑤无:不。已:太,甚。泰:奢侈,过分。《太平御览》卷八百四十九"食"条下引此文"泰"作"太";又卷九百四十七"蚁"条引此文"无已"作"不以"。

⑥由:由于,因为。

⑦五两之纶(lún):即由五股绲线编成的青丝绶。汉代对各级贵族和官吏系印丝带的颜色和样式都有明确的规定。如皇帝的玉玺,用黄赤绶,长二丈九尺九寸,五百首。"凡先和单纺为一系,四系为一扶,五扶为一首"(《后汉书·舆服志下》),所以五百首就是用一万股丝织成的绶带,级别越低,绶越短,系也越少越粗,颜色也不一样。至百石的小官,用青绀绶,不再计首,也没有纬织,只像编辫子似的编成一条带子,这就叫"纶"。所以"五两之纶"是指当时最基层官吏的印绶。两,借为"緉",即由两股单线搓成的双线。纶,青丝绶带。

⑧半通之铜:半章的铜印。汉代对各级贵族和官吏所用印章的质料和

样式也有明确的规定。最高级的用金印,其次为银印,最下者为铜印。一般的印是正方形。最低级的官印则是长方形,只有正方印的一半的样子,所以叫半通或半章印。如《后汉书·王充王符仲长统列传》引仲长统《损益》"身无半通青纶之命,而窃三辰龙章之服"句下,注引《十三州志》说:"有秩、啬夫,得假半章印。"有秩、啬夫都是汉代的乡官。《后汉书·百官志五》:"乡置有秩、三老、游徼。"本注说:"有秩,郡所署,秩百石,掌一乡人;其乡小者,县置啬夫一人。"可见所谓"半通之铜"就是指当时最基层乡官的官印。

【译文】

有人说:"有的人吃的饭食像蚂蚁那样精细,穿的衣服像图画那样华丽,出门坐四匹马拉的有朱红轮子的车,身上佩带着明晃晃的系着朱红绶带的金印,不是太过分了吗?"

扬子回答说:"如果是由于他有那样高尚的道德,就是像虞舜和夏禹那样接受整个天下也不算过分;如果不是由于他有那样高尚的道德,就是只佩带个系着用五股双线编成的青丝绶带的半章铜印,也太过分了。"

13.12　天下通道五,所以行之一,曰勉①。

【注释】

①"天下通道"三句:五臣注本此句作"天下之通道五,所以行之者一,曰勉"。按,对于五项通道的具体内容,扬雄没有说。李轨注认为是"仁、义、礼、智、信"。汪荣宝认为是《礼记·中庸》所说"天下之达道五,曰'君臣也,父子也,夫妇也,昆弟也,朋友之交也'"(《法言义疏》卷十九)。皆与扬雄的思想不悖,可作参考。通道,普遍适用的原则。通,通彻,畅达。道,道理,原则。勉,努力。

【译文】

天下有五项普遍适用的原则——仁、义、礼、智、信,实行这些原则的方法只有一个,就是努力。

13.13　或曰:"力有扛洪鼎^①,揭华旗^②。知、德亦有之乎^③?"

曰:"百人矣^④。德谐顽嚚、让万国^⑤;知情天地、形不测^⑥。百人乎?"

【注释】

①力有扛洪鼎:《文选》王元长《三月三日曲水诗序》"影摇武猛、扛鼎揭旗之士"句下李注引此句皆作"力能扛鸿鼎"。洪,大。鼎,古代作烹饪用或用作礼器的一种金属器皿。

②揭:高举。华旗:指古代的将军旗。因其上绘有熊、虎等图画,故称之为"华旗"。将军为一军之主,旗则是将军的象征。所以在战斗中,护旗和砍旗往往成为双方争夺的焦点。因此,就要挑选特别勇猛有力的人来掌管将旗。故此处以能举旗作为特别有力的标志。

③知:原作"智",《论衡》及《文选》李注引此句皆作"知",又下文"知情天地"亦作"知",因据改。

④百人:百倍于普通人,顶一百个普通人。章钰校说:"司马本'百'作'有',下同。"根据文义,应用"百",不应作"有"。

⑤谐:协和。顽嚚(yín):不遵守道德信义。《左传》僖公二十四年载富辰谏周襄王说:"心不则德义之经为顽,口不道忠信之言为嚚。"让:禅让。万国:指普天下。"万"是喻其多。这句话指舜。史载舜"父顽母嚚",而舜"克谐以孝",后来又把帝位禅让给禹,故云。

⑥情:实际,道理。这里作动词,谓知其情。形:显现。不测:不可量度,指事物内部的奥秘。汪荣宝说:"情天地、形不测,若伏牺、文王、孔子,作《易》之圣人是也。"(《法言义疏》卷十九)

【译文】

有人说:"论力气,有人能扛起大鼎,高举将旗。人的智慧和道德也有这种大大超过普通人的情况吗?"

扬子回答说:"扛起大鼎、高举将旗这种大力气顶多不过百倍于普通人罢了。道德高尚能够孝顺愚顽的父母,禅让整个天下;智慧卓越能够懂得天地的道理,明白不可测度的奥妙。这种道德和智慧难道只是百倍于普通人吗?"

13.14　或问君。

曰:"明、光①。"

问臣。

曰:"若、褆②。"

"敢问何谓也③?"

曰:"君子在上④,则明而光其下;在下⑤,则顺而安其上。"

【注释】

①明:明亮。光:照耀。

②若:顺。褆(zhī):安。《法言音义》说:"若褆,是支切,又音支,又音题。"

③敢问:大胆地问,冒昧地问。何谓也:这话怎么讲? 这是什么意思?

④在上:指为君。

⑤在下:指为臣。

【译文】

有人问应当怎样做君主。

扬子回答说:"明亮、照耀。"

问应当怎样做臣子。

扬子回答说："忠顺、安定。"

"请问这是什么意思?"

扬子回答说："君子如果做了君主,就明亮而照耀他的臣子;如果做了臣子,就忠顺而安定他的君主。"

13.15　或曰："圣人事异乎①?"

曰："圣人德之为事,异亚之②。故常修德者,本也③;见异而修德者,末也④;本末不修而存者,未之有也。"

【注释】

①事:侍奉,尊崇。异:怪异和灾变。当时社会上流行着把天灾和自然界一些反常现象神化,并和人的行为联系起来,认为灾异是天对人的谴责的迷信思想。如董仲舒《春秋繁露·必仁且知》说："天地之物有不常之变者,谓之异;小者,谓之灾。灾常先至,而异乃随之。灾者,天之谴也;异者,天之威也。谴之而不知,乃畏之以威。《诗》云:'畏天之威。'殆此谓也。凡灾异之本,尽生于国家之失。"又《白虎通义·灾变》引《春秋纬·潜潭巴》说："灾之言伤也,随事而诛;异之言怪也,先发感动之也。"这句话就是针对当时的天人感应思想而提出问题:圣人尊奉灾异吗? 换句话是说,这种尊奉灾异的思想符合圣人之道吗?

②亚:次。

③本:根本。

④末:末梢。

【译文】

有人说："圣人崇奉灾异吗?"

扬子回答说："圣人以道德为尊崇,灾异是次要的。所以,一贯修养道德的,是抓住了根本;看见有了灾异才修养道德的,是抓住了末梢;既不抓根本也不抓末梢而能够存在下来的,从来也没有过。"

13.16　天地之得,斯民也;斯民之得,一人也;一人之得,心矣①。

【注释】

①"天地之得"六句:得,成,获。章钰校说:"五臣本'得'作'德'。"斯,此。李轨注此段说:"得养育之本,故能资生斯民也。""得资生之业,是故系之一人也。""一人之得统御天下者,以百姓之心为心。"刘师培说:"李说迂曲,必增字而后通。以意揆之,此中三'得'字似均'中'字假文。《周礼·师氏》:'掌国中失之事。'郑注云:'故书中作得。'《吕氏春秋·行论篇》:'以中帝心。'高注云:'中犹得。'《淮南·齐俗训》:'天之圆也不得规。'《文子·自然篇》'得'作'中'。此均中、得互通之证。斯文作'得',与《周礼》故书例同。'天地之中斯民',即《礼记·礼运篇》所谓'人者天地之心'也。'斯民之中一人',又《缁衣篇》所谓'民以君为心'也。'心矣'之'心'指君心言。李以'百姓之心'为释,亦非。"(《扬子法言校补》)李、刘二说相较,当以刘氏所说比较近于原意,但也还有距离。

【译文】

天地之所以有所成就,是由于民众;民众之所以有所成就,是由于皇帝;皇帝之所以有所成就,是由于他的思想符合圣人之道。

13.17　吾闻诸传①,老则戒之在得②。年弥高而德弥邵者③,是孔子之徒与④?

【注释】

①诸:之于。传:汉代儒者称《诗》、《书》、《易》、《礼》、《春秋》等儒家
　典籍为经;儒家解释五经的书以及《论语》、《孟子》等书,则称为
　"传"或"传记"。这里是指《论语》。

②戒:警戒,戒备。得:贪得无厌。此句语本《论语·季氏》:"孔子
　曰:'君子有三戒:少之时,血气未定,戒之在色;及其壮也,血气
　方刚,戒之在斗;及其老也,血气既衰,戒之在得。'"汪荣宝认为
　"得"应作"德"。他说:"《论语》云:'及其老也,血气既衰,戒之
　在得。'孔注云:'得,贪得也。'释文云:'在得,或作"德",非。'
　按:子云以'年弥高而德弥邵'释此文之义,是其所据《论语》正
　作'戒之在德'。'戒'犹'谨'也。凡人于少壮之时,多能强学力
　行;及衰老,则志体懈惰,不复能有所进益。所谓'靡不有初,鲜
　克有终'者。故曰:'及其老也,戒之在德。'谓晚暮之年,当益谨
　于德,以成有终之美也。义较孔注为长。下章'德有始而无终'
　云云,即反复申明此旨。则此章'戒之得',字当作'德'无疑。
　今各本皆作'得',乃校书者据通行《论语》改之。"(《法言义疏》卷
　十九)根据这种解释,所谓"戒之在德",就是要努力于德。这样,
　《论语》所谓"三戒"的前两戒就讲不通了。而且,前两戒都是指不
　好的事,这最后一戒却指好事,也互相矛盾。所以汪说是不对的。

③弥:愈,益。邵:当作"劭",高,美。

④徒:党羽,门徒。

【译文】

我听传记书上说,人老了就要警戒贪得无厌。年龄越大而道德越
高尚完善的,大概是孔子的门徒吧?

13.18　或问:"德有始而无终,与有终而无始也,孰宁①?"
曰:"宁先病而后瘳乎? 宁先瘳而后病乎②?"

【注释】

①"德有始"三句：与，和。《法言音义》说："与，如字。"孰宁，即"宁
孰"，宁愿哪一种呀？《法言音义》说："天复本作'孰愈'。"此句司
马光说："宋、吴本作：'有始而无终钦？有终而无始钦？'《音义》
曰：'天复本"宁"作"愈"。'今从李本。孰宁，宁为谁。"宁，宁可，
宁愿，表示数者择一的愿望和决心。

②"宁先病"二句：这段话的言外之意是说，有始无终和有终无始都
不好，应当有始有终。瘳（chōu），病愈。

【译文】

有人问："道德的履行，有始而无终和有终而无始，宁愿要哪一种情况呢？"

扬子回答说："你宁愿先生病而后痊愈呢？还是宁愿先痊愈而后生
病呢？"

13.19　或问大。

曰："小①。"

问远。

曰："迩②。"

未达③。

曰："天下为大，治之在道，不亦小乎？四海为远，治之
在心，不亦迩乎④？"

【注释】

①或问大。曰小：这段话是说，有人问什么是"大"。回答说："小。"
意思是说以小御大。

②迩：近。"问远。曰迩"的意思是说以近御远。

③未达：没有听懂。达，通晓。

④"天下为大"六句:这段话的言外之意是说,只要在思想上坚持圣
　人之道,用圣人之道来治理天下,虽然天下很大,也是可以治理
　好的。四海,全世界。古代认为人居住的陆地周围为海环绕,故
　以四海为全世界的代称。

【译文】

有人问怎样处理大事。

扬子回答说:"就像处理小事一样。"

又问怎样处理远处的事。

扬子回答说:"就像处理近处的事一样。"

问的人没有明白。

扬子就说:"天下是大的,以道来治理它,不是就像处理小事一样
吗? 四海是远的,用心来治理它,不就像处理近处的事一样吗?"

13.20　或问俊哲、洪秀①。

曰:"知哲圣人之谓俊②,秀颖德行之谓洪③。"

【注释】

①俊哲:超人的智慧。俊,才德超人。哲,智慧。洪秀:超人的道
　德。秀,禾稼吐穗叫"秀",引申为才德特异。汪荣宝说:"'俊'读
　为'峻'。《大学》:'克明峻德。'郑注云:'峻,大也。'今《尧典》作
　'俊德'。古'俊'、'峻'、'骏'三字通用。'俊'与'洪'同义。《尔
　雅・释诂》:'洪,骏,大也。''俊哲、洪秀',疑当时制科有是名,故
　以为问。"(《法言义疏》卷十九)

②知哲:即智慧能够明晓的意思。司马光说:"'知哲'当为'哲知',
　言哲能知圣人之道,不溺于异端,智之俊者也。"根据上下文来
　看,司马光的说法有道理,但无版本依据,而且作"知哲"也通,故
　可以不改。知,同"智",智慧。哲,通"晓"。

③颖:草木之尖叫"颖",引申为才德特异超人。这两句说的其实是一
　　个意思,即智慧德行特异超群而符合"圣人之道"的就是俊哲、洪秀
　　了。文辞字句的错综变化不过是为了避免重复而增强表现力罢了。

【译文】

有人问什么是杰出的智慧,什么是超群的道德。

扬子回答说:"智慧能够通晓圣人的道理,就叫杰出的智慧;道德能
够高出常人的德行,就叫超群的道德。"

13.21　君子动则拟诸事,事则拟诸礼①。

【注释】

①动:作为。拟:忖度。吴秘本作"凝"。吴注云:"凝,成也。君子
　　不妄动,动则成于事,事则成于礼。凝,一本作'拟'。"宋咸说:
　　"'拟'或作'凝',非也。拟,据也。言君子不妄其动,乃据事而后
　　动;不伪其事,乃据礼而后事。"司马光说:"拟,度也。动则度其
　　事之可否,事则度理为是为非。"诸:之于。

【译文】

君子一行动就要考虑它是否为事情所需要,一做事就要考虑它是
否合乎礼。

13.22　或问群言之长、群行之宗①。
曰:"群言之长,德言也②;群行之宗,德行也③。"

【注释】

①群:众多,各种。长(zhǎng):统帅。行:行为。宗:根本。
②德言:道德之言。

③德行:道德之行。

【译文】

有人问各种各样的言论的统帅是什么,各种各样的行为的根本是什么。

扬子回答说:“各种各样的言论的统帅,是道德的言论;各种各样的行为的根本,是道德的行为。”

13.23　或问泰和①。

曰:“其在唐、虞、成、周乎②? 观《书》及《诗》③,温温乎其和可知也④。”

【注释】

①泰和:刚柔极其相宜。《文选》曹子建《七启》“吾于为太和之民”句下,《求自试表》“诚欲混同宇内以致太和也”句下,颜延年《宋文皇帝元皇后哀策文》“太和既融”句下,李善注引此文皆作“太和”。泰,极,至。和,刚柔相宜。

②唐、虞:唐尧、虞舜。我国古史传说中的两个圣君,实际上是原始社会末期的部落联盟首领。成:周成王姬诵,周武王的儿子,约公元前1063—前1027年在位。传说中的太平盛世“成康之治”的开创者。周:周公。姓姬名旦,周文王之子,周武王之弟,因其采邑在周(今陕西岐山北),故称“周公”。他是周朝初年著名的政治家,制定了一套适合当时统治需要的制度,为“成康之治”奠定了基础。这几个人是儒家心目中的圣人,他们所处的时代被儒家看作高不可及的太平盛世。乎:《文选》李善注引此句皆作“也”。

③《书》:又叫《尚书》,是我国古代政治文献的汇编(事实上有的篇章为后人假托,或是后人记录的古代传说)。这里是指其中的《尧典》、《舜典》以及《周书》中《大诰》至《顾命》诸篇。《尧典》和

《舜典》记载了尧和舜的一些言论和事迹,《周书》诸篇则记载了成王和周公的一些言论和事迹。《诗》:即《诗经》,我国古代第一部诗歌总集。传说原有三千余篇,经孔丘删减,取三百多篇教授弟子,成为儒家的经典。这里是指其中的《小雅》、《大雅》的各一部分以及《周颂》。传统认为,《小雅》中《南有嘉鱼》至《菁菁者莪》诸篇,《大雅》中《生民》至《卷阿》诸篇,《周颂》诸篇,皆为成王、周公时所作。

④温:和。乎:句中助词,没有实义。

【译文】

有人问天下什么时候最和谐。

扬子回答说:"大概是在唐尧、虞舜、周成王、周公的时候吧? 看看《书经》和《诗经》里有关的篇章,温文和煦的,那时天下极其和谐的情况就可以知道了。"

13.24　周康之时①,颂声作乎下②,《关雎》作乎上③,习治也④。齐桓之时缊⑤,而《春秋》美邵陵⑥,习乱也⑦。故习治则伤始乱也⑧,习乱则好始治也⑨。

【注释】

①周康:周康王姬钊,公元前1026—前1001年在位。周朝在成王、康王时达到极盛时期,历史上称为"成康之治"。

②颂声:歌颂之言。作乎下:发自下面。"乎"作介词,相当于"于"。

③《关雎》:指《诗·国风·周南》第一首《关雎》。据说《鲁诗》认为,其诗是为讽谏周康王及其后妃而作。如《汉书·杜周传》载杜钦上书:"是以佩玉晏鸣,《关雎》叹之。"注引李奇说:"后夫人鸡鸣佩玉去君所。周康王后不然,故诗人叹而伤之。"又引臣瓒说:"此《鲁诗》也。"作乎上:作于上面。据说这首诗是当时的大臣作

的,故云。如《论衡·谢短》引诗家说:"康王德缺于房,大臣刺晏,故《诗》作。"又汪荣宝引张超《诮青衣赋》云:"周渐将衰,康王晏起,毕公喟然深思古道,感彼关雎性不双侣,愿得周公,配以窈窕,防微消渐,讽谕君父。孔氏大之,列冠篇首。"(《法言义疏》卷十九)据此,《关雎》为毕公所作。这些说法当然是不可靠的,不过是儒者借题发挥罢了。

④习治:习惯了天下大治的情况。

⑤齐桓:齐桓公。姓姜,名小白,春秋时期诸侯国齐的国君,公元前685—前643年在位。他以"尊王攘夷"为号召,卫护王室的共主地位,帮助中原一些诸侯国打退外族的侵犯,多次和诸侯会盟,成为春秋时期的第一个霸主。缊(yùn):乱麻,引申为凡乱之称。

⑥《春秋》:本是春秋时代各国史书的通称。相传孔丘根据鲁国史官记载鲁国历史的《春秋》,加以笔削增删,塞入所谓微言大义,即对历史人物和事件的褒贬,用来教授学生,后来就成了儒家的经典。这是我国现存第一部编年史。美:赞扬。邵陵:指齐国和楚国会盟于邵陵的事。邵陵,《春秋》及三传皆作"召陵",故城在今河南郾城境。公元前656年,齐桓公以楚不向周王贡献包茅为名率诸侯伐楚。楚在大兵压境的威胁之下,承认了错误,和齐盟于邵陵。这次伐楚会盟,是齐桓公打着"尊王攘夷"的招牌建立霸业的一个组成部分。儒家从维护正统的立场出发,肯定了齐桓公这次行动。具体解释可看《春秋公羊传》僖公四年。

⑦习乱:习惯了天下大乱的情况。

⑧伤:忧虑。

⑨好(hào):喜爱。

【译文】

周康王的时候,民众在下面作诗歌颂政治清明,大臣们却在朝廷上作《关雎》等诗篇对康王懈怠政事进行讽谏,这是因为大家习惯了政治清明,看不惯任何一点不好的事。齐桓公的时候政治昏乱,但《春秋》书上却赞扬他率诸侯伐楚,使楚承认不向周天子进贡的错误,与会盟于邵陵,这是因为大家习惯了政治昏乱的情况,有任何一点好事都要提倡。所以,人们习惯了政治清明,就会对政治昏乱的一点苗头都感到忧虑;人们习惯了政治昏乱,就会对政治清明的一点苗头都感到喜爱。

13.25　汉德其可谓允怀矣①! 黄支之南②,大夏之西③,东鞮、北女④,来贡其珍⑤。汉德其可谓允怀矣! 世鲜焉⑥!

【注释】

①德:德政。其:庶几,几乎。允:诚然,确实。怀:思念。9•4条:"或问:'为政有几?'曰:'思,斁。'"这里的"怀"与"思"同义。古文《书•伊训》:"惟我商王,布昭圣武,代虐以宽,兆民允怀。"伪《孔传》说:"言汤布明武德,以宽政代桀虐政,兆民以此皆信怀我商王之德。"正是训"怀"为"思"。李轨注训"怀"为"至",也通,但不够贴切。

②黄支:古国名。其地在今印度泰米尔纳德邦境内。《汉书•地理志下》:"自夫甘都卢国船行可二月余,有黄支国,民俗略与珠厓相类。其州广大,户口多,多异物,自武帝以来皆献见。……平帝元始中,王莽辅政,欲耀威德,厚遗黄支王,令遣使献生犀牛。"又《汉书•平帝纪》载元始二年"黄支国献犀牛"。

③大夏:古国名。其地在今阿富汗东北部。西方称之为巴克特里亚(Bactria)。《史记•大宛列传》:"大夏在大宛西南二千余里妫水南。其俗土著,有城、屋,与大宛同俗。无大君长,往往城邑置小长。其兵弱,畏战。善贾市。及大月氏西徙,攻败之,皆臣畜

大夏。大夏民多，可百余万。其都曰蓝市城，有市贩贾诸物。"

④东鳀（dī）：即东鳀。《汉书·地理志下》："会稽海外有东鳀人，分为二十余国，以岁时来献见云。"注引孟康曰："音题。"晋灼曰："音鳀。"师古曰："孟音是也。"按：我国台湾及其周围岛屿在汉代时称作"东鳀"，或作"东鳀"。北女：未详。汪荣宝说："北女，未闻。……《山海经·海外西经》：'女子国在巫咸北。'又《大荒西经》：'西北海之外大荒之中有女子之国。'其地域不可考。或以在西北陬，而有北女之称。然事涉荒诞，不足置信。《法言》此文，皆据当时史事为言，信而可征，非若瀛谈稗说，浮夸无实。今以事实方舆度之，于北当言匈奴。《王莽传》元始五年，莽奏云：'太后秉统数年，恩泽洋溢，和气四塞。绝域殊俗，靡不慕义。越裳氏重译献白雉。黄支自三万里贡生犀。东夷王度大海奉国珍。匈奴单于顺制作，去二名。今西域良愿等复举地为臣妾'云云。于北惟举匈奴，是其明证。……下文'诎诎北夷，被我纯缋，带我金犀'云云，称匈奴为北夷。疑此文'北女'或即'北夷'之误。'夷'字漫漶，传写因改为'女'欤？"《法言义疏》卷二十）其说可供参考。

⑤来贡其珍：这句话是用当时人们观念中四方最远的四个地方之外还有国家向汉朝贡献珍宝来说明当时汉朝统治的极盛，实际上是对王莽的歌颂。贡，献。

⑥世鲜（xiǎn）焉：世上少有呀！鲜，少。

【译文】

汉朝的德政大概可以说确实使人怀念了！黄支国以南，大夏国以西，东边的东鳀，北边的北夷，都来贡献他们的珍宝。汉朝的德政大概可以说确实使人怀念了，这在世界上真少有呀！

13.26　荒荒圣德①，远人咸慕②，上也；武义璜璜③，兵征四方，次也；宗夷猾夏④，蠢迪王人⑤，屈国丧师⑥，无次也⑦。

【注释】

①荒荒:"荒"是大的意思;"荒荒"形容极其深远广大的样子。《法
言音义》、五臣注本均作"芒芒",义同。司马光曰:"李本'芒芒'
作'荒荒',今从宋、吴本。"圣德:圣人之德政。

②远人:远方的民众。咸:皆,都。慕:敬爱,思念。

③武义:即武仪,言军队之威仪。义,通"仪"。璜璜:与"潢潢"、"洸
洸"通,威武的样子。王念孙说:"吴秘曰:'璜璜,犹言"煌煌"也。'
念孙案:'璜'读为'洸'。《尔雅》曰:'洸洸,武也。'释文:'洸,舍人
本作'僙'。'《邶风·谷风篇》'有洸有溃',《大雅·江汉篇》'武夫洸
洸',《毛传》并与《尔雅》同。《盐铁论·繇役篇》引《诗》作'武夫潢
潢'。洸、潢、僙、璜,古同声而通用。"(《读书杂志》十六《余编》上)

④宗夷:当为蛮夷。汪荣宝说:"《尧典》:'蛮夷猾夏。'此云'宗夷'者,湘乡
曾编修广钧云:'《魏英义夫人碑》书蛮作"宗",与"宗"形相近。此文本
作"宗夷",传写误作"宗"耳。'"(《法言义疏》卷二十)陶鸿庆引《广雅·
释诂》训"宗"为"众",释"宗夷"为"众夷"(见《读诸子札记》十四),也可
通。猾:扰乱。夏:即中国。夏是古代我国人的自称之一。

⑤蠢迪王人:即王人蠢迪,与《左传》昭公二十四年所谓"王室实蠢
蠢"意思是一样的。蠢,本义为昆虫蠕动的样子。如《说文解
字》:"蠢,虫动也。从蚰,春声。"引申为形容无礼仪的混乱行动。
迪,通"妯",也是蠢动的样子。汪荣宝说:"'迪'读为'妯'。《尔
雅·释诂》:'蠢、妯,动也。'《左传·昭公篇》:'今王室蠢蠢焉。'
杜注云:'蠢蠢,动扰貌。'《方言》:'妯,扰也。人不静曰妯。'是
蠢、妯皆有动扰之义。'妯'本有'迪'音。《方言》郭音云:'妯音
迪。'《尔雅》释文云:'妯郭,卢笃反,又徒历反。''徒历'即'迪'字
之音也。"(《法言义疏》卷二十)王人,即王者,指君主。《书·周
书·君奭》:"王人罔不秉德。"《正义》云:"'王人'谓与人为王,言
此上所说成汤、太甲、大戊、祖乙、武丁,皆王人也。"

⑥屈国：使国家遭受屈辱。丧师：使军队遭受丧亡。

⑦无次：排不上次第，意思是说不值一提。

【译文】

治理天下，如果能以深远广大的圣人德行，使远方民众都来仰慕归附，是最好的；如果是以威武强大的武装力量，用军队征服四方，是较差的；如果四面八方的异族侵扰中国，作为君主却只会愚蠢蛮干，使国家蒙受屈辱、军队遭到毁灭，那就根本不值一提了。

13.27　麟之仪仪①，凤之师师②，其至矣乎③！螭虎桓桓，鹰隼猰猰，未至也④。

【注释】

①麟：麒麟，古代传说中的神兽。相传麒为雄，麟为雌。据说它只在圣人在位的治世才降临，乱世则隐而不出。这里是用麒麟来表示讲究礼仪。《说文解字》"麒"字下段注引《毛诗传》："麟信而应礼。"又引《左传》服虔注："麟，中央土兽。土为信。信，礼之子。修其母致其子。视明礼修而麟至。"仪仪：礼之法式为"仪"；"仪仪"表示礼仪隆盛的样子，即服虔所谓"视明礼修"。

②凤：凤凰。我国古代传说中的一种神鸟。相传凤为雄，凰为雌。据说它只在圣人在位的治世才降临，乱世则隐而不出。这里是用凤凰来表示讲究仁德。《说文解字》"麒"字下段注引《左传》服虔注："貌恭性仁则凤皇来仪。"师师："师"是众的意思；"师师"表示仁德隆盛、万众归附的样子。《易·师》象辞说："师，聚也。"又象辞说："地中有水，师，君子以容民畜众。"汪荣宝解释此句说："《广雅·释训》：'仪仪，容也。师师，众也。'司马云：'仪仪、师师皆和整尚德之貌，以喻德服四夷。'按：即'芒芒圣德'之喻。胡云：'《皋陶谟》伪传、《汉书·叙传》邓展注、《东京赋》薛综注，皆

训"师师"为"相师法"。然则凤之师师，谓凤飞群鸟随以万数，如相师法也。'"(《法言义疏》卷二十)可供参考。

③其：大概。至：极。矣乎：句末感叹词。

④"螭虎"三句：汪荣宝释此句说："《广雅·释训》：'桓桓戁戁，武也。'司马云：'以喻用兵威服远方。'按：即'武义璜璜'之喻。"(《法言义疏》卷二十)其说可供参考。螭虎桓桓，形容军队之威猛如虎如螭。语本《书·周书·牧誓》："尚桓桓，如虎如貔如熊如罴。"《史记·周本纪》作"尚桓桓，如虎如罴如豺如离"。《集解》引徐广说："此训与'螭'同。"此亦证明"螭"应训"离"。螭(chī)，《说文解字》有"螭"字，云："若龙而黄，北方谓之地蝼，从虫、离声。或云：'无角曰螭。'"又有"离"字，云："离，山神也，兽形。从禽头，从厹，从中。欧阳乔说：'离，猛兽也。'"这里螭、虎并列，应为同类，显然是用作"离"的假借字，是传说中一种山里的猛兽。桓桓，威虎之貌。鹰隼(sǔn)戁戁(zhǎn)：形容军队之凶恶如鹰如隼。隼，鸟名，属猛禽目，又名"鹘"。戁戁，猛禽凶恶扑击的样子。未至，没有达到治道之极。

【译文】

治理天下，如果能像麒麟那样礼仪完美，像凤凰那样仁德隆盛，大概就可以说是最好的治理了吧！如果像螭虎那样威武强悍，像鹰隼那样凶猛粗暴，就不能说是好的治理了。

13.28　或曰："訩訩北夷①，被我纯缋②，带我金犀③，珍膳宁馎④，不亦享乎⑤?"

曰："昔在高、文、武⑥，实为兵主⑦；今稽首来臣⑧，称为北蕃⑨。是为宗庙之神、社稷之灵也⑩。可不享⑪?"

【注释】

①讻讻北夷：争吵喧嚣的匈奴。在汉武帝时，卫青、霍去病等数次率兵
征伐匈奴，匈奴力量受到很大打击，其内部矛盾逐渐激化。至宣帝
时，匈奴内部遂发生分裂。以后纷争不断，力量进一步削弱，其一部
分就归附了汉朝。这里说的就是指这种情况。讻讻，"讻"是"询"字
的省文，争吵之意；"讻讻"形容因争吵而喧嚣的样子。北夷，"夷"本
来是我国古代对东方异族的称呼，亦可以用作对周围各异族的通
称；"北夷"是说北方之异族，这里指匈奴。

②被我纯(zhǔn)缋(huì)：穿着我们赐给她们的衣边上有文采的服装。
这是形容汉朝赐给匈奴人的衣服之华丽。李轨注"纯"为"缯"，那么
"纯"就是丝织品的总称。实际上这里的"纯缋"，就是《礼记·深衣》
所谓"衣纯以缋"。郑注："缋，画文也。""纯，谓缘之也。"纯，古代把衣
服沿边加以镶饰叫"纯"。缋，与"绘"通，引申为文采之意。

③带我金犀：带着我们赐给他们的用黄金做的皮带钩子。这是形
容汉朝对匈奴的赏赐之丰厚。金犀，黄金做的皮带钩子。李轨
注："金，金印；犀，剑饰。"古代虽确实有所谓"文犀之剑"或"骇犀
方具剑"，即剑柄用有纹的犀角做成的剑，但史书上没有汉朝赐
这种剑给匈奴的记载。所以这里的"金犀"应当就是《汉书·匈
奴传》所载汉文帝前六年赐给匈奴的"黄金犀毗"。师古注说：
"犀毗，胡带之钩也。"也就是匈奴人皮带上用的钩子。

④珍膳：精美的饭食。宁馃：即"饻馃"，或作"醍醐"。是从牛乳或羊
乳中熬炼出来的极纯的酥油，味道特别丰美，故以为食物中的珍
品。汪荣宝说："宁馃，《御览》八百四十九引作'曼馃'。案：'宁
馃'于义难通。当依《御览》作'曼'。《楚辞·招魂》王注云：'曼，
泽也。'《后汉书·杜笃传》章怀太子注云：'曼，美也。'……《尔
雅·释言》：'馃，馑也。'《庄子·人间世》释文引李云：'馃，食也。'
然则'曼馃'谓精美之食也，与'珍膳'对文，'曼'、'宁'形近而误。"

（《法言义疏》卷二十）汤炳正说："'宁馞'即'馞'也。《御览》八百四十九引《通俗文》云：'煖羊乳曰酪，酪曰馞。'又引慕容光《与顾和书》曰：'今致饩馞十斤。'是也。字亦是'醍醐'，《涅槃经》曰：'从乳出酪，从酪出生酥，从生酥出熟酥，从熟酥出醍醐。'是也。'宁'、'饩'、'醍'三字，一声之转耳。……《汉书》云：'以肉为食兮，以酪为浆。'又李陵文云：'膻肉酪浆以充饥渴。'是酪浆者北夷之所饮也。'宁馞'者，乃酪浆之尤美者。故北夷来朝，汉室因其所嗜而设之。汪氏改作'曼馞'，似误。"（《法言汪注补正》，《制言半月刊》第四期，1935 年 11 月）汤说较汪说义长。

⑤享：《太平御览》卷八百四十九"食"条下引此文作"厚"。下同。俞樾说："'享'字无义，乃'厚'字之误。隶书'厚'字或作'享'，《娄寿碑》'高位厚禄'是也。亦或作'庠'，《度尚碑》'惠以庠下'是也。厚、庠二形均与隶书'享'字作'享'者相似，因误为'享'耳。此言单于来臣，礼之太厚也。"（《诸子平议》卷三十五）这段话的意思是，对于争吵得乱哄哄的匈奴，却赏赐给他们丰厚的礼品，请他们吃精美的宴席，这样的待遇不是太高了吗？

⑥昔在高、文、武：在过去高帝、文帝、武帝的时候。这里是用此三人代表西汉前期和中期。高，指汉高祖刘邦。字季，沛县人。他推翻秦朝灭掉项羽，建立了汉朝，是为汉高祖，公元前 202—前195 年在位。文，指汉文帝刘恒，公元前 179—前 157 年在位。他是比较有作为的君主，为西汉王朝的繁荣昌盛奠定了基础。武，指汉武帝刘彻，公元前 140—前 87 年在位。

⑦兵主：兵事之主，即战争的罪魁祸首。西汉前期，匈奴经常入侵汉朝边境地带，杀伤百姓，掠夺财物，故云。

⑧稽首：跪下后头伏地不起，是古代臣子见皇帝时的礼节。来臣：称臣来朝见。

⑨北蕃：北方的属国。世德堂本作"北藩"。蕃，通"藩"，屏障之意。

古代把分封在周围的属国看作中央政权的屏障,所以又把属国称为"藩国"。

⑩宗庙之神:祖宗的神灵。宗庙,奉祀已故祖先的殿堂叫宗庙。社稷之灵:国家的神灵。社稷,社是土地神;稷是谷神。古代以农立国,统治者要祭祀土地神和谷神以求保护其统治,故又以社稷代表国家。

⑪可不享:五臣注本作"可不享乎"。汉哀帝建平四年(前3),匈奴上书愿朝见,汉朝公卿有人以为"虚费府帑,可且勿许",扬雄上书谏之。本条当即为此事而发。

【译文】

有人说:"对于争吵得乱哄哄的北夷匈奴,让他们穿着我们赐给他们的镶着花边的有文采的衣服,带着我们赐给他们的黄金做的皮带钩子,请他们吃珍贵的膳食,喝精美的醍醐。这样的待遇不是太优厚了吗?"

扬子回答说:"从前在高帝、文帝、武帝的时候,匈奴经常入侵中原,实际上是战争的罪魁祸首;现在却来朝见叩首称臣,说是汉朝北方的属国。这是依靠祖宗和国家的神灵保佑的结果。对于匈奴的待遇,怎么能不优厚呢?"

13.29　龙堆以西①,大漠以北②,鸟夷、兽夷③,郡劳王师④,汉家不为也⑤。

【注释】

①龙堆以西:意谓极西之地。龙堆,或作"陇堆",即白龙堆,古代西域地名,指今新疆罗布泊以东至甘肃玉门关之间的沙碛地带。这一带的地层,是远古时期的湖泊经沉积作用而形成的湖积层和砂砾层,后来因地壳变动而隆起,长时期受到风力侵蚀后,形成一条条高出地面的砂碛和低于地面的沟谷,其形蜿蜒似龙,故有此名。

②大漠以北：意谓极北之地。大漠，即大沙漠，古代泛指我国北部的广大沙漠地带。从大兴安岭西麓起，至天山东麓止，横贯今内蒙古、宁夏、甘肃及蒙古国南部等地区。

③鸟夷、兽夷：指古代东方极远之地的异族。以上举了西、北、东三个方面，实际上是用举例的方式说明对四面八方都是如此。鸟夷，《书·夏书·禹贡》："嵎夷皮服。"伪《孔传》云："海曲谓之岛，居岛之夷还服其皮，明水害除。"读"嵎"为"岛"。但这和后面的"岛夷卉服"就重复了。《正义》引郑玄说："鸟夷，东方之民，搏食鸟兽者也。"又引王肃说："鸟夷，东北夷国名也。"明"嵎"应读为"鸟"。《史记·夏本纪》和《汉书·地理志》正作"鸟夷皮服"。颜师古说："此东北之夷，搏取鸟兽，食其肉而衣其皮也。一说居在海曲，被服容止皆象鸟也。"兽夷，这是扬雄类比"鸟夷"而造的一个名词。

④郡：数，频。王念孙说："李以'郡'为郡县之'郡'，则与'劳王师'三字义不相属。今案：郡者，仍也。仍，重也（见《晋语》注），数也（见《周语》注）。言数劳王师于荒服之外，汉家不为也。《尔雅》曰：'郡、仍，乃也。''乃'与'仍'同。《小雅·正月篇》：'又窘阴雨。'郑笺曰：'窘，仍也。''窘'与'郡'同。"（《读书杂志》十六《余编》上）又刘师培说："'郡'当作'群'。上文言'龙堆以西，大漠以北，鸟夷兽夷'，则边外之夷非仅一族，故言群劳王师也。'郡'、'群'均从君声，故借'郡'为'群'。"（《法言补释》）两说相较，虽皆可通，但以王说义长。王师：古代称中央政权的军队为王师。这里指当时汉朝的军队。

⑤汉家：汉朝廷。

【译文】

对于白龙堆以西，大沙漠以北，和东方非常遥远的地方穿着鸟皮、兽皮的异族人，频繁地动用国家的军队征讨，汉家朝廷是不干这种事的。

13.30　朱崖之绝①，捐之之力也②。否则介鳞易我衣裳③。

【注释】

①朱崖之绝：指放弃对海南岛的统治。《汉书·地理志》："自合浦、徐闻南入海，得大州，东西南北方千里。武帝元封元年，略以为儋耳、珠厓郡。……自初为郡县，吏卒中国人多侵陵之，故率数岁一反。元帝时，遂罢弃之。"朱崖，五臣注本作"朱厓"，《汉书·地理志》作"珠厓"。古郡名。辖区初为今海南岛东部地区，后为整个海南岛。绝，断绝，隔离。

②捐之之力：指贾捐之建议放弃对朱崖的统治，为汉元帝接受的事。捐之，贾捐之，字君房，西汉元帝时人。其事迹见《汉书·严朱吾丘主父徐严终王贾传》。

③介鳞：泛指水生动物。这里用来代表朱崖地区的土著居民，是一种侮辱性的说法。《后汉书·杨李翟应霍爰徐列传》"不以介鳞易我衣裳"句下李贤注引此文作"鳞介"。介，通"甲"，指龟、蚌等有甲壳的水生动物。鳞，指鱼类。衣裳：指中原地区的百姓。因为认为中原地区的人们是懂得文明礼仪的居民，所以这样称呼。

【译文】

朱崖郡的放弃，是贾捐之向朝廷进谏的结果。如果不是这样，就会为了征服海外好像鱼虾一样不知礼仪的异族而牺牲我中原地区懂得礼仪的百姓。

13.31　君人者①，务在殷民阜财②，明道信义③，致帝者之用，成天地之化④，使粒食之民⑤，粲也⑥，晏也⑦。享于鬼神⑧，不亦飨乎⑨！

【注释】

①君人者：君临人民者，为人君者，即皇帝。

②务：专心努力。殷：富厚。阜：生长。

③明：宣明。信：通"伸"，伸张。

④成:成就。化:创造,化育。

⑤粒食之民:吃粮食的人们,指中原地区的百姓。这是和当时中国四周以畜牧为业而肉食的各异族相对而言。

⑥粲:喜悦开朗的样子。

⑦晏:安定悠闲的样子。

⑧享:祭祀,奉献。

⑨飨:接受,享用。这段话的言外之意是说,这样鬼神就会保佑他的统治。

【译文】

统治百姓的君主,要努力使百姓富裕,使财富增加,宣明圣道,伸张正义,以尽到君主治理天下的作用,成就天地化育人类和万物的功能,使百姓都能欢欢喜喜地相处,安安定定地生活。这样,他奉祀给鬼神的贡献,不就会被接受享用了吗?

13.32　天道劳、功①。

或问劳、功。

曰:"日一曰劳②,考载曰功③。"

或曰:"君逸臣劳,何天之劳④?"

曰:"于事则逸⑤,于道则劳⑥。"

【注释】

①天道:天象运行的规律。劳:勤勉。功:成就。

②日一曰劳:原作"日一日劳"。汪荣宝说:"各本皆误作'日一日劳'。按:此承上文'天道劳功'而分释其义。'日一曰劳'是释'劳'义也。'考载曰功'是释'功'义也。二句相偶为文。各本作'日一日劳',义不可通。此形误之显然者,今订正。"(《法言义

疏》卷二十)日一,天象每日移动一度。我国古代天文学以地球为中心,把周天分为三百六十五又四分之一度。由于地球在自转的同时又绕太阳公转,所以在一年中每天的同一个时间,星辰在周天上的位置是不同的,每天移动约一度,一年周而复始,故云。

③考载:成岁。天象运转一年,周而复始,故云。按,司马光说:"载,事也。天运行不息,是其劳也。成造化之事,是其功也。"但同下面"于事则逸"联系起来看,这种解释不够恰当。

④"君逸臣劳"二句:这句话是问,既然君应当是安逸的,臣应当是劳苦的,为什么天却这样劳苦呢?因为古代认为皇帝是"天子",是效法天来行事的,所以产生了这种疑问。

⑤事:具体事务。

⑥道:根本原则。

【译文】

天象运行的根本原则就是劳苦和成功。

有人问怎么样是劳苦,怎么样是成功。

扬子回答说:"天象每日运行一度从不停息,这就是劳苦;运行完一个变化周期即为一年,这就是成功。"

那人问:"君主应当是安逸的,臣子应当是劳苦的。为什么作为宇宙万物的君主的天却这样劳苦呢?"

扬子回答说:"从不管具体的事物来说,天是安逸的;从掌握根本的原则来说,天是劳苦的。"

13.33　周公以来①,未有汉公之懿也②,勤劳则过于阿衡③。

【注释】

①周公:姓姬名旦,周文王之子,周武王之弟,因其采邑在周(今陕西岐山北),故称"周公"。他"制礼作乐",制定了一套适合当时统治需要

的制度,为"成康之治"奠定了基础,成了儒家心目中的圣人。

②汉公:即安汉公王莽,字巨君,汉元帝皇后王政君之侄。王氏是西汉末年权势显赫的外戚,王莽依靠自己的钻营和姑母、伯叔们的提拔,掌握了汉室的大权。平帝元始元年(1),"以王莽功德比周公",被封为安汉公。但他并没有就此满足,终于在公元8年代汉自立,改国号曰新。公元23年,新朝被农民起义军推翻,王莽也被杀死。其事迹见《汉书·王莽传》。

③阿衡:古代官名。指商王汤的大臣伊尹。《诗·商颂·长发》:"实维阿衡,实左右商王。"《毛传》:"阿衡,伊尹也。左右,助也。"郑笺:"阿,倚;衡,平也。伊尹,汤所倚而取平,故以为官名。商王,汤也。"汉平帝元始四年(4),王舜等人上书说,伊尹为阿衡,周公为太宰,王莽的功德可以与伊尹、周公相比,应采二人称号,封王莽为宰衡。扬雄这段话,正反映了这一段历史,同时也说明了扬雄拥护王莽的立场。后世许多封建士大夫千方百计地想为扬雄洗去这一污点,结果不得不歪曲事实。《法言音义》引柳宗元说:"阿衡之事不可过也,过则反矣。"说明柳宗元也是这样做的。但他在方法上更进一步,以致曲解起扬雄的原文来了。

【译文】

从周公以来,没有像安汉公这样具有美德的大臣,他的勤劳则超过了曾被任命为阿衡的商朝的大臣伊尹。

13.34　汉兴二百一十载而中天①,其庶矣乎②!辟廱以本之③,校学以教之④,礼乐以容之⑤,舆服以表之⑥,复其井、刑⑦,勉人役⑧,唐矣夫⑨!

【注释】

①汉兴二百一十载:西汉王朝从公元前206年刘邦为汉王算起,至

公元 8 年王莽代汉止，共二百一十三年。若从公元前 202 年刘邦
称帝算起，则为二百零九年。这里说二百一十载，是个约数。中
天：日月星辰行经南天正中时为"中天"，这是该星体距地平线最
高的位置。这里是用来比喻汉朝当时之隆盛。

②其：或者，大概。庶：庶几，几乎。

③辟廱(bì yōng)以本之：设立辟廱作为治理国家的根本。此句和
以下数句说的都是王莽的一些政策措施。《汉书·平帝纪》载元
始四年："安汉公奏立明堂、辟廱。"辟廱，或作"辟雍"。古代天子
设在中央的大学。《礼记·王制》："天子命之教然后为学，小学
在公宫南之左，大学在郊。天子曰辟廱，诸侯曰頖宫。"郑注："辟，
明也。廱，和也。所以明和天下。"《正义》云："云'所以明和天
下'者，谓于此学中习学道艺，欲使天下之人悉皆明达谐和，故云
'明和天下'。"本，根本。

④校学以教之：建立学校用来教化人们。校、学，古代地方上设立
的学校。《汉书·平帝纪》载元始三年，王莽奏"立官稷及学官。
郡国曰学，县、道、邑、侯国曰校。校、学置经师一人。乡曰庠，聚
曰序。序、庠置《孝经》师一人"。

⑤礼乐以容之：制礼作乐以装饰美化社会和国家。礼、乐，制礼作
乐，即制定关于礼、乐的各种制度。《汉书·王莽传》载元始四
年，王莽奏"立《乐经》，益博士员，经各五人"。又："五年正月，袷
祭明堂。诸侯王二十八人，列侯百二十人，宗室子九百余人，征
助祭。……于是莽上书曰：'……今大礼已行，助祭者毕辞，不胜
至愿，愿诸章下议者皆寝勿上，使臣莽得尽力毕制礼作乐事。事
成，以传示天下，与海内平之。'"容，仪容，引申为容饰。

⑥舆服以表之：规定不同的车马、服饰来标志各级人员的身份和地
位。舆、服，制定各级人员乘坐车舆和穿着服饰的制度。《汉
书·平帝纪》载元始三年，"安汉公奏车服制度，吏民养生、送终、

嫁娶、奴婢、田宅、器械之品"。表，表征，标志。

⑦复：恢复。其：彼，那。井：井田制。据《汉书·王莽传》记载，始建国元年(9)王莽下令在全国实行根据当时人想象的古代井田制制定的"王田"制，禁止土地买卖。宣称"其男口不盈八，而田过一井者，分余田予九族、邻里、乡党。故无田，今当受田者，如制度。敢有非井田圣制，无法惑众者，投诸四裔……"但因为行不通，到始建国四年，就明令废止了。刑：肉刑。关于王莽恢复肉刑的事，史书中没有明确记载。汪荣宝说："《美新》云：'方《甫刑》。'《甫刑》乃今文《尚书·吕刑》之称，为经典言肉刑之最详者。《美新》言'方《甫刑》'，即莽复肉刑之证，但史传无文以实之。"(《法言义疏》卷二十)宋咸释为"措刑辟之未措者"，吴秘释为恢复象刑，都是不对的。

⑧勉：与"免"通。《剧秦美新》即作"免"，免除的意思。人役：人为仆役，即奴婢。据《汉书·王莽传》记载，始建国元年，王莽下令"更名天下奴婢曰私属，皆不得买卖"。实际上只是变了个名字，奴婢受压迫受剥削的地位并没有丝毫改变。

⑨唐矣夫：伟大呀！唐，大。古注多释"唐"为"唐尧"。汪荣宝释"唐"为"大"，说："《说文》：'唐，大言也。'引申为凡大之称。《太玄·玄冲》云：'唐公而无欲。'《玄错》云：'唐荡荡。'皆其义。班孟坚《典引》：'唐哉，皇哉！皇哉，唐哉！''唐'、'皇'叠韵，皆美大之辞，与此文同意。"(《法言义疏》卷二十)汤炳正则认为"唐"为"唐尧"，而"矣"为"虞"之误。他说："'唐矣夫'当作'唐虞夫'。比况赞叹之词也。'矣'字乃'虞'之误字。盖古'虞'、'吴'通用。此文'唐虞夫'，当时或作'唐吴夫'。汉隶'吴'字作'吴'，'矣'字作'关'，二字形体相近，故又误'吴'字为'矣'字耳。然李轨注云：'无羡唐、虞之世也。'可证弘范所据之晋本犹未误也。自宋、吴、司马而下，不知'矣'字之误，遂将'唐'字专属之尧，且强以上文

事实附之，误甚。汪氏知其牵强，又训'唐'为'大'，愈失愈远矣。"（《法言汪注补正》，《制言半月刊》第四期，1935年11月）汤说虽后出，但除李轨注提到"唐虞"外，并无其他根据，而且此条所述诸事，都和古史传说中的唐尧、虞舜联系不上，甚至还有矛盾（如复肉刑），所以仍以汪说为是。这段话从表面上看有一个矛盾，即前面说的是"汉"，后面举的具体措施却有王莽代汉以后的事。为此，在扬雄对汉朝和新朝的态度上，生出了许多议论。其实这个问题并不复杂。首先，这些事都是王莽干的。赞扬这些事自然就是赞扬王莽。其次，王莽是打着禅让的牌子代汉的。因此，汉与新可以不像秦与汉那样绝对对立，而是可以连在一起的。再次，这里说汉已达中天之极盛，物盛极而衰，由新代汉也就是很自然的事了。所以，这段话并不表明扬雄有什么维护汉统的苦心孤诣和微言大义，而是说明了扬雄对王莽的拥护。矣夫，句末感叹词。

【译文】

汉朝兴起经过二百一十年，好像太阳走到了南天的正中，大概是到了极盛的时候了吧！设立辟雍以作为国家的根本，建立学校用来教化人们，制订礼乐制度以修饰美化国家，规定车马和服饰制度以标志不同人的身份，恢复古老的井田和肉刑，免除奴婢的身份，真是伟大呀！

法言序

《法言序》实际上是《法言》十三卷的目录。李轨注十三卷本《法言》,序在书后,独立成篇。五臣注十卷本《法言》,序则分散在各篇之前。根据古代著书习惯,书的序言和目录都是放在书后。如《史记·太史公自序》、《淮南子·要略》、《汉书·叙传》,序也包含了目录,而且都是单独作为一卷放在书后。所以看古代书目,常常在某书多少卷之后,还特别注明目录多少卷。

之所以把序言、目录置于书后,是因为只有在作品写成后,才能将所写的内容总括起来作一番提要式的叙述,而目录、各篇的提要亦在其中。就是在今天,这个工作程序也是如此,而不可能颠倒过来。不过古人是按照实际的工作程序排列,今人则是颠倒排列罢了。当然应当承认,对读者来说,还是今天序言和目录在前的形式,读起来更方便一些。

至于五臣注十卷本《法言》把序分散在各篇之前,宋咸《重广注扬子法言序》说:"观夫《诗》、《书》,小序并冠诸篇之前,盖所以见作者之意也。《法言》每篇之序,皆子云亲旨,反列于卷末,甚非圣贤之法。今升之章首,取合经义,第次之由,随篇具析。"可见在宋咸之前,《法言序》本来是单独成篇放在书后的。将序分置于各篇之首,则是宋咸所为,而非本来面目。后来司马光作集注,又是按宋咸的本子作的。这就形成了与李轨注十三卷本有别的《法言》版本流传中的另一个系流。

其实,《诗经》、《书经》各篇之序,本来也不如宋咸所说"并冠诸篇之前",而是同聚一处,单独成篇,置于书后的。《书经》各篇之序,乃孔安国移于各篇之前,所以他在《尚书序》中说:"《书序》,序所以为作者之意,昭然义见,宜相附近,故引之各冠其篇首。"《诗经》各篇之序,则为毛公所移。这一点还可以从《书经》和《诗经》的有些篇,正文佚失了,而其名称和小序却保存了下来得到证明。正因为这些小序同聚一处,单独成篇,所以一起保留了下来。若本来都各冠其篇首,自然就和各篇本文一起亡佚了。所以,为了反映《法言》的本来面目,我们还是依照李轨注十三卷本的体例,把《法言序》作为独立的一篇放在书后。

14.1　天降生民①,倥侗颛蒙②,恣乎情性③,聪明不开④。训诸理⑤,撰《学行》⑥。

【注释】

①降:降落,引申为产生。生民:人民。语出《诗·大雅·生民》:"厥初生民,时维姜嫄。"诗中的"民"指周人,大意是说,最初生出周人的,就是姜嫄。后来"生民"演变成一个名词。

②倥侗:幼稚无知的样子。倥,借为"悾",无知貌。侗,幼稚貌。《论语·泰伯》:"子曰:'狂而不直,侗而不愿,悾悾而不信,吾不知之矣。'"颛蒙:完全愚昧不化的样子。颛,同"专"。蒙,暗昧无知。《法言音义》说:"《汉书·扬雄传》郑氏注曰:'童蒙无知也。'"

③恣:放纵。乎:《汉书·扬雄传》作"于"。情:情欲。性:本性。

④聪明:闻见精审,即见识高明,富有智慧。不开:不开化。

⑤训:教导。《汉书·扬雄传》颜师古注:"训,告也。"诸:之。理:道理,指"圣人之道"。

⑥撰《学行》:《汉书·扬雄传》作"撰学行第一"。撰,著述,写作。

【译文】

上天生下世界上的人,最初非常幼稚无知愚昧冥顽,任意放纵自己的情欲和本能,见识智慧没有得到开发,要用圣人的道理给以教化引导。为了说明教化和学习的重要,所以撰写了《学行》这一卷书。

14.2　降周迄孔①,成于王道②,终后诞章乖离③,诸子图徽④。撰《吾子》⑤。

【注释】

①降周:从周公降生以来。周,指周公。姓姬名旦,周文王之子,周武王之弟,因其采邑在周(今陕西岐山北),故称"周公"。他是周朝初年著名政治家,儒家心目中的圣人。迄:至。司马光说:"宋本'迄'作'讫',今从李、吴本。"孔:孔丘(前551—前479),字仲尼。鲁国陬邑人。我国春秋末期著名的思想家、政治家和教育家,儒家学派的创立者。

②成:成就,完成。于:句中助词,没有实义。王道:王者之正道,即所谓以仁义礼乐治理天下。

③终后:孔子死后。终,原作"然"。《法言音义》作"终"。司马光说:"《汉书》及李本'然'作'终',今从宋、吴本。"《法言义疏》作"终",因据改。诞章:大法,大道,指从周公到孔子所完成的"王道"。李轨于"诞章"绝句,并注云:"诸子应时而作诡世之言。"这样解释"诞章",不仅非常勉强,而且使"乖离"与后面的"诸子图徽"成为一句,就更讲不通。所以是不对的。诞,大。章,法。乖:逢反。离:背弃。

④诸子:指先秦至汉代儒家以外的其他各学派代表人物。图徽:图画旗帜,喻诸子各成一家之言,与儒家分庭抗礼。《汉书·扬雄传》作"图徽",汪荣宝说:"'徽'即'徽'之误,盖孟坚承用旧本《法

言》作'徽',传写者少见'徽',遂改为'徽'也。"(《法言义疏》卷二
十)徽,旗帜。

⑤撰《吾子》:《汉书·扬雄传》作"撰吾子第二"。

【译文】

从周公开始直到孔子,完成了按照古代圣王原则治理天下的制度。
但是孔子死后,这伟大的章法被人们背离遗弃,诸子都打起自己的标志
旗帜,与圣人的原则相对抗。为了纠正这种情况,所以撰写了《吾子》这
一卷书。

14.3　事有本真①,陈施于意②。动不克咸③,本诸身④。
撰《修身》⑤。

【注释】

①本真:最根本的性质。这里指礼义、忠孝等封建的政治、伦理原
　则。本,根本。真,本质。

②陈施:陈设,布施。意:借为"亿",即万事万物的意思。《汉书·
　扬雄传》作"亿",李奇注:"布陈于亿万事也。"俞樾说:"温公不言
　诸本有异同,是其所据本皆作'意'。然秘曰:'言陈施之动成万
　法。'则吴司封本固作'亿'也。"(《诸子平议》卷三十五)

③动:行事。克:能。咸:皆。司马光训"咸"为"感",并把上句的
　"意"理解成意愿、主张。他说:"咸,感也。人欲陈施其意,治化
　天下,动而不能感人者,盖由外逐浮伪,内无本真,不能正己以正
　物,故当先本诸身也。"显然这是不符合原文意思的,因为这就不
　是"陈施于意",而是"陈施其意于天下"了。

④本:根,引申有复返、寻求等义。诸:之于。身:本身,自己。刘师
　培断此句为"动不克,咸本诸身"(《扬子法言校补》),也通。

⑤撰《修身》:《汉书·扬雄传》作"撰修身第三"。

【译文】

事物有共同的本质,分布于万事万物。懂得了这个道理,就可以用于所有的行事,如果行事没有能够完全做到这一点,应该到自己身上去找原因。为了使人们能够更自觉地修养自己,所以撰写了《修身》这一卷书。

14.4　芒芒天道①,昔在圣考②,过则失中③,不及则不至④,不可奸罔⑤。撰《问道》⑥。

【注释】

①芒芒:辽阔远大的样子。天道:即所谓"圣人之道"。因为儒家认为圣人是法天行事的,所以说圣人之道是天道。五臣注本作"大道"。司马光说:"《汉书》及李本'大'作'天',今从宋、吴本。"

②昔在:《汉书·扬雄传》作"在昔"。圣考:先圣,古代的圣人。考,老,旧。李轨及李奇均释"考"为"成",即完成。但这里的"在"不管是动词或是介词,后面都应接名词或名词性的短语,不应该出现一个主谓结构的句子。而且在前面《吾子》序中已讲了"降周迄孔,成于王道",这里再讲就重复了。所以还是释"考"为"老"比较好。

③过:过分。失:差误,背离。中:最合理、最适宜的程度。

④不及:不够。不至:达不到。

⑤奸:邪,乱。罔:诬,欺。

⑥撰《问道》:《汉书·扬雄传》作"撰问道第四"。

【译文】

博大深远的天道,从前是由古代的圣人来掌握。如果掌握不当,过分了就会超越最适宜的分寸,不及又会达不到最适宜的分寸。对天道不能乱来也不能欺骗。为了让人们更好地认识天道,所以撰写了《问道》这一卷书。

14.5　神心忽恍①,经纬万方②,事系诸道德仁义礼③,撰《问神》④。

【注释】

①神心:精神。忽恍:五臣注本作"惚恍"。《汉书·扬雄传》作"智恍",颜师古注:"'智'读与'忽'同。"意谓知觉迷乱,看不真,记不清,引申为表示不可捉摸的样子。语出《老子》。如《老子》二十一章:"道之为物,惟恍惟惚。惚兮恍兮,其中有象;恍兮惚兮,其中有物。"又十四章:"其上不曒,其下不昧,绳绳兮不可名,复归于无物。是谓无状之状,无物之象,是谓惚恍。"不同的是,在《老子》那里,这是形容道的;扬雄在这里则用它来形容精神意识。

②经纬:凡织作布帛,纵线为"经",横线为"纬",必须纵横交错才织得成,故引申为规矩、法式等,又引申为制约、治理等。万方:普天下,全世界。

③事:作为,指经纬天下事物的具体行动。系:连属,联结。诸:之于。义:《汉书·扬雄传》作"谊"。

④撰《问神》:《汉书·扬雄传》作"撰问神第五"。

【译文】

精神意识恍恍惚惚不易捉摸,却要认识和治理天下的万事万物,而且所有行事都要符合道德仁义礼的要求。为了阐明精神意识的特点以及它认识和治理万事万物的奥妙,所以撰写了《问神》这一卷书。

14.6　明哲煌煌①,旁烛无疆②,逊于不虞③,以保天命④。撰《问明》⑤。

【注释】

①明哲:明智。煌煌:辉煌的样子。这里是用来形容明哲对事物认识的广博和清晰。

②旁:广大,普遍。《说文解字》:"旁,溥也。""溥"与"普"通。烛:烛是用来照明的,故引申可作"照明"讲。无疆:没有边界,无限,无穷。《汉书·扬雄传》作"亡疆"。

③逊:逃避。《说文解字》:"逊,遁也。""遁,迁也。一曰逃也。"不虞:料想不到,意想不到。这里指不可逆料的祸害。

④保:保全。天命:天赐的命运,指人的寿命以及贫富、贵贱等遭遇,这里主要是指好的遭遇。此条语本《诗·大雅·烝民》:"既明且哲,以保其身。"

⑤撰《问明》:《汉书·扬雄传》作"撰问明第六"。

【译文】

伟大辉煌的明智,普遍照耀天下的万事万物。这明智可以使人躲开不可预料的祸害,以保全上天赐给的命运。为了使人们都能够明智地行事,所以撰写了《问明》这一卷书。

14.7　逖言周于天地①,赞于神明②,幽弘横广③,绝于迩言④。撰《寡见》⑤。

【注释】

①逖言:极有远见的言论。逖,远。《汉书·扬雄传》及五臣注本皆作"假"。司马光说:"李、宋、吴本'假'作'逖',今从《汉书》。""逖"亦即7·1条"好假"之"假","假"又与"遐"通。周于天地:符合天地之道。周,符合。

②赞:本义为佐助,引申为使明白、揭示等义。《易·说》:"幽赞于神明而生蓍。"韩康伯注:"幽,深也。赞,明也。"孔颖达疏:"幽者

隐而难见,故训为深也。赞者佐而助成而令微者得著,故训为明
也。"神明:神妙莫测的作用,指事物内部深处的奥秘。

③幽:深邃。弘:伟大。横:充实。《礼记·乐记》:"钟声铿,铿以立
号,号以立横,横以立武。"卷玄注:"横,充也,谓气作充满也。"
"横"原作"撗",《汉书·扬雄传》及五臣注本作"横",因据改。
广:辽阔。五臣注本作"度",误。汪荣宝说:"'横广'与'幽弘'对
文。幽、弘,皆深也。……横,亦广也。皆叠义连语。'幽弘'承
'赞于神明'而言,'横广'承'周于天地'而言。"(《法言义疏》卷二
十)也通。但从"横"或作"撗"来看,以幽、弘、横、广分释为好。

④绝:隔,断。这里是截然不同的意思。迩言:短见的言论。这里
指不符合所谓"圣人之道"的诸子学说。迩,近。

⑤撰《寡见》:《汉书·扬雄传》作"撰寡见第七"。

【译文】

圣人那极有远见的学说,既符合天地的规律,又显示了事物内部神
妙莫测的奥秘,深刻宏伟充实开阔,迥然不同于各种短见的言论。为了
揭示这两种言论的本质区别,所以撰写了《寡见》这一卷书。

14.8　圣人聪明渊懿①,继天测灵②,冠乎群伦③,经诸
范④,撰《五百》⑤。

【注释】

①聪明:闻见精审,即智慧高超的意思。聪,《汉书·扬雄传》作"恩"。
"聪"、"恩"二字通。渊懿:思想深刻完美。渊,深。懿,美。

②继天测灵:也就是上条所说"周于天地,赞于神明"的意思。继
天,继承天道,即根据天道行事。也就是8·2条所说"圣人有以
拟天地而参诸身"的意思。测灵,探测事物内部的奥秘。灵,指
事物内部的奥妙,即上条所谓"神明"。

③冠:为首,超越。乎:《汉书·扬雄传》作"于"。群伦:众类。这里
指圣人以外的其他各种人。

④经:治理,管制。诸:之于。范:本为竹制的模型,引申为轨范、法
规等义。

⑤撰《五百》:《汉书·扬雄传》作"撰五百第八"。

【译文】

　　圣人的见识高超卓越,思想深刻完美,既能根据天象的规律行事,
又懂得事物内部的奥妙,超出在所有人之上,按照规范来治理天下。为
了让人们认识圣人的伟大,所以撰写了《五百》这一卷书。

　　14.9　立政鼓众①,动化天下②,莫尚于中和③。中和之
发④,在于哲民情⑤。撰《先知》⑥。

【注释】

①立政:建树仁政,即施行好的政治。9·3条:"或问:'何以治国?'
曰:'立政。'曰:'何以立政?'曰:'政之本,身也。身立则政立
矣。'"鼓众:鼓舞民众,即号令人民。9·18条:"鼓舞万物者,雷
风乎! 鼓舞万民者,号令乎!"

②动:这里是使劲的意思,即驱使。化:教化。

③莫:没有。尚:高,加,即超过。《汉书·扬雄传》作"上"。中
和:正好符合,即刚柔适中,无过无不及。参看9·22条、9·
23条、9·24条等。"中和"语本《礼记·中庸》:"喜怒哀乐之
未发,谓之中。发而皆中节,谓之和。中也者,天下之大本也。
和也者,天下之达道也。致中和,天地位焉,万物育焉。"但从
《先知》卷有关条目的内容看,含意有所变化。《中庸》的"中"
与"和"是未发、已发之别。扬雄这里讲的"中"与"和"却都是
无过无不及的意思。

④发：致，达到。

⑤哲：明，知。司马光说："'哲'当作'晢'。晢，明也。言将发中和之政，在先明民情。"其实意思是一样的，不必改字。民情：即民心向背，也就是9·4条说的"思、戁"。

⑥撰《先知》：《汉书·扬雄传》作"撰先知第九"。这一条的意思是，要建树仁政，鼓舞民众，推动和感化天下百姓，没有比用"中和之道"更好的了。实施中和之道，关键在于掌握民心。为了说明这个道理，写了《先知》这一章。

【译文】

　　建设好的政治，鼓舞号令群众，动员和教化天下民众，没有比实行刚柔适当、无过无不及的中和方针更好的。实施中和方针，关键在于了解民情。为了说明这个道理，所以撰写了《先知》这一卷书。

　　14.10　仲尼以来，国君将相，卿士名臣①，参差不齐②，一概诸圣③，撰《重黎》④。

【注释】

①卿、士：我国古代在王和诸侯以下的官长有卿、大夫、士三级，这里是用卿和士代表所有官吏。"卿士"又为古代官名，是我国古代王朝执掌国家政事的高级长官。如《左传》隐公三年："郑武公、庄公为平王卿士。"杜注云："卿士，王卿之执政者。"又《书·周书·洪范》："谋及卿士。"疏引郑玄云："卿士，六卿掌事者。"但从《重黎》卷的内容来看，所评论的人范围很广，不是国君、将相、名臣和卿士能够包括得了的，所以还是分释作"卿"和"士"，作为所有各种官吏的代称比较好。

②参差(cēn cī)：长短不齐的样子。这里是指上述诸人的品质和才能好坏高低不一。

③一：统，皆。概：本为称量时抹平斗斛的器具，因此引申为使平和衡量的意思。诸：之于。圣：指圣人之道。俞樾认为此句应断作"参差不齐一，概诸圣"（《诸子平议》卷三十五），也通，意思没有多大差别。

④撰《重黎》：《汉书·扬雄传》作"撰重黎第十"。

【译文】

从孔子以来，各个国君、将领、丞相，以及各级官吏和有名的大臣，各人的品质好坏和才能高低都不一样。我一律以圣人的原则为标准来衡量和评论，所以撰写了《重黎》这一卷书。

14.11　仲尼之后，讫于汉道①，德行颜、闵②，股肱萧、曹③，爰及名将④。尊卑之条⑤，称述品藻⑥，撰《渊骞》⑦。

【注释】

①讫：至。五臣注本作"迄"。司马光说："宋、吴本'迄'作'讫'，今从李本。"但现在的李本也作"讫"。汉道：汉治，也就是汉朝、汉代的意思。道，治。《广雅·释诂三》："道，治也。"

②德行：好的道德品质。颜：颜回（前521—前490），字子渊，春秋末年鲁国人。他是孔丘最赞赏的学生。闵：闵损，字子骞。他和颜回两人是孔丘的学生中德行最好的。二人的事迹见《史记·仲尼弟子列传》和《论语》。此句语本《论语·先进》："德行：颜渊，闵子骞，冉伯牛，仲弓。"

③股肱：人行动时必须依靠的重要器官，因以喻国家得力的大臣。股，大腿。肱，上臂。萧、曹：萧何、曹参。萧何，秦末汉初沛县人。他随刘邦起义，平定天下，佐命之功居首。汉朝建立，封酇侯，任相国。他在建立西汉王朝的各种法令制度上起了重要作用。其事迹见《史记·萧相国世家》和《汉书·萧何曹参传》。曹

参，宁敬伯，秦末汉初沛县人，与萧何一起随刘邦起兵反秦，亦是重要的佐命功臣之一。汉朝建立，封平阳侯，任齐相。萧何死后，继为相国。其事迹见《史记·曹相国世家》和《汉书·萧何曹参传》。

④爰及：以至于。爰，乃。及，至。

⑤尊卑之条：指这些人的品质和才能有优劣高低之分。条，条理，类别。

⑥称述：称道述说，即表彰和描写。品藻：品评藻鉴，即评论和鉴别。《汉书·扬雄传》颜师古注："品藻者，定其差品和文质。"

⑦撰《渊骞》：《汉书·扬雄传》作"撰渊骞第十一"。对这一条序言，有人持否定态度。如汪荣宝说："此乃校《法言》者据《汉书》增补，绝非其旧。《音义》引柳宗元云：'按《汉书》，《渊骞》自有序文。语俗近不类。盖后人增之，或班固所作。'宋祁校《汉书》，于《渊骞》序下云：'李轨注《法言》本无此序，云与《重黎》共序。'又引张慈云：'慈疑弘范不见《汉书》中序，故云共序。'是则李本别无《渊骞》序，较然甚明。盖《重黎》、《渊骞》皆论春秋以后国君、将相、卿士、名臣之事，本为一篇，以文字繁多，故中析为二。于是《渊骞》虽亦为一篇，然非别有作意，故不为之序。《汉书》此文，乃浅人见此篇有目无序，疑为缺失，遂安撰此二十八字窜入。不独文语俗近如子厚所云，又且意义与《重黎》序复重，了无所取，固非子云旧文，亦并不得以为班固所作也。自《汉书》窜入此序后，校《法言》者因悉据《汉书》增补，并以颜注'定其差品及文质也'八字厕入，而柳注、宋校所谓'《渊骞》无序、与《重黎》共序之语'，不可解矣。"（《法言义疏》卷二十）这种说法有一定道理，但还不能因此就完全断定《渊骞》序是后人伪造的。因为：第一，这两卷都是评论人物的。由于篇幅太长，把它们分成两卷，每卷写一条序文，这是完全合乎情理的。相反，分成两卷而只写一条

序文,这就有点不合情理。而且我们也没有见过这样的实例。第二,《法言》本来就是语录式的,各条之间并无必然联系。每卷的内容也颇为复杂,卷与卷之间在内容上还有重叠。每一卷的序并不能完全概括该卷的内容。扬雄写序文,一方面是想大体上说明一下每卷的内容,另一方面也是为了进一步阐述自己的一些看法。因此,并没有一定要使《渊骞》和《重黎》共序的必要。第三,班固著《汉书》时,距离扬雄还不久。如果说《汉书》中的《渊骞》序是别人伪造的,为什么这种伪造居然能使班固相信呢?如果说是班固以后的人伪造的,那么,为什么在《法言》本书中,在这个问题更容易被发现的地方,没有人去补上这一条呢?而偏偏在《汉书》中,在这个问题很容易被忽略的地方,却有人要补入这一条呢?这些问题都还没有得到认真的研究,当然更不可能有肯定的结论。至于说是班固所作,就更不可能。看来这个问题的彻底解决,需要有新的证据。

【译文】

从孔子以后,一直到汉代,论道德品质以颜回和闵子骞为最高,论国家的大臣以萧何与曹参为最得力,还有许多有名的将领。他们的品质和才能有优劣和高低的区别,为了给以说明和评论,所以撰写了《渊骞》这一卷书。

14.12　君子纯终领闻[①],蠢迪捡押[②],旁开圣则[③],撰《君子》[④]。

【注释】

①纯:善。《史记·汉兴以来诸侯王年表》:“非德不纯,形势弱也。”《索隐》:“纯,善也。”终:成就。《国语·周语下》:“纯明则终。”韦注:“终,成也。”领:借为“令”,佳,美。闻:名望,声誉。

②蠢:本义为昆虫蠕动的样子。如《说文解字》:"蠢,虫动也。从
蚰,春声。"引申为形容无礼仪的混乱行动。迪:由。《尔雅·释
诂》:"迪、繇、训,道也。"《汉书·扬雄传》颜师古注:"蠢,动也。
迪,道也,由也。"捡押:制约,拘束,引申为规则、法度。《汉书·
扬雄传》作"检押",师古注:"'检押'犹'隐括'也。"汪荣宝说:"司
马云:'"检押"当作"检柙"。"检柙"犹云"法式"。'《荀子·儒
效》:'礼者,人主之所以为群臣寸尺寻丈检式也。'"(《法言义疏》
卷二十)

③旁:普遍,全面。开:通达,领会。圣:圣人。则:法度,规则。

④撰《君子》:《汉书·扬雄传》作"撰君子第十二"。

【译文】

君子善于成就美好的声誉,行为严格遵循法度,又能全面领会圣人
制定的规则。为了阐发君子的这些高贵品质,所以撰写了《君子》这一
卷书。

14.13　孝莫大于宁亲①,宁亲莫大于宁神②,宁神莫大
于四表之欢心③,撰《孝至》④。

【注释】

①宁:安宁。亲:指父母。

②神:神灵。这里指祖先的灵魂。

③四表:四方之外,形容四面八方极远的地方,意谓整个天下。表,
　外。欢:《汉书·扬雄传》作"驩",二字通。

④撰《孝至》:《汉书·扬雄传》作"撰孝至第十三"。这一段话显然
　是对最高统治者讲的。扬雄"学之为王者事"的思想,在这里也
　表现得十分明显。

【译文】

　　孝顺祖先没有比使祖先安宁更重要的,使祖先安宁没有比使祖先的神灵安宁更重要的,使祖先的神灵安宁没有比能得到天下的衷心拥护更重要的。为了阐明孝的内涵和重要意义,所以撰写了《孝至》这一卷书。

中华经典名著
全本全注全译丛书
（已出书目）

周易	晏子春秋
尚书	穆天子传
诗经	战国策
周礼	史记
仪礼	吴越春秋
礼记	越绝书
左传	华阳国志
韩诗外传	水经注
春秋公羊传	洛阳伽蓝记
春秋穀梁传	大唐西域记
孝经·忠经	史通
论语·大学·中庸	贞观政要
尔雅	营造法式
孟子	东京梦华录
春秋繁露	唐才子传
说文解字	大明律
释名	廉吏传
国语	徐霞客游记

世说新语	呻吟语
弘明集	了凡四训
齐民要术	龙文鞭影
刘子	长物志
颜氏家训	智囊全集
中说	天工开物
群书治要	溪山琴况·琴声十六法
帝范·臣轨·庭训格言	温疫论
坛经	明夷待访录·破邪论
大慈恩寺三藏法师传	陶庵梦忆
长短经	西湖梦寻
蒙求·童蒙须知	幼学琼林
茶经·续茶经	笠翁对韵
玄怪录·续玄怪录	声律启蒙
酉阳杂俎	老老恒言
历代名画记	随园食单
化书·无能子	阅微草堂笔记
梦溪笔谈	格言联璧
北山酒经(外二种)	曾国藩家书
容斋随笔	曾国藩家训
近思录	劝学篇
洗冤集录	楚辞
传习录	文心雕龙
焚书	文选
菜根谭	玉台新咏
增广贤文	二十四诗品·续诗品